Wilhelm Arnold

Deutsche Urzeit

Wilhelm Arnold

Deutsche Urzeit

ISBN/EAN: 9783743658820

Hergestellt in Europa, USA, Kanada, Australien, Japan

Cover: Foto ©ninafisch / pixelio.de

Weitere Bücher finden Sie auf **www.hansebooks.com**

Deutsche Urzeit.

Von

Wilhelm Arnold.

Dritte Auflage.

Gotha.
Friedrich Andreas Perthes.
1881.

Hochlöblicher

Fakultät der Staatswirtschaft

zu

Tübingen.

# Inhalt.

Erstes Buch.
Geschichte der Urzeit bis zur Gründung der fränkischen Monarchie.

                                                                       Seite

Erstes Capitel: Vorgeschichtliche Wanderungen 13
Zweites Capitel: Die Kämpfe mit den Römern 49
Drittes Capitel: Der Pfahlgraben und seine Bedeutung . . 81
Viertes Capitel: Die Bildung der neuen Stämme 115

Zweites Buch.
Innere Zustände während dieser Zeit.

Erstes Capitel: Culturstufe 187
Zweites Capitel: Kriegswesen . . . 251
Drittes Capitel: Verfassung und Recht . . 307
Viertes Capitel: Glaube und geistiges Leben . 389

Erstes Buch.

Geschichte der Urzeit bis zur Gründung der fränkischen Monarchie.

Erstes Capitel.
Vorgeschichtliche Wanderungen.

Es ist noch nicht gar lange, daß man in Lehrbüchern wie in Schulen und Vorlesungen die deutsche Geschichte mit den Cimbern- und Teutonenkriegen anfieng. Dann muste man etwas von Cäsar zu erzählen, wie er Gallien erobert und den Ariovist geschlagen habe; dabei auch zweimal gegen Sigambern und Sueven über den Rhein gegangen sei, sich aber in das Dunkel der germanischen Wälder nicht vorgewagt habe. Hierauf folgten die Feldzüge des Drusus, die Erhebung der deutschen Stämme unter Armin, die Niederlage des Varus und die Rachekriege des Germanicus; als Nachspiel etwa noch der Kampf zwischen Armin und Marbod. Dann der Aufstand der Bataver unter Claudius Civilis und die Markomannenkriege unter Kaiser Mark Aurel. Dann schwieg die Geschichte nahezu zweihundert Jahre, um mit dem Hunnensturm im Jahre 375 in das breite Fahrwasser der Völkerwanderung einzulaufen.

Ein Glück nur, daß man die „Germania" des Tacitus hatte. Da ließ sich doch auch etwas über Nahrung und Kleidung, Cultur und Sitte, Recht und Glauben der alten Germanen sagen. Freilich steht die Schrift in einem gewissen Widerspruch mit den Nachrichten des Cäsar: sie ist von wunderbarer

Kürze, oft ungemein schwierig und bei aller Feinheit und Meisterschaft der Beobachtung nebenbei zugleich ein Stück Tendenzroman. So kam es denn, daß man hinein- und herauslesen konnte was man wollte, daß umfangreiche Commentare darüber geschrieben wurden (der neueste ist beinah tausend Druckseiten stark und behandelt nicht einmal die ganze Germania, sondern nur die Staatsalterthümer), die Gelehrten aber schließlich doch nicht einig werden konnten, auf welcher Bildungsstufe die Germanen damals eigentlich standen. Im Grunde kämpfen immer noch zwei entgegengesetzte Ansichten um die Herrschaft: nach der einen haben wir unsere Vorfahren uns als halbe Wilde zu denken, als Kriegs- und Nomadenvolk ohne höhere Gesittung; nach der anderen waren es ansässige Bauern, die im wesentlichen fast dieselbe Culturstufe erreicht hatten wie unsere heutigen Bauern.

Auch mit der Völkerwanderung gewinnt die deutsche Geschichte nicht viel. Wir hören von den Wanderungen und Kriegszügen der Ost- und Westgothen, der Vandalen und Sueven, der Burgunder, Angeln, Sachsen und Langobarden, von den Versuchen ihrer Staatsbildung in den Provinzen des römischen Reichs und von der kurzen Herrlichkeit und Blüte dieser Reiche: des vandalischen in Afrika, des westgothischen in Spanien, des burgundischen in Frankreich, des ostgothischen und langobardischen in Italien. Ebenso sind wir ziemlich genau über die Verfassung derselben unterrichtet. Denn mit Ausnahme des vandalischen sind uns aus allen diesen Reichen Gesetzbücher oder Rechtsaufzeichnungen erhalten, die ein deutliches Bild von den inneren Zuständen gewähren, von der Macht des Königs, dem politischen Einfluß des Adels, der Stellung der Freien und Unfreien, dem Gegensatz zwischen Romanen und Germanen, von Kriegswesen und Besteuerung, Strafrecht und Gerichtsverfahren.

Aber von der Geschichte der Völkerwanderung im inneren Deutschland wissen wir so gut wie nichts. Bis auf den heutigen Tag ist die Bildung der deutschen Stämme, wie sie als solche im Großen und Ganzen noch jetzt fortdauern, vielfach ein ungelöstes Rätsel. Konnte man doch noch vor Kurzem alles Ernstes die Frage aufwerfen, wie es möglich gewesen, daß Chlodwig am Nieder- und Mittelrhein mit Alemannen zusammengetroffen sei. Also gerade über den entscheidenden Wendepunkt unserer Geschichte, auf dem die ganze folgende Entwickelung beruht, war man im Dunkel. Und doch berührt uns die Geschichte der Franken, Alemannen, Sachsen, Thüringer und Baiern, aus deren Verbindung nachmals unter den sächsischen Kaisern das deutsche Volk und das deutsche Reich hervorgieng, viel näher als die Geschichte der verschollenen oder untergegangenen Vandalen, Gothen, Burgunder und Langobarden.

Mit einem Wort: man war auf die Überlieferungen der remden griechischen und lateinischen Schriftsteller beschränkt, und so dankbar wir dafür sein müssen, daß wir sie überhaupt haben, es liegt doch auf der Hand, daß sie nur als unvollständige und mangelhafte Quellen gelten können. Denn einmal stehen sie vielfach mit einander in Widerspruch; dann sahen sie unsere innere Verhältnisse mit fremden Augen an, wie durch gefärbte Gläser; und endlich sind sie bei aller Reichhaltigkeit äußerst lückenhaft und dürftig, da sie nur das erzählen was sie angieng und überhaupt nur das wissen konnten was in ihrem Gesichtskreis lag. Freilich sind Meister der Geschichtschreibung darunter wie Cäsar und Tacitus. Aber weit über die Gränzen des römischen Reichs reichte auch ihr Wissen nicht und von Misverständnissen sind sie ebenso wenig frei, selbst Cäsar nicht, der mit seinem Feldherrnauge Land und Volk aus eigener Anschauung kennen gelernt hatte.

Darum ist man, was Stoff und Inhalt unserer Geschichte anlangt, bis auf die neueste Zeit nicht viel über Mascou's Geschichte der Teutschen hinausgekommen: der erste Versuch einer nationalen Historiographie, der in den Jahren 1726 und 1737 zu Leipzig erschien und, beiläufig gesagt, wegen seiner zahlreichen Quellenbelege noch immer ein schätzbares Hilfsmittel ist. Gewis haben Kritik, Methode und Darstellung seitdem unendliche Fortschritte gemacht, aber der Umfang des Stoffes ist im wesentlichen derselbe geblieben. Auch in Zukunft wird von dieser Seite her keine erhebliche Erweiterung zu erwarten sein, so lange nicht neue Quellen entdeckt werden, wozu nach den bisherigen Erfahrungen außerordentlich wenig Aussicht vorhanden ist.

Dagegen hat die Geschichte eine ungeahnte Bereicherung erfahren, seitdem die Sprachwissenschaft in den Kreis der historischen Forschung eingetreten ist, und diese Bereicherung ist in der neuesten Zeit vor allem auch unserer deutschen Geschichte zu gute gekommen. Es ist einmal zunächst durch die Sprachvergleichung, dann durch die historische Grammatik und die Geschichte der deutschen Sprache überhaupt die Herkunft der Germanen ermittelt, eine unendliche Vorzeit unseres Volks erschlossen und seine Verwandschaft mit anderen europäischen Völkern fest gestellt worden. Und es ist sodann nach dem Vorgang Förstemann's an der Hand der Ortsnamenforschung gelungen, über die Bewegungen der Völker im inneren Deutschland etwa seit dem vierten Jahrhundert vor unserer Zeitrechnung vorläufig wenigstens einiges Licht zu verbreiten und die Bildung der deutschen Stämme selbst vor und während der Völkerwanderung zu verfolgen. Dazu sind neuerdings schätzbare Versuche getreten, die Gränzen der alten Stämme durch die heutigen Dialekte, Sitten und Gebräuche, die verschiedenen Anlagen der Dörfer und Höfe, die Bauart der

Häuser und vieles andere näher zu bestimmen. Es gibt mit einem Wort jetzt eine deutsche Alterthumskunde, die vorzugsweise aus einheimischen Überlieferungen schöpft und nach den verschiedensten Seiten hin uns reiche Aufschlüsse über unsere Vorzeit gegeben hat, wie solche zu Mascou's Zeiten noch ganz unmöglich waren.

So mag es denn gestattet sein, zunächst von den Anfängen unserer Geschichte zu reden, so weit sie nicht aus den Überlieferungen der Alten hervorgehen. Wir geben damit, so weit es im kleinen Rahmen dieser Blätter möglich ist, zugleich ein Bild von den Fortschritten, welche die Geschichte der Linguistik verdankt. Erst dann werden wir auf die Kämpfe mit den Römern, auf den Pfahlgraben und seine Bedeutung und die Bildung der Stämme im inneren Deutschland eingehen. Hieran sollen sich kleine Versuche über die Culturstufe, das Kriegswesen, über Recht und Verfassung, Glauben und geistiges Leben der alten Germanen anreihen.

Wenn der Verfasser dabei um die Nachsicht seiner Leser bittet, so ist das aufrichtig gemeint. Denn wie schwierig und undankbar wissenschaftliche Darstellungen sind, die ein nichtgelehrtes Publikum im Auge haben, ist zur Genüge bekannt. Sie sollen zugleich unterrichten und unterhalten. Beide Zwecke aber scheinen in einem gewissen Widerspruch zu stehen: das Lehren wird oft langweilig, das Unterhalten oft trivial. Es scheint also unvermeidlich, in den einen oder andern Fehler zu verfallen, vielleicht gar in beide zugleich. Mögen deshalb die Leser nicht zu viel verlangen. Sollte es gelingen, die Dinge zuweilen anders zu gruppiren oder von einer anderen Seite zu zeigen, als gewöhnlich geschieht, im Wiederholen wie im Auslassen von Bekanntem das rechte Maß zu treffen und dabei zugleich in weiteren Kreisen Interesse an unserer ältesten Geschichte zu erwecken, so wäre die Aufgabe des Verfassers annähernd gelöst. Er wünscht, daß die Fachgenossen das Buch nicht ganz ohne Nutzen, die Laien nicht ganz ohne Freude lesen möchten.

Daß unser Volk ein Zweig der großen indogermanischen oder arischen Völkerfamilie ist, kann jetzt wohl als eine fast allgemein bekannte Thatsache gelten. Denn die überraschende Entdeckung von der ursprünglichen Einheit des indogermanischen Sprachstammes hat sich, so jung sie noch ist, außerordentlich schnell verbreitet und ist neuerdings durch eine Reihe weiterer Ergebnisse, vor allem der vergleichenden Mythologie, auf das unzweifelhafteste bestätigt worden.

Vielleicht, daß zu dieser Einheit ursprünglich auch die semitischen Völker (Araber, Chaldäer, Assyrer, Israeliten) oder, wie man vermutet hat, möglicherweise selbst die finnischen oder die uralisch-altaischen Völker (Finnen, Ungarn, Türken, Mongolen und Mandschu) gehören. Wenigstens steht die indogermanische Völkerfamilie geographisch wie sprachlich in der Mitte zwischen der finnischen und der semitischen: die Gegensätze und Berührungen zwischen Iran und Turan auf der einen Seite, zwischen Japhet und Sem auf der anderen sind uralt. Näher verwandt unter einander sind aber jedenfalls die indogermanischen Stämme, oder wie das Urvolk selbst sich genannt hat, die Arier, d. h. die Vornehmen oder die Herren im Gegensatz zu den benachbarten, fremdredenden Barbaren. Es sind dieselben, die als Nachkommen Japhets, wenn auch mit anderen Namen, zum Theil bereits in der mosaischen Völkertafel, der ältesten Urkunde des Menschengeschlechts, erscheinen: Inder, Perser, Griechen, Italer, Kelten, Germanen und Slaven.

Noch manche andere mögen als näher oder entfernter verwandt zu ihnen gehören, wie Skythen, Thraker, Illyrier, Ligurer, Etrusker, Iberer. Vielleicht sind einzelne derselben schon vor der allgemeinen Theilung und Zerstreuung des Urvolks nach Europa gekommen. Uns gehen davon nur die Etrusker oder Rhätier näher an, weil sie einst auch im südlichen Deutschland gewohnt und in Tyrol und Graubünden zahlreiche Ortsnamen als Spuren ihres früheren Daseins zurückgelassen haben (Amras — Umaranusa, Bernina — Purnuna, Dissentis — Thusanutanusa, Glurns — Calurnusa, Grabs — Caravatusa, Lukmanier — Lucumuna, Mabulein — Matuluna, Meran — Merana, Nauders — Nuturusa, Ortles — Artalusa, Samaden — Samatuna, Sargans — Saruncanusa, Tirol — Terula, Trons — Thurunusa, Valens — Velanusa, Velthurns — Vulturnusa und viele andere). Ludwig Steub hat sie gesammelt und so weit es möglich ist zu deuten versucht. Auch der Name des Riesgaus an der Grenze der Schwaben gegen Franken und Baiern ist zum Volksnamen zu stellen und gehört zu den ältesten uns überlieferten deutschen Ortsnamen.

Indes sind diese Stämme frühzeitig dem Untergang oder der Vermischung mit anderen anheim gefallen, und unsere Kenntnis reicht vorläufig nicht so weit, ihre Sprachen den bis jetzt bekannten arischen unterzuordnen. Die genannten Hauptvölker dagegen haben alle eine überaus reiche Literatur hervorgebracht und dauern, wenn sie auch keine politische Selbständigkeit mehr haben, wenigstens in ihren Sprachen als eigene Völker erkennbar noch heute fort. Es gilt das besonders von den keltischen Stämmen, die trotz ihrer Unterwerfung in der Bretagne, in Irland, Schottland und Wales ihre Nationalität bis auf den heutigen Tag behauptet haben.

Die Heimat des arischen Urvolks wird in Asien zwischen den Abhängen des indischen Kaukasus und dem kaspischen Meere gesucht. Auch wenn man sie weiter nach Osten in Hochasien sucht, muß das Volk doch bald in das alte Baktrien gekommen sein. Nur hier waren die Bedingungen zu weiterer Ausbreitung und zur Culturentwickelung vorhanden, nur von hier aus konnten die großen Wanderungen nach Europa ausgehen. Nördlich wohnten turanische, westlich semitische Stämme.

Das Land liegt etwa zwischen dem 33. und 38. Breitengrad, hat ein gemäßigtes Klima, bietet reichen Wechsel von Gebirgen und Ebenen und ist mit allen Erzeugnissen der Natur ausgestattet, die für die ersten Anfänge der Cultur unerläßlich waren. Hier fand man mancherlei Erze, große Wälder und nutzbare Pflanzen; hier wuchs unser Getraide wild; hier war die ursprüngliche Heimat unserer wichtigsten Hausthiere, vor allem des Rindes, das von der Natur zur ersten Ernährung des Menschen wie geschaffen scheint. Mit der Unterwerfung und Zähmung der Hausthiere aber muste alle Cultur beginnen.

Gegen Osten und Süden gränzt das Land an die hohen Gebirgsketten des Belurtagh und Hindukusch, gegen Norden und Süden an die Steppen und Wüsten von Turan und Persien. Es umfaßt das gesammte Quellengebiet des Oxus oder Amu: der mächtige Strom machte das Volk zugleich mit den Anfängen der Schiffahrt vertraut. Er floß damals noch in das kaspische Meer, denn erst die später hier eingetretenen merkwürdigen Bodenveränderungen haben ihn von seinem natürlichen Lauf abgelenkt und ganz in den Aralsee geleitet. Die Wohnsitze lehnten sich also zum Theil an die Gebirge an, während den westlichen Stämmen die Ebenen bis zum kaspischen Meere offen standen. Das alte Flußbett des Oxus zeigte den Weg nach Europa.

Es ist wahrscheinlich, daß das Urvolk schon in seiner alten Heimat sich in verschiedene Stämme gespalten hat und diese Stämme ziemlich in derselben Ordnung und Folge bei einander wohnten, in der sie später sich ausgebreitet haben und gewandert sind. Der Kreis, der ursprünglich ein kleiner und enger war, hat sich allmählich erweitert und infolge der Wanderungen ins Ungemessene ausgedehnt. Denken wir uns die Völker um einen Mittelpunkt gelagert, so haben die iranischen Stämme im Nordosten, die altindischen im Südosten gewohnt. Den Südwesten nahmen die späteren griechischen und italischen Stämme ein, den Nordwesten die germanischen und slavischen, zwischen beiden den äußersten Westen die keltischen. Die Reihenfolge der Völker ist also kreisförmig oder elliptisch gedacht: Perser, Inder, Griechen, Italer, Kelten, Germanen und Slaven. Die letzteren schließen den Kreis und lehnen sich im Norden wieder an die Perser. Genau in derselben Richtung sind die späteren Wanderungen erfolgt, und in derselben Ordnung sind auch die Sprachen der Völker näher oder entfernter mit einander verwandt. Das Slavische, das auf der einen Seite den deutschen Sprachen am nächsten steht, zeigt auf der anderen zugleich persischen Einfluß, von welchem selbst das Gothische, der östlichste Zweig der deutschen Sprache, nicht ganz frei ist. Inder und Perser zogen nach Süden und Osten (die spätere Ausbreitung iranischer Stämme nach Westen kann hier unerörtert bleiben), alle anderen Völker nach Westen und Norden, zuerst die gräko-italischen über Kleinasien nach Griechenland und Italien, dann Kelten, Germanen und Slaven nach dem nördlichen Europa.

Inder und Perser sind am längsten beisammen geblieben und haben sich vermutlich erst getrennt, nachdem ihre Stammesgenossen längst ihre Wanderungen begonnen hatten. Das Urvolk zerfiel also zunächst in eine ostarische und eine westarische Einheit: zu jener gehören die asiatischen, zu dieser die europäischen Zweige der Völkerfamilie. Wir schließen das nicht bloß aus der nahen Verwandtschaft des Altpersischen oder Zend mit dem Altindischen oder Sanskrit, sowie aus gewissen sprachlichen Erscheinungen, die alle westarischen oder europäischen

Sprachen und nur diese mit einander gemein haben, sondern vor allem aus der eigenthümlichen Theilung des Sprachschatzes oder Wortvorrats, wonach viele Worte sich übereinstimmend nur im Zend und Sanskrit finden, während andere, die in den westarischen Sprachen vorkommen, umgekehrt fehlen. Das läßt uns wieder auf eine Verschiedenheit der Entwickelung schließen, die von dem Augenblick an begann, wo die Trennung eintrat, in ihren ersten Anfängen vielleicht aber schon vorher vorhanden war. Man glaubt annehmen zu dürfen, daß die ostarischen Stämme viel länger dem alten halbnomadischen Hirtenleben treu blieben, die westarischen dagegen schon in ihrer Urheimat sich auch im Ackerbau und Handwerk versuchten. Einen Rückfall in die alte Nomadencultur für die Zeit der späteren Wanderungen schließt das natürlich nicht aus.

So fehlen, um ein paar Beispiele anzuführen, den ostarischen Stämmen die Namen für den Lein, der in allen europäischen Sprachen übereinstimmend benannt ist (gr. λίνον, lat. linum, ahd. lîn, ähnlich in den keltischen und slavischen Sprachen). Die westarischen Stämme haben ihn vermutlich schon aus ihrer asiatischen Heimat mitgebracht, während jene ihn erst kennen lernten, als sie ihre ursprünglichen Sitze verlassen hatten. Auch der Name für die Auster fehlt den Ostariern, während ihn die Westarier mit einander gemein haben (gr. ὕστερον, lat. ostrea, ags. ostra, analog im Keltischen und Slavischen). Vermutlich lernten die letzteren sie kennen, als ihre Wohnsitze sich bis zu den Gestaden des kaspischen Meeres ausgebreitet hatten, ebenso wie sie den Lein dort fanden. Umgekehrt haben Perser und Inder einen Namen für die Taube gemein, während die europäischen Sprachen in der Benennung derselben differiren. Zur Zeit der Trennung der Stämme muß also die Taube als Hausvogel noch nicht bekannt gewesen sein. Für melken scheint ursprünglich das Wort ziehen

gedient zu haben (lat. ducere, goth. tiuhan). Aber in diesem
Sinn haben es nur die Ostarier beibehalten, während die
Westarier es durch ein anderes ersetzten, was unserem melken
entspricht. Ebenso ist für das Ritzen des Bodens oder das
Pflügen eine doppelte Wurzel in Gebrauch gewesen, wovon die
eine den europäischen Stämmen geblieben ist (gr. ἀρόω, lat.
aro, goth. arjan, ahd. aran, ähnlich in den keltischen und slavischen Sprachen), während sie im Ostarischen ihre Bedeutung
verlor und durch die zweite ersetzt wurde. Ähnlich scheiden
sich die Namen des Pflugs und der Egge in den ost- und
westarischen Sprachen. Es deutet das jedenfalls darauf, daß
ein Ackerbau im späteren Sinne den Völkern vor ihrer Trennung
noch unbekannt war.

Auch innere sprachliche Vorgänge bestätigen den Gegensatz.
Der Ursprache war der Buchstabe l noch fremd; sein Auftreten ist das erste uns bekannte sprachgeschichtliche Ereignis:
es fällt kurz vor die Zeit der ersten Trennung. Aber der
uns so geläufige und mundgerechte Buchstabe erscheint seltener
in den ostarischen, häufiger in den westarischen Sprachen: das
Griechische hält dabei ziemlich die Mitte zwischen beiden.

Überhaupt darf der Gegensatz nicht unvermittelt gedacht
werden, sondern nur so, daß ostarische und westarische Stämme
je einander näher standen. Eine gemeinsame westarische Ursprache,
aus der die europäischen Sprachen abzuleiten wären, hat es
gewiß so wenig gegeben, wie einst eine gleichförmige arische
oder später einmal eine gleichförmige germanische. Sie bildeten nur eine engere Einheit für sich, und je weiter wir zurückgehen, desto mehr verschwinden die Gegensätze der Sprachen
wie der Völker.

Kelten, Germanen und Slaven bilden wieder eine engere
Einheit. Sie sind nach einander längs den Ufern des kaspischen
Meeres nach Europa vorgedrungen oder von nachrückenden

Völkern gedrängt worden, die Kelten vermutlich an der Südseite und über den Kaukasus, Germanen und Slaven, wahrscheinlich noch als Gesammtvolk, auf der alten Nomadenstraße zwischen den Ausläufern des Ural und der Nordküste. In der Gegend des Kaukasus scheinen die Kelten längere Zeit verweilt zu haben, wie die alten Landschaftsnamen Albanien und Iberien vermuten lassen, die sich merkwürdigerweise im äußersten Westen von Europa wiederholen (Iberien in Spanien, Hibernia Irland, Albion für England und Schottland). Auch der Name des Kaukasus ist vermutlich arisch und von dem indischen Kaukasus nur übertragen; im Lithauischen bedeutet kaukaras soviel wie Hügel. Der Weg der Germanen und Slaven muß durch die südlichen Theile der Bucharei und die Wüste von Chiwa gegangen sein: gegen Norden werden damals schon iranische Stämme den Weg versperrt haben. Ohne Zweifel ist die Einwanderung der Kelten weit früher erfolgt als die der Germanen und Slaven, die einschließlich der Lithauer länger ungetheilt beisammen blieben.

Wir schließen das wieder aus der näheren Verwandtschaft, in der die Sprachen dieser Völker zu einander stehen. Denn es gibt dafür, von späteren zufälligen Umständen abgesehen, keine andere Erklärung, als daß die nächstverwandten Sprachen sich am spätesten von einander gesondert haben, die Völker also, welche sie reden, länger beisammen geblieben sind als die, deren Sprachen sich ferner stehen.

Doch ist auch hier nicht daran zu denken, daß Kelten, Germanen und Slaven einst ein geschlossenes, einheitliches Volk gebildet hätten: überall finden Übergänge und Berührungen statt. So vermittelt das Griechische zwischen den ost- und westarischen Sprachen, das Altitalische zwischen den griechischen und nordeuropäischen, das Keltische wieder zwischen den italischen und slavo-germanischen. Gräko-Italiker bildeten vielleicht eine Zeit lang in ähnlicher Weise eine engere Einheit, wie Kelten, Germanen und Slaven.

Der nähere Zusammenhang der drei letzten Völker wird dadurch bewiesen, daß sie eine Anzahl Wörter gemein haben, die allen übrigen fehlen. Es gehören dahin insbesondere die Wörter Affe, Apfel, Berg, Thal, Sommer. Andere haben wir nicht bloß mit dem Keltischen und Slavischen, sondern auch mit dem Lateinischen gemein, wie denn das erstere in vieler Hinsicht letzterem näher steht als das Germanische oder zwischen dem Lateinischen und Germanischen die Mitte hält.

Die große Selbständigkeit des Keltischen und seine eigenthümliche Ausbildung deuten jedenfalls darauf, daß das Volk in sehr früher Zeit sich von den italischen wie den slavogermanischen Stämmen getrennt haben muß. Schon den Völkern der alten Welt war es im äußersten Westen von Europa bekannt; soweit die beglaubigte Geschichte zurück geht, erscheint es stets im Süden und Westen der Germanen, ihnen voraus im Kampf mit dem römischen Reich. Alles deutet darauf, daß es schon aus seiner asiatischen Heimat als selbständiges Volk ausgewandert ist.

Daß wir aber den Slaven am nächsten stehen, beweist der nächste Zusammenhang der germanischen Sprachen mit den slavischen, wie ihn zuerst Jakob Grimm in seiner „Geschichte der deutschen Sprache" aufgedeckt hat. Eine Reihe sprachlicher Erscheinungen finden sich übereinstimmend nur in beiden, und ebenso haben wir eine Reihe wichtiger Ausdrücke nur mit den slavischen und lithauischen Stämmen gemein. Zu den ersteren gehören unter anderem die starken Consonantverbindungen, die Neigung zum j, gewisse Einbußen in der Flexion (Ablativ, Conjunktiv, Futurum und Aorist) und die doppelte Deklination der Adjektiva. Wichtige Ausdrücke, die wir gemein haben, sind namentlich die Zahlbezeichnung tausend, worin sonst fast alle arischen Sprachen differiren (gr. χίλιοι, lat. mille), die Namen für Gold, Silber und Seide, was auf gemeinsamen Handelsverkehr deutet, Korn, Roggen, Milch, Fleisch, Wachs, Obst, Saat, dreschen, unser älteres Wort für Mühle (goth. quairnus) und viele andere, die culturgeschichtlich von großer Bedeutung sind. Wir werden auf die gemeinsamen Fortschritte der Cultur gleich zurückkommen.

Selbstverständlich kann über die Zeit der ersten Wanderungen nichts näher bestimmt werden. Nur soviel ist sicher, daß sie in eine überaus frühe, vorgeschichtliche Zeit fallen. Denn so zuverlässig die Schlüsse sind, die uns die Sprache über Herkunft und Verwandtschaft der Völker gestattet, so trügerisch erweist sich alles, was die Linguistik für sich allein in bestimmte Beziehung zu unserer bisherigen Chronologie bringen will. Nur eine innere Chronologie wird durch die Sprachgeschichte gewonnen, die einzelnen Perioden selbst aber sind ohne Beihilfe anderer Umstände bis jetzt für uns ebenso wenig meßbar als die geologischen.

Doch gibt es immerhin einige Anhaltspunkte. Man nimmt an, daß die Kelten etwa zweitausend Jahre v. Chr. den äußersten Westrand von Europa erreicht haben. Denn ihre gewaltige Ausbreitung im vierten Jahrhundert vor unserer Zeitrechnung, ihre Verzweigung in verschiedene selbständige Hauptvölker, und der Umstand, daß Gallien den alten Schriftstellern stets als keltisches Stammland erscheint, nötigt uns, mindestens eine Vorzeit von ein- bis zweitausend Jahren vor der Epoche ihrer größten Ausbreitung anzunehmen. Schon Herodot kennt sie als letztes Volk in Europa gegen Untergang der Sonne, um die Quellen der Donau, am Fuß der Pyrenäen und jenseits derselben bis zu den Säulen des Herkules; von Gallien aus bedrohten sie unter Brennus Rom in den ersten Anfängen seiner Geschichte.

Die Griechen waren als Javanas (Javan in der Genesis,

daher der spätere Name Jaones oder Jonier) schon im dritten
Jahrtausend vor Christi Geburt den Babyloniern und Semiten
in Kleinasien bekannt. Die Zeit ihrer ersten Ankunft daselbst
darf wohl noch höher hinauf gesetzt werden. Um dieselbe Zeit
sind, wie man aus den Berechnungen der indischen Astronomie
schließen will, die Indier bereits über den Indus vorgedrungen,
und nicht viel später müssen die Iranier, welche die Genesis
als Madai oder Meder erwähnt, nach Baktrien gekommen sein.
Alles zusammengenommen darf die Zeit der ersten Trennung
etwa dreitausend Jahre vor unserer Zeitrechnung angesetzt
werden.

Dagegen kann aus dem Sprachschatz, wie er allen indogermanischen Völkern eigen ist, mit einiger Sicherheit auf den Culturgrad geschlossen werden, den dieselben vor aller Trennung erreicht hatten. Und dieser erweist sich mit Rücksicht auf das
nach Jahrtausenden zu bemessende Alter dieser Zeit verhältnismäßig schon als ein sehr hoher.

Denn wenn auch ein eigentlicher Ackerbau der Urzeit
noch fremd war, so sind unsere Hausthiere mit wenigen Ausnahmen doch alle schon als solche bekannt und gebraucht, namentlich der Hund, das Rind, für welches drei Ausdrücke vorkommen,
das Pferd, das Schaf, die Ziege und das Schwein. Ebenso
ist der Begriff der Herde vorhanden. Die wichtigste Rolle
im Leben der alten Arier spielt die Kuh. Für das wirtschaftliche Leben versteht sich das von selbst, denn kein anderes Thier
gibt so leicht und bequem Nahrung wie sie. Nach ihrem Besitz
bestimmte sich der Reichthum, sie war die Hauptbeute im Krieg,
nach den zu ihrem Unterhalt nötigen Weiden wurden die Gebiete der Stämme selbst abgetheilt (sanskr. gavya, gr. γαῖα,
goth. gavi). Aber es scheint eine Zeit gegeben zu haben, wo
die Kuh auch die geistigen und religiösen Vorstellungen der
alten Arier beherrscht hat. Daher die Bedeutung, welche sie

in der Mythologie hat, und ihre Verehrung bei den Indern als heiliges Thier. Die ganze Erde wird im indischen Mythus als Nahrung spendende Kuh gedacht; Kühe sind die Flüsse, welche dem Meere zueilen, um in ihren Stall zu kommen; Kühe sind die Wolken, die der Wind milkt und die dann mit ihrem Regen die Erde tränken; himmlische Kühe sind endlich die Sterne, die von der Sonne geweidet werden und ihren Weg durch die verlorene Milch bezeichnen, wie uns der Name der Milchstraße noch jetzt verrät.

Aber auch einzelne Namen niederer Thiere kehren in allen arischen Sprachen wieder. Der Name der Maus fehlt nur im Lithauischen und Keltischen. Gewisse Insekten scheinen die Wanderungen begleitet zu haben; die Namen für Wurm, Floh und Mücke stimmen durchweg überein. Natürlich war das Ungeziefer von den Hausthieren unzertrennlich, und ebenso müssen unsere Vorfahren, so lange sie in sumpfigen und wasserreichen Gegenden wohnten, viel mehr als wir von Stechmücken geplagt worden sein.

Auf die Anfänge des Ackerbaues deuten mit Bestimmtheit nur wenige Ausdrücke. Der wichtigste ist vielleicht das Wort Joch (sanskr. yuga, gr. ζυγός, lat. jugum, ahd. joh, auch in den keltischen und slavischen Sprachen), weil daraus geschlossen werden kann, daß die Rinder in der Urzeit auch zum Ziehen gebraucht wurden, wenn nicht gerade des Pfluges, so doch von Wagen. Die Namen für den Pflug theilen sich in mehrere Gruppen: ein eigentlicher Pflug war also der Urzeit noch unbekannt.

Nahrung, Kleidung und Wohnung zeigen von großer Einfachheit. Doch fehlt das Fleisch nicht, man hatte ein gebrautes Getränk, wuste Kleider zu weben und ein einfaches Haus zu bauen. Selbst einzelne Theile der Wohnung werden unterschieden, wie andererseits Ausdrücke vorkommen, die auf dichteres Zusammenleben und die Anlage von Befestigungen deuten.

Ebenso finden sich Anfänge von Schmuck, wie es der bei den arischen Stämmen entwickelte Schönheitssinn nicht anders erwarten läßt.

Auch die ersten Anfänge des Handwerks fehlten nicht. Es gab Gefäße und Geräte von Holz, Thon, Stein und Erz, Waffen und Werkzeuge, insbesondere Bogen und Pfeile, Äxte, Hämmer, Bohrer und Sägen, und vor allem Wagen und Schiffe, wie die Übereinstimmung der Wörter Wagen, Rad, Achse, Ruder und Schiff (sanskr. nāu, gr. ναῦς, lat. navis, altirl. noe, poln. nawa, ahd. nawa, jetzt mundartlich noch Naue und Nähe) in allen oder fast allen arischen Sprachen zeigt. In frühester Zeit muß man die Kunst Metalle zu schmelzen erlernt haben: der Gebrauch des Feuers, welcher den Menschen so wesentlich vom Thiere scheidet — denn das Thier flieht das Feuer, während es der Mensch sich dienstbar macht —, war demnach schon sehr entwickelt. Nicht mit Unrecht nehmen deshalb die Archäologen an, daß das Bronzealter, das Geräte und Waffen von Erz kennt, in Europa erst mit der arischen Einwanderung beginne, während das sogenannte Steinalter auf andere, vorarische Völker zu beziehen sei.

Dem wirtschaftlichen Leben entsprach das sociale und geistige. Die Begriffe Familie und Eigenthum waren vorhanden, Bezeichnungen für den ersten und zweiten Grad der Verwandtschaft und der Verschwägerung, sowie für eine Anzahl von Vergehen und Verbrechen. Damit waren zugleich die Anfänge des sittlichen und rechtlichen Lebens gegeben. Natürlich fehlten Strafen nicht; als Beweismittel, um die Schuld oder Unschuld des Angeklagten zu erkennen, scheinen schon in der Urzeit Gottesurtheile in Gebrauch gewesen zu sein, wie die große Übereinstimmung indischer und germanischer Gebräuche vermuten läßt. Die politische Verfassung haben wir uns nur als patriarchalische zu denken: die Familie stand unter der väterlichen Gewalt ihres natürlichen Hauptes, der Stamm bildete eine Verbindung mehrerer Familien unter einem gemeinsamen Oberhaupt. In der väterlichen Gewalt des römischen und dem Mundium des deutschen Rechtes haben sich Spuren und Reste dieser alten Familienverfassung erhalten.

Für die hohe geistige Begabung sprechen eine Menge geistiger Begriffe, die übereinstimmend in den arischen Sprachen vorkommen, wie meinen, denken, erkennen, wissen, wollen, lieben, thun, sein, das letztere in zwei Formen je nach seiner abstrakten oder konkreten Bedeutung. Der Mensch selbst ist von seiner Eigenschaft als denkendes Wesen benannt: Manu, der Denker, heißt bei den Indern der Stammvater des Menschengeschlechts, wie den Germanen nach Tacitus Mannus als Stammvater gilt, unser deutsches Mann, wovon Mensch eine abjektivische Ableitung ist (menn-isc). Die klassischen Sprachen haben den Namen verloren, doch muß er ursprünglich auch ihnen bekannt gewesen sei (vgl. Minos bei den Griechen, gr. μένω μέμονα, lat. moneo memini).

Was den religiösen Glauben anlangt, so haben die westarischen Völker ohne Zweifel schon einen ausgebildeten Naturcult und den Polytheismus mit nach Europa gebracht, da die Grundzüge der Mythologie bei den europäischen Ariern übereinstimmen. Namentlich sind die drei Hauptgötter Wotan, Donar und Ziu (bei den Römern Jupiter, Vulkan und Mars, bei den Griechen Zeus, Hephästus und Ares) auch den Kelten und Slaven gemein, nur daß in der griechischen und römischen Mythologie neben Zeus und Jupiter noch Poseidon oder Neptun als besonderer Gott des Meeres, und Pluton oder Pluto als besonderer Gott der Unterwelt getreten sind. Spuren eines älteren Monotheismus sind aber unverkennbar. Denn allen arischen Sprachen ist die Vorstellung von einem höchsten, allmächtigen Himmelsgott eigen: sanskr. dêva, zend daêva, gr. θεός, lat. deus, altirl. dia, lith. dewas, im Deutschen durch das rätselhafte Gott ersetzt.

Also schon eine viel höhere Bildung, als wir sie heut zu Tage bei Indianern, Negern oder Malaien finden. Gleichwohl waren es nur Anfänge der Cultur. Ein einfaches Hirtenvolk tritt uns entgegen, dessen äußere Thätigkeit durch die Worte melken, mahlen, brauen, weben, spinnen, nähen und einige andere beinahe erschöpft scheint. Jahrhunderte lang mag es in friedlichem Stilleben seine Herden geweidet haben, ehe die Stunde der Trennung kam, ein Stamm nach dem andern sich absonderte und seine eigenen Bahnen einschlug. Mit den Wanderungen aber begann der Kampf ums Dasein und der Eintritt in die Geschichte, d. h. die Entwickelung. Seitdem erkannten sich die Stämme nicht mehr als Brüder, und wo sie sich begegnen, treffen sie als Feinde auf einander. Die ursprüngliche Stammverwandschaft geriet in Vergessenheit und konnte erst nach Jahrtausenden auf künstlichem Wege durch die Wissenschaft wieder entdeckt werden.

Es würde vergebene Mühe sein, nach den Gründen zu fragen, welche einzelne Stämme bewegen konnten, das friedliche Stilleben zu verlassen, fremde Länder aufzusuchen und sich den Schicksalen einer ungewissen Zukunft anzuvertrauen. Und doch werden wir nicht fehl gehen, wenn wir, von einzelnen zufälligen Veranlassungen abgesehen, als den immer wiederkehrenden Hauptgrund der Trennung die Unzulänglichkeit der Weidereviere und die wachsende Menge des Volkes und seiner Herden angeben. Als keine weitere Ausbreitung nach Westen mehr möglich war, muste man sich trennen. Die wenige Meilen von dem heutigen Balkh beginnende Wüste der Bucharei setzte der Ausbreitung bald ein unüberwindliches Hindernis entgegen. Das Bedürfnis eines weiteren Nahrungsspielraums trieb also zum Wandern. Genau so, wie das bei den Erzvätern des alten Testamentes, bei der Gründung phönizischer, griechischer und italischer Colonien, bei der späteren Völkerwanderung der Kelten, Germanen und Slaven, und im wesentlichen auch bei unserer heutigen Auswanderung der Fall ist.

Von den drei nordeuropäischen Stämmen, die sich drei großen Völkerwellen gleich über Europa ergossen haben, sind wie wir sahen die Kelten am frühesten eingewandert. Ihr Weg gieng nördlich am schwarzen Meere vorbei, die Donau aufwärts, zu beiden Seiten der Karpathen her nach Deutschland, Gallien, Oberitalien, Spanien und rheinabwärts nach Britannien und Irland.

Im vierten Jahrhundert vor unserer Zeitrechnung scheinen sie den größten Theil von Europa beherrscht zu haben: es war die Blütezeit ihrer Macht und Ausdehnung. Das eigentliche Stammland aber, wo sie den Völkern der alten Welt als Autochthonen erscheinen, war das nach ihnen benannte Gallien. Von dort ist im vierten Jahrhundert eine Rückflut eingetreten, die mehrfach der inzwischen aufgeblühten griechischen und römischen Cultur gefährlich wurde, Italien und Griechenland überschwemmte und selbst nach Kleinasien vordrang. Ein Theil ließ sich in Galatien nieder, das davon den Namen erhielt, und behauptete hier noch zur Zeit des heiligen Hieronymus seine nationale Selbständigkeit. Denn in der Einleitung zum Galaterbrief berichtet Hieronymus, daß die Galater dieselbe Sprache redeten wie die Trevirer an der Mosel. Es werden doch wohl Kelten, keine Germanen gewesen sein, wie mitunter behauptet wird. Denn eine Germanisirung der Trevirer kann für die Zeit des heiligen Hieronymus unmöglich schon angenommen werden.

Die keltischen Sprachen, die wir durch die vortreffliche Grammatik von Zeuß näher kennen gelernt haben, ergeben, daß zwei Hauptstämme unterschieden werden müssen, ein altgallisch-britischer und ein irisch-schottischer. Von dem ersteren hat sich nur das Kambrische in England und das Bretonische in Frankreich bis auf die Gegenwart erhalten. Der größte Theil von England wurde später von den Angelsachsen erobert und dadurch germanisch, Gallien durch Cäsar dem römischen Reich einverleibt und in der Folge romanisirt.

Der Sturz der keltischen Macht erfolgte von zwei Seiten. Im Süden war es das seit dem zweiten punischen Krieg unaufhaltsam vordringende Weltreich der Römer, was die Kelten immer weiter zurücktrieb und sie schließlich im Stammland selbst unterjochte. Im Norden waren es die seit dem vierten Jahrhundert vor Christi Geburt nach Deutschland einbrechenden Germanen, die sie allmählich bis über den Rhein zurückdrängten und das Land für sich in Besitz nahmen. Es ist höchst wahrscheinlich, daß die Germanen so unbewust Bundesgenossen der Römer waren, und daß die großen Wanderungen der Kelten im vierten Jahrhundert mit dem Vordringen der Germanen von Osten her in Verbindung stehen. Aus dieser Zeit ist uns durch einen griechischen Gelehrten, Pytheas von Massilia oder dem heutigen Marseille, der eine wissenschaftliche Entdeckungsreise nach dem Norden unternahm, um Gestalt und Größe der Erde kennen zu lernen, in dem Namen der Teutonen zuerst der deutsche Name überliefert: die Wohnsitze des Volks können nur an der Ostsee gesucht werden, der Name ist gleichbedeutend mit unserem deutschen Volksnamen und zum goth. thiuda, ahd. diot Volk; zu stellen, noch in unverschobener Form.

Nachdem der Einfall der Gallier unter Brennus abgewehrt und die römische Herrschaft erstarkt war, wurden die Kelten von Nord und Süd zugleich eingeengt, bis endlich der Tag kam, wo die Römer auch ihre Hand nach Deutschland ausstreckten und mit dem Schicksal Galliens bedrohten.

Während die Kelten längst nach Westen aufgebrochen waren,

haben Germanen und Slaven, vermutlich in der Nähe des kaspischen Meeres, noch eine Zeit lang ein einziges Volk gebildet. Die Cultur desselben zeigt uns der gemeinsam slavogermanische Sprachschatz schon erheblich fortgeschritten. Ein eigentlicher Ackerbau hat begonnen, wie die neuen Worte Obst und Saat zeigen; es sind mindestens zwei Getraidearten bekannt, Roggen und Waizen; in dem Bier tritt ein neues Luxusgetränk auf, während man früher neben der Milch nur Meth hatte; zur Kleidung kommen die Schuhe; die Waffen sind besser und künstlicher geworden, und es erscheint eine förmliche Rüstung, darunter namentlich der Helm; verschiedene Arten von Gebäuden werden nach ihrer Bestimmung unterschieden; die Anfänge des Handels und mit ihm Gold, Silber und Seide haben sich eingestellt; das Volk ist eine politische Einheit geworden, und auch der Götterglaube hat sich weiter entwickelt. Doch erscheint die Cultur noch bedeutend tiefer, als die der Griechen in den homerischen Gesängen der Odyssee und Ilias. Und von dem heiteren Glanz, in dem die jugendliche Welt der Hellenen strahlt, findet sich hier keine Spur.

Denn der idyllische Zustand der Urzeit hat längst aufgehört. Mit dem Kampf um's Dasein hat die Zeit der Mühe und Arbeit, der Krankheit und Not, des Lugs und Trugs, aber auch die der sittlichen Entwickelung und geistigen Erhebung begonnen. Die Sprache ist überreich an Ausdrücken, um dieses Ringen und Kämpfen zu bezeichnen, wie die neuen, Slaven und Germanen gemeinsamen Wörter Not, Mühe, Angst, Sorge, Leid, Harm, Schande, List, Hohn, Lüge, Haß und Streit zeigen; neue Krankheiten werden genannt, wie Krätze und Aussatz, von denen die ältere Zeit nichts gewust zu haben scheint: es liegt wie ein dunkler Schatten auf dieser slavo-germanischen Periode, der grell von dem Sonnenglanz der homerischen Zeit absticht.

Sollten nicht die Mühseligkeiten einer langen und schweren

Wanderung in der Vermehrung des Sprachschatzes sich abspiegeln? Wie einst das Volk Israel durch die Wüste gezogen ist, so sind auch Germanen und Slaven durch die Wüste geführt worden. Später scheint auf die Zeit der Not eine Zeit gemeinsamen Ackerbaues in weiten fruchtbaren Ebenen gefolgt zu sein, vielleicht um die Ufer der Wolga oder schon weiter westwärts, nördlich vom schwarzen Meer. Daß die Wohnsitze weiter nach Norden gesucht werden müssen, scheint unter anderem daraus hervorzugehen, daß das Wort Elephant, goth. ulbandus, den Sinn von Kameel angenommen hat, weil das frühere Thier aus dem Gesichtskreis der Völker entschwand, so daß später das Wort dafür aus dem Griechischen wieder herbeigeholt werden muste. Aber auch sonst macht sich die nordische Fauna und die nordische Flora in der Sprache bemerkbar.

Wahrscheinlich waren es iranische Stämme, die vorübergehend einen Theil des Volkes, die späteren Slaven, unterwarfen, während ein anderer, die späteren Germanen, frei blieben und sich durch abermaliges Wandern der Unterjochung entzogen. Man hat vermutet, daß die pontischen Skythen des Herodot solche iranische Sieger einer slavischen Bevölkerung seien, in der sie dann später, wie Sieger in unterworfenen zahlreichen Stämmen öfter, aufgiengen. Germanen dürfen wir vielleicht schon tausend Jahre vor unserer Zeitrechnung um die Mündungen des Dniesters und der Donau vermuten; die Slaven scheinen zu Herodots Zeit bereits bis in das Gebiet des Dnieper nachgerückt zu sein. Aber alle diese Vermutungen sind zweifelhaft und gewagt. Die Identität der Geten und Gothen, die Jakob Grimm nachweisen zu können glaubte, hat die Wissenschaft längst aufgegeben.

Der Weg der Germanen konnte nur den Dniester aufwärts und die Weichsel abwärts nach Nordwesten gehen. Von Odessa nach Königsberg ist es nicht weiter als von Königsberg nach

Triest; große Schwierigkeiten bot der Weg nicht dar. Um das Jahr 400 vor Christi Geburt müssen sie die Ostsee erreicht und seitdem die Kelten aus Deutschland allmählich verdrängt haben. Jakob Grimm meint, daß sie zur Zeit Alexanders des Großen schon den größten Theil Deutschlands inne gehabt und sich fast bis an den Rhein erstreckt hätten, eine Annahme, die allerdings durch eine ganze Reihe von Umständen bestärkt wird. Denn keltische Volksnamen, die sich in Gallien und Britannien wiederfinden, gehen seitdem in ziemlicher Anzahl auf germanische Stämme über: die Kelten wanderten aus, die Germanen wanderten ein, die Namen aber blieben zurück und wurden auf die neuen Einwanderer übertragen. Selbst der Name der Germanen, der Nachbarn bedeutet, analog wie Cenomanen die Fernwohnenden sind, gehörte ursprünglich einem keltischen Stamm am Niederrhein an und gieng auf die nachrückenden fremden Stämme über, für die er dann Gesammtname wurde; er wiederholt sich bei mehreren keltischen Stämmen, unter anderen auch bei den keltischen Oretaniern in Spanien. Zur Zeit des Pytheas, jenes Massilioten, der um das Jahr 340 vor Christo oder wenig später seine Reise unternahm und etwa bis in die Gegend der Eidermündung gekommen ist, scheint die Elbe die Gränze zwischen Kelten und Germanen gebildet zu haben. In dieser Gegend (auf der Insel Abalus, erzählt er, sammeln die Einwohner Bernstein und bringen ihn nach dem gegenüber liegenden Festlande Baunonia, von wo derselbe durch Gallien nach Griechenland gelange) läßt er mit den Teutonen das Land der Skythen beginnen, welches er damit bestimmt vom Keltenland unterscheidet. Daß er die Germanen mit den Skythen zusammenwirft, darf uns nicht wundern. Denn im Norden und Osten rechneten die Alten lange Zeit alle Völker, die sie nicht kannten, zu den Skythen: wo ihre Kenntnis aufhörte, fieng der Skythenname an.

Seitdem muß ziemlich rasch, aber in anhaltendem Kampfe, ein weiterer Rückzug der Kelten und ein Vordringen der Germanen auch in dem Land zwischen Elbe und Rhein erfolgt sein. Keltische Ortsnamen finden sich über ganz Deutschland zerstreut und sind namentlich in Hessen und Nassau häufig, von dem Süden, der fast bis auf Cäsar's Zeit keltisch blieb und es nachmals jenseit des Pfahlgrabens zum Theil wieder wurde, gar nicht zu reden. Sie lassen, da sie in solcher Menge vorkommen, darauf schließen, daß gallische Stämme Deutschland einst Jahrhunderte lang inne gehabt haben. Denn ein Volk, welches in einem so unwirtlichen Land, wie das alte Germanien, zahlreiche Spuren seines Daseins zurücklassen konnte, muß längere Zeit ansässig gewesen sein. Und was Geschichte und Ortsnamen ergeben, wird von anderer Seite zugleich durch die Gräberfunde bestätigt. Denn so sehr diese neue Archäologie noch der wissenschaftlichen Durchbildung harrt, so ist doch so viel ausgemacht, daß auch die Gräber eine finnische (vorarische), keltische und germanische Zeit unterscheiden lassen.

Vor und während der sogenannten Völkerwanderung trat eine Rückflut der germanischen Ostseestämme gegen Süden und Osten ein, ähnlich wie eine solche einst bei den Kelten statt gefunden hatte. Es ist zu vermuten, daß dieselbe auch durch ganz ähnliche Vorgänge veranlaßt wurde. Benachbarte Völker rückten bei der allgemeinen Bewegung von Ost nach West weiter vor und nötigten die Anwohner zum Abzug. Da aber der Weg durch das innere Deutschland durch die dort an= gesiedelten Stämme bereits versperrt war, blieb nur eine Rück= wanderung nach Südosten übrig.

Es ist kaum anders möglich, als daß es slavische Völker waren, die nun in derselben Weise auf die Ostseegermanen stießen, wie diese einst auf die Kelten gedrückt hatten. Denn in der Zwischenzeit waren auch die Slaven längs dem Dnieper und der Düna nach Norden vorgedrungen, hatten die Finnen vor sich her getrieben und sich im Quellengebiet der Düna und Wolga, um die Höhen des Walbaigebirges, festgesetzt. Von hier drangen sie später, zahlreicher und mächtiger geworden, wieder nach Süden vor und suchten im Westen auch gegen die Germanen Raum zu gewinnen. Doch fällt ihre eigentliche Völkerwanderung erst einige Jahrhunderte später, als die Ger= manen schon zur Ruhe gekommen waren, während die letzteren ihre Wanderungen in die Provinzen des römischen Reichs bereits zur Zeit der hunnischen Herrschaft, und die Kelten die ihre gar schon im dritten und vierten Jahrhundert vor Christi Geburt antraten.

Es ist also nicht ganz genau, gerade die Zeit von dem Ein= bruch der Hunnen in Europa bis zur Gründung des Lango= bardenreichs in Italien (375—568) die der Völkerwanderung zu nennen. Sie ist nur die Zeit, in welcher die beiden Haupt= culturvölker, das der Vergangenheit und das der Zukunft, Römer und Germanen, einander ablösten: die Periode des Überganges vom Alterthum zum Mittelalter. Denn das Wandern hat in Europa unendlich lange vorher begonnen und noch lange nachher fortgedauert. Ja, es hat im Grunde, so lange die Welt steht, nicht ganz aufgehört und wird nie ganz aufhören, weil es so gut wie leider auch der Krieg zur Entwickelung des menschlichen Geschlechts unentbehrlich scheint.

Den Völkern der alten Welt sind die nordischen Stämme verhältnismäßig erst spät bekannt geworden. Der erste Schrift= steller, der eine deutliche Kunde von den Kelten besitzt, ist Herodot: er berichtet unter anderem, daß die Donau im Kelten= lande entspringe. Kelten und Germanen bildeten vermutlich noch lange den Alten eine ununterschiedene Masse, oder die letzteren werden mit den Skythen vermengt, wie wir bei Py= theas gesehen haben. Der erste Schriftsteller, der beide Völker näher kennen gelernt und genauer unterschieden hat, ist Cäsar, der sie am Nieder- und Mittelrhein im Kampf mit einander begriffen fand. Die Slaven oder die Wenden, wie wir mit einem deutschen Namen unsere östlichen Nachbarn nennen, erwähnt erst Plinius als besonderes Volk, Venedi, wohl zu goth. vinja, die Bewohner des Weidelands.

Genau so, wie die drei Stämme der Reihe nach in den Gesichtskreis der alten Welt eintreten. Denn während die Kelten längst bekannt waren, saßen die Germanen noch geraume Zeit von Griechen und Römern unbemerkt hinter den Höhen des hercynischen Waldes, beiläufig gesagt, auch ein keltischer Name, zum kymr. erchyniad Erhöhung, der mit dem deutschen Harz nichts zu thun hat, vielmehr ursprünglich das ganze mitteldeutsche Gebirge von den Vogesen bis zu den Karpathen begreift. Und während die Germanen seit Cäsar's Zeit in den Vordergrund treten und die erbittertsten Feinde der Römer werden, sitzen die Slaven unterdes noch unbemerkt um die Höhen des Waldaigebirges und in der sarmatischen Ebene. Nur der lithauische Zweig des Volkes tritt mit den Esten schon bei Tacitus als Volk der Bernsteinküste, hier der Ostsee, in das Licht der Geschichte (dextro Suevici maris litore Aestuorum gentes).

In der historischen Zeit erscheinen die Germanen bereits in vier Hauptstämme gespalten: die gothischen Völker zwischen dem schwarzen Meere und der Ostsee, die nordischen Germanen in Standinavien, die sächsischen Stämme im nördlichen Deutschland und die suevischen oder oberdeutschen im mittleren und südlichen. Wie es scheint, ist die Viertheilung erst aus einer Zweitheilung hervorgegangen, und die Germanen haben sich zunächst in eine ost- und westgermanische Hälfte gespalten. Am frühsten trennten sich wohl die Gothen, die zum Theil in ihren Sitzen am schwarzen Meere zurückblieben, hierauf die nordischen

Stämme, die nach Skandinavien zogen. Doch erscheinen die Gegensätze nicht unvermittelt: die Burgunder und Langobarden stehen in der Mitte zwischen den gothischen und niederdeutschen Germanen, die Friesen zwischen den nordischen und sächsischen, die Sachsen zwischen den nordischen, den angelsächsischen und oberdeutschen. Das Gothische und Altnordische kann als ost= germanisch, das Deutsche und Angelsächsische als westgermanisch zusammengefaßt werden. Der Gegensatz zeigt sich besonders in dem consonantischen Auslaut, wo das erstere das schließende s beibehält oder in r verwandelt (goth. fisks, altn. fiskr), das westgermanische dagegen abwirft (ahd. ags. as. fisc, nhd. fisch). Hieraus ergeben sich dann eine Reihe weiterer Verschiedenheiten für die Flexion.

Wann die Trennung eingetreten sei oder wie lange die Stämme ungetrennt beisammen gewohnt haben, läßt sich kaum annähernd bestimmen. Ist es richtig, daß lange vor unserer Zeitrechnung bereits die Ostsee erreicht wurde, so muß auch die erste Einwanderung nach Skandinavien in eine ebenso frühe Zeit zurück verlegt werden. Dürfen wir auf das merkwürdige Wort Hahn, das den Germanen mit den Finnen gemein, beiden aber sonst allein eigen ist (finn. kana, goth. hana, an. hani, ags. hona, ahd. hano wovon huon und henna, vgl. lat. canere), weitere Schlüsse bauen, so hätten, da das Thier erst im fünften Jahrhundert vor Christo in das innere Europa gekommen zu sein scheint, damals noch alle germanischen Stämme als Nach= barn der Finnen — vielleicht östlich von der Weichsel in der sarmatischen Ebene — auf engem Raum bei einander gewohnt. Lithauer und Slaven, die den Hahn abweichend benennen, müssen bereits von einander gesondert, aber auch die Slaven, bei denen zwei verschiedene Ausdrücke vorkommen, schon in zwei Stämme getrennt gewesen sein. Wir kommen unten auf das Wort zurück: es verrät zugleich, daß im fünften Jahrhundert die deutsche Lautverschiebung noch nicht vollendet gewesen sein kann, da den Finnen das Wort in der unverschobenen Form zugekommen ist.

Daß aber die deutschen Stämme nördlich vom schwarzen Meere oder richtiger vielleicht zwischen dem schwarzen Meere und der Ostsee längere Zeit ungetheilt beisammen saßen, wird durch die ursprüngliche Spracheinheit derselben auf das bestimmteste bezeugt, auch ohne daß wir eine absolute Gleichheit anzunehmen brauchen: im äußersten Osten die Gothen, von denen ein Rest, die tetraxitischen oder Krimgothen, am asowschen Meer sich das ganze Mittelalter hindurch erhalten hat; dann die nordischen Germanen, die zu verschiedener Zeit und in verschiedenen Zügen später nach Skandinavien zogen; dann die westlichen Stämme, die in der Folge in Deutschland eindrangen. Diese fanden hier, so weit sie nicht in der Völkerwanderung ihre Sitze wieder verließen, eine bleibende Heimat. Sie haben sich lange Zeit in immer kleinere Stämme und Völkchen gesondert, deren zur Zeit der römischen Invasion gegen fünfzig namhaft gemacht werden, bis später ein Wendepunkt eintrat und aus den zahllosen Völkchen neue große Stammeseinheiten erwuchsen, die dann auf einer zweiten Stufe politischer Einigung wieder zu einem einheitlichen Volke und einem gemeinsamen Staatsganzen sich verbanden. Diese Entwickelung aber liegt im vollen Lichte der Geschichte.

Das Volk bewahrte trotz seiner langen und vielfachen Wanderungen bei seinem Eintritt in die Geschichte eine wunderbare leibliche und geistige Frische. Die leibliche und sittliche bezeugt Tacitus, der allerdings im Gegensatz zu der entarteten Römerwelt die Farben etwas grell aufgetragen hat. Aber er hat damit doch dem Volke für alle Zeit einen Spiegel ursprünglicher Reinheit vorgehalten. Die geistige zeigt vor allem die lebendige Fortbildung der Sprache, die gerade zu der Zeit am kräftigsten und tiefsten gewesen sein muß, als die verschiedenen Stämme noch ein einziges germanisches Urvolk bildeten. Versuchen wir, die Haupteigenthümlichkeiten der germanischen Sprachen uns zu veranschaulichen.

Vier Erscheinungen sind es hauptsächlich, wodurch sich dieselben von den übrigen arischen geschieden haben, und worin sich besonders die große Kraft und Energie, wie die Freiheit und Regsamkeit des germanischen Geistes kund gibt: die Alliteration, der logische Accent, die Lautverschiebung und der Ablaut. Die beiden ersten haben, wenn man so sagen will, mehr innerlich, die beiden letzten mehr äußerlich gewirkt; jene sind mit die Ursachen dieser, wenn sie auch nicht allein zur Erklärung ausreichen; diese haben die vollständige Trennung des Germanischen von den verwandten Sprachen vollendet.

Die Alliteration besteht in dem gleichen Anlaut der Hauptworte in der poetischen Zeile. Ihr Ursprung setzt schon Bekanntschaft mit den Buchstaben oder Runen voraus, weil die Runenstäbe zunächst zum Wahrsagen gebraucht und den durch das Loos bestimmten Stäben je zwei oder drei Worte mit gleichem Anlaut untergelegt wurden. Die so gefundenen Worte wurden bei der Verkündigung des Götterspruchs stärker betont, um die Hörer alsbald von ihrer Übereinstimmung mit den durch das Loos gegebenen Anlautzeichen zu vergewissern. Hieraus ergab sich die Betonung der Stamm- oder Wurzelsilben, während die anderen Silben ihren Ton verloren. Das Aufkommen der Alliteration hängt also zugleich mit dem neuen Accentprincip zusammen, welches den klassischen Völkern mit ihren auf Quantität und Ictus beruhenden Versmaßen vollkommen fremd ist. Wie mächtig aber die Alliteration einst unsere Sprache durchdrungen hat, zeigt, daß sie selbst in der Prosa, wie z. B. der Bibelübersetzung des Ulfilas, hie und da vorkommt, und in sprichwörtlichen Redensarten uns bis auf den heutigen Tag geläufig ist, obgleich schon die althochdeutsche Poesie, am frühesten die alemannische und rheinfränkische, von der Alliteration zum Reim übergieng.

In der Betonung der Wurzelsilbe oder dem logischen Accent spricht sich die eigentliche Kraft und Energie des germanischen Geistes aus, der auch in dem Tonfall der Sprache alles Gewicht auf den Sinn und die Bedeutung des Wortes legt. Es ist die dem Germanen eigene Leidenschaft, womit er alles erfaßt, was er thut, die hier in der Sprache durchbricht: das sachliche Element des Wortes, nicht die durch die Wortverbindung bedingte Flexion der Endsilben wird betont. Lag aber alles Gewicht auf dem Anlaut und der Bedeutung der Worte, so verstand es sich von selbst, daß man auf den Auslaut und die Flexion nicht den gleichen Wert legen konnte. Mit dem logischen Accent gieng also eine gewisse Gleichgültigkeit gegen die Endungen und das Abschleifen der Flexionssilben Hand in Hand. Das machte dann wieder einen Ersatz nötig, der in dem Ablaut — eine Art innerer Flexion — gefunden und durch die Betonung der Stammsilben wesentlich begünstigt und erleichtert wurde. Und insofern die Lautverschiebung eine Erleichterung der consonantischen Aussprache enthält, kann der logische Accent oder das Herabsteigen von höheren zu tiefern Tönen auch auf sie nicht ohne Einfluß gewesen sein. Doch kann sie daraus allein unmöglich abgeleitet werden: die Alliteration, sollte man meinen, hätte umgekehrt die ursprünglichen Consonanten schützen müssen.

Mit der Lautverschiebung und dem Ablaut beginnt die volle Trennung und Selbständigkeit des Germanischen. Wir müssen näher von ihnen reden, da die Ausbildung einer neuen Sprache gleichsam die geistige Geburt des Volkes enthält. Der erste, der die Gesetze, worauf sie beruhen, entwickelt und begründet hat, ist Jakob Grimm; nur glaubte er mit seinem scharfen

Seherblick die Dinge zuweilen näher zu sehen, als sie wirklich sind. Indes, wenn er auch in der Erklärung fehl gegriffen hat, in der Art und Weise, wie er die Erklärung suchte, hat er gewis das Richtige getroffen.

Die Lautverschiebung beruht auf einem Wechsel der stummen Consonanten in den dem Germanischen mit den arischen Sprachen gemeinsamen Worten. Schon oft hat man die Consonanten die Knochen der Sprache genannt, weil sie am wenigsten der Veränderung und dem Wechsel unterliegen, während die Vocale das flüßige und bewegliche Element, gleichsam Fleisch und Blut der Sprache, darstellen. Ganz besonders pflegt diese Festigkeit den stummen Consonanten eigen zu sein, wogegen die flüßigen l, m, n, r schon mehr vocalische Natur haben und leichter sich verändern. Beide zusammen bilden den Vocalen gegenüber recht eigentlich die Kennzeichen und Marksteine der Begriffe.

Gerade die stummen Consonanten hat nun das Germanische regelrecht verschoben, indem es nach dem Untergang der alten Aspiraten (bh, dh, gh), von welchem auch das Keltische und Slavische noch betroffen wurde, den weichen Laut zum scharfen und, nachdem dieser Schritt gethan war, den scharfen wieder zu einem Hauch- oder Reibelaut erhob: aus der alten media wurde eine tenuis, aus der tenuis eine aspirata. Übrigens ist für die Reihenfolge, in welcher sich der Proceß vollzogen hat, unter den Linguisten bis jetzt so wenig eine Übereinstimmung erzielt, wie für seine Veranlassungen und Gründe. Da die stummen Consonanten nach den Organen, womit sie gesprochen werden, sich in drei Laute theilen, einen Lippen-, Zahn- und Kehllaut, hat im ganzen eine sechsfache Verschiebung stattgefunden, wonach die drei weichen Laute (b, d, g) zu scharfen, dann die drei scharfen (p, t, k) zu gehauchten geworden sind (f, th, ch).

Analoge Vorgänge finden sich auch in anderen Sprachen, aber sie sind vereinzelt und fallen meist in das Gebiet des abhängigen Lautwechsels. Vollständig und unabhängig hat nur das Germanische verschoben, und zwar zu einer Zeit, da alle Stämme noch ein Ganzes ausmachten, denn die Bewegung ist gleichmäßig über alle germanischen Sprachen verbreitet. Sie muß mit großer Gewalt und Stärke eingetreten sein, da sie nur wenige Ausnahmen kennt. Und ebenso ist es kaum anders möglich, als daß sie geraume Zeit angehalten hat, da die einzelnen Verschiebungen nicht plötzlich und mit einem Male erfolgt sind. Etwa ähnlich, wie später bei den oberdeutschen Stämmen die zweite Verschiebung erfolgte.

Schon diese erste Lautverschiebung scheidet das Germanische wesentlich von den übrigen arischen Sprachen. Sie hält die Verwandtschaft mit ihnen fest und sagt sich doch von ihnen los. Denn die Lautverschiebung erscheint als Abfall von der ursprünglichen Einheit und Gemeinschaft der verwandten Sprachen und vom Standpunkt der ursprünglichen Sprachbildung aus zugleich als Trübung und Verwirrung der gemeinsamen Begriffe. Die Art und Weise aber, wie sie durchgeführt wurde, zeigt, daß die Germanen auch inmitten fremder Völker ihr feines und richtiges Sprachgefühl nicht verloren. Denn die Consequenz und Regelmäßigkeit, womit sie bestimmte Buchstaben, diese aber auch vollständig ergreift, verhinderte zugleich wieder, daß die Sprache aus den Fugen geriet und der Zusammenhang mit den verwandten Sprachen völlig zerrissen wurde.

Jakob Grimm glaubte, die Bewegung hänge mit der Völkerwanderung zusammen und sei etwa im ersten Jahrhundert unserer Zeitrechnung erfolgt; bei den westlichen Stämmen früher, bei den östlichen später: sie deute auf das Vorwärtsdrängen der Germanen, das sich bis in die innersten Laute der Sprache erstreckt habe. Daran ist nun wohl nicht zu denken. Denn da die Bewegung alle Stämme ergriffen hat, auch die nordischen Germanen, die an der spätern Völkerwanderung keinen Theil haben, so muß sie mindestens ein paar Jahrhunderte früher begonnen haben, als die Germanen noch beisammen wohnten.

Andere haben sie aus rein innern, sprachlichen Vorgängen zu erklären versucht, damit aber das Rätsel ebenso wenig gelöst. Daß sie durch Motive, die in der Sprache selbst liegen, begünstigt wurde, ist unzweifelhaft, daß aber äußere Umstände den ersten Anstoß gaben, scheint ebenso gewis. Denn wäre sie schon in der Natur sprachlicher Entwickelung begründet, so würde sie mit einer Art physiologischer Notwendigkeit erfolgt sein und es bliebe unerklärt, warum gerade nur die Germanen, nicht auch die übrigen Stämme verschoben hätten. Alles geistige Leben verlangt einen äußern Reiz, damit es thätig werde. So ist die ganze Geschichte der Sprache in diesem Sinn zugleich die Geschichte des Volkes: die Rückwirkung seiner Schicksale und Thaten. Für den Historiker also dreht sich die Erklärung des Prozesses um die Frage: warum nur bestimmte Stämme, nicht die andern verschoben haben, und das kann die Linguistik nicht für sich allein beantworten. Jakob Grimm hatte vollkommen Recht, wenn er nach einem Grund suchte, der nicht in der Sprache selbst gegeben sei.

Bedenken wir, daß die Finnen längere Zeit unsere Nachbarn im Norden waren, und das Finnische weder Aspiraten noch den ausgebildeten Unterschied zwischen weichen und scharfen Lauten kennt, so erscheint es gar nicht unmöglich, wie behauptet worden ist, daß finnische Einflüsse im Spiel gewesen sind. Finnische Leibeigene gab es gewis in größerer oder geringerer Zahl bei den Germanen, und wie das Finnische eine ganze Anzahl Wörter aus dem Germanischen entlehnt hat, so kann es umgekehrt auch nicht Wunder nehmen, wenn es auf das letztere einen Einfluß ausgeübt hat. Das oben schon erwähnte kana der Hahn, welches den Finnen von den Germanen zugekommen ist, läßt uns vermuten, daß die germanische Lautverschiebung im fünften Jahrhundert vor Christo, wenn überhaupt schon begonnen, doch keinesfalls vollendet gewesen ist. Wir dürfen hoffen, daß, sobald es gelungen sein wird, die Wohnsitze der Germanen in der Urzeit näher zu ermitteln — wozu insbesondere der skandinavische Norden berufen ist mitzuwirken —, auch das Rätsel der Lautverschiebung seine endgültige Lösung finden wird.

Später haben die oberdeutschen Stämme noch einmal verschoben, indem die neue tenuis in die aspirata und die neue media in die tenuis übergieng. So ist z. B. aus tiuta, wovon das Wort Teutonen kommt, zuerst das gothische thiuda und dann das althochdeutsche diot entstanden, woraus wieder der Name der Deutschen abgeleitet ist. Dadurch ist ein Gegensatz des Hochdeutschen und der übrigen germanischen Sprachen, vor allem auch des Niederdeutschen entstanden: wir sehen, wie durchgreifend ein einziger derartiger Vorgang selbst nah verwandte Sprachen von einander trennt.

Diese zweite Lautverschiebung hängt allerdings mit der Völkerwanderung zusammen, doch liegt zwischen ihr und der ersten vermutlich eine Zeit des Stillstands in der Mitte. Sie läßt sich in ihrem geschichtlichen Verlauf ziemlich deutlich verfolgen, da ihre letzten Ausläufer erst der christlichen Zeit angehören und urkundlich genau belegt werden können. Den besten Fingerzeig geben die lateinischen und griechischen Lehnworte, die mit dem Christenthum in unsere Sprache eindrangen und noch an der Verschiebung Theil nehmen, soweit sie schon vorher in das Deutsche übergiengen. Ihr Anfang fällt etwa in das fünfte Jahrhundert nach Christi Geburt, ihr Ende in das zehnte. Die Bewegung ist von den Alemannen und Baiern ausgegangen und hat sich dann in schwächerm Maß den mitteldeutschen Stämmen mitgetheilt. Durch die Schriftsprache ist sie im sechzehnten

Jahrhundert ein Gemeingut der Nation geworden, in dem Umfang, wie sie im Obersächsischen durchgedrungen war.

Sie ist viel unvollständiger als die erste und bei den einzelnen Stämmen durchaus nicht gleichmäßig erfolgt: die Bewegung erlahmt, je weiter sie nach Norden vordringt. Das feine und richtige Sprachgefühl aber, was der ersten Lautverschiebung eigen ist, lebt auch in der zweiten fort, wenngleich das Hochdeutsche von den verwandten Sprachen, insbesondere dem Lateinischen und Griechischen, sich dadurch noch einen Schritt weiter entfernt hat. Niemand sieht es den Worten duo und zwei, decem und zehn, dens und Zahn, θάνατος und Tod, turba und Dorf, calamus und Halm, cutis und Haut, fagus und Buche, θυγάτηρ und Tochter, und zahllosen anderen noch an, daß sie zusammen gehören. Und doch sind es dieselben Wörter, nur durch die Lautverschiebung getrennt.

Die zweite durchgreifende Verschiedenheit der germanischen von den übrigen arischen Sprachen liegt im Ablaut. Er ergreift namentlich die starken Zeitwörter und begründet für die Hauptformen nach gesetzlichen Regeln einen Wandel des Stammvocals. Mit den Endungen hatte das Germanische schon in der Urzeit gründlich aufgeräumt; selbst das Gothische zeigt bei weitem nicht mehr den Reichthum in der Flexion wie das Lateinische und Griechische: es ist fast als ob die Sprache sich erinnert habe, daß das Volk auf einer langen Wanderung sei und das überflüßige Gepäck abwerfen müsse. So conservativ darum die Sprache in den anlautenden Consonantverbindungen ist, so radikal verfährt sie mit dem Auslaut und den Endungen: nur etliche dreißig Formen sind von dem ganzen Reichthum der lateinischen und griechischen Conjugation im Gothischen noch übrig. In dem Ablaut fand man Ersatz für den verlorenen oder dahin schwindenden Reichthum. Gerade in ihrer Beschränkung verfuhr die Sprache wieder vollkommen frei und schöpferisch), indem sie verschiedene Tempusstämme aufstellte: eine förmliche Tonleiter der Vocale, wie der Ablaut genannt worden ist. Hatte die Lautverschiebung ein neues Gerüst für die Sprache geschaffen, so wurde dasselbe nun auch mit neuem Geist und Leben erfüllt.

Anfänge des Ablauts sind allerdings auch in den übrigen arischen Sprachen vorhanden. So das lateinische tango tetigi tactum, pello pepuli pulsum, lino levi litum, sisto stiti statum, vello velli vulsum, facio feci factum oder das griechische λείπω λέλοιπα ἔλιπον, τρέπω τέτροφα ἔτραπον, τιμάω τετίμηκα, φεύγω ἔφυγον und vieles Ähnliche der Art. Aber es ist mehr ein Umlaut als ein eigentlicher Ablaut, mehr ein phonetischer als ein dynamischer Vorgang. Denn so lange Reduplikation und Augment blieben, hatte der Ablaut nur eine untergeordnete Bedeutung; er war nicht eigentlich das, was das Tempus bezeichnete, sondern die Reduplikation oder das Augment und die Endung. Das Germanische aber schuf nach gewissen Gesetzen förmliche Ablautreihen, so daß in den Tempusstämmen nun eine Spaltung der Wurzeln nach zwei, drei oder gar vier Vocalen entstand. So das gothische rinna rann-runnum runnans rinnen, nima nam-nemum numans nehmen, liga lag-legum ligans liegen, steiga staig-stigum stigans steigen, giut gaut-gutum gutans gießen, slaha sloh-slohum slahans schlagen; ebenso, wenn auch nicht mit dem gothischen Vocalismus, in den übrigen germanischen Sprachen. Und indem durch Ableitung von den verschiedenen Tempusstämmen neue Worte gebildet wurden, kam die innere Mannigfaltigkeit derselben auch dem übrigen Sprachschatz zu gute, wie die Substantiva Binde Band Bund, Geber Gabe Gift, Zwinge Zwang, Schneide Schnitt, Trank Trunk und unzählige andere zeigen. Nicht mit Unrecht nennt deshalb Förstemann den Ablaut die Krone unserer Sprache, der die großen Wortfamilien in klangvolle Accorde abstimme. Denn so durchgreifend und gewaltig tritt er in keiner andern Sprache auf.

Wie lebendig er einst war und wie lange er nachgewirkt hat, zeigt, daß er noch im Althochdeutschen zum Theil auf fremde Lehnworte übertragen wurde, wie die Verba schreiben, preisen und pfeifen beweisen, die scheinbar ganz regelrecht ablauten, als ob sie deutsches Eigenthum wären: schreibe schrieb geschrieben, preise pries gepriesen, pfeife pfiff gepfiffen. Ja in krankhafter Weise wirkt der Bildungstrieb immer noch nach, wie die zwar falschen, aber nicht unschönen Formen kaufe kief gekauft, frage frug gefragt, jage jug gejagt und ähnliche zeigen. Mitunter versteigt man sich zu ganz abenteuerlichen Bildungen: in der Schweiz findet man speise, gespiesen gar nicht auffallend und in Marburg kann man sogar ein kriege, krag, gekriegt zu hören bekommen. Man könnte leicht das Richtige finden, denn in dem schwachen Participium auf t liegt das untrügliche Kennzeichen, daß auch das Präteritum schwach gebildet werden muß. Aber man will es eben nicht und läßt lieber das Princip, aus dem in der Urzeit der Ablaut hervorgieng, in unorganischer Weise fortwuchern. Der alte Bildungstrieb behauptet sein Recht.

Damit sind die Hauptmerkmale und Unterscheidungszeichen der germanischen Sprachen erschöpft. Eine große Freiheit und Leichtigkeit der Composition und die Vorliebe für schwache Beugung kommen noch hinzu. Die starken Consonantverbindungen haben wir mit den Slaven gemein. Der Reichthum an Zischlauten ist ihnen allein eigen, die Alliteration, den logischen Accent, die Lautverschiebung und den Ablaut haben wir vor ihnen voraus. Es sind die ersten Lebensäußerungen des neuen, eigenthümlich germanischen Geistes. Sie geben Zeugnis davon, mit welcher Kraft und Gewalt er auf die Dinge der Außenwelt zurück wirkte und wie er nun auch selbst thätig und handelnd in die Geschichte eingreifen werde. Denn mit der Sprache erwacht das selbständige geistige Leben des Volkes. Darum sind Ursprung und Entstehung derselben so überaus anziehend und wichtig. In der Entstehung der Tochtersprachen des Lateinischen können wir diesen Bildungsprozeß bei den romanischen Völkern noch in späthistorischer Zeit beobachten, bei den Urvölkern ist er in dunkle, nebelhafte Ferne gerückt und wir können nur, soweit es die Sprachgeschichte gestattet, auf ihn zurück schließen. Ganz gewis ist auch bei den Germanen eine Zeit der Verwirrung und Trübung vorausgegangen, ehe die neuen Principien klar, scharf und rein zum Durchbruch kamen. Ob wir je die äußern Einflüsse, die dabei mit im Spiel gewesen sind, vollständig übersehen werden? —

Im Zusammenhange mit der großen geistigen Rührigkeit stehen die Fortschritte der Cultur, die um so schwerer wiegen, je härter der Kampf gegen eine rauhe Natur geworden war. Mit dem Auerochs, den unsere alte Sprache in zwei Arten kennt, ûro und wisunt, dem Renntier, dem Wallfisch und dem Seehund tritt die nordische Thierwelt auf, mit dem Hafer das nordische Getraide. Verschiedene neue Ausdrücke für das Schwein zeigen die Bedeutung des Waldes für die Viehzucht. Auch die unendlich reiche Synonymik, die den deutschen Sprachen für das Wort Wald eigen ist, läßt denselben in den Vordergrund treten. In den Weichselgegenden oder noch tiefer im innern Rußland begann der Urwald, der nun auf Jahrhunderte bestimmend für unser deutsches Leben wurde und in gewissem Sinn das Volk allerdings nötigte, wieder von vorn anzufangen. Das Nomadenleben hatte man freilich überwunden, aber auf die Viehzucht muste man doch zurückgreifen. Nur wurde sie jetzt rationeller und kunstgerechter getrieben wie ehedem.

Die Worte See, Haff, Flut, Klippe, Strand, Eiland,

Mast, Kiel, Steuer, Segel, Tau, Netz und Angel, die gleichfalls neu zum Sprachschatz hinzukommen und allen deutschen Stämmen gemein sind, deuten auf die größere Wichtigkeit des Meeres und die Entwickelung der Schiffahrt und Fischerei. Es ist die Ostsee oder das älteste deutsche Meer, das die am weitesten nach Nordwest vorgeschobenen Stämme mit der Schiffahrt zur See vertraut machte, und über welches zu verschiedener Zeit die Einwanderungen nach Skandinavien giengen: zuerst, bald nachdem die Germanen die Ostsee erreicht hatten, eine dänisch-gothische über Dänemark und die Inseln nach Schonen und Götaland, dann später, etwa zu Anfang unserer Zeitrechnung, als die Weichsel Ostgränze der Germanen geworden war, Letten und Esthen bis an die Ostsee nachgerückt, und die nördlichen Stämme von ihren Brüdern im Süden abgeschnitten waren, eine schwedisch-norwegische über Finnland und die Alandsinseln nach Schweden und Norwegen. Die zwei verschiedenen Eisenalter, die sich aus den in Schweden gefundenen zahlreichen Alterthümern ergeben, glaubt man mit den beiden Einwanderungen in Verbindung bringen zu dürfen: ein älteres, das auf eine von Süden eingedrungene, mit der deutschen verwandte Cultur deutet, und ein jüngeres, mit einer vom Norden vorrückenden Cultur von eigenartigem Gepräge.

Die genauere Unterscheidung der Tages- und Jahreszeiten verrät den steigenden Wert der Zeit und ihrer Bestimmung, wie die Worte Morgen, Mittag, Abend, Mitternacht, Monat, Herbst und Winter ergeben. Namentlich die beiden letztern sind charakteristisch: der Herbst als Erntezeit für den Ackerbau, der Winter für das kältere, nordische Klima. In der Urheimat hatte man nur zwei oder drei Jahreszeiten zu unterscheiden nötig: eine längere Zeit der Sonnenwärme, eine kürzere des Schnees und die des Wiedererwachens der Natur. Auch den Himmelsgegenden und den Himmelserscheinungen wird größere Sorgfalt zugewandt. Während die arischen Hirten sich nur um Ost und West, Auf- und Niedergang der Sonne, zu bekümmern brauchten, war mit den Wanderungen auch Süd und Nord bedeutsam geworden. Ebenso sind die alten Composita Regenbogen und Morgenstern allen deutschen Stämmen gemein.

Die Fortschritte in der Zubereitung der Speisen erkennen wir aus den Worten Mehl, Teig, Brod, braten, backen und sieben. Die thierische Speise wird von der menschlichen durch das besondere Wort Futter unterschieden. Daneben erscheint freilich auch das Wort trinken, das im Slavischen baden oder waschen bedeutet: vermutlich haben sich die Germanen wie ihre heutigen Nachkommen zuweilen lieber in Bier als in Wasser gebadet und das Bad innerlich genommen.

Mit den Hosen und Handschuhen macht sich das kältere Klima geltend. Ein älteres Wort für das erstgenannte Kleidungsstück, vermutlich kürzerer Art, hat sich im ahd. bruch erhalten und ist auch den Kelten bekannt. Darnach unterschieden die Römer in Oberitalien eine Gallia togata und eine Gallia braccata, je nachdem die Bewohner Toga oder Hosen trugen. Auch das Wort Schuh ist neu.

Der Hausbau tritt mit den Worten Schwelle, Balken und Säule auf, die natürlich von Holz zu denken sind; die Thür hört auf, zugleich der Zugang für das Licht zu sein, wie das schöne gothische Wort augadauro Augenthür für unser heutiges Fenster zeigt. Dagegen finden sich keine neuen Ausdrücke, die auf ein dichteres Zusammenwohnen deuten: ein Beweis, daß Tacitus Recht hat, wenn er sagt, daß die Germanen zerstreut wohnten und keine Städte duldeten. Was hätten auch Städte für eine Bedeutung gehabt: der Wald schützte besser als alle Befestigungen, und an feste Ansiedlungen dachte man überhaupt noch nicht.

Von den Gewerben entwickelt sich besonders die Schmiede=
kunst, so daß Schmiede selbst in den Kreis der Götter ein=
treten und eine Rolle in der Mythologie spielen: die neuen
Worte Waffe, Kette, Draht, Zange, Meißel und Scheere verraten die steigende Geschicklichkeit in der Bearbeitung des
Eisens. Aber auch die Reitkunst stellt sich ein mit den Worten
Sporn, Sattel, Zaum und Zügel.

Auf politischem Gebiet werden Könige, Jarle oder Herren,
Freie und Knechte unterschieden; auf die Bebauung des Bodens
deutet das Wort Hufe, wenn auch die Niederlassung noch keine
bleibende sein sollte. Das Recht ist durch die neuen Ausdrücke
Sache, Buße, Schuld, Rüge, schwören, urtheilen und ver-
dammen vertreten. Nicht minder entwickelt sich das Kriegs=
wesen: unter den Waffen treten Spieß, Kolben, Schwert,
Schild und Halsberg auf. Selbst die Fahnen fehlten nicht,
wie das an. gunfani Kriegsfahne zeigt. Daß die alte Sprache
unerschöpflich ist in Synonymen für Kampf und Krieg, Schlacht
und Sieg, Ehre und Ruhm, ist zur Genüge bekannt. Das
Volk war in sein Heldenzeitalter eingetreten.

Doch fehlten auch die Künste des Friedens nicht. Das
überaus wichtige Wort Buchstabe erscheint und mit der Harfe
das erste musikalische Instrument. Denn Gesänge und Lieder
hat es gewis gegeben, so lange es eine deutsche Sprache giebt.
Selbstverständlich ist das Priesterthum älter als das Alphabet
und die Schrift. Aber doch hängt es damit zusammen, denn
die geheimnisvollen Buchstaben oder Runen wurden zunächst
zum Wahrsagen und Erkunden des Götterwillens, nicht zum
Schreiben gebraucht. Indes folgte die Schrift bald nach, und
mit der Annahme des europäischen Alphabets, das den Germanen schon in sehr früher Zeit durch den Handel bekannt
geworden sein muß, war jedenfalls die Möglichkeit gegeben, in
den Kreis der eigentlichen Culturvölker einzutreten. Daß es

dazu auch sonst nicht an den Voraussetzungen fehlte, beweisen die außerordentlich zahlreichen neuen Ausdrücke für geistige Begriffe, die in der germanischen Urzeit aufkommen. Schon die lebendige Sprachthätigkeit dieser Zeit läßt darauf schließen.

Wir müssen es uns hier versagen, auf das wirtschaftliche Leben näher einzugehen, da wir unten darauf zurückkommen. Doch können erhebliche Zweifel kaum mehr bestehen, seitdem es gelungen ist, demselben noch auf mancherlei andern Wegen als durch die Überlieferungen der Alten nahe zu treten. Es hielt, um es mit einem Wort zu sagen, die Mitte zwischen Nomadencultur und Ansäßigkeit. Das Volk sucht ansäßig zu werden, wie es schon früher zeitweilig längere oder kürzere Zeit ansäßig war; aber es ist doch noch unstet, jeden Augenblick bereit, seine Wohnsitze zu verlassen und mit bessern zu vertauschen. Wäre es reicher gewesen, hätten Ackerbau und Gewerbfleiß ein Preisgeben der Ansiedlungen nicht mehr gestattet, so wäre seine Unterwerfung für die Römer viel leichter gewesen. Aber es war nirgends zu treffen, wenn es nicht wollte. Die Herden wurden in die Wälder getrieben, die Vorräte in künstlich angelegten unterirdischen Verstecken geborgen, und nun konnte es ausweichen, wohin es wollte, bis sich eine günstige Gelegenheit zum Kampfe bot.

Gewis dachten die Germanen nicht daran, in einem Land voller Sümpfe und Wälder, wie das alte Deutschland war, für immer sich niederzulassen. Sie strebten wärmeren und fruchtbareren Gefilden zu und dachten nicht anders, als den Krieg, der an der Ostsee begonnen und schon bis zum Rhein fortgeführt war, auch jenseit des Flusses im alten Keltenland selbst fortzusetzen. Bereits übte Ariovist, ein kühner Heerführer der Germanen, der in den innern Zwistigkeiten gallischer Stämme herbeigerufen war, mit seinem zahlreichen Gefolge seit Jahren hier eine Art unzweifelhafter Herrschaft aus.

In diesem entscheidenden Moment trat Cäsar dazwischen und nahm Gallien für die Römer in Anspruch. So mußten die Germanen in dem ungastlichen Land bleiben, weil das römische Reich keine weitere Ausbreitung gestattete. Wir haben das Land in den ersten tausend Jahren unserer Zeitrechnung vollständig urbar gemacht und mit dem Pflug in der Hand zum zweiten Male erobert. Wir haben es infolge dessen auch lieb gewonnen und nennen es nun mit Stolz unser Vaterland.

Indes gaben die Germanen das weitere Vordringen darum nicht gleich auf. Daß sie das gleiche Recht in Anspruch nahmen wie die Römer, hatte Ariovist Cäsar gegenüber deutlich genug ausgesprochen: beide beriefen sich auf das Recht der Eroberung, die Germanen ebenso souverän wie Cäsar.

Zunächst freilich wurde ihre Freiheit im eigenen Lande bedroht, denn was Cäsar in Gallien begonnen, wollte Augustus in Deutschland vollenden. Es war eine Art Notwendigkeit, die dazu drängte, kein bloßer Ehrgeiz oder Eigennutz. Die gefährlichen Nachbarn der römisch-gallischen Provinz mußten unschädlich gemacht, und vor allem bessere Gränzen für das Reich gewonnen werden. Allein nach dreißigjährigem Kampf (vom Jahr 15 vor Christi bis zum Jahr 16 nach Christi Geburt) sahen sich die Römer genötigt, von ihrem Unternehmen abzustehen, obgleich sie zu Zeiten durch ihre kluge Politik und ihre überlegene Kriegskunst das Ziel fast schon in Händen hatten. Es ist, als ob eine höhere Hand die germanische Freiheit beschützt habe. Denn wer kann sagen, wie es gekommen wäre, wenn die Heere des Sentius Saturninus und des Tiberius sich im Herzen von Deutschland vereinigt hätten? Oder wenn Drusus zehn Jahre länger am Leben geblieben wäre? Oder auch nur, wenn Tiberius dem Germanicus noch einen einzigen Feldzug gestattet und dieser, wie es leicht möglich war, mit einer Niederlage der Germanen geendet hätte?

Zu dem allem kam es nicht, und die Römer gaben die halbvollendete Eroberung von Germanien wieder auf. Es blieb ihnen nichts übrig, als die Gränzen durch ein System von Castellen und festen Linien zu decken. Darum wurde unter Domitian und Trajan jener ungeheure Wall von Deutz am Rhein bis Kehlheim an der Donau angelegt, der nahezu ein Drittel von Deutschland zum römischen Reich zog und gegen zweihundert Jahre behauptet wurde. In dieser Zeit erfolgte der Übergang der deutschen Stämme zur vollen Ansäßigkeit und zu festem Ackerbau, wiewohl der alte Wandertrieb gelegentlich immer wieder erwachte.

Noch von einer andern Seite sind die Römerkriege entscheidend für unsere Entwickelung geworden. Sie erweckten zuerst ein nationales Bewustsein: das Gefühl der Zusammengehörigkeit und damit das Bedürfnis einer größern politischen Organisation. Auch nach dieser Seite trat ein Wendepunkt in unserer Geschichte ein.

Die Urzeit hatte die einzelnen Stämme und Zweige unseres Volkes fort und fort gespalten und isolirt. Mit der räumlichen Trennung und dem Schwinden des verwandtschaftlichen Zusammenhanges hörte auch die politische Verbindung auf. Die Stämme befehdeten sich wie heut zu Tage ein räuberischer Beduinenstamm den andern. Von nun kehrt sich die Bewegung um und die zerstreuten Glieder werden wieder gesammelt und verbunden. Denn einem centralisirten Weltreich gegenüber konnte nur durch gemeinschaftliche Unternehmungen etwas ausgerichtet werden. Deshalb treffen wir seit dem dritten Jahrhundert, als die Germanen zum Angriff auf das römische Reich übergehen, nicht mehr die zahllosen kleinen Völkchen wie früher, deren jedes das andere bekämpft und bekriegt, sondern die großen Stämme, die bis auf die Gegenwart sich erhalten haben: Alemannen, Franken, Sachsen, Thüringer und Baiern.

Damit sind wir aber der Geschichte schon vorausgeeilt. Wir müssen zunächst noch einige Augenblicke bei dem ungleichen Kampf zwischen Römern und Germanen verweilen, ehe wir uns der weitern innern Entwickelung zuwenden.

Zweites Capitel.
Die Kämpfe mit den Römern.

Nach der Unterwerfung Galliens durch Cäsar konnten die Römer nicht wohl am Rhein stehen bleiben. Denn Flüsse sind keine natürlichen Gränzen. Es sind Verkehrsadern, welche die Völker mehr zusammenführen und verbinden als von einander trennen; feindlichen Nachbarn gegenüber müssen alle wichtigern Übergänge durch feste Plätze und stehende Besatzungen gedeckt werden.

Nur Gebirge wie die Pyrenäen, die Alpen, der Kaukasus sind von je her wahre Völkerscheiden gewesen.

An den Alpen freilich hätten die Römer stehen bleiben können. Allein hier, zwischen Alpen und Donau, gab es noch unabhängige rhätische und keltische Stämme, die nach der Unterwerfung Galliens leicht zu besiegen waren. Der Besitz der Alpenpässe, der fremden Völkern den Weg nach Italien öffnete und Gelegenheit zu Raubzügen in die lombardische Ebene bot, durfte nicht in Feindes Hand gelassen werden. Darum schickte Augustus im Jahr 15 v. Chr. die beiden Brüder Tiberius und Drusus, seine Stiefsöhne, ab, das Land zu erobern. Auf zwei verschiedenen Wegen drangen sie vor: Tiberius durch das Rheinthal, Drusus durch das Thal der

Etsch. Jener ließ am Bodensee eine Flotte bauen, setzte über und fiel den Vindelikern in den Rücken; Drusus bahnte sich den Weg mit Gewalt; nach kurzem, erbittertem Kampfe wurden die Völker an der Außenseite der Alpen vernichtet oder unterjocht und das Land bis zur Donau römische Provinz.

Auf diesem Zuge entdeckte Tiberius die Donauquellen: es war ein Ereignis, wie wenn etwa heut zu Tage die Nilquellen entdeckt werden. Jahrhunderte lang war der gewaltige Strom in seinem untern Lauf an den Völkern der alten Welt vorüber gerauscht, ohne daß man wußte woher er kam. Nur daß er im Lande der Kelten entspringe, war bekannt oder wurde vermutet. Allein nun war man wieder an einer Flußgränze angelangt.

So mochte der Gedanke auftauchen, auch das innere Deutschland, Germania magna oder barbara im Gegensatz zu den von den Römern unterworfenen Gebieten auf dem linken Rheinufer, wo sich bereits deutsche Stämme niedergelassen hatten, zu erobern und dem römischen Reich einzuverleiben. Der leichte Sieg über die Donauvölker war verführerisch genug; acht Legionen hatte man am Rhein nötig, um die Gränze gegen die Einfälle der deutschen Stämme zu decken, ein kostspieliges und mühsames Verteidigungssystem. Vielleicht auch, daß Augustus, der Großneffe und Adoptivsohn Cäsar's, der das Imperium geerbt hatte, dessen Werk vollenden und seinen Namen durch eine nicht minder bedeutende Eroberung verherrlichen wollte, als sie Cäsar geglückt war. Denn so wichtig der Besitz von Gallien sein mochte, vollendet wurde die römische Weltstellung doch erst, wenn Deutschland, das Herz von Europa, hinzukam.

Aber es war ein gewagtes Unternehmen. Noch waren die furchtbaren Cimbern- und Teutonenkriege, die zehn Jahre lang Rom mit Angst und Entsetzen erfüllt hatten, in frischem Andenken. Nur zweimal war Rom in ähnlicher Gefahr gewesen: zuerst da die Gallier ihm den Untergang drohten; dann als der Schreckensruf ertönte: Hannibal ante portas! Eine dunkele Ahnung gieng durch das Volk, daß ihm vielleicht von diesen nordischen Barbaren der Untergang drohe und durch sie das prophetische Wort sich erfüllen werde, was Scipio auf den Trümmern von Karthago gesprochen hatte. Der cimbrische Schreck war sprichwörtlich geworden, wie einst der Ruf: Hannibal ante portas!

Es hatte einer vollständigen Reform des römischen Heerwesens bedurft, um nach der entsetzlichen Niederlage an der Rhone, welche den Tag von Cannä noch übertraf, der wilden Naturkraft der Cimbern und Teutonen Herr werden zu können. Dem Helden Marius war es gelungen. Bei Aquä-Sextiä im südlichen Gallien waren die Teutonen (102 v. Chr.), auf den raudischen Feldern in Oberitalien das Jahr darauf die Cimbern vernichtet worden. Aber doch mehr durch kluge Benutzung der Umstände, Geschick und Feldherrntalent, die Glut und den Staub des italienischen Sommers, wie durch wirkliche Überlegenheit der nationalen Kraft. Die Furcht vor den Germanen blieb. Und noch Cäsar hatte Mühe gehabt, sie zu überwinden, als er bei dem Angriff auf Gallien sein Heer zuerst gegen Ariovist führen muste.

Wie standen sich nun beide Völker gegenüber? Auf der einen Seite eine überlegene Kriegskunst, ausgebildete Strategie und Taktik, geschulte und disciplinirte Heere, die auf allen möglichen Schlachtfeldern, in Europa, Asien und Afrika gekämpft und seit Marius und Cäsar den Krieg im großen Stil berufsmäßig erlernt hatten. Mit Cäsar war wieder ein ganz neuer Geist in die römischen Heere gekommen: das Gefühl der Unüberwindlichkeit hatte sich ihrer bemächtigt. Ein künstliches Belagerungs- und Befestigungssystem; Wurfmaschinen, Kriegsgeräte und Werkzeuge aller Art; große Schiffe und Flotten, mit denen man die Küsten und Strommündungen beherrschte; eine geregelte Verpflegung, so lange es überhaupt Lebensmittel gab; vortreffliche Waffen, darunter vor allem das mörderische, spitze und zweischneidige römische Schwert. Gleichwohl kämpften die römischen Heere doch nur für ihren Sold und ihre Ehre: ein Feldherr wie Cäsar konnte alles mit ihnen ausrichten; Talente geringeren Schlages vermochten oft nicht einmal die Disciplin aufrecht zu halten.

Auf der anderen Seite nichts von alledem bei den Germanen: keine organisirte Kriegführung, keine Kunst, keine Erfahrung; wie Naturkinder giengen sie in den Kampf, mit mehr Leidenschaft als Besonnenheit. Nur an Körpergröße, physischer Stärke und derber, roher Naturkraft waren sie ihren Feinden überlegen. Die Berichte der alten Schriftsteller sind voll des Staunens über die riesenhaften Leiber der Germanen im Vergleich zu dem kleinen römischen Menschenschlag, über ihre ungestüme Tapferkeit, ihre Todesfreudigkeit, ihre trotzigen Mienen, ihr wildes Aussehen; Tacitus rühmt besonders ihre jugendliche Kraft und Frische, die inexhausta pubertas, wie er prägnant sagt, im Gegensatz zu dem entarteten Römerthum. Diese größere physische Kraft hat auch noch im Jahr 1813 mit den Ausschlag gegen die Franzosen gegeben: wir brauchen nur an die famose Kolbenschlacht bei Hagelberg zu erinnern, wo anfangs die Deutschen vor der überlegnen französischen Taktik zurückwichen, bis ihnen ihre natürliche Stärke einfiel und sie mit dem Kolben die Feinde niederschlugen. Wie damals kämpften die Germanen für ihr Vaterland und ihre Freiheit. Ja man kann sagen, sie kämpften aus reiner Freude am Kampf, um der heimatlichen Götter willen, die sich im nationalen Mythus alle in Kriegsgötter verwandelt hatten.

Und dazu kam, wenn sie im Lande selbst angegriffen wurden,

die mächtige Bundesgenossenschaft des heimatlichen Bodens, die undurchdringlichen Wälder, die tückischen Sümpfe und Moore: sie selbst bekannt und vertraut mit allen Wegen, Schlupfwinkeln und Verstecken, während der Feind sich erst mühsam die Wege bahnen und wenn sie glücklich durchgehauen waren, zur Deckung des Rückzuges auch noch verschanzen muste. So hatte Cäsar zum Theil schon in Gallien im Ardennerwald vorgehen müssen, so musten Drusus und Germanicus jetzt in Germanien vorgehen; überall wurden zu beiden Seiten der neuen Wege Verhaue mit den gefällten Bäumen gebildet. Nicht minder kam das rauhe und feuchte Klima den Germanen zu Hilfe. Sie waren an Wind und Wetter und vor allem an anhaltende Regengüsse viel mehr gewöhnt als die Römer: die Alliirten von der Katzbach, wie Blücher das Regenwetter vor Waterloo nannte, haben auch im Teutoburger Walde nicht gefehlt.

Die Frage war nur, ob es nicht an der einheitlichen Leitung fehlen, und die verschiedenen Stämme in der Stunde der Not zusammenhalten würden. Selten, daß ein Stamm unter sich einig war; noch viel weniger hatten sie sich je zu gemeinschaftlichem Handeln verbunden; in der Regel führte ein jeder, mit seinen Nachbarn verfeindet und entzweit, den Krieg auf eigne Hand. Das war das Unglück der Kelten gewesen. Ein Stamm war nach dem andern gefallen und hatte dann wohl gar seine Freude gehabt, wenn die Reihe an den Nachbarn kam. Wohl mochten die Römer hoffen, daß sich Ähnliches in Deutschland wiederholen werde und mit geschickter Benutzung der innern Fehden und Spaltungen derselbe Erfolg wie in Gallien erreichen lasse. Denn in der Politik waren die Römer noch größere Meister wie in der Kriegskunst.

In jedem Falle war und blieb es ein großes Wagnis, in das Dunkel der Urwälder vorzudringen und sich in weitausfehende Unternehmungen einzulassen, bei denen selbst im glücklichsten

Fall niemand wuste, wo sie enden würden. Aber Augustus unternahm das Wagstück. Noch war das römische Reich überall im Vorrücken begriffen; noch war es schließlich aus jedem Kampf siegreich hervorgegangen, nur mit neuem Zuwachs an Macht und Stärke. Die Weltmacht Karthago war gefallen, Griechenland und das Reich Alexander's des Großen, nun sollte die Welt der Germanen dienstbar gemacht werden.

Zur Ausführung des Planes ersah Augustus seinen Stiefsohn Drusus, der sich schon in dem Feldzuge gegen die Donauvölker bewährt hatte. Eine überaus glückliche Wahl. Noch jugendlich, kaum fünfundzwanzig Jahre alt, feurig und ehrgeizig und dabei doch klug und besonnen, fein und liebenswürdig, von ebenso großer geistiger Begabung wie körperlicher Schönheit, so muste seine Persönlichkeit einen Zauber um sich verbreiten, wie es kaum Cäsar vermocht hatte, und zu den glänzendsten Hoffnungen berechtigen — tot tantarumque virtutum. quot et quantas natura mortalis recipit, sagt Vellejus Paterculus. Er hat sie im vollsten Maße erfüllt und das Unternehmen, soweit ihm vergönnt war, mit gleich großer Kühnheit und Umsicht durchgeführt. Ein Glück für Deutschland, daß er in der Blüte seiner Jahre mitten in der Siegeslaufbahn von jähem Tode ereilt wurde. Wäre er am Leben geblieben, er hätte aller Voraussicht nach uns das gleiche Schicksal bereitet, wie es Cäsar Gallien bereitete. Aber daß die Römer überhaupt jemals, wenn auch nur vorübergehend doch gegen achtzehn Jahre, zu einer Art Herrschaft in Deutschland gelangt sind, und daß sie selbst nach der entsetzlichen Niederlage des Varus auf Jahrhunderte wenigstens die Rhein- und Donaugränze halten konnten, das ist das Werk des Drusus.

Er verfuhr streng planmäßig und systematisch. Als nächstes Angriffsobjekt bot sich nach dem Gewinn der Donaulande das nordwestliche Deutschland dar. Das mittlere war damals fast ganz vom hercynischen Wald bedeckt, unwegsam und ungemein schwierig für Märsche wie für die Verpflegung; es hat keine großen Ströme, daher auch keine größern Offensiv- und Defensivlinien. Dagegen ist das nordwestliche Deutschland größtentheils eben, von Ems, Weser und Elbe durchschnitten, deren Mündungen vom Meere aus beherrscht werden können, und so in drei natürliche Abschnitte getheilt, die jeder für sich zu erobern und zu verteidigen sind. Im Süden bildet der Lauf der Lippe einen geraden Weg in das Herz des Landes bis zum Teutoburger Wald und zum Wesergebiet. Nach der Eroberung von Niederdeutschland würde das mittlere, zugleich von dort und von der Donau her angegriffen, keinen erfolgreichen Widerstand mehr geleistet haben.

Der Rhein muste daher als Grundlage und Ausgangspunkt für das Unternehmen festgehalten werden. Von dort gab es einen doppelten Weg zum Angriff, längs der Küste in die Ems hinein, oder von Vetera castra bei dem heutigen Xanten die Lippe aufwärts. Beide Flüsse entspringen ziemlich nahe bei einander an den Abhängen des Teutoburger Waldes; der langgestreckte Höhenzug verläuft erst in der Gegend von Osnabrück und schließt mit der Egge und dem Haarstrang, die parallel der Lippe im Süden streichen, die ganze westphälische Ebene fast in einem Halbkreis ein. Nur zwei Pässe führen nach der Weser: der eine bei Bielefeld auf dem Wege nach Herford, der andere, die sogenannte Döre (porta), in der Gegend zwischen Lippspringe und Detmold.

Zunächst also galt es, die Rheinlinie zu befestigen. Das ist denn auch von Drusus zur Vorbereitung seines Unternehmens in den Jahren 13 und 12 vor Christi Geburt gründlich geschehn. Über fünfzig Castelle soll er an den Ufern des Rheins erbaut haben. Nur Xanten und Mainz waren schon vorher befestigt: Mainz, eine alte Keltenstadt, seit dem Jahre 37, als

Octavian (Augustus) die neue Provinz Gallien organisirte;
Vetera castra, später so genannt, weil es das erste römische
Standlager am Rhein war, seit der Niederlage des Lollius
gegen die Germanen (Sigambern, Usipeter und Tenchterer)
im Jahr 16. Auch Cöln war schon im Jahr 35 gegründet,
als die römisch gesinnten Ubier von der deutschen Seite auf
das linke Rheinufer verpflanzt wurden, erhielt aber erst durch
Drusus größere Bedeutung. Denn hier wurden, wie bei Mainz
und Xanten, durch Drusus zugleich Brückenköpfe auf der deutschen Seite angelegt: Deutz und Castell bei Cöln und Mainz
haben sich bis auf die Gegenwart erhalten.

Alle übrigen festen Plätze sind erst durch Drusus neu angelegt, wenn sie als keltische Orte zum Theil auch schon früher
vorhanden waren und als eigentliche Standlager erst später bleibenden Bestand gewannen. So Augst oberhalb Basel (Augusta
Rauracorum), wo die Donaustraße einmündete; Straßburg an
der Rheinfurt in der Mitte des oberrheinischen Beckens (das keltische Argentoratum); Bingen (Bingium) an der Mündung der
Nahe und der Straße vom Hundsrück in das Rheinthal; Oberwesel (Vosavia) und Boppard (Baudobrica) an einmünden-
den Seitenthälern; Coblenz (Confluentes) am Zusammenfluß
des Rheins und der Mosel, um die Thäler der Lahn und
Mosel zu beherrschen; Andernach (Antenacum) am Ende
des Neuwieder Beckens, zugleich zum Schutz der hier mündenden Eifelstraßen; Sinzig (Sentiacum) und Remagen
(Rigomagus) zu beiden Seiten der Ahrmündung; Bonn
(Bonna) mit einem Brückenkopf auf der deutschen Seite zur
Beherrschung des Siegthales; Neuß bei Düsseldorf (Novesium)
zur Sicherung eines Rheinübergangs; Gellep (Gelduba) und
Asberg (Asciburgium) als Verbindungsposten der Ruhrmün-
dung gegenüber. Daran schlossen sich Vetera castra unterhalb der
Lippemündung und die befestigten Lager bei Emmerich, Nim-

wegen und Arnheim in den Niederlanden. Um eine sichere und kürzere Fahrt vom Rhein nach der deutschen Nordseeküste zu gewinnen, wurde ein ungeheurer Canal nach der Yssel und der Zuidersee, die fossa Drusiana, gegraben, in zwei Jahren vollendet und mit Castellen am Einfluß des Canals in die Zuidersee und an der Mündung in die Nordsee versehen.

Da Drusus nicht bloß siegen, sondern erobern wollte, wurden später mit dem Fortschritt der Eroberung auch im Innern von Deutschland Castelle und Festungswerke angelegt, die das Gewonnene sichern und weitern Unternehmungen zur Stütze dienen sollten. Dahin gehören das Castell auf dem Taunus bei Homburg, sowie die Festung Aliso an der obern Lippe (man hat an Elsen bei Paderborn oder Liesborn bei Lippstadt gedacht), wahrscheinlich das Castell auf der sogenannten Chattenburg in Cassel, welches das Thal der Fulda und die Straße nach der Weser sperrt, und Cassel am Wertheimer Engpaß bei Gelnhausen auf der Straße nach Thüringen, die beide das Andenken an den römischen Ursprung in ihrem Namen bewahrt haben, vielleicht auch Kestrich zwischen Grünberg und Alsfeld am Abhang des Vogelsbergs auf der Straße aus der Wetterau nach Hessen, das neuerdings als Caesoriacum gedeutet worden ist.

Wie meisterhaft richtig alle diese Plätze angelegt waren, zeigt sich darin, daß fast alle sich als strategisch wichtige Punkte bis auf die Gegenwart erhalten haben, obgleich die Castelle im innern Deutschland bald von den Germanen vollständig zerstört wurden. Bei Mainz, Cöln und Xanten waren Vorrichtungen zum Übergang größerer Heere getroffen, ohne Zweifel auch wie bei Bonn und Neuß, wo es von Florus ausdrücklich bezeugt ist, stehende Floß- oder Schiffbrücken geschlagen; in den Hauptwaffenplätzen wurden zugleich Verpflegungsmagazine angelegt. Die batavische Insel diente als Waffenplatz für die Flotte und die Unternehmungen zur See. Alle festen Punkte standen durch

Straßen mit dem innern Gallien in Verbindung, das zunächst den Proviant für die Heere zu liefern hatte.

Man sieht, es wurden riesenhafte Anstrengungen gemacht, um das Unternehmen gelingen zu lassen. Die Ausführung so zahlreicher und zum Theil kolossaler Bauten wäre geradezu unglaublich, wenn man sich nicht vorstellt, daß ein Heer von vielleicht hunderttausend Mann ein paar Jahre damit beschäftigt war.

Drusus unternahm nun in den Jahren 12 bis 9 vor Christo vier Feldzüge gegen Deutschland, jedesmal von Gallien und dem Rhein aus, wo er die Vorbereitungen und Zurüstungen traf. Bei allen leiteten ihn vornämlich strategische Zwecke, denn die taktische Überlegenheit der römischen Waffen war unzweifelhaft.

Der erste im Jahre 12 gieng gegen die Küsten und hatte den Zweck einer großen Recognoscirung. Drusus schreckte zunächst durch einen raschen Übergang über den Rhein und einen Verwüstungszug die Usipeter, Tenchterer und Sigambern, die seit Cäsar's Zeit fort und fort das belgische Gallien beunruhigten. Er fuhr dann mit der Flotte die Ems hinauf und lieferte den Brukterern ein siegreiches Gefecht auf dem Fluß. Das wichtigste Ergebnis war die friedliche Gewinnung der Küstenvölker. Bataver und Ubier hatten ohne weiteres mit den Römern ein Bündnis geschlossen, die Friesen unterwarfen sich, mit den Chauken wurden Verbindungen angeknüpft. Dadurch wurde für künftige Unternehmungen die linke Flanke gedeckt, wenn Drusus demnächst auf dem Landweg weiter in's Innere vordrang.

Der zweite Zug im Jahre 11 gieng bis an die Weser. Er war gegen die verbündeten Sigambern und Cherusker gerichtet. Die Chatten hatten anfangs nicht mithalten wollen, waren aber von den Sigambern mit Gewalt zum Anschluß genötigt worden. Drusus gieng währenddes vom Bataverland aus über den Rhein, überschritt die Lippe und drang in das Gebiet der Sigambern und von da weiter gegen die Cherusker vor. Etwa bei Corvey wird er die Weser erreicht haben. Hier muste er umkehren, weil sein Rückzug durch das Gebirge bedroht wurde. Er geriet dabei so in die Enge, daß die drei Stämme, die alle Pässe besetzt hielten, sich schon im Voraus in die Beute theilten: die Sigambern sollten die Gefangenen, die Cherusker die Pferde, die Chatten das Gold und Silber haben. Allein die Germanen griffen in ihrem siegestrunkenen Übermut ohne Ordnung an, Drusus schlug sich durch und machte seinerseits reiche Beute an Gefangenen, Pferden und Vieh.

Noch in demselben Herbst wurde die Feste Aliso an der obern Lippe angelegt und im folgenden Jahr durch eine Militärstraße längs der Lippe mit dem Rhein verbunden: im Herzen des feindlichen Landes, den Pässen des Osning gegenüber, wo Drusus hatte vernichtet werden sollen. Er bedrohte nun umgekehrt von hier aus gleichzeitig die Gebiete der Sigambern, Cherusker und Chatten: der Sigambern im Süden, der Cherusker im Nordosten, der Chatten im Südosten. Zugleich ließ er als Brückenkopf gegen die Chatten Mainz gegenüber das Castellum Drusi erbauen, auf der Stelle des heutigen Castell.

Der dritte Zug im Jahre 10, von Mainz und Bonn aus, gieng vornämlich gegen die Chatten. Sie wurden mit glücklichem Erfolg überfallen, aus dem Feld geschlagen und, soweit sie in der südlichen Wetterau zurückblieben, zum Bunde mit den Römern gezwungen. Bei diesem Anlaß verstärkte Drusus ein schon im vorigen Jahr auf der Höhe des Taunus, ohne Zweifel bei dem heutigen Homburg, begonnenes Castell, das beide Abhänge des Gebirgs beherrschte, und ließ die Verschaujungen aller Wahrscheinlichkeit nach durch die Wetterau bis an den Main und nördlich längs dem Rheine bis zum Siebengebirg fortsetzen: theils um das Gebiet der Chatten zu beschränken, theils um ein Vorland auf dem rechten Rheinufer zu gewinnen und die Übergänge zu sichern. Es ist der Anfang des spätern Pfahlgrabens, der nachmals erweitert und Jahrhunderte lang von den Römern behauptet wurde.

Der vierte und größte Feldzug endlich im Jahre 9 gieng bis zur Elbe. Abermals drang Drusus von Mainz aus durch das Gebiet der Chatten, schlug sie in verschiedenen Treffen, wandte sich dann gegen Thüringen (Suevia), von da nordwärts gegen die Cherusker und gelangte, alles vor sich her verwüstend, bis an die Elbe. Hier errichtete er ein Siegeszeichen zum Andenken an den wunderbaren Zug. Aber auf dem Rückweg ereilte ihn sein Geschick. Er stürzte zwischen Saale und Rhein — näher wird der Ort nicht angegeben — mit dem Pferd, brach den Schenkel und verletzte sich so, daß er vier Wochen darauf im Lager starb, in den Armen seines Bruders Tiberius, der auf die Nachricht des Unglücks herbeigeeilt war, noch nicht ganz dreißig Jahre alt.

Die Leiche des jugendlichen Helden wurde von dem trauernden Heere nach Mainz getragen, von da durch die Vornehmsten der Städte von Ort zu Ort nach Rom; von Pavia aus begleitete Kaiser Augustus selbst den Zug. Mit den größten Ehren wurde er zu Rom bestattet. Durch seinen Tod, äußerte Augustus, habe er mehr verloren, als durch seine Siege gewonnen: glänzender konnte die Bedeutung des gefallenen Helden nicht anerkannt werden. Noch wenige Jahre, und Deutschland wäre bis zur Elbe römische Provinz gewesen. Schon bei dem Tod des Drusus erschien den Römern das Land wie umgewandelt: anders die Menschen, anders der Boden, ja selbst der Himmel milder und freundlicher.

Tiberius wurde beauftragt, das Werk seines Bruders fortzusetzen. Auch er war ein Mensch von ungewöhnlichen Geistesgaben, großem Feldherrntalent und staatsmännischem Blick, aber von finsterm Gemüt, viel weniger liebenswürdig als Drusus. Wie weitsichtig er war, erhellt daraus, daß er nachmals als Kaiser das Christenthum bereits als Staatsreligion anerkennen wollte. Gewis hat Tacitus, in dem noch etwas von dem alten Römersinn der republikanischen Zeit steckte, sein Bild entstellt und was die Schuld des ganzen Volkes war ihm allein angerechnet. Dreimal war er auf längere Zeit in Deutschland: zuerst in den Jahren 8—7 vor Christo, dann wieder 4—5 nach Christo und noch einmal nach der Varusschlacht; zwischen die erste und zweite Verwaltung fällt sein freiwilliges Exil auf der Insel Rhodus, der Zug des Domitius Ahenobarbus bis zur Elbe und der Krieg des Marcus Vinicius um den Anfang unserer Zeitrechnung.

Was Drusus als genialer Feldherr begonnen, suchte Tiberius durch kluge Politik zu vollenden. An Feldzügen freilich fehlte es auch nicht; aber im ganzen erreichte er mehr durch geschickte Benutzung der innern Streitigkeiten, Trennung der Stämme von einander und Spaltung ihrer selbst. Eine äußerst vorsichtige und schonende Behandlung des unterworfenen oder mit den Römern verbündeten Landes gieng damit Hand in Hand.

Überall sehen wir ihn bemüht, eine römische Partei zu bilden. Es gelang ihm bei den Sigambern und Cheruskern, wahrscheinlich auch bei den Chatten, wie weit wissen wir nicht. Immerhin mochten die deutschen Stämme zum Theil eine erzwungene Bundesgenossenschaft mit den Römern einem weitern Krieg gegen das ungeheure Reich vorziehen, den sie doch für nutzlos hielten: genau ebenso wie zu Anfang unseres Jahrhunderts die deutschen Staaten zum Theil auch lieber dem

Rheinbund beitraten, als daß sie einen in ihren Augen erfolglosen Krieg gegen den übermächtigen Eroberer fortsetzten.

Einen großen Theil der Sigambern, die Zahl wird auf vierzigtausend angegeben, führte Tiberius gleich nach dem Tode des Drusus nach Gallien über und siedelte sie auf dem linken Rheinufer an, wo sie später in der Gegend um Xanten und weiter aufwärts zwischen den Batavern und Ubiern als Guberni wieder erscheinen. Solche Gewaltmaßregeln konnten freilich bei den Cheruskern nicht angewandt werden. Doch gelang es ihm auch hier, sich einen Anhang zu verschaffen, einzelne Fürsten auf seine Seite zu ziehen und den Stamm zu spalten. Er brachte es in der That so weit, daß das Land zwischen Rhein und Elbe, wenn auch mehr durch Versprechungen und Bündnisse wie durch Waffengewalt gewonnen, als römische Provinz angesehen werden konnte.

Zur vollständigen Unterwerfung fehlten nur noch die östlichen Stämme jenseit der Elbe, die eben damals Marbod, der Fürst der Markomannen, nachdem er die Kelten aus Böhmen vertrieben, unter seiner Herrschaft zu vereinigen suchte. Der letzte große Feldzug des Drusus mochte ihn zum Aufbruch aus den unsicher gewordenen Sitzen am obern Main veranlaßt haben. Einen Theil des verlassenen Landes erhielten die Hermunduren, die dadurch für das römische Interesse gewonnen wurden; doch scheinen sich die Römer einige Castelle an der fränkischen Saale vorbehalten zu haben, um die Übergänge über den Thüringer Wald von hier aus zu beherrschen.

Auch zur Unterwerfung dieser Stämme wurden nun, wenige Jahre vor Christi Geburt, gewaltige Anstalten gemacht. Wäre sie gelungen, so hätten die Römer allerdings mit dem letzten noch fehlenden Glied zwischen Pannonien und dem innern Deutschland die Kette geschlossen und alle Völker bis zur Weichsel unter ihrer Herrschaft vereinigt.

Von zwei Seiten her erfolgte im Jahre 6 nach Christi Geburt der Angriff: Sentius Saturninus drang vom Rhein her durch das Gebiet der Chatten und das innere Deutschland gegen Böhmen vor, Tiberius von Pannonien aus in nordwestlicher Richtung Donau aufwärts. Zwölf Legionen waren zu dem Unternehmen aufgeboten; beide Heere standen nur noch wenige Tagemärsche von einander wie vom Feind entfernt. Da brach ein Aufstand in Pannonien aus und nötigte Tiberius, rasch mit Marbod Frieden zu schließen und nach Pannonien zurückzukehren, wo er drei Jahre vollauf zu thun hatte, den Aufstand zu dämpfen.

In Deutschland folgte auf Saturninus als Statthalter Quintilius Varus, vermutlich ein Verwandter des Kaiserhauses. Von geringem Talent, stolz, übermütig und habgierig, liebte er wie alle schlechten Feldherren mehr die Ruhe und eine gut besetzte Tafel als die Strapazen des Krieges. Das Silbergeschirr, das man neuerdings bei Hildesheim aufgefunden hat, könnte wohl von ihm herrühren. Er war früher Statthalter in Syrien gewesen, das er, wie Vellejus erzählt, als reiches Land arm betreten und als armes Land reich verlassen hatte. Indes so machten es ja die römischen Statthalter alle; sie glaubten wirklich, daß die Ämter nur zu ihrer Bereicherung da seien.

Das war der Mann, der das Werk eines Drusus und Tiberius fortsetzen sollte.

Von Anfang an begieng er den Fehler, Deutschland wie ein erobertes Land zu behandeln. Er dachte wohl, es komme nur darauf an, die Provinzialverfassung einzuführen und den Germanen den letzten Schein von Freiheit zu nehmen. So schrieb er Steuern aus, für die er von Syrien her eine besondere Liebhaberei hatte, die aber in dem uncultivirten Deutschland wenig genug einbrachten, und was das Schlimmste war,

er führte den römischen Prozeß und die römischen Strafen ein.
In kurzer Zeit brachte er es dahin, daß die Germanen, die
kaum eine erzwungene Bundesgenossenschaft ertragen hatten,
sich gegen die neue Knechtschaft empörten. Auf's Äußerste gereizt und erbittert, suchten sie nach einem Anlaß, das fremde
Joch abzuschütteln. Vor einem Statthalter, der kein Held
und Kriegsmann war, hatten sie ohnehin keine Achtung: das
fremde Recht schien ihnen grausamer als die Waffen. Am
empfindlichsten aber war es den einheimischen Fürsten, sich
einem fremden Herrn unterordnen und auf ihre frühere unabhängige Stellung verzichten zu müssen. Die Gastmahle des
Varus entschädigten sie dafür nicht.

Da war es ein seltenes Glück, daß sich Einer unter ihnen
fand, der die günstige Gelegenheit zu benutzen wuste. Kein
Geringerer als Armin, der Sohn des Cheruskerfürsten Sigimer. Kühn und stark, verschlagen und listig, nicht ohne
Bildung — er verstand und sprach lateinisch —, feurigen
Auges, von großem Scharfblick und einer ungewöhnlich raschen
Auffassung, wie die Römer ihm nachrühmen, hoffte er, die sorg-
lose Sicherheit des Varus könne zur Befreiung des Landes
benutzt werden. Die Natur des Landes kam ihm dabei vortrefflich zu statten: auf die Kämpfe im Waldgebirge und in
sumpfigen Niederungen baute er seinen Plan; nur so konnten
die Vortheile römischer Taktik und Bewaffnung, Kriegserfah-
rung und Disciplin ersetzt und ausgeglichen werden. Hätte er
wie Marbod erst ein Reich gründen und ein großes Heer ausbilden wollen, er wäre nicht Deutschlands Retter geworden.
Seine Jugend fiel in die Zeit der Erfolge des Drusus und Tiberius; von der Erfolglosigkeit eines geschlossenen Widerstandes
im offenen Felde muste er sich hinlänglich überzeugt haben.

Nur der kleine Krieg, aber der kleine Krieg im großen
Maßstabe und im Bunde mit dem Land, konnte die Befreiung

bringen. Er kannte den römischen Kriegsdienst, hatte unter Tiberius mit deutschen Hilfsvölkern in Pannonien gekämpft und war dafür mit dem römischen Bürgerrecht und der Ritterwürde belohnt worden. Aber die römischen Ehren lockten ihn nicht; Freiheit und Vaterland galten ihm mehr. Sein unendliches Verdienst ist, daß er im letzten entscheidenden Augenblick eine Einigung der größern mitteldeutschen Stämme zu Stande brachte und sie für seine Art der Kriegführung gewann.

Hatte Tiberius mit List und Schlauheit die Germanen berückt, so ward den Römern jetzt Gleiches mit Gleichem vergolten. Es gelang, in der Stille alle Völker zwischen Weser und Rhein zu einem Bündnis zu vereinen; nur Segestes, ebenfalls ein Cheruskerfürst und mit Armin entzweit, warnte den Varus. Aber dieser glaubte sich sicher und traute dem unterworfenen Land keine Erhebung mehr zu.

Als alles vorbereitet war, wurde er verlockt, gegen ein entfernt wohnendes Volk, das die Feindseligkeiten beginnen mußte, zu Felde zu ziehen. Unterdes sammelte Armin seine Schaaren und eilte ihm nach.

Im Teutoburger Walde unweit der Ems- und Lippequellen kam es zum Kampf. Unter den ungünstigsten Verhältnissen ward Varus in aufgelöster Marschordnung von allen Seiten umringt und angegriffen, erst von kleinen, aus dem Wald hervorbrechenden Schaaren, dann von größeren Massen auf der ganzen Länge seines Zuges. Er schlug für die Nacht ein Lager auf, ließ das Gepäck verbrennen und setzte am folgenden Tag den Zug geschlossener fort. Allein der Angriff erneuerte sich mit immer größerer Heftigkeit und es war am Abend schon nicht mehr möglich, ein zweites vollständiges Lager zu Stande zu bringen. Wind und strömender Regen erschwerten das Schanzen nicht minder wie den Kampf. Der dritte Tag vollendete die Niederlage: drei der besten Legionen, wohl an dreißigtausend Mann, wurden vernichtet. Varus und mit ihm andere römische Anführer gaben sich selbst den Tod; selbst die flüchtende Reiterei wurde ereilt und niedergemacht; nur einzelne Wenige entkamen und sahen den Rhein wieder: was übrig blieb, wurde gefangen.

Aber auch die Gefangenen traf ein hartes Loos. Die Tribunen und Centurionen wurden dem Wotan geopfert — noch sechs Jahre später, als Germanicus auf dem Schlachtfeld eine Todtenfeier hielt, sah man die Altäre in den benachbarten Hainen; andere wurden hingerichtet oder verstümmelt; der Rest, darunter selbst Senatorensöhne, als Leibeigene vertheilt und zu den niedrigsten Diensten als Knechte oder Hirten verwandt. Vierzig Jahre später wurden einige davon bei dem glücklichen Feldzuge des Lucius Pomponius gegen die Chatten (50 nach Christo) wieder befreit.

Das Haupt des Varus sandte Armin an Marbod, um ihm sichere Kunde von der Befreiung zu bringen; Marbod verhielt sich ablehnend und schickte es nach Rom.

Es war eine furchtbare Rache, die man an den Römern nahm. Aber die Grausamkeiten, welche allen Völkern auf niederer Bildungsstufe eigen sind, waren doch nur eine Vergeltung für die, welche die Römer begangen hatten, die in ihren Feldzügen ja auch nicht Weib noch Kind verschont und nach der eigenen Aussage eines ihrer Schriftsteller die Germanen niedergemetzelt hatten wie das Vieh. Germanien war frei; es gab keine römische Herrschaft jenseit des Rheines mehr. Es war im Jahr 9 nach Christi Geburt, achtzehn Jahre nach dem Tode des Drusus. So lange aber hatte die Herrschaft gedauert, und nur der Leichtsinn des Varus hatte ihren Sturz möglich gemacht.

Der Eindruck, den die Nachricht in Rom machte, wo man gerade mit der Feier des Sieges über die illyrisch-pannonischen

Völker sich beschäftigte, war ein furchtbarer. Augustus legte Trauerkleider an und verlor auf Momente alle Besinnung. Der cimbrische Schreck erneuerte sich; man glaubte alles Ernstes, die Germanen würden nun über Gallien oder Italien herfallen. Aber sie begnügten sich mit der Befreiung ihres Landes und zerstörten nur die von Drusus angelegten Castelle und Festungswerke. Die Chatten zerstörten die Anfänge des Pfahlgrabens und die Befestigungen auf dem Taunus.

Dennoch war das Ereignis von unendlicher Tragweite. Nach zwanzigjährigen endlosen Kämpfen stand man genau auf dem Punkte, wo Drusus begonnen hatte. Niederlagen hatte Rom mehr erlitten; nach so langen und anhaltenden Kämpfen noch nie. Zum ersten Male war den römischen Eroberungen ein Ziel gesetzt. Hac clade factum, ut imperium quod in litore Oceani non steterat in ripa Rheni fluminis staret — das Reich dessen Ausbreitung das Meer nicht hatte aufhalten können, muste am Rheinufer Halt machen. Es trat ein Wendepunkt in der Geschichte ein, wie er seit den Zeiten der punischen Kriege nicht dagewesen war. Die Römer, die fast drei Welttheile erobert hatten, giengen von der Offensive zur Defensive über und beschränkten sich fortan auf die Verteidigung ihrer Gränzen.

Auch für die Germanen war der Sieg von größter Bedeutung. Es war nicht die Freiheit allein, welche sie retteten. Viel schwerer wiegt es, daß sie für die nächsten Jahrhunderte auch ihre ungestörte innere Entwickelung retteten. Denn wäre die Eroberung gelungen, so würden sie aller Voraussicht nach so gut wie die Kelten zunächst nicht von der römischen Cultur, sondern von der römischen Sittenverderbnis angesteckt worden sein. Das pflegt bei der Berührung civilisirter und uncultivirter Völker zuerst immer der Fall zu sein; das Schlechte lernt sich leichter als das Gute, ganz abgesehen davon, daß es zum Erwerb wirklicher Bildung einer geistigen Anstrengung bedarf, die Geduld und Zeit braucht. Wie empfänglich sie dafür waren, zeigt das Anerbieten, welches später, kurz vor dem Tode Armins, ein chattischer Fürst den Römern machte, sie wollten den Armin aus dem Wege räumen, wenn man ihnen Gift schicke! Also so weit war man schon gekommen, so rasch konnte die Corruption bei einem Volk um sich greifen, das Tacitus den Römern als Tugendspiegel vorhält.

Auch die Befreiung selbst war doch nicht allein durch offenen ehrlichen Kampf erfolgt. Freilich hatte man die Römer nur mit ihrer eignen Münze heimgezahlt, und das geknechtete Volk befand sich ihnen gegenüber im Stand der Notwehr. Auch im Jahr 1809 haben Tyroler und Hessen einen Aufstand versucht, und niemand macht ihnen daraus einen Vorwurf. Man bedauert höchstens, daß er nicht gelang. —

Bei solchen weltgeschichtlichen Momenten steht man wohl einen Augenblick still und wirft die Frage auf, was geschehen wäre, wenn dies oder jenes nicht eingetreten oder anders gekommen wäre. Es sind müßige Fragen, aber man thut sie. Die Freiheit Deutschlands hieng an einem Haar. Hätte Drusus ein paar Jahre länger gelebt, wäre der pannonische Aufstand nicht ausgebrochen, hätte Varus nur in dem Sinne von Tiberius weiter regiert, was dann? Die Antwort liegt auf der Hand. Ohne Zweifel wäre Deutschland dem Geschick nicht entgangen, was wenige Jahrzehnte vorher die Kelten ereilte. Darum ist uns bei der Geschichte der Kämpfe mit den Römern zu Mute, als giengen wir fortwährend an einem Abgrund vorbei. Genau so, wie wir uns auch in der Kriegsgeschichte des Jahres 1813 nicht des Gedankens erwehren können, von was für Zufälligkeiten der schließliche Ausgang des Kampfes abhängig war. Oder um ein Beispiel zu wählen, wo der Gedanke noch näher liegt, was wäre geschehen, wenn das Jahr zuvor der Winter in Rußland zur gewöhnlichen Zeit eingetreten wäre?

Man sieht in solchen Momenten den Menschen in seiner Abhängigkeit von höhern Mächten. Die Geschichte kann dieser Abhängigkeit nicht nachgehen, denn sie will, wie Ranke einmal sagt, nur zeigen, wie es eigentlich gewesen. Aber sie zeigt zuweilen doch auch die Hand Gottes über den Völkern. „Afflavit Deus et dissipati sunt", schrieb die Königin von England auf die Denkmünze, welche sie auf den Sieg über die spanische Armada prägen ließ.

Weiter geht die Geschichte nicht: die Wissenschaft steht hier an ihrer Gränze. Aber sie kann doch kaum die Frage von der Hand weisen, ob es denn wirklich bloßer Zufall war, daß das Christenthum gerade zu der Zeit in die Welt kam, als Rom auf dem Gipfel seiner Macht stand, und daß es dem größten Reich, welches die Welt gesehen, nicht mehr gelang, die Germanen in die abschüßige Bahn des Verfalls mit fort zu reißen. War es wirklich Zufall, daß, während Römer und Germanen ihre ersten entscheidenden Kämpfe um die Herrschaft ausfochten, noch eine dritte, rein geistige Macht auftauchte, der die Germanen erst über dem Fall des abendländischen Kaiserthums die Hand reichen sollten und der die Zukunft noch in einem ganz andern Sinne gehörte als den Reichen dieser Welt? Die Antwort darauf gibt die Geschichte nicht mehr. Sie gehört schon in das Gebiet des Glaubens, über welches die Wissenschaft mit ihren zwingenden Gründen keine Macht mehr hat.

Indes wenn auch die Römer den Gedanken an eine Eroberung Deutschlands aufgaben, etwas muste zur Sühne der Niederlage geschehen, die in den Annalen ihrer Kriegsgeschichte unerhört war. Schon um die deutschen Stämme von Einfällen in ihr Gebiet abzuschrecken. Hätten diese nicht noch einmal die römische Übermacht gefühlt, sie wären schwerlich am Rhein stehen geblieben. Darum hat die Varusschlacht noch eine Reihe blutiger Nachspiele im Gefolge.

Es galt vor allem, die drei Hauptstämme, die bei der Niederlage zusammengewirkt hatten, zu züchtigen: die Sigambern, welche bei Tacitus unter dem Namen Marser erscheinen, d. h. der auf dem rechten Rheinufer zurückgebliebene Hauptstamm des Volkes, der sich weiter nach Osten in die Gebirge zurückgezogen hatte; die Chatten, die als die nächsten Nachbarn der Römer zwischen Lahn und Main besonders gefährlich waren; und die Cherusker, die eigentlichen Anstifter und Führer des Bundes, die unter Armin das Ganze geleitet hatten und bis dahin noch am wenigsten gedemütigt waren.

Noch im letzten Lebensjahr des Kaisers Augustus wurde deshalb Germanicus, der jugendliche Sohn des Drusus, der die liebenswürdigen und glänzenden Eigenschaften des Vaters geerbt hatte, mit dem Oberbefehl in Gallien und Germanien betraut und nach Deutschland geschickt. Ein Aufstand unter den niederrheinischen Legionen, der nach dem Tode des Augustus ausgebrochen war, verzögerte den Beginn des Krieges, wurde aber von Germanicus glücklich gedämpft. Wie immer erfolgten die Feldzüge von Gallien und dem Rhein aus, wo die Vorbereitungen in nächster Nähe getroffen wurden. Wir haben darüber die ausführlichen Berichte des Tacitus, die leicht nachzulesen sind, während wir für die Züge des Drusus im wesentlichen auf Dio Cassius angewiesen sind, der viel weniger klar und vollständig erzählt. Daher dürfen wir uns um so kürzer fassen.

Germanicus unternahm in den Jahren 14—16 drei große Züge, deren jeder zunächst gegen einen der drei Stämme gerichtet war, der erste gegen die Marser, der zweite gegen die Chatten, der dritte gegen die Cherusker: immer so, daß zugleich die andern möglichst beschäftigt und dadurch abgehalten wurden, dem angegriffenen Volk zu Hilfe zu kommen. Überhaupt sind seine Feldzüge von einem ganz anderen Geiste beseelt, als die vorhergehenden, welche die Römer nach dem Tode des Drusus unternommen hatten. Aber auch von einem andern wie die des Drusus selbst.

Drusus wollte erobern und verfuhr daher in diesem Sinne vollkommen planmäßig und berechnend; noch mehr hatte Tiberius sich auf strategische Combinationen und Märsche beschränkt. Die Hauptsache war die Anlage von Befestigungen und Castellen, der Bau von Militärstraßen und Standlagern, mit einem Worte die Verbindung mit dem Rhein und die Sicherung der Operationslinien. Das Land sollte nicht allein besiegt, sondern in Ketten gelegt werden. Die Züge des Germanicus dagegen waren Rachekriege, bei denen es darauf ankam, die Germanen im offenen Felde zu bekämpfen und ihnen blutige Niederlagen beizubringen. Und diesen Zweck hat Germanicus erreicht, so gut es den Umständen nach möglich war.

Er gieng zuerst im Jahre 14 bei Xanten über den Rhein und überfiel plötzlich und unerwartet die Marser, die gerade bei der Feier eines Festes versammelt und am Abend schläfrig oder trunken waren. Der Aufstand unter den Legionen mochte sie sorglos und unachtsam gemacht haben. Alles ward ohne Rücksicht auf Alter und Geschlecht niedergehauen, ihr Gebiet meilenweit verwüstet, die Ansiedelungen verbrannt. Zu weiterem Vordringen war wohl die Jahreszeit schon zu spät, und Germanicus kehrte um. Der Rückzug wurde zwar von den zur Seite oder näher am Rhein wohnenden Stämmen der Brukterer, Tubanten und Usipeter beunruhigt, aber in so geschlossenem Zug bewerkstelligt, daß Germanicus ohne erhebliche Verluste den Rhein wieder erreichte.

Im folgenden Jahre machte es Germanicus ähnlich mit den Chatten. Er theilte das Heer und ließ den Aulus Cäcina mit vier Legionen und fünftausend Mann Hilfstruppen über den Niederrhein gehen, um die Marser und Cherusker im Schach zu halten, während er selbst mit vier andern Legionen und der doppelten Zahl Hilfstruppen bei Mainz übersetzte, rasch die Befestigungen seines Vaters auf dem Taunus herstellte und die Chatten überfiel. Lucius Apronius blieb zurück, um durch Brücken= und Straßenbau den Rückzug zu decken.

Der trockene Sommer begünstigte den Zug. Germanicus erreichte fast unbemerkt die Eder, ließ wiederum alle Wehrlosen niederhauen, erzwang den Übergang über den Fluß und steckte Mattium, den Hauptort des Stammes, in Brand. Alles angebaute Land wurde verheert; die Bewohner gaben ihre Ortschaften preis und flüchteten in die Wälder. Er hatte schon den Rückweg nach dem Rhein angetreten, als Segestes, der römisch gesinnte Cheruskerfürst, durch eine Botschaft um Hilfe gegen Armin bitten ließ, der ihn mit seinem Anhang eingeschlossen hatte und belagerte. Wirklich kehrte Germanicus um, entsetzte den Segestes und befreite ihn mit einer großen Zahl seiner Verwandten und Anhänger. Unter anderen vornehmen Frauen fiel dabei auch seine Tochter in die Hände der Römer, die wider den Willen des Vaters Armin's Frau geworden: mehr vom Geist ihres Mannes wie ihres Vaters beseelt.

Allein Armin brachte nun alsbald die Cherusker und ihre Nachbarstämme unter die Waffen, so daß es nötig schien, zum dritten Mal im Jahr zu Felde zu ziehen. Cäcina drang durch das Gebiet der Brukterer vor; Germanicus gieng mit vier Legionen zu Schiffe über die See; an der obern Ems trafen beide Heere zusammen. Die Brukterer verbrannten ihre Dörfer und Wohnungen zum Theil selbst; das ganze Land zwischen der obern Ems und der Lippe wurde geplündert und verwüstet. Bei diesem Anlaß fand die Todtenfeier auf dem alten Schlachtfeld im Teutoburger Walde statt. Noch fand man bleichende Gebeine, Waffenreste, Pferdegerippe, an Bäumen angenagelte Köpfe. Aber ausgerichtet wurde weiter nichts. Vielmehr erlitten beide Heeresabtheilungen auf dem Rückwege die größten Verluste. Cäcina durch den nachsetzenden Armin, der seine alte Taktik befolgte, den Feind in unwegsame Orte zu locken, Germanicus an der Küste durch hohe Flut.

Der dritte Feldzug, im Jahre 16 nach Christi Geburt, war von Anfang an gegen die Cherusker gerichtet und sollte den Hauptschlag ausführen. Um die beschwerlichen und verlustvollen Märsche zu sparen, hatte Germanicus wieder eine Flotte ausgerüstet und das Heer zur See gegen die Ems geführt. Mit acht Legionen rückte er in das Wesergebiet vor. Hier kam es, schon auf dem rechten Ufer im Land der Engern, zu zwei überaus blutigen Schlachten, in denen die Römer zwar das Feld behaupteten und Siegeszeichen errichteten, nach deren Gewinn sie aber genötigt waren, das Land wieder zu verlassen. Armin hatte nur in der ersten mitgekämpft. Er war verwundet worden, und nachdem er vergebens die halb verlorene Schlacht zum Stehen zu bringen versucht, mit genauer Not durch seine Tapferkeit und den Ungestüm seines Pferdes der Gefangenschaft entgangen.

Cajus Silius war unterdes mit einer kleinern Abtheilung gegen die Chatten geschickt worden. Aber er richtete nichts aus, da plötzliche Regengüsse eintraten. Vermutlich waren die Chatten, durch den frühern Überfall gewarnt, jetzt besser auf ihrer Hut; selbst die Beute, die Silius machte, war unbedeutend, nur zwei vornehme Frauen, die Gemahlin und die Tochter des chattischen Fürsten Arpus, fielen ihm in die Hände.

Auf dem Rückweg erlitt die Flotte des Germanicus in der Nordsee durch Sturm großen Verlust. Glücklicherweise war ein Theil des Heeres zu Lande zurückgeschickt worden. Die Nachricht von dem Untergang der Flotte erregte die Germanen von neuem zu kriegerischen Hoffnungen, so daß Germanicus für nötig fand, spät im Jahre noch einmal zu Felde zu ziehen. Silius ward wieder gegen die Chatten geschickt, diesmal mit einem Heere von dreißigtausend Mann zu Fuß und dreitausend Reitern; er selbst unternahm einen Einfall in's Gebiet der Marser und erlangte dabei einen von ihnen versteckten Adler von dem Heere des Varus wieder (ein zweiter war das Jahr zuvor im Lande der Brukterer wieder erbeutet worden). Ob etwas mehr ausgerichtet wurde, sagt Tacitus nicht. Es wird den Chatten wie den Marsern gegenüber bei einer Verwüstung der nächst gelegenen Gegenden geblieben sein, denn um tiefer in's Innere vorzudringen, war die Jahreszeit zu weit vorgerückt.

Germanicus mochte in der That geneigt sein, von neuem Eroberungsversuche zu machen, selbst wenn sie Ströme von Blut kosten sollten. Er bereitete deshalb für das folgende Jahr einen neuen Zug vor. Allein Tiberius rief ihn zurück und gieng selbst nicht auf den Vorschlag ein, ihm wenigstens noch ein Jahr den Oberbefehl zu lassen: das Beste werde die Uneinigkeit der Germanen unter einander thun, meinte er. Auch er, neunmal von Augustus mit dem Oberbefehl in Deutschland betraut (er war gleich nach der Niederlage des Varus wieder dahin geschickt worden), habe mehr durch Klugheit als durch Gewalt ausgerichtet. So habe er die Sigambern und Sueven unterworfen, so König Marbod zum Frieden gebracht; man könne auch die Cherusker, da der Rache Genüge geschehen, ihrem innern Zwist überlassen.

Es geschah gewis weniger aus Neid oder Eifersucht, wie Tacitus will, sondern aus besonnener Politik. Denn mit welchen Opfern hätte die Eroberung erkauft werden müssen, und was wäre, selbst wenn sie gelang, damit gewonnen gewesen?

Ein Land, das immerhin unsicherer Besitz blieb und den Römern keinerlei Hilfsquellen eröffnete. Gallien, Spanien und Italien, welche die Heere und das Geld zum Krieg aufgebracht hatten, waren erschöpft genug. Auch der römische Soldat war es gewiß müde, alljährlich nach Germanien auf die Schlachtbank geführt zu werden, Siege zu erringen, die keine Beute brachten, und auf der Heimfahrt in der Nordsee zu ertrinken. Daß die Legionen schwierig zu werden anfiengen, hatte der Aufstand bei dem Tode des Augustus gezeigt. Der Zweck der Kriege des Germanicus, Rache für die Niederlagen zu nehmen und die Germanen von einem Angriff auf das römische Reich abzuschrecken, war ohnehin erreicht.

Aber einen glänzenden Triumph durfte Germanicus im folgenden Jahre halten (26. Mai 17). Siegeszeichen, Gefangene, Abbildungen von Bergen, Flüssen und Schlachten wurden darin aufgeführt. Strabo nennt uns die gefangenen deutschen Fürsten und ihre Frauen und Kinder mit Namen. Auch ein chattischer Priester war darunter. Es war der letzte Triumph, den ein römischer Feldherr gefeiert hat. Denn in der folgenden Zeit nahmen die Kaiser die Ehre des Triumphs für sich allein in Anspruch, auch wenn sie nicht selbst, sondern ihre Feldherren die Siege erfochten hatten.

So war der Plan, den Augustus gefaßt, zwar vereitelt, aber der Krieg hatte wenigstens äußerlich einen für die Römer ehrenvollen Abschluß gefunden. Man konnte ihn mit Anstand fallen lassen, ohne die Ehre des römischen Namens zu verletzen, und daß man es konnte, war dem Germanicus zu danken. Er starb zwei Jahre darauf im Orient, wie man vermutete an Gift. Tacitus erhebt ihn hoch genug, um wohlgefällig bei einem Vergleich zu verweilen, den man zwischen ihm und Alexander dem Großen anstellte.

Die Kriege des Germanicus hatten indes im innern Deutschland noch eine andere Folge und diese zeigt, wie richtig Tiberius vorausgesehen. Die beiden Häupter der Germanen, Armin im Westen, der Mann der That, dem die Befreiung gelungen war, und Marbod im Osten, der Mann der Politik, der sie auf andere Weise erstrebte, gerieten mit einander in Kampf. In dem letzten entscheidenden Feldzuge gegen die Cherusker hatten Langobarden und Semnonen, die der Herrschaft Marbod's unterworfen waren, auf eigene Hand sich Armin angeschlossen. Deshalb zog Marbod gegen sie, um sie wieder in seine Gewalt zu bringen. Armin eilte ihnen zu Hilfe und lieferte Marbod eine blutige Schlacht, in der von beiden Seiten mit großer Hartnäckigkeit und Erbitterung gekämpft wurde. Der Sieg entschied zwar nicht ganz zu Gunsten Armin's, doch räumte Marbod das Schlachtfeld und zog sich nach Böhmen zurück. Er wurde bald darauf durch einen gothischen Heerführer, Catualda, dem sich zum Theil Marbod's eigene Leute anschlossen, aus seinem Reich vertrieben und erhielt von Tiberius, dessen Gastfreundschaft er nachgesucht hatte, Ravenna zum Wohnsitz, wo er noch eine längere Reihe von Jahren lebte (19 n. Chr.).

Auch Armin endete bald darauf durch Verrat. Er wurde in den Parteikämpfen seines Stammes von seinen Verwandten hinterlistig ermordet (dolo propinquorum cecidit). Siebenunddreißig Jahre war er alt geworden, zwölf Jahre hatte er als Heerführer an der Spitze seines Stammes und Volkes gestanden. Ob er nach dem Königthum gestrebt, wissen wir nicht; thatsächlich hatte er eine viel höhere Stellung inne. Schon Tacitus nennt ihn den Befreier Deutschlands und rühmt ihm nach, daß er dem römischen Reich nicht wie andere Könige und Fürsten in dessen Anfängen, sondern auf dem Gipfel seiner Macht mit Erfolg widerstanden habe: in Schlachten nicht immer glücklich, im Kriege unbesiegt. Die Nachwelt hat den

Dank, den die Nation ihrem Befreier schuldet, nicht vergessen.

Wie nötig die Kriege des Germanicus gewesen waren, zeigte sich gleich in der nächsten Zeit. Kaum ein Jahrzehnt nach seinem Tode wurde es wieder an den Gränzen unruhig. Die Friesen, welche es seit der Zeit des Drusus mit den Römern gehalten hatten, empörten sich und fielen ab; erst unter Kaiser Claudius stellte Corbulo ihre Abhängigkeit und Zinspflicht wieder her. Ziemlich gleichzeitig begannen die Chauken ihre Raubfahrten zur See gegen die gallischen Küsten; die Chatten fiengen ihre alten Streifzüge über den Rhein von neuem an; auch gegen die Marser wurde gekämpft, wobei die Römer so glücklich waren, den letzten der in der Varusschlacht verlorenen Adler wieder zu erlangen.

Noch kein Menschenalter war vergangen, als der Verlust an streitbarer Mannschaft bei den Germanen ohne Zweifel durch den Zuwachs der Bevölkerung ersetzt war: wäre es nicht der Fall gewesen, so würden sie sich ruhiger verhalten haben. Aber die Gränzen werden ihnen wieder zu eng. Darum ist denn auch fast das ganze erste Jahrhundert von Kämpfen zwischen ihnen und den Römern erfüllt. Nur sind es keine Ringkämpfe mehr auf Leben und Tod wie die früheren, sondern kleinere Treffen und Aufstände an den Gränzen. Die Römer halten Wache; die Einfälle der Germanen sehen fast wie Recognoscirungen aus, ob es noch nicht bald Zeit sei, über die Provinzen des sinkenden Reichs herzufallen. Auch das römische Silber lockte sie an. Denn das glänzende Edelmetall übt auf unentwickelte Völker denselben dämonischen Zauber wie auf cultivirte, nur in anderer Art.

Von dem lächerlichen Feldzug Caligula's am Rhein — es ist der entartete Sohn des großen Germanicus — erzählt Sueton in seiner Kaisergeschichte. Ein paar Jahre später erfocht Galba, der Statthalter der Provinz Obergermanien (auf dem linken Rheinufer) einen wirklichen Sieg über die Chatten. Aber bald darauf waren sie wieder in Gallien bis über Worms und Speier hinaus eingebrochen; auf dem Rückwege brachte ihnen Pomponius am Taunus eine Niederlage bei (50 n. Chr.). Bei diesem Anlaß war es, wo die Römer noch einige Gefangene von der Varusschlacht befreiten.

Wir erfahren dabei zugleich, daß sich der Bund mit den Cheruskern längst aufgelöst hatte, denn die Chatten wichen einem größern Kampfe aus, weil sie fürchteten, im Rücken von den Cheruskern angegriffen zu werden, bei denen nach dem Tode Armin's die römische Partei zur Herrschaft gelangt war. Eben deshalb überzogen sie die Cherusker einige Jahrzehnte später mit Krieg (88 n. Chr.) und schlugen sie bis an die Aller und Fuse zurück.

So haben es die deutschen Stämme von je her gemacht. Nur in den Zeiten der höchsten Not hielten sie auf Momente zusammen; sobald die Gefahr vorüber, lagen sie sich wieder in den Haaren; die nachbarlichen Fehden wurden wohl unterbrochen, aber nie ausgekämpft. Um die Mitte des Jahrhunderts stritten die Chatten auch mit ihren östlichen Nachbarn, den Hermunduren; gleichzeitig schlugen sie die Amsivarier zurück, die sich in ihrer Nähe niederlassen wollten.

Ernstlicher war der Aufstand der Bataver unter Claudius Civilis, die bis dahin den Römern verbündet gewesen waren und sie mit Hilfstruppen, insbesondere einer vortrefflichen Reiterei unterstützt hatten. Der Aufstand nahm größere Verhältnisse an wegen des Anhangs, den er im römischen Heere fand, und der Verbindung mit den Galliern und den deutschen Stämmen zu beiden Seiten des Rheins. Er brach zur Zeit des Thronwechsels aus, als die drei ersten von den Legionen ausgerufenen Kaiser (Galba, Otho, Vitellius) rasch einander folgten, und konnte erst nach schweren Kämpfen von den Römern gedämpft werden (69—71). Civilis hatte es auf nichts Geringeres als auf ein unabhängiges gallisches Reich abgesehen; schließlich gelang es doch den Römern, ihn zu schlagen, Gallien zu beruhigen und die alte Abhängigkeit der Bataver wieder herzustellen.

Während die Bataver in Gallien und den Niederlanden kämpften, zerstörten die Germanen die römischen Winterlager längs dem ganzen Ufer des Rheins mit Ausnahme von Mainz und Windisch. Mainz wurde von den Chatten im Bunde mit den Usipetern und Mattiakern belagert. Die Einnahme gelang zwar nicht, aber mit Beute beladen kamen sie zurück, auf dem Heimwege wie gewöhnlich von den nacheilenden Römern beunruhigt. Es war nur ein größerer Raubzug gewesen, den sie im Zusammenhang mit dem Aufstand unternommen hatten.

Auch in den ersten Jahren Domitian's (81—96) wiederholten sie ihre Einfälle. Wenigstens veranstaltete Domitian einen Zug gegen sie, wohl weniger um wirkliche Erfolge zu erringen als um die Gränzen zu befestigen und triumphiren zu können. Es war längst Sitte geworden, statt gefangener Feinde verkleidete Sclaven im Triumph aufzuführen, und von dieser Art mag der Triumph des Domitian gewesen sein.

Nun folgte für achtzig Jahre eine Zeit des Waffenstillstands und der Ruhe. Es war die glücklichste Periode des römischen Reichs, in der vier eben so wohlwollende als einsichtsvolle und kräftige Kaiser aufeinander folgten: Trajan, der erste Ausländer auf dem Thron (98—117), Hadrian, wie sein Vorgänger aus Spanien (117—138), Antoninus Pius (138—161) und Mark Aurel der Stoiker (161—180). Es waren goldene Zeiten des Friedens, in denen mehr für Bauten, Kunst und Wissenschaft, wie für Krieg und Eroberung geschah. Zwar wurden unter Trajan noch einige neue Provinzen erworben, von denen namentlich Dacien als Vorland gegen die Ostgermanen wichtig war, aber es geschah mehr zu dem Zweck, die Eroberungen zu schließen als fortzusetzen, mehr um die bestehenden Gränzen zu sichern als zu erweitern. Erst unter Mark Aurel brachen die Kriege mit den Germanen wieder aus, als die Markomannen verheerend in die Süddonauländer einfielen. Bis dahin blieb alles ruhig.

Denn auch die Sorge für den Schutz des Reichs hatten die Kaiser nicht versäumt. Unter der Regierung Trajan's und Hadrian's wurde der von Drusus begonnene Pfahlgraben, das vallum Romanum, erweitert und bis an die Donau fortgeführt: eine ungeheure Linie, Graben und Wall, an allen wichtigen Punkten mit Castellen und Standquartieren besetzt.

So wurde ein vollständiger Abschluß der Gränze gegen Deutschland erreicht und ein leichteres Verteidigungssystem möglich, als wenn man sich auf die Rhein- und Donaulinie beschränkt hätte, wenn auch die Festungswerke immerhin eine ansehnliche Besatzung erforderten. Das Binnenland zwischen dem obern Lauf der Donau und des Rheins wurde noch zu den römischen Provinzen geschlagen und erhielt als zehntpflichtiges Land den Namen Decumatenland (agri decumates): die alte helvetische Einöde, die aber auch jetzt nur spärlich von keltischen Ansiedlern bevölkert wurde.

Von diesem Bau des Pfahlgrabens und seinen Folgen haben wir im nächsten Capitel ausführlicher zu reden.

Drittes Capitel.
Der Pfahlgraben und seine Bedeutung.

Die Varusschlacht hatte der Eroberungspolitik der Römer in Deutschland ein Ziel gesetzt und sie genötigt, von der Offensive zur Defensive überzugehen. Darum aber war die Aufgabe, möglichst gute Gränzen zu gewinnen und die gewonnenen zu sichern, nur um so wichtiger geworden.

Denn unter den Gründen, welche Augustus zum Versuch einer Eroberung des innern Deutschlands bewogen hatten, war der Gewinn besserer Gränzen für das Reich keiner der geringsten gewesen. Die lange Gränze, die durch den Rhein und den ganzen Lauf der Donau von der Quelle bis zu ihrer Mündung gebildet wurde, sollte abgekürzt werden. Dieser Plan war in seinem ursprünglichen Umfang durch die Niederlage des Varus vereitelt worden: eine Abkürzung in großem Maßstab, etwa bis zur Elbe und den böhmisch-mährischen Gebirgen, hatte sich als unmöglich herausgestellt. Nun aber bot der obere Lauf des Rheines und der Donau den andringenden Germanen keinerlei Hindernis für ein Überschreiten der Gränze dar. Man war also, nachdem Gallien und die Donaukelten unterworfen, die Germanen aber frei geblieben waren, wieder gerade soweit, als da Augustus den Drusus absandte, Germanien zu erobern. Die Flüsse musten gedeckt, alle wichtigern Übergänge durch Festungswerke verschlossen und in den Castellen und größern Plätzen ständige Besatzungen unterhalten werden.

Zwischen dem obern Lauf der beiden Flüsse aber reichte auch dies nicht aus. Eine breite Strecke zwischen der Donau und dem Bodensee wäre ungedeckt geblieben, wenn man die Flußgränzen nicht durch Landbefestigungen verbunden hätte. Das ganze Flußgebiet der obern Donau bis Regensburg hängt aber auf's Engste mit dem Rheingebiet zusammen und ist von Zuflüssen desselben umgeben: der Rhein umfließt die obere Donau und bildet mit dem eingeschlossenen Land einen keilförmig einspringenden Winkel, in dessen Mitte die wichtigen Schwarzwaldpässe liegen.

So entstand der Gedanke, das eingeschlossene Land mit in die Verteidigung zu ziehen und dadurch die Gränze wenigstens etwas abzukürzen.

Es geschah dies durch den Pfahlgraben oder Limes, der etwa von der Mündung der Lahn in den Rhein bis zur Mündung der Altmühl in die Donau reichte, damit den Winkel abschnitt und einen großen Theil von Oberdeutschland noch zum römischen Reich schlug. Gegen zweihundert Jahre wurde er von den Römern mit Erfolg behauptet.

Noch heute, nach achtzehnhundert Jahren, ist das erstaunliche, über sechszig Meilen lange Werk an vielen Stellen erhalten und gibt uns Kunde von der gewaltigen Kraft des einst weltbeherrschenden Volks. Aber auch geschichtlich ist er epochemachend, indem mit ihm ein wichtiger Wendepunkt in dem Leben der Germanen eintrat. Zwar gewährte er auf die Dauer dem römischen Reich keinen Schutz, aber er fesselte die Germanen an das einmal eingenommene Land und hielt sie auch während der Völkerwanderung in demselben zurück.

So bietet der Pfahlgraben von den verschiedensten Seiten einen überaus anziehenden Gegenstand der Untersuchung. Wir wollen im Folgenden ein Bild von ihm entwerfen und dabei nicht bloß von seiner allmählichen Entstehung, seinem Lauf und seiner Bauart reden, sondern auch zugleich seine bleibende Bedeutung zu veranschaulichen suchen.

Leider lassen uns die Quellen über seinen Ursprung und allmählichen Ausbau fast ganz im Stich. Denn außer einigen gelegentlichen und beiläufigen Bemerkungen der alten Schriftsteller und den Inschriften auf Münzen und Denkmälern ist uns von den Alten nichts von ihm überliefert. So gut auch die vielfach erhaltnen Reste uns seinen Lauf bestimmen lassen, so wenig wissen wir Näheres über seine Entstehung und Ausführung. Die Anlage erfolgte ohne Zweifel sehr allmählich und nahm eine so geraume Zeit in Anspruch, daß sie als epochemachendes Ereignis den Geschichtschreibern gar nicht zum Bewußtsein kam.

Darum wird, besonders im kleinen und einzelnen, die Untersuchung schwerlich je abgeschlossen werden, und eine selbständige Monographie, die nicht bloß bei dem Örtlichen stehen bleibt, fehlt immer noch. Vieles und Dankenswertes haben die historischen Localvereine in Baiern, Würtemberg, Baden, Hessen und Nassau geleistet; mehr noch, als Einzelne, der Engländer Yates, Paulus in Würtemberg und Arnd in Hessen, die den Lauf des Walls im ganzen oder speciell in den betreffenden Ländern zuerst genauer ermittelt und festgestellt haben: aber alles was bis jetzt geschehen ist bleibt doch noch Stückwerk, und so wird auch die folgende Darstellung nicht viel mehr thun können, als die Bruchstücke der bisherigen Forschung an einander zu reihen. Indes nicht bloß bei den äußern Ergebnissen der Forschung dürfen wir stehn bleiben, wir haben vor allem den allgemeinern geschichtlichen Standpunkt fest zu halten und die wichtigen Folgen des Baues für die ganze folgende Entwickelung hervorzuheben.

Ein so ungeheures Werk ist sicherlich nicht mit einem Mal und nach einem einheitlichen Plan angelegt worden. Hat man doch sogar neuerdings die Frage aufgeworfen, wie es den Römern überhaupt möglich gewesen sei, auf einer bestimmten Strecke, vom Hohenstaufen bis an den Main, den Pfahlgraben sechzehn Meilen lang in einer schnurgeraden Linie zu ziehen. Auch deuten die erhaltenen Reste mindestens auf zwei verschiedene, erst später mit einander in Verbindung gesetzte Verteidigungssysteme, eines nördlich der Donau, das andere östlich vom Rhein.

Der Donaulimes (rhaeticus oder transdanubianus) zieht sich von Pfahlbronn in der Nähe des Hohenstaufens bis nach Kehlheim an der Donau und bildet zum Theil nur eine gemauerte und befestigte Hochstraße nach Art des Hadrianwalls in Britannien. Er wird daher jetzt im Munde des Volks Teufelsmauer genannt. Der rheinische Limes dagegen (transrhenanus), der vom Hohenstaufen bis in die Gegend von Oberlahnstein reicht, besteht aus einem starken Erdwall mit vorliegendem Graben und hat, da er noch durch eingerammte Pfähle befestigt war, den Namen Pfahlgraben erhalten. Im weitern Sinn begreift der letztere Ausdruck allerdings das ganze Werk.

Die ersten Anfänge der Befestigungen rühren ohne Zweifel schon von Drusus und Germanicus her. Drusus legte ein Castell auf dem Taunus an, das bald nachher zerstört, von seinem Sohne Germanicus aber wieder hergestellt wurde. Es ist die in den Grundmauern erhaltene und neuerdings aufgegrabene Saalburg bei Homburg, die einzige Stelle, wo der Taunus einen tiefen Einschnitt hat, der den Chatten nach der Befestigung von Mainz und der Anlage von Castell noch einen Einfall in die Rheingegend gestattete, in der Hand der Römer aber nicht bloß diesen Weg sperrte, sondern auch das Gebiet der Chatten flankirte und den Römern den Weg öffnete. Bei der Aufgrabung hat sich gezeigt, daß das Castell mehrmals zerstört und wieder aufgebaut worden ist.

Gleichzeitig mögen einzelne Punkte an der Donau, insbesondere Regensburg, befestigt worden sein, da nach der Eroberung des Landes südlich von der Donau durch Drusus und Tiberius auch hier die Flußübergänge gedeckt werden mußten. Regensburg an der Mündung des Regens in die Donau, die hier von ihrer bisherigen nordöstlichen Richtung in eine südöstliche umbiegt, hat für die Donaulinie eine ähnliche Bedeutung wie Mainz am Rheinknie und an der Mündung des Mains für die Rheinlinie: es beherrscht die Straßen längs dem Regen und der etwas oberhalb mündenden Nab aufwärts und verschließt den Flußübergang. Auch das weiter abwärts gelegene Passau, das keltische Bojodurum, am Zusammenfluß der Ilz und des Inns mit der Donau, mag schon von Drusus befestigt worden sein.

Anfänge des Limes waren jedenfalls zu Tiberius' Zeit schon vorhanden. Denn in den Kriegen des Germanicus wird bei Tacitus ein Limes erwähnt, den Tiberius begonnen habe. Limes aber bedeutet immer eine künstliche, durch Mauern oder Erdwerke befestigte Gränze im Gegensatz zu den natürlichen Gränzen, wie sie Meeresküsten, Gebirgskämme oder große Ströme darbieten. Leider erfahren wir bei Tacitus nicht näher, wo der von ihm erwähnte Limes lag. Der Zusammenhang weist eher auf niederrheinische Gegenden wie auf die Wetterau hin. Auch hier, am Niederrhein, sind früh Verschanzungen auf dem rechten Ufer angelegt worden, um die Übergänge zu decken und ein Vorland zu gewinnen.

Allein wie dem auch sei, es bestanden im ersten Jahrhundert unserer Zeitrechnung nur zerstreute Befestigungen an einzelnen Stellen der Gränze, wo dieselbe am meisten exponirt war oder die Römer gewöhnlich überzugehen pflegten, noch keine längern, fortlaufenden Linien, und am wenigsten darf an einen Zusammenhang der Werke am Rhein mit denen an der Donau gedacht werden. Das Zwischenland oder das später sogenannte Decumatenland, die alte helvetische Einöde (so noch bei Ptolemäus), stand nach dem Abzug der Helvetier in die Schweiz, der schon vor Cäsar's Zeit erfolgt war, den nachrückenden Germanen offen. Es war zum Theil in die Hände der Markomannen gekommen, erhielt aber nach deren Abzug bald, unter dem Schutz der benachbarten römischen Gränzen, auch wieder keltische Colonisten zu Einwohnern.

Der Plan zu einem zusammenhängenden Gränzschutz, der Rhein und Donau mit einander verband, mag älter sein, der erste Beginn seiner Ausführung aber rührt erst von Domitian her und hängt wahrscheinlich mit seinem Feldzug gegen die Chatten im Jahr 84 zusammen.

Zwar richtete er gegen die Chatten selbst nichts aus und sein Triumph über dieselben wird von Sueton und Tacitus lächerlich gemacht. Indes lag ein weiteres Vordringen gegen sie auch gar nicht mehr in der damaligen römischen Politik. Dagegen hat er wahrscheinlich die Gränzen gegen sie gesichert, das obere Zwischenland zwischen Rhein und Donau zum römischen Reich gezogen und durch Befestigung desselben den Einfällen der Chatten ein Ziel gesetzt. Zu diesem Zweck sind unter seiner Regierung (81—96) die ersten größern Linien zwischen Rhein und Donau wenn auch nicht beendet, doch wenigstens begonnen worden.

Gegen die Chatten scheint eine Verteidigungslinie schon damals vollständig hergestellt zu sein. Denn Frontinus, ein Militärschriftsteller aus der Zeit des Tacitus, berichtet ausdrücklich, daß Kaiser Domitian, da die Germanen fortwährend von ihren Schlupfwinkeln aus das römische Reich beunruhigten und sich dann wieder in das Dunkel des Waldes zurückzögen, eine 120 Meilen lange Schutzlinie angelegt habe (limitibus per centum viginti millia passuum actis), wodurch zwar der Kriegszustand nicht beseitigt, aber doch die Feinde so weit unterworfen seien, als er die Schlupfwinkel aufgedeckt habe.

Man hat berechnet, daß die Länge dieser Gränzwehr, vierundzwanzig deutsche Meilen, ziemlich genau der Linie vom Odenwald quer durch die Wetterau bis nach Kemel im Nassauischen entspricht, wo sich bereits ältere Werke des Tiberius anschlossen. Später wurde die Linie nach Norden hin erweitert und der größte Theil der Wetterau mit in das Verteidigungssystem gezogen. Diese Erweiterung indes, welche den heutigen Lauf des Pfahlgrabens bezeichnet, fällt frühstens in die Zeit Hadrian's.

Aber auch im Oberland muß Domitian die Anlage von Gränzwehren begonnen haben. Mit Recht hat man hervorgehoben, daß der Name einer schwäbischen Stadt, Arae Flaviae oder das heutige Rotweil, auf das flavische Regentenhaus hinweise und vermutlich die Stelle bezeichne, wo die neu unterworfenen Stämme des Zwischenlandes dem flavischen Kaiserhause gehuldigt hätten. Ist aber das Decumatenland unter Domitian dem römischen Reich einverleibt worden, so müssen unter ihm auch die Arbeiten zum Schutz des Landes begonnen haben.

Damit stimmt genau die Stelle in der „Germania" des Tacitus (cap. 29) überein, wo von dem Land als einem noch zweifelhaften Besitz, und von dem Limes als einem noch unfertigen, oder eben erst beendeten Werk gesprochen wird. „Kaum könne man die Bewohner des Decumatenlandes, obgleich sie jenseit des Rheins und der Donau angesiedelt seien, zu den Germanen zählen. Leichtsinnige und aus Not verwegene Gallier hätten in diesem Land zweifelhaften Besitzes sich niedergelassen, doch gelte es nach Vollendung des Limes immerhin als Bestandtheil des Reichs und der Provinz (mox limite acto promotisque praesidiis sinus imperii et pars provinciae habentur)."

Was Domitian begonnen hatte, wurde von Trajan (98—117) weiter geführt. Wahrscheinlich ist die südöstliche Fortsetzung des gegen die Chatten errichteten Walls, also der Pfahlgraben vom Main und Neckar bis in's Schwäbische sein Werk. Er scheint das neuerdings genauer untersuchte Castell bei Rückingen in der Nähe von Hanau gegründet, die Orte Baden, Ladenburg und Xanten neu angelegt oder erweitert und auch das Gebiet nördlich von der Donau befestigt zu haben. Die ganze Gränze sollte durch zusammenhängende Linien gedeckt, insbesondere die Werke am Rhein mit denen an der Donau verbunden werden.

Ob die Verbindung unter seiner Regierung wirklich vollendet und der Wall bereits in der ganzen Ausdehnung hergestellt wurde, die wir in seinen Überresten erkennen, erscheint sehr zweifelhaft. Dagegen ist es vollkommen sicher, daß unter seiner Regierung eifrig an dem Werk fortgearbeitet wurde, und daß Trajan, welcher mehrfach und längere Zeit in Germanien war, auch noch bei dem Tod seines Vorgängers Nerva, im Januar 98, die ganze Bedeutung des Werks erkannte. In das Jahr 98 fällt die „Germania" des Tacitus, der damit nicht bloß seinen entarteten Zeitgenossen einen Sittenspiegel vorhalten, sondern auch die längere Abwesenheit Trajan's nach dem Tod seines Vorgängers durch die Wichtigkeit der germanischen Angelegenheiten rechtfertigen wollte. Eben damals war der Pfahlgraben im Bau begriffen.

Die Abbildungen auf der Trajanssäule, die zunächst den dacischen Krieg zum Gegenstand haben, veranschaulichen uns den Bau. Die Säule rührt aus der letzten Regierungszeit des Kaisers her, eins der größten erhaltenen römischen Kunstwerke von über hundert Fuß Höhe, mit einer Treppe im Innern, auf der man zur Spitze hinaufsteigt, von außen auf einem fortlaufenden Band mit Reliefbildern geziert, welche die Thaten Trajans versinnlichen. Diese Abbildungen zeigen uns einen Erdwall, dahinter in Zwischenräumen viereckige Thürme, die Zwischenräume und den Fuß des Walls mit Soldaten besetzt. Der Wall muß also damals zum Theil bereits vollendet gewesen sein.

Aber auch Trajan erlebte die Vollendung nicht. Diese rührt erst von seinem Nachfolger Hadrian her (117—138), der dem Werk den Namen gegeben hat: vallum Hadrianum oder limes Hadriani. Möglich, ja selbst wahrscheinlich, daß die beiden Nachfolger Hadrian's, Antoninus Pius (138—161) und Mark Aurel (161—180), das Werk noch erweitert und verstärkt haben, ähnlich wie dies mit den Wällen gegen die Schotten an der britischen Gränze der Fall war; im wesentlichen aber hat Hadrian das Werk zu Ende geführt, und an der Anlage im großen und ganzen ist nichts mehr geändert worden.

Es wird nie mit völliger Sicherheit auszumachen sein, wer die einzelnen Theile des Walls zuerst begonnen, wer sie weiter geführt und vollendet hat. Indes haben wir uns den Bau überhaupt nicht so zu denken, als ob er in Abschnitten zu verschiedenen Zeiten, gleichsam stoßweise zu Stande gebracht sei, vielmehr wurde daran von der Zeit Domitian's nahezu hundert Jahre ununterbrochen gearbeitet, und weitere hundert Jahre bis auf die Zeit des Kaisers Probus (276—282) wurde er im Kampf gegen die Angriffe der Germanen behauptet und stets von neuem wieder hergestellt, verstärkt und gelegentlich erweitert. Pausen mögen eingetreten sein, dagegen kann der Bau nie vollständig geruht haben, bis er vollendet war, so wenig wie seine spätere Unterhaltung und Verteidigung.

Daß bei der längern Dauer des Baues sich später Abweichungen von dem ursprünglichen Plan ergaben, daß der Wall an verschiedenen Stellen auch einen verschiedenen Charakter zeigt, und daß namentlich die Anschlüsse nicht überall so erfolgten, wie wir bei einem einheitlichen Plan erwarten dürften, erscheint hiernach sehr natürlich.

Das letztere tritt besonders da hervor, wo der Donaulimes sich an den rheinischen anschließt. Dies geschieht nicht auf der Südspitze des Walls, dem westlichen Ausläufer des Hohenstaufens, sondern ein paar Stunden weiter nördlich bei dem Ort Pfahlbronn auf der Wasserscheide des Lein- und Remsthales. Denn der Wall bildet hier nicht eine fortlaufende Linie, sondern einen Haken, in dem der Donaulimes in den eigentlichen Pfahlgraben einmündet. Dies deutet darauf, daß die Verbindung erst später erfolgte, als beide Linien von verschiedenen Seiten her bereits gezogen und im wesentlichen vollendet waren.

Sicherlich rührt auch die Donaulinie oder die später vom Volk sogenannte Teufelsmauer, die zum Theil nur aus einer gemauerten Hochstraße besteht, noch von Hadrian her, wie der Name vallum Hadriani zeigt, während die Verbindung aller Vermutung nach erst unter Antonin oder vielleicht noch später bewirkt wurde.

Eine ähnliche Mauer legte Hadrian in England an, während der nördliche caledonische Wall, zwischen den Flüssen Forth und Clyde auch erst unter Kaiser Antonin um das Jahr 140 erbaut wurde. Dieser nördliche Wall hatte große Ähnlichkeit mit dem deutschen Pfahlgraben, wie Yates bemerkt. Daß Hadrian darauf bedacht war, überall die Gränzen des Reichs zu sichern und zu befestigen, und daß dazu namentlich Pfahlwerke verwandt wurden, erwähnt Spartian, ein Schriftsteller aus dem dritten Jahrhundert, der das Leben Hadrian's beschrieben hat: er habe an vielen Stellen, wo keine Flüsse die Gränze bildeten, die Barbaren durch starke Pfähle, die nach Art einer Mauer in den Boden eingerammt und verbunden seien, von den Gränzen fern gehalten (per ea tempora, et alias frequenter in plurimis locis, in quibus barbari non fluminibus, sed limitibus dividuntur, *stipitibus magnis, in modum muralis sepis funditus iactis atque connexis,* barbaros separavit).

Auch die nördliche Erweiterung des Pfahlgrabens in der Wetterau, welche die heutigen Städte Friedberg, Butzbach, Grüningen, Münzenberg, Staden und Altenstadt noch mit einschließt, rührt von Hadrian oder spätestens aus den ersten Jahren Antonin's her. Denn viele Spuren römischer Niederlassungen und Straßen, wie zahlreiche Inschriften und Münzfunde lassen mit Sicherheit darauf schließen, daß die Wetterau längere Zeit römisch gewesen sein muß, mindestens hundert Jahre. Da die Spuren aber nur bis auf die Mitte des dritten Jahrhunderts herabgehen, das Land also damals von den Römern wieder geräumt wurde, so wäre dies nicht möglich, wenn die Erweiterung erst nach der Zeit Antonin's statt gefunden hätte.

Arnd, der den Pfahlgraben in der Wetterau am genauesten untersucht hat, nimmt eine nochmalige Erweiterung unter Kaiser Probus an (276—282). Er will zwischen Lich bei Gießen und Miltenberg am Main nahe an fünfzig deutliche Spuren eines äußern Walls gefunden haben, der auf der Höhe des Vogelsbergs und Spessarts herlief, bei Salmünster die Kinzig überschritt und bei Miltenberg den Main erreichte. Da indes auffallende Lücken in den Resten vorkommen und eine Beseitigung der Reste in den Wäldern des Vogelsbergs und Spessarts kaum wahrscheinlich ist, weil in den Wäldern der Pfahlgraben sich überall am besten erhalten hat, so glaubt

Arnd, der neue von Probus begonnene Gränzwall sei wegen des bald erfolgten Todes des Kaisers nicht mehr vollendet worden. Wie dem auch sei, Spuren römischer Niederlassungen finden sich zwischen dem äußern Wall und dem eigentlichen Pfahlgraben gar nicht, und dies läßt uns schließen, daß die Wetterau hier niemals römisch war, mögen nun die Reste wirklich von einem äußern Wall des Probus herrühren oder nicht.

Lage und Richtung des Pfahlgrabens sind in den letzten zwanzig Jahren so genau untersucht worden, daß über den Zug desselben im ganzen keinerlei Zweifel mehr aufkommen kann. Das heißt desjenigen Walls, wie er etwa die letzten hundert Jahre bestanden hat. Nur im kleinen und einzelnen bleibt der Localforschung immer noch ein großes Feld für ihre Thätigkeit offen.

Denn da die Reste des Walls auf große Strecken verschwunden sind, kann man wohl die Ziel- und Richtpunkte der Linie, aber nicht ihren Lauf durch jede einzelne Gemarkung mit Sicherheit angeben. Ebenso bleibt da, wo mehrere Linien hinter einander liegen, wie gerade im Odenwald, im Spessart und in der Wetterau, deren Verbindung zweifelhaft, und das gesammte Detail der römischen Festungswerke wird schwerlich je wieder festgestellt werden können. Mit dem Wall hiengen natürlich überall, wo das Terrain es erforderte, Vor- und Rückschanzen zusammen. Flußübergänge wurden durch besondere Castelle gedeckt, wie wir namentlich bei dem Kinzigübergang bei Rückingen und bei der spätern Vorschiebung des Grabens im Wertheimer Engpaß sehen, wo noch heut zu Tage ein Dorf mit Namen Cassel liegt, und endlich lief eine Militärstraße auf der innern Seite des Limes her, die nicht bloß die Wachtposten und Gränzstädte am Limes selbst unter einander, sondern auch mit den weiter rückwärts gelegnen festen Punkten und Standlagern verband. Ein Straßennetz, das ausschließlich militärischen Zwecken diente, war die notwendige Ergänzung des Verteidigungssystems. Das alles bedarf im einzelnen vielfach noch genauerer Ermittelung. Gleichwohl kann die Linie im ganzen als sicher und festgestellt gelten.

Hätte man von Anfang an die Ortsnamen mit zu Rate gezogen, so würden sich wohl kaum ernstliche Zweifel über die Richtung des Limes ergeben haben. Erst in der neusten Zeit hat man angefangen, sich dieses Hilfsmittels zu bedienen, und noch viel besser wird es benutzt werden, sobald auch die Flur- und Waldnamen einmal bekannt gemacht sind. Denn längs dem ganzen Lauf des Pfahlgrabens ziehen sich Orte, die ihm den Namen verdanken, und wo derselbe herlief, hat sich sein Andenken regelmäßig auch in den Flurbezeichnungen und Forstorten erhalten.

Die Orte, welche ihm den Namen verdanken, sind von Osten nach Westen folgende: **Pfahldorf** bei Kipfenberg, wo der Pfahlgraben die Altmühl überschritt, in der Nähe von Eichstätt; **Dambach** westlich von Gunzenhausen, wo er zum zweiten Mal über die Altmühl gieng; ein zweites **Dambach** südlich von Dinkelsbühl an der bairisch-württembergischen Gränze; **Pfahlheim** unfern des vorigen, in der Nähe von Ellwangen; **Pfahlbronn** nördlich vom Hohenstaufen, wo der rhätische Limes sich an den rheinischen anschloß; **Pfahlbach** nördlich von Öhringen im Hohenlohischen; **Osterburken** d. h. die Ostburg, an der Eisenbahn zwischen Würzburg und Heidelberg; **Walldürn**, Dürn am Wall, nördlich vom vorigen; ein zweites **Pfahlbach**, etwas weiter nördlich zwischen Walldürn und Freudenberg; **Burgstadt** am Main zwischen Miltenberg und Freudenberg, wo der Pfahlgraben den Main erreichte; **Groß- und Kleinwallstadt** am Main oberhalb Aschaffenburg; **Damm** an der Aschaff bei Aschaffenburg;

Pohlheim bei Staden in der Wetterau, ein wieder ausgegangenes Dorf; ein zweites Pohlheim, ebenfalls ausgegangen, bei Grüningen in der Nähe von Gießen; Leihgestern westlich vom vorigen, in alter Schreibung Leitcastre vom ahd. leiti ductus Leitung und dem lat. castrum, also wörtlich Limescastell, an der nördlichsten Spitze des Limes, wo er ohne Zweifel am stärksten befestigt war; Pohlgöns bei Butzbach, nach einem kleinen Bach und dem Pfahlgraben, zum Unterschied von den benachbarten Lang-, Kirch- und Ebergöns; Pohl in Nassau, südöstlich von Ems, wo der Pfahlgraben die Lahn überschritt.

Von Localnamen erwähne ich nur das Pohlfeld und den Pohlbach bei Adolfseck in der Nähe von Langenschwalbach, den Pohlwald und die Pohlwiese bei dem letztgenannten Dorf Pohl, so wie die Forstorte Pfahl und Pfahltannen bei Rückingen, die zugleich sprachlich die Dialektgränze von Pfahl und Pohl bezeichnen. Sie können zum Beweis dienen, wie zahlreich solche Namen auch anderwärts sein mögen, wo sie bisher noch nicht bekannt oder beachtet worden sind. Natürlich lag nichts näher, als neue Orte, die seit dem fünften Jahrhundert in großer Zahl an dem verlassenen und überall durchbrochnen Pfahlgraben angelegt wurden, nach dem gewaltigen Werk zu benennen, das noch in seinen Trümmern Staunen erregte und im Volksmund allgemein dem Teufel zugeschrieben wurde. Eben so aber wurden Feldlagen und Forstorte, die in der Nähe desselben lagen, darnach bezeichnet oder durch Verknüpfung mit dem Teufel oder den Heiden von ihm abgeleitet.

Verfolgen wir nun den Lauf des Limes selbst. Oberhalb Kehlheim, wo die Altmühl mündet, verläßt er die Donau und zieht sich bis Gunzenhausen in ziemlich gerader westnordwestlicher Richtung. Bei Kipfenberg, zwischen Eichstätt und Beilngries, überschreitet er die Altmühl und bleibt dann bis Gunzenhausen auf dem linken Ufer, um den Bogen abzuschneiden, den der Fluß in seinem untern Lauf beschreibt. Von Gunzenhausen, wo ein größeres Castell angelegt war, läuft er in westsüdwestlicher Richtung südlich an den Städten Dinkelsbühl und Ellwangen vorbei bis Pfahlbronn, das etwa in gleicher Breite mit Stuttgart liegt. Bei Dinkelsbühl überschreitet er das Thal der Wörnitz, die bei Donauwörth in die Donau mündet, südlich von Ellwangen den obern Lauf der Jagst und des Kochers, dazwischen also die Wasserscheide zwischen Donau und Rhein.

Bei Pfahlbronn, auf den Vorbergen der schwäbischen Alp, beginnt der rheinische Limes, der sich südlich noch eine Strecke weit bis zum Hohenstaufen fortsetzt. Er wendet sich nun scharf nördlich und läuft in schnurgrader nordnordwestlicher Richtung über Welzheim, Murhardt, Mainhardt, Öhringen, Sindringen, Jagsthausen, Osterburken und Walldürn dreißig Wegstunden lang bis Burgstadt zwischen Miltenberg und Freudenberg an den Main. Bei Sindringen wird der Kocher, bei Jagsthausen die Jagst zum zweiten Mal überschritten. Dann folgt er an den Abhängen des Spessarts in geringer Entfernung dem Lauf des Mains auf dessen rechtem Ufer, erreicht ihn wieder bei Krotzenburg und wendet sich hier nördlich nach Rückingen bei Hanau, wo der Übergang über die Kinzig durch ein Castell gedeckt war. Von Rückingen läuft er in nordnordwestlicher Richtung über Marköbel, Altenstadt, Staden, Echzel, Münzenberg und Arnsburg nach Leihgestern bei Gießen. Hier biegt er scharf nach Süden um und folgt dieser Richtung an Butzbach und Oberroßbach bei Friedberg vorüber bis zur Saalburg bei Homburg, wo er die Höhe des Taunus erreicht. Von da läuft er in westsüdwestlicher Richtung über Dasbach südlich von Idstein nach Kemel bei Langenschwalbach und von da wieder nordwestlich bis zum Übergang über die Lahn bei Ems. Hier schlossen sich auf dem rechten Rheinufer noch weitere Befestigungen an, die durch das Siebengebirg giengen und sich bis nach Deutz und dem Niederrhein erstreckten.

Gewiß war der Wall strategisch außerordentlich geschickt angelegt. Er hatte den Zweck, die großen Flußthäler der Donau und des Rheins durch vorliegende Linien zu decken. Darum läuft der rhätische Limes von Kehlheim bis Pfahlbronn ziemlich parallel der Donau, indem er dem Bogen folgt, welchen der obere Donaulauf macht. Der rheinische Limes von Pfahlbronn bis Miltenberg am Main aber läuft parallel mit dem Neckar.

So erklärt sich der einspringende Winkel in der Verbindung beider Linien bei Pfahlbronn, denn er war durch den natürlichen Lauf der Gewässer und der rückwärts liegenden Gebirgszüge, der schwäbischen Alp und des Schwarzwalds bedingt. Die Gebirge gewährten eine zweite, Donau und Rhein eine dritte Verteidigungslinie; alle drei waren befestigt und mit einander verbunden.

Der Wall selbst bildete also das äußerste vorgeschobene Werk. Dahinter kam im Süden die vielfach verschanzte Alp, weshalb die nördliche Linie auch nicht bei Pfahlbronn endete, sondern bis zum Fuß des Hohenstaufens auf der Alp fortgeführt war, um sie zugleich mit der zweiten Verteidigungslinie an der Alp in Verbindung zu bringen. Weiter im Süden aber bildete die an allen Übergangspunkten befestigte und wohl vertheidigte Donau eine dritte Linie.

Fast noch stärker war die nördliche Linie von Pfahlbronn bis zum Main. Denn hier lagen noch drei natürliche Schutzwehren dahinter, zuerst der von den Römern befestigte Neckar, dann der Schwarzwald und endlich der Rhein. Also ein förmliches System correspondirender Festungswerke, das noch durch viele einzelne Castelle und Schanzen verstärkt und durch ein zusammenhängendes Straßennetz verbunden war. Von der Donau und dem Rhein aber giengen überall Heerstraßen weiter in's Innere nach Gallien und Italien.

Am schwierigsten war die Verteidigung der offenen Wetterau gegen die ringsum wohnenden Chatten. Deshalb war die Wetterau auch wohl am stärksten befestigt und sollte im dritten Jahrhundert durch einen äußern Wall, der über die Höhen des Vogelsbergs und Spessarts gieng, noch weiter geschützt werden. Allein zur Ausführung desselben kam es nicht mehr, wenn auch einzelne Spuren im Vogelsberg und Spessart, wie die Ortsnamen Cassel bei Wertheim und Echterspfahl bei Aschaffenburg, auf den Beginn der Ausführung hinweisen. Die starke Befestigung des Wertheimer Engpasses, die zum Theil noch ersichtlich ist, zeigt insbesondere, daß die Römer seine Bedeutung so gut zu würdigen wusten als Napoleon im Jahre 1813, da er ihn unbesetzt fand.

Übrigens waren auch die Linien in der Wetterau im Rücken wieder durch die befestigte Mainlinie und durch die Festungswerke im Odenwald und Taunus geschützt.

Gleichwohl, so geschickt und sinnreich das ganze Verteidigungssystem erscheint, können es nicht bloß militärische Rücksichten gewesen sein, welche die Römer zum Bau dieses außerordentlich langen Walls bestimmt haben. Eine kürzere und militärisch viel bessere Linie wäre die von Mainz oder Straßburg direkt nach Ulm und Augsburg gewesen. Sie würde eine ungleich geringere Truppenzahl erfordert und bei gehöriger Benutzung der Schwarzwaldpässe einen Durchbruch der Germanen zwischen Rhein und Donau doch eben so gut unmöglich gemacht haben. Dafür hätte man die Rhein- und Donaulinie entsprechend verstärken und mit den noch vorhandenen Truppen, woran es gerade in den letzten Jahrhunderten des römischen

Reichs zu mangeln begann, auch besser besetzen können. Den
Vorwall über die Donau hätte man daneben beibehalten können, denn die Donaulinie muste allerdings besonders geschützt
werden, weil sie den Barbaren den direkten Weg nach Italien
verschloß und die Donau von Ulm bis Regensburg einem
Übergang keine großen Schwierigkeiten in den Weg legte. Die
Rheinlinie dagegen sollte nur die Wege nach Gallien sperren
und war zudem viel leichter zu verteidigen. Denn die oberrheinische Ebene war damals in ihrer untern Hälfte, dem
sogenannten Mainzer Becken, sehr sumpfig, und von Bingen
bis Bonn gestattet wieder die Enge des Thals nur an wenigen
Stellen einen bequemen Übergang.

Es müssen daher Gründe anderer Art gewesen sein, welche
die Römer zum Bau der längern Linie bestimmten, und diese
Gründe können nur in politischen Rücksichten gefunden werden.

Sie liegen offenbar in der Nachbarschaft gefährlicher germanischer Stämme, denen möglichst viel Terrain zur Ausbreitung entzogen werden sollte. So entstand zunächst das System
der Gränzwehren im Taunus und in der Wetterau gegen die
Chatten und etwas später die schwäbische Linie vom Hohenstaufen bis zum Main gegen die Alemannen.

Die Chatten, die zu Cäsar's Zeit bis an die Mainspitze und
im Osten bis in das obere Werragebiet reichten und schon über
den Rhein streiften, wo sie namentlich den Trevirern Hilfe gebracht hatten, gehörten seit den Zeiten des Drusus und Germanicus zu den erbittertsten und gefürchtetsten Feinden der Römer.
Sie waren am gefährlichsten, weil sie am nächsten wohnten:
welche Besorgnis sie den Römern einflößten, geht aus der „Germania" des Tacitus hervor. Gegen sie sind von Drusus und
Germanicus die ersten Befestigungen angelegt, die in der Folge
fortwährend erweitert und verstärkt wurden, zuerst ohne Zweifel
von Domitian infolge seines chattischen Feldzugs im Jahre 84.

Nicht minder gefürchtet wurden später die Alemannen. Sie giengen aus einer Vereinigung kleinerer Völker hervor, die ursprünglich in den mittelrheinischen Gegenden wohnten, nach dem Abzug der Markomannen nach Böhmen sich im obern Maingebiet festsetzten und von hier weiter nach Süden vorbrangen. Unter dem neuen Gesammtnamen werden sie zuerst im Kampf gegen Kaiser Caracalla im Jahr 213 genannt, in der Nähe des Mains, wo Caracalla gleichzeitig auch die Chatten bekämpfte. Sie wurden in ihrer Vereinigung den Römern bald eben so gefährlich wie die Chatten. Gegen sie hat ohne Zweifel zuerst Trajan den Bau eines zweiten großen Walls, der schwäbischen Linie über dem Neckar, begonnen, wenn sie auch erst später vollendet ist und vielleicht gar erst im dritten Jahrhundert ihre größte Stärke erhalten hat. Denn je schwächer die lebendige Verteidigung wurde, desto stärker wurden die Mauern und Schutzwehren, womit man den immer fühlbarer werdenden Truppenmangel des sich entvölkernden Reichs zu ersetzen suchte.

So sind es eigentlich drei verschiedne Linien, die in ihren ersten Anfängen ziemlich gleichzeitig entstanden sein mögen, dann weiter fortgeführt und mit einander verbunden wurden und schließlich die eine große Linie des Pfahlgrabens darstellten: die Mainlinie, die Neckarlinie und die Donaulinie. —

So viel von dem Lauf des Walls und den geographischen, militärischen und politischen Rücksichten, die ihn bedingt haben. Nun noch Einiges über seine Bauart und die Zwecke, für welche dieselbe berechnet war.

Schon oben wurde bemerkt, daß die Struktur des Walls in seinen beiden Hälften, der Rhein- und Donaulinie, eine ganz verschiedene war. Die letztere bestand zum Theil nur aus einer gemauerten und befestigten Heerstraße, nach Paulus zwei bis fünf Fuß hoch und zwölf Fuß breit, daher jetzt

Teufelsmauer oder Hochstraße genannt. Sie lief so weit es möglich war in schnurgerader Richtung, brach wo sich Hindernisse entgegenstellten unter Winkeln ab (nicht wie die gewöhnlichen römischen Heerstraßen in Bogen) und setzte dann die neue Richtung wieder möglichst lange in gerader Linie fort. Hinter der Straße befanden sich in verschiednen Abständen runde, durch Graben geschützte Wachthügel und Castelle, welche zur Bewachung und nächsten Verteidigung der Straße dienten.

Streckenweis sind übrigens auch bei dem rhätischen Limes Wälle mit vorliegendem Graben nachgewiesen worden, so gleich beim Anfang zwischen Kehlheim und Kipfenberg. Es ist daher möglich, daß solche Erdwälle ursprünglich auch anderwärts bestanden, und daß die gemauerte und befestigte Heerstraße mit ihren Thürmen und Castellen erst in der letzten Zeit der römischen Herrschaft erbaut wurde.

Größere Flußübergänge, wie gerade die über die Altmühl bei Kipfenberg und Gunzenhausen, waren besonders gedeckt. Hier dürfen wir Festungswerke zu beiden Seiten des Flusses mit Vor- und Rückschanzen annehmen, wie solche bei schwierigen Übergängen auch anderwärts nachgewiesen sind, z. B. bei dem Übergang über die Ahr bei Adolfseck in Nassau. Die Orte Kipfenberg und Gunzenhausen sind daher unzweifelhaft römischen Ursprungs, wenn sie auch erst später wieder aufgebaut worden sind und jüngere Namen tragen.

Viel genauer sind wir über den schwäbischen Gränzwall von Pfahlbronn bei Welzheim bis Burgstadt am Main unterrichtet. Dieser bestand überall aus einem Erdwall mit Pfahlwerk und vorliegendem Graben. Paulus hat nicht bloß seinen Lauf im allgemeinen, sondern auch seine Bauart auf der ganzen Länge näher untersucht. Er nimmt an, daß der Wall ursprünglich mindestens sechzehn Fuß hoch und der Graben zehn Fuß tief war. Da, wo das Werk am besten erhalten ist, hat der Wall noch jetzt eine Höhe von dreizehn, an der Grundfläche eine Breite von vierzig bis fünfzig und oben eine Breite von vier bis sechs Fuß, der Graben eine Tiefe von fünf bis sechs, oben eine Breite von fünfzehn bis zwanzig und an der Sohle eine Breite von vier bis fünf Fuß. Selbstverständlich muß der Wall ursprünglich höher, der Graben tiefer gewesen sein, da der Wall fort und fort abgeschwemmt, der Graben aber ausgefüllt wird: hiernach sind die von Paulus angenommenen ursprünglichen Maße gewis eher zu gering als zu hoch gegriffen.

Das Pfahlwerk lief zwischen Wall und Graben her, am Fuß des ersteren, etwa in gleicher Höhe mit der gewöhnlichen Bodenerhebung. Die Pfähle waren aber nicht wagrecht, nach Art unserer heutigen Pallisaden, in den Wall eingerammt, sondern standen aufrecht und bildeten eine fortlaufende Hecke: stipitibus magnis, in modum muralis sepis funditus jactis atque connexis, wie Spartian beschreibt. Wie hoch dieselbe war, wissen wir nicht, da sich das Pfahlwerk nirgends erhalten hat. Doch wird man nicht irren, wenn man annimmt, daß sie etwa acht bis neun Fuß, keinen Falls so hoch wie der Wall war, so daß die Besatzung von der Höhe des Walles den Graben noch theilweise übersehen und mit ihren Wurfgeschossen beherrschen konnte. Denn war der Zaun einmal überstiegen, so wurde die Verteidigung des Walls viel schwieriger. Auch diente die Krone desselben gelegentlich gewis zur Aufstellung von Geschützen und Schleuderapparaten.

An der Innenseite des Walls standen in einer Entfernung von je fünfhundert Schritt kleine gemauerte Wachthäuschen, die Paulus in ihren Resten vielfach wieder aufgefunden und ausgegraben hat. Es waren gemauerte Vierecke, von je neun Fuß lichter Weite, mit einer Mauerstärke von nahezu zwei und einem halben Fuß. Der Eingang war natürlich dem Wall zugekehrt: die Lage der Häuschen womöglich auf dominirenden Punkten und befestigt; an besonders wichtigen Stellen waren sie größer und fester als gewöhnlich. Im Innern fand Paulus nicht selten Bruchstücke römischer Gefäße, Kohlen und Asche, so daß die Posten auch kochen und im Winter sich erwärmen konnten. Ein Fußpfad, der an oder auf dem Wall herlief, verband die Wachthäuschen mit einander; weiter rückwärts lief die größere Heerstraße längs dem Wall.

Zog sich der Limes durch Wald, was bei der damaligen Bodenbeschaffenheit von Deutschland die Regel war, so verstand es sich von selbst, daß der Wald auf der äußern oder deutschen Seite des Grabens nach seiner ganzen Länge so weit ausgehauen wurde, um das Vorterrain zu klären und jeden, der es betrat, mit Wurfspießen oder Geschossen erreichen zu können. Darum sehen wir auf der Trajanssäule die römischen Soldaten emsig mit dem Abholzen des Waldes beschäftigt. Das Holz diente zum Brennen und vor allem zum Bau selbst.

Die Heerstraße lief regelmäßig auf der Innenseite des Limes her. Nur ausnahmsweise, wo sie wegen des Terrains nicht anders geführt werden konnte, überschritt sie den Wall und wurde dann durch Vor- und Rückschanzen gedeckt. Sie diente vor allem zur Verbindung der größern Castelle oder Garnisonstädte, die in Abständen von etwa drei bis vier Stunden hinter dem Wall lagen und namentlich bei Flußübergängen notwendig waren. Von jedem größern Castell oder Standlager giengen dann wieder Straßen in's Innere, welche die Gränzposten auf kürzestem Wege mit den rückwärts gelegenen Castellen und Garnisonen verbanden, damit im Notfall von dort aus so schnell wie möglich Hilfe kommen konnte.

Es ist demnach nicht ganz richtig, wenn Paulus meint, der Limes habe nur die Bedeutung einer Allarm- oder Telegraphenlinie gehabt, um den Feind zu beobachten und zu überwachen. Gewiß war sie das auch, zur bloßen Kundschaft und Benachrichtigung aber wären keine so großen, fortlaufenden und zusammenhängenden Werke nötig gewesen. Der nächste Zweck blieb doch immer der einer Fortifikation, um wenigstens einen ersten Anlauf abzuhalten. Sie schützte allerdings nur gegen kleinere Streifzüge; in Verbindung mit dem Straßennetz diente sie indes zugleich zur Abwehr größerer Angriffe und zum Stützpunkt für Rachekriege, wobei freilich die Nähe eines starken und schlagfertigen Heeres vorausgesetzt wurde.

Wenn auch der Schutz des Landes dadurch nicht für immer gelang — und welches menschliche Festungswerk vermöchte überhaupt dem Wechsel der Zeiten Trotz zu bieten —, so hat der Pfahlgraben seinen nächsten Zweck doch über hundert Jahre erfüllt und gerade zur Zeit des Sinkens der römischen Macht. Denn ein Volk, welches aggressiv in die Geschichte eingreift, wie die Germanen, braucht keine Schutzwehren.

Die größeren Castelle und Garnisonstädte, die auf der Linie des schwäbischen Limes lagen, sind sämmtlich noch heut zu Tage bewohnte Ortschaften und wichtige Fundorte für römische Inschriften, Münzen, Geräte und sonstige Alterthümer. Bei manchen weist schon der Name auf ihre frühere Bestimmung und den römischen Ursprung hin. Die Reihe derselben von Süden nach Norden, jede von der andern etwa vier Stunden entfernt, ist folgende: Welzheim auf der Alp, Murhardt an der Mur, Mainhardt, Öhringen, Jagsthausen, Osterburken, Wallbürn und Burgstadt am Main. Paulus hat sie alle untersucht und näher beschrieben.

An die schwäbische Linie schließt sich nördlich vom Main die wetterauische von gleicher Beschaffenheit. Sie bestand ebenfalls aus einem Wall mit Pfahlwerk und vorliegendem Graben. Die nächsten größern Castelle mögen Wallstadt bei Aschaffenburg und Großkrotzenburg am Main gewesen sein, wo sich noch bis auf den heutigen Tag ein sogenannter Römerbrunnen erhalten hat. Dann folgte Rückingen bei Hanau, dessen Castell zum Schutz des Kinzigübergangs sich auffallend gut erhalten hat und lächerlicherweise früher für ein römisches Bad gehalten wurde. Dazu fehlte es hart auf der Gränze doch wohl an der nötigen Ruhe und Behaglichkeit, so große Freunde sonst die Römer von der Anlage von Bädern auch waren.

Die nächstgelegenen Standquartiere in der Wetterau waren dann Altenstadt an der Nidder, Staden an der Nidda, Bingenheim und das gegenüber liegende Echzel an der Horlof, Traismünzenberg und Arnsburg an der Wetter, Leihgestern bei Gießen, die Capersburg bei Friedberg und die Saalburg bei Homburg. An all diesen Orten dürfen wir größere Stationen und Castelle annehmen, wie theils erhaltene Reste, theils die Ortsnamen darthun. Die Namen sind zwar mit Ausnahme von Leihgestern, Echzel und Bingenheim deutsch, verraten aber zum Theil noch die Beziehung auf den vordeutschen Ursprung der Orte, wie dies bei Altenstadt unzweifelhaft und wahrscheinlich auch bei Staden (statio) und Arnsburg der Fall ist. Echzel und Bingenheim deuten auf keltischen Ursprung. Alle Orte liegen entweder an Flußübergängen oder sie hatten wie die Castelle auf dem Taunus die Bestimmung, Gebirgspässe zu decken. Ohne Zweifel wurde die nördliche Erweiterung des Walls von Altenstadt bis Oberroßbach überhaupt nur zu dem Zweck vorgenommen, um die Thäler der Wetter und Horlof besser zu verteidigen und zugleich die Wege lahnabwärts zu flankiren.

Im Nassauischen finden sich endlich größere Castelle und Befestigungen bei Dasbach südlich von Idstein, bei Adolfseck in der Nähe von Langenschwalbach, wo der Ahrübergang besondere Schwierigkeiten bereitete, bei Kemel und bei Ems.

Hier schloß sich der Limes an die Lahn und deckte den Lahn-
übergang, während auf dem rechten Ufer die Linien sich noch
weiter dem Rhein entlang durch das Siebengebirge bis nach
Deutz und Cöln fortsetzten.

Die Untersuchungen, welche bis jetzt über den Pfahlgraben
angestellt sind, bleiben meist bei dem Localen stehen und haben
die überaus wichtigen Folgen, welche der Bau desselben hatte,
entweder gar nicht oder nur sehr ungenügend erörtert. Und
doch waren diese Folgen für das römische Reich wie für
Deutschland gleich groß und bedeutungsvoll. Sie sollen nun
nach beiden Seiten hin noch kurz erörtert werden.

Für das römische Reich gewährte der Pfahlgraben nach dem
Mislingen der gegen Deutschland gerichteten Eroberungspläne
wenigstens einen guten und sichern Gränzabschluß. Er paßte
ganz in das System der besten und glücklichsten Zeit der römischen
Kaiserherrschaft, die Gränzen des ungeheuern Reichs nicht weiter
auszudehnen, sondern festzuhalten und zu sichern. Das war die
Zeit der Kaiser Trajan (98—117), Hadrian (117—138),
Antonin (138—161) und Mark Aurel (161—180).

Eroberungen wurden zwar unter Trajan noch gemacht,
aber sie hatten entweder, wie die von Dacien, auch nur den
Zweck, einen guten Gränzabschluß zu gewinnen, oder sie waren,
wie das mit den vorübergehenden Erfolgen gegen die Parther
der Fall war, nur die Folge von Kriegen, in welche das Reich
wider Willen verwickelt wurde. Im übrigen waren die genannten Kaiser sämmtlich darauf bedacht, statt neuer weit
aussehender Unternehmungen überall nur die Gränzen zu sichern.
So erklären sich die Wälle in England und in Schottland,
um die Donaumündung in der Dobrubscha, wie an der Südgränze von Ägypten und der Provinz Afrika. In dies System
künstlich fester Gränzen, wo es an natürlichen fehlte, paßte
auch der Pfahlgraben.

Unzweifelhaft wäre es den Römern nicht möglich gewesen, ohne eine solche Verbindungslinie den Einbruch der vorwärts drängenden Germanen in das Reich abzuwehren. Zwar erfolgte dieser Einbruch um die Mitte des dritten Jahrhunderts von Alemannen, Franken und Gothen doch, und seit dem Anfang des fünften Jahrhunderts, als die Hunnen sich im Rücken auf die Germanen warfen, konnten auch die Rhein- und Donaugränzen nicht mehr behauptet werden. Aber der Einbruch wäre aller Voraussicht nach ohne den Pfahlgraben viel früher erfolgt, und gegen zweihundert Jahre blieb wenigstens die Rhein- und Donaugränze im wesentlichen vollständig geschützt.

Denn mochte der Wall an einzelnen Punkten noch so oft überschritten werden, schließlich wurden die Germanen doch immer mit blutigen Köpfen heimgeschickt, oder sie erreichten die Heimat überhaupt nicht wieder, und weit über den Rhein oder die Donau kamen sie nie. Der Zweck des Pfahlgrabens war weniger der, das Vorland zwischen Rhein und Donau selbst zu schützen, als die Rhein- und Donaugränze zu verstärken, ihre Verteidigung zu erleichtern und durch eine Querlinie abzukürzen. Und dieser Zweck wurde bis auf die Zeit des Kaisers Probus zu Ende des dritten Jahrhunderts (276—282), ja selbst noch im vierten Jahrhundert vortrefflich erreicht, wie die erfolgreichen Kriege Julian's gegen die Alemannen zeigen. Das Vorland muste allerdings im vierten Jahrhundert preis gegeben werden; bis dahin aber hatte der Pfahlgraben, so oft er auch durchbrochen und stellenweis zerstört wurde, immer wieder hergestellt werden können. Ja Kaiser Probus hatte ihn noch verstärkt und eine weitere Ausdehnung beabsichtigt.

Es liegt auf der Hand, daß die Rhein- und Donaugränze für sich allein nicht so lange zu halten gewesen wäre. Mindestens hätte man das Oberland zwischen Donau und Rhein und die Schweiz bis zu den Alpenpässen preis geben müssen, damit aber wäre der Weg nach Gallien und Italien geöffnet worden. Denn daß Flußlinien, wenn es sich nicht um breite, reißende Ströme handelt, überaus schwierig zu verteidigen sind, ist eine Erfahrung, die in jedem Feldzug von neuem gemacht wird. Noch nie ist einem zahlreichen und gut geführten Heer ein Flußübergang mit Erfolg streitig gemacht worden. Gewis sind es die nächsten und besten Stützpunkte im Krieg, die Deckung aber geben sie dann nicht selbst, sondern erst das Heer, welches sie verteidigt. Für die Römer dagegen handelte es sich nicht um vorübergehende, sondern um bleibende Deckung, wobei gerade an Truppen möglichst gespart werden sollte.

Aber noch nach einer andern, mehr politischen Seite erwies sich der Pfahlgraben für die Römer zweckmäßig und vortheilhaft. Er war keine chinesische Mauer, die das Land hermetisch verschließen sollte, sondern ein Verteidigungswerk, das seinen Einfluß auch auf die benachbarten deutschen Stämme erstreckte und einen Verkehr mit ihnen, so lange sie sich freundlich zeigten, durchaus nicht ausschloß. Hatte man Deutschland nicht erobern können, so war es eine kluge Politik, das Land zu durchschneiden, die benachbarten Stämme an römische Sitte und Bildung zu gewöhnen, und so auf diese Weise die Herrschaft über sie zu erringen.

Und hätte das Reich längern Bestand gehabt, so würden sich die Germanen dem still wirkenden Einfluß römischer Civilisation auf die Dauer schwerlich entzogen haben: eine Erweiterung der römischen Herrschaft wäre ohne Mühe und Kampf eingetreten. Dazu kam es freilich nicht, weil der Pfahlgraben erst in der Zeit der sinkenden Macht des Reichs angelegt wurde und nur die Ohnmacht und Schwäche desselben verdeckte. Wie weit aber römischer Einfluß reichte, sehen wir daran, daß es schon im ersten Jahrhundert nach Christi Geburt fast bei allen deutschen Stämmen eine römische Partei gab. Der Ein=

fluß brauchte nur verstärkt zu werden, und die Eroberung wäre auf friedlichem Wege gelungen.

Indes wenn die Eroberung nicht gelang, die Wirkungen des Pfahlgrabens zeigten sich auf deutscher Seite doch empfindlich genug. Und dies nach zwei Seiten, sowohl für das vom Limes eingeschlossene, wie für das ausgeschlossene Land. Jenes wurde den Germanen entrissen und blieb fast dreihundert Jahre römisch, dieses blieb deutsch, gestattete aber für längere Zeit den Germanen keine weitere Ausbreitung.

Das südwestliche Deutschland, in das zu Cäsar's Zeit bereits deutsche Stämme vorgedrungen waren, wurde den Germanen weggenommen und erhielt römische Provinzialverfassung. Es wurde vollständig romanisirt und civilisirt, was die Römer mit gewohnter Meisterschaft durch Anlage von Festungswerken, Straßen, Castellen und Städten in überaus kurzer Zeit fertig brachten. Das bestellbare Land wurde vermessen und an Unterthanen oder gallische Ansiedler gegen Zins ausgethan. Daher der Name Decumatenland, entweder wie Mone will, von der Vermessung, oder nach der ältern Ansicht von dem Zehnten, der davon entrichtet werden muste.

Sehr rasch blühten hier römisches Leben, römische Cultur, Sitte und Bildung auf. Es ist geradezu erstaunlich, welche Masse von römischen Denkmälern, Inschriften, Geräten, Werkzeugen, Münzen, Gräbern, Ziegelsteinen, Bauresten und sonstigen Alterthümern in diesem, verhältnismäßig doch nur kurze Zeit römisch gebliebenen Theil von Deutschland bereits aufgefunden ist und fortwährend noch zu Tage gefördert wird. In Vilbel bei Frankfurt hat man bei dem Bau der Eisenbahn den ganzen Fußboden eines Bades, eine wundervolle Mosaikarbeit, ausgegraben; im Bairischen waren vor nicht langer Zeit die Münzfunde so zahlreich, daß die Bauern mit römischer Silbermünze ihr Bier bezahlten.

Schon die Reste des Pfahlgrabens selbst geben uns einen Begriff von der Größe und Bedeutung der römischen Bauten. Aber auch im Innern des Landes wurden Straßen, Castelle und Städte in Menge angelegt. Von den Straßen sind manche noch heut zu Tag im Gebrauch; unter den größern Ortschaften am Rhein, an der Donau und im Decumatenland ist kaum die eine oder andere, die ihren Ursprung nicht auf ein römisches Castell oder Standlager zurückführt. So Wesel, Köln, Andernach, Coblenz, Bingen, Mainz, Worms, Speier, Altrip, Zabern in der Pfalz und im Elsaß (Tabernae), Selz, Straßburg, Breisach, Augsburg, Regensburg, Passau, Linz, Salzburg und viele andere. Manche davon waren schon alte Keltenstädte und wurden von den Römern nur erweitert und kunstgemäß befestigt. Das waren zugleich die großen Garnisonstädte, die als Stützpunkte für die Außenlinie des Pfahlgrabens dienten.

Hier wurden Tempel, Amphitheater, Bäder, Fabriken und Mühlen angelegt; Handel, Gewerbe, Kunst und Handwerk kamen empor, vor allem die Bauhandwerke, Waffenschmieden, Weberei, Gerberei und Töpferei; die hochentwickelte römische Landwirtschaft mit Obstzucht, Garten- und Weinbau wurde eingeführt; der Geldverkehr trat an die Stelle des Tauschhandels, Literatur und geschriebene Gesetze wurden bekannt: mit einem Wort, das Land wurde der gesammten römischen Bildung erschlossen.

Nun wurde zwar das alles mit dem Einbruch der Germanen im vierten Jahrhundert und während der Völkerwanderung wieder zerstört und verwüstet. Vorübergehend sank das Land in die Uncultur zurück. Aber die Keime der Cultur, welche die Römer gelegt hatten, giengen doch nicht verloren, sondern blühten später, als die Germanen zur Ruhe gekommen waren, in veränderter Form und Gestalt wieder auf. Mit Gewalt wollten die Germanen römischer Sitte und Bildung sich nicht fügen, freiwillig haben sie später alles gelernt und angenommen, was zu lernen war. Denn nächst dem Christenthum und der Kirche ist das klassische Alterthum bis auf den heutigen Tag das größte Bildungsmittel der Nation geblieben.

Früher glaubte man sogar, das römische Städtewesen und alles, was damit zusammenhängt, habe sich auch während der Völkerwanderung erhalten und sei unvermittelt auf die Germanen übergegangen, so daß selbst die städtische Verfassung römisch geblieben oder wesentlich mit aus römischer Wurzel neu entsprossen sei. Daran ist nun freilich nicht zu denken. Denn die alten Römerstädte wurden während der Völkerwanderung zerstört und verwüstet und die Einwohner erschlagen oder vertrieben. Bei den meisten war die Zerstörung so gründlich, daß sie längere Zeit brauchten, ehe sie aus dem Schutt sich wieder erhoben. Eine unmittelbare Fortdauer des römischen Städtewesens durch die Periode der Verwüstung hindurch ist also unmöglich. Das aber ist unzweifelhaft, daß dasselbe indirekt doch den allergrößten Einfluß auf das nachmalige Emporkommen des Städtewesens bei uns ausgeübt hat.

Schon früh wurden die alten Römerstädte zur Anlage von Bischofssitzen benutzt, was sie ja auch in der letzten Zeit des römischen Reichs schon gewesen waren: darum ist die Rheinlinie später eine „Pfaffengasse" geworden. Oder die kleineren giengen in den Besitz des Königs über und erscheinen später als Königshöfe wieder: auch diese wurden dann wieder befestigt und bildeten den Mittelpunkt für den Ansatz eines neuen Gemeinwesens. Aber auch wo keine Bisthümer oder Königshöfe gegründet wurden, baute man später, als die Zeit der städtischen Entwicklung gekommen war, überall lieber die verfallenen Städte wieder auf, als daß man neue anlegte. „Und neues Leben blüht aus den Ruinen" — das gilt vor allem von diesen Städten, die so oft erobert, ausgeraubt und verbrannt waren, daß man ein Wiederaufblühen gewis kaum für möglich gehalten hätte.

Wohl war es deutsches Leben, deutsche Kunst, deutsches Handwerk und deutsche Verfassung, was seit dem zehnten und eilften Jahrhundert hier emporkam; aber doch hat sich das Städtewesen vom Rhein und von der Donau her allmählich nach Nordosten ausgebreitet, doch sind die alten Römerstädte am frühesten wieder aufgeblüht und die Pflanzstätten unserer gesammten Cultur geworden. Der äußere Kern blieb, und dieser Kern füllte sich mit christlich-romanischer Kunst und Bildung, mit Verkehr, Handel und Gewerbe und, was vielleicht am meisten sagen will, mit einer Bevölkerung, welche die alte germanische Freiheit nicht vergessen hatte. Neue Städte waren es, und doch lebten die alten in ihnen fort: hier hat sich zuerst jener unendlich fruchtbare Contakt romanischen und germanischen Lebens vollzogen, auf dem die gesammte Cultur des Mittelalters beruht und der die Germanen erst befähigte, in den Kreis der gebildeten Nationen einzutreten.

Fast noch wichtiger und bedeutungsvoller wirkte der Pfahlgraben auf die jenseits wohnenden deutschen Stämme, und zwar nicht bloß durch die Überlieferungen römischer Bildung im Decumatenland, sondern vor allem durch den Zwang, welchen er auf sie ausübte, das alte halb nomadische Leben zu verlassen und zu fester Ansiedlung überzugehen. Denn daß die benachbarten Stämme im Verkehr mit den Römern von ihrem Ackerbau und Kunstfleiß lernten, daß sie alles annahmen was sie für ihre Verhältnisse brauchen konnten, und daß später das ganze Deutschland auf gleiche Weise von den römischen Culturelementen den Vortheil zog, versteht sich von selbst und hängt schon mit dem eben Gesagten zusammen.

Viel direkter wirkte der Pfahlgraben, indem er das noch

halb nomadische Leben der Germanen in feste Gränzen bannte und sie zur Ansiedlung und zum Ackerbau nötigte. Vorher hatten sie sich, wie man auch über ihre Culturstufe denken mag, noch im Zustand der freien Völkerbewegung befunden. Wohl mögen sie auf ihrer langen Wanderung aus Asien nach Europa gelegentlich schon früher längere oder kürzere Zeit seßhaft gewesen sein; immer aber waren sie von neuem aufgebrochen und weiter nach Westen gezogen; keinenfalls glaubten sie im heutigen Deutschland das letzte Ziel ihrer Wanderung erreicht zu haben. Sie hatten nach längerm Kampf die Kelten über den Rhein getrieben und dachten nicht daran, sich in dem eroberten Land bleibend niederzulassen: zu Cäsar's Zeit waren sie im Begriff, die Rhein- und Donaugränze zu überschreiten und jenseit derselben den Kampf mit den Kelten fortzusetzen.

Dem wurde nun ein Ende gemacht. Sie blieben auf das sumpfige, fast ganz bewaldete Land beschränkt und musten sich wohl oder übel darin einrichten. Die Heerden allein reichten nicht mehr aus, eine stets wachsende Volksmenge zu ernähren. Also muste man zu andern Erwerbsquellen seine Zuflucht nehmen, zur Rodung und zum Anbau des Landes. Mit einem Wort: der Übergang zum Ackerbau erfolgte. Wohl hatte man den Ackerbau auch früher schon gekannt und auf der Wanderung, wo sich Gelegenheit dazu bot, zur Aushilfe betrieben. Und auch nachher dürfen wir uns den Ackerbau nicht gleich viel entwickelter denken als vorher. Aber ein Wendepunkt trat ein, größere Flächen musten urbar gemacht werden, der Widerwille gegen feste Ansäßigkeit wurde gebrochen, und weitere Fortschritte ergaben sich während des notgedrungenen, längern Stillsitzens jenseit der Gränze von selbst. Daß den Germanen ursprünglich ein solcher Widerwille eben so eigen war wie allen uncivilisirten Völkern, das geht aus Cäsar und

Tacitus bestimmt und deutlich hervor. Noch Tacitus sagt es ja ausdrücklich mit dürren Worten.

So hat der Pfahlgraben nicht bloß das südwestliche Deutschland colonisirt, sondern er hat die Germanen überhaupt erst befähigt, an den Vortheilen höherer Gesittung und Bildung Theil zu nehmen. Zu Cäsar's Zeit waren es räuberische, fehde- und beutelustige Hirtenstämme, die auf ihren Kriegszügen oft Jahre lang unter kein Dach kamen; anderthalbhundert Jahre später waren es ansäßige Bauern, so unentwickelt auch der Landbau im Vergleich mit dem heutigen immerhin sein mochte. Denn Tacitus trifft die Germanen eben auf dem Punkt, von der Nomadencultur zum Ackerbau überzugehen. Ein paar Jahrhunderte später, zu Julian's Zeit, war dieser Übergang vollzogen, und die Römer wunderten sich bereits, wie sehr die Wohnungen der Germanen besser geworden und nach römischem Muster eingerichtet seien.

Wohl hörte der alte Wandertrieb nicht mit einem Male auf, und in der Völkerwanderung, als die Römer eine Provinz nach der andern verloren, erwachte er mit neuer Stärke. Aber nur die östlichen Stämme, die den nächsten Stoß der Hunnen auszuhalten hatten, wurden aus ihren Sitzen vertrieben und fanden nach ruhmvollen Thaten in entlegenen Provinzen des römischen Reichs einen frühzeitigen Untergang. Die andern Stämme dagegen, die sich im innern Deutschland niedergelassen hatten, haben ihre Verbindung mit der Heimat festgehalten und in den benachbarten Provinzen des römischen Reichs nur Colonien gegründet: ihre Eroberung gieng geraume Zeit nicht weiter, als der Pflug dem Schwert nachzufolgen vermochte. Es sind diejenigen, die nachmals unter Chlodwig und seinen Söhnen zum fränkischen Reich vereinigt wurden: die verschiedenen fränkischen Stämme selbst, Alemannen, Thüringer und Baiern. Sie waren ansäßig geworden, und diese Ansäßigkeit dauerte auch in den erweiterten Sitzen fort.

Daß diese Ansäßigkeit, wenn auch unbemerkt und in der Stille, sich in der Zeit von Tacitus bis auf Kaiser Probus vollziehen konnte, das hat der Pfahlgraben und seine zweihundert Jahre lange Verteidigung durch die Römer bewirkt. Und so hat er, wenn er seinen eigentlichen Zweck, den Schutz des römischen Reichs, auch nur vorübergehend erreichte, für uns doch eine bleibende Bedeutung gehabt und die ganze folgende Geschichte mit bedingt.

Das Wachsthum einer ansäßigen Bevölkerung aber hatte zunächst noch andere Folgen für die Bildung der neuen Stämme selbst. In den Kämpfen mit den Römern war das nationale Bewustsein erwacht, und die Germanen hatten gelernt, daß sie in ihrer frühern Zersplitterung nichts gegen das gewaltige Reich ausrichten könnten. So sehen wir denn jetzt, wie an die Stelle der vielen kleinen Völkchen größere Stammesverbindungen treten, die unter neuem Namen handelnd und thätig in die Geschichte eingreifen. Ohne Frage hat der notgedrungene Übergang zu fester Ansiedelung diesen Bildungsprozeß wesentlich begünstigt und erleichtert: die Stämme wuchsen mit dem dichtern Anbau des Landes zuerst äußerlich zusammen, ehe sie als neue politische Einheiten den Römern gefährlich wurden und die Gränzen dauernd zu überschreiten anfiengen.

Mit dieser Bildung der neuen Stämme haben wir uns zunächst zu beschäftigen.

Auf die glückliche Epoche des Friedens und der ungestörten innern Entwickelung, die auch den Germanen zu statten kam, folgten wieder heftige Kämpfe. Aber nun treten die Germanen als Angreifer auf.

Viertes Capitel.
Die Bildung der neuen Stämme.
—

Über fünfzig verschiedne kleine Völker werden uns von den alten Schriftstellern im innern Deutschland genannt, alle selbständig neben einander, ohne Einigung, nur vorübergehend zu gemeinschaftlichem Handeln verbunden. Wenige Jahrhunderte später sind bis auf ein paar Ausnahmen, wozu nur Friesen, Hessen und allenfalls noch Sachsen gehören, alle diese kleinen Völker verschwunden, ihre Namen werden nicht mehr gehört, und es treten dafür einzelne wenige große Stämme auf, welche sich bis auf die Gegenwart erhalten haben und in Sprache, Recht, Charakter und Sitte noch jetzt ein verschiednes Gepräge zeigen.

Woher kommt dieser auffallende Wechsel? Denn mehr als ein bloßer Wechsel wird es nicht sein. Fremde Völker sind vor dem Nachrücken der Slaven im sechsten Jahrhundert nicht mehr eingewandert, nur fortwährende Auswanderungen, innere Fehden, zahllose Raubzüge und vielfache Kämpfe mit den Römern haben statt gefunden. Der Bestand der alten Bevölkerung muß also im wesentlichen derselbe geblieben sein und sich lediglich von innen heraus ergänzt und vermehrt haben. Vielleicht gibt uns die geschichtliche Entwickelung im dritten und vierten Jahrhundert darüber Aufschluß, wenn sie uns auch nicht alle Rätsel löst und vielfach gerade die Anfänge der Bildung in Dunkel hüllt.

Verweilen wir zunächst einen Augenblick bei den vielen kleinen Völkchen, wie sie uns von den alten Schriftstellern überliefert sind, so lassen sich, ohne daß wir sie aufzuzählen brauchten, schon an die einfache Thatsache, daß ihrer so viele sind, einige nicht unwichtige Folgerungen anknüpfen.

Wir sehen vor allem die Einheit und Gemeinschaft unseres Volks bei dem Beginn seiner Geschichte beinahe vollständig aufgelöst. Jener partikularisirende Trieb der Nation macht sich geltend, der sich mit Vorliebe in kleinern Kreisen bewegt, unbekümmert um das Ganze, gleichgültig gegen höhere, allgemeine Zwecke, selbst mit den nächsten Nachbarn eben so oft verfeindet wie befreundet. Am zusammenhaltenden Band einer Staatsgewalt wie am festen Besitz eines bestimmten Staatsgebiets fehlte es noch. Was war also natürlicher, als daß die verschiednen Stämme, sobald sie zahlreich genug waren, sich selbständig machten und auf eigne Hand ihre Nahrung zu erwerben suchten. Ja in gewissem Sinn war durch die niedere Culturstufe selbst schon die Zerstreuung bedingt. Denn ein Volk, dessen Hauptreichthum in Heerden besteht, kann nicht so dicht beisammen wohnen, wie ein ackerbauendes oder handeltreibendes. Gerade so wie die einzelnen Zweige des Urvolks sich nach und nach abgelöst hatten und selbständig geworden waren. Der Trieb der Individualisirung muste fortdauern, bis sich ihm ein künstliches politisches Gegengewicht gegenüberstellte und die fortschreitende Urbarung des Landes ein dichteres Beisammenwohnen gestattete.

Gleichwohl dürfen wir aus der ansehnlichen Völkerreihe schon für die älteste Zeit auf eine relativ große Bevölkerung schließen, zumal wenn wir die Beschaffenheit des Landes berücksichtigen, das mit seinen ausgedehnten Wäldern und zahlreichen Sümpfen damals viel weniger Menschen ernähren konnte, wie heute. Etliche fünfzig Stämme, von denen wenigstens die größern nach Hunderttausenden gezählt werden müssen: das setzt bei einem fast ganz mit Urwald bedeckten Land eine außerordentliche Volksmenge voraus. Auch die starken Heere, welche die Römer ausschickten, sechs, acht Legionen und darüber, deuten darauf hin. Nehmen wir nun die allen unverdorbenen Völkern eigene starke Vermehrung hinzu, so begreift sich leicht, daß besonders in Zeiten längern Friedens der Nahrungsspielraum zu eng werden muste, und die Einfälle in fremdes Gebiet eben so oft aus Not, wie aus reiner Freude am Krieg oder Raub unternommen wurden. Man könnte sagen, der Krieg war für jene Zeiten zugleich eine Art wirtschaftlicher Notwendigkeit. Wenigstens ist mit Recht schon mehrfach darauf aufmerksam gemacht, daß die Völkerwanderung, von äußern Anlässen abgesehn, zunächst einfach in dieser Übervölkerung ihren Grund hat. Denn nur selten wanderte ein Volk ganz aus; dazu musten allerdings noch andere Gründe hinzukommen.

Kriegerische Hirtenstämme also sind es, denen wir in der ältesten Zeit begegnen, die zwar überall wo sie sich niedergelassen auch das Feld bestellen, die aber im ganzen ihren Unterhalt lieber durch Beute, als durch geduldigen und mühsamen Ackerbau gewinnen. Daher verändern sie leicht ihre Sitze; sie sind noch im Zustand der Bewegung, überall geneigt, die einmal eingenommenen Gebiete mit bessern zu vertauschen. Nur mit Gewalt waren sie von Cäsar in dem unwirtlichen Deutschland festgehalten worden. Gleich der Cimbern- und Teutonenkrieg beginnt mit einer Wanderung im großen Stil die deutsche Geschichte; dann hatte Ariovist mit einem gewaltigen Heer die Niederlassung in Gallien zu erkämpfen gesucht.

Aber auch die Stämme, die bereits fester angesiedelt scheinen, ändern leicht ihre Sitze oder wandern zum Theil aus. Von den Chatten waren schon zu Cäsar's Zeit die Bataver ausgegangen und um die Rheinmündungen ansäßig geworden; andere Schaaren hatten sich bei den keltischen Trevirern niedergelassen, mit denen sie in freundlichem Verkehr standen; ein dritter Theil, die Mattiaker, die später von den Römern abhängig wurden, hatten Wohnsitze im heutigen Rheingau gefunden und das von den Ubiern verlassene Gebiet eingenommen. Diese ließen sich von den Römern auf dem rechten Rheinufer in der Gegend von Cöln ansiedeln; ein anderer Stamm, die Amsivarier, irrte noch unter Kaiser Nero längere Zeit umher, um neue Sitze zu suchen; die Markomannen führte Marbod aus den unsicher gewordenen Maingegenden nach Böhmen, wogegen die Hermunduren sich nun im Einverständnis mit den Römern weiter nach Süden ausbreiteten u. s. f. Nur sehr wenige Stämme sind später in den ursprünglichen Sitzen wieder zu erkennen, wie Friesen und Chatten, und selbst bei diesen haben mannigfache Veränderungen statt gefunden. Kurz, an eine bleibende Ansäßigkeit innerhalb fester Gränzen ist für die Urzeit nicht zu denken.

Endlich können wir aus der Menge von selbständigen Völkern auf den Mangel eines eigentlichen politischen Lebens für die älteste Zeit schließen. Es sind kleine Stämme mit ihren Fürsten oder Häuptlingen, zu Cäsar's Zeit noch halb nomadisch, ohne ein bestimmtes Territorium oder doch ohne ein festbegränztes, daher auch noch ohne Staat in unserm Sinne, fast wie Indianerstämme mit ihren Häuptlingen, nur freilich von unendlich größerer Bildungsfähigkeit und von Anfang an nebenbei auch ackerbautreibend, während die Indianer gerade daran zu Grunde gehen, daß sie aller Ansiedelung widerstreben oder die von Osten rasch vordringende Cultur ihnen keine Zeit dazu läßt, ihren Widerwillen allmählich zu überwinden. Aber von einem eigentlichen Staatswesen war doch auch bei den Germanen zu jener Zeit noch keine Rede. Dazu fehlte es schon an den quantitativen Vorbedingungen, denn die kleinen Stämme, oder wenn man lieber will Gaugemeinden, waren in ihrer Isolirung eben zu klein, um für sich selbst nach unsern Begriffen einen Staat bilden zu können. Bei städtischem Leben wäre es allerdings möglich gewesen. Denn die Völker der alten Welt, Sparta, Athen, Rom, sehen wir wirklich mit solchen kleinen Gemeinwesen beginnen; was ihnen an räumlicher Ausdehnung fehlt, ersetzt das lebendige Gemeingefühl und die Intensität des Staatsbegriffs. Dazu aber bedurfte es einer ungleich höhern Entwickelung, um auch auf kleinem Raum die Darstellung eines staatlichen Lebens möglich zu machen, und diese Entwickelungsstufe haben die Germanen erst unendlich viel später erreicht. —

Tacitus und Plinius theilen zwar die Germanen zunächst in ein paar Hauptstämme ein, und man könnte glauben, jeder derselben habe eine Verbindung der dazu gehörigen kleinern Stämme, ein größeres politisches Ganze für sich ausgemacht. Allein eine solche Annahme wäre vollkommen irrig. Wie wenig fest und bestimmt die Eintheilung war, sehen wir schon daraus, daß beide Schriftsteller in ihren Angaben nicht einmal übereinstimmen.

Keiner von beiden nimmt eine Vertheilung der verschiedenen kleinen Völkchen auf die Hauptstämme vor, und sie bleibt deshalb auch für uns zweifelhaft und unsicher. Plinius nennt wohl die wichtigern Einzelvölker bei Namen und ordnet sie den von ihm aufgestellten fünf Hauptklassen unter. Allein gerade seine Vertheilung unterliegt den größten Schwierigkeiten und ist am meisten bestritten und angefochten worden. Tacitus nennt nur drei Hauptstämme: Ingävonen, Hermionen und

Istävonen, wobei es wieder fraglich bleibt, ob er alle Germanen oder nur die zwischen Rhein und Elbe darunter begreift. Über ihre Wohnsitze sagt er nur, daß die Küstenvölker Ingävonen, die mittlern Hermionen und die übrigen Istävonen seien. Unzweifelhaft ist also weiter nichts, als daß die Ingävonen die Anwohner der See und die Hermionen die Völker des mittlern Deutschlands sind. Ob aber die rheinischen Völker und insbesondere die Sigambern zu den Hermionen oder den Istävonen gezählt werden müssen, hängt wieder davon ab, in welchem Umfang wir den Bericht des Tacitus nehmen. Gegen ihre Sonderstellung spricht ihre nahe Verwandtschaft mit den mitteldeutschen Stämmen, insbesondere den Chatten, ihre fortwährende Verbindung mit diesen und die Ähnlichkeit der Mundart. Zeuß, der große Ethnograph unseres Volkes, will daher die Istävonen lieber nach Osten versetzen und den Namen zu Einer Wurzel mit den vandalischen Astingen stellen. Genug, daß bei den schwankenden und unvollständigen Angaben der Alten eine Menge von Zweifeln übrig bleiben.

Die Erwähnung der drei Hauptstämme würde überhaupt keinen Wert für uns haben, wenn wir nicht aus Tacitus zugleich den Ursprung und die Bedeutung der Eintheilung kennen lernten. Sie gibt uns den nationalen Mythus über die Abstammung des Volks. Hiernach stammt von dem erdgebornen Gott Tiusko (der Himmlische) Mannus der Mensch, dessen drei Söhne sind die Ahnherren der Stämme. Grimm hat sie als Ingo, Isko und Irmino unter den Heroen oder Halbgöttern nachgewiesen; sie können festgehalten werden, auch wenn wir bei der gewöhnlichen Lesart Istävones, wofür Grimm Iscävones vorzieht, stehen bleiben.

Also eine alte Stammsage, wie wir deren ähnliche in der Mythologie der Griechen und Römer finden. Damit ist auch die Bedeutung der Eintheilung klar: es spricht sich in ihr das nationale Bewustsein der Stammverwandtschaft aus, das im Mythus lebendig blieb, wenn auch in der Wirklichkeit die einzelnen Völker sich bereits getrennt hatten. Charakteristisch ist, daß die Erinnerung an die Verwandtschaft mit den nordischen Germanen schon aus dem Mythus geschwunden ist, ebenso wie diese früh das Bewustsein ihres Zusammenhangs mit den festländischen verloren.

Politische Bedeutung aber hat die Eintheilung nicht, und daraus erklärt sich, daß wir ihr in der Geschichte selbst nirgends begegnen. Gewis hat sie in der nähern Verwandtschaft der zu jedem der drei Hauptstämme gehörigen Einzelvölker ihren Grund, aber der geschichtliche Nachweis derselben geht uns ab, und die spätere Ausbreitung der Germanen vom Rhein bis zu der Weichsel und den Karpathen, der wir gleich in der historischen Zeit begegnen, scheint auch abgesehen von den Germanen in Skandinavien einer Beschränkung auf drei Hauptstämme überhaupt zu widerstreben.

Viel sicherer würden wir gehen, wenn es uns an der Hand der Sprachgeschichte gelänge, die kleinen historischen Völkchen sprachlichen Hauptgruppen unterzuordnen und etwa in ober- und niederdeutsche, ost- und westgermanische einzutheilen. Der Gegensatz zwischen ober- und niederdeutsch ist zwar erst im fünften und sechsten Jahrhundert schärfer hervorgetreten, als Alemannen und Baiern ihre heutigen Wohnsitze eingenommen hatten, allein der zwischen ost- und westgermanisch ist viel älter und gehört ohne Zweifel schon der Urzeit unseres Volkes an. Es ist wahrscheinlich, daß es einst eine Zeit gegeben hat, in der alle germanischen Stämme entweder als suevische oder als gothische bezeichnet wurden. Auch nach dem Abzug der nordischen Germanen nach Skandinavien scheint diese Haupteintheilung fortgedauert zu haben. Die Stämme im innern Deutschland bis zur Elbe gehören zu den Sueven, die Stämme jenseit der

Elbe zu den Gothen. Auch die Markomannen scheinen noch zu den letztern gehört zu haben, die Langobarden ihnen wenigstens nahe verwandt gewesen zu sein: beide standen dem Raum wie der Herkunft nach wohl in der Mitte. Eine dritte Gruppe, die Völker ingävonischer Abkunft, hätten dann die niederdeutschen Stämme an der Nordsee und in Jütland gebildet.

Aber auch mit dieser Eintheilung ist nicht viel anzufangen. Sprachdenkmale sind uns außer den Personennamen aus der ältern Zeit nicht überliefert, und die innere Sprachgeschichte, die aus rein sprachlichen Vorgängen abgeleitet wird, ist noch nicht soweit vorgeschritten, um hiernach bestimmter unterscheiden und verschiedne Sprachgebiete abgränzen zu können. Nicht einmal der Gegensatz von ost- und westgermanisch noch viel weniger der von ober- und niederdeutsch kann für die Urzeit so genügend festgestellt werden, daß eine Unterordnung der einzelnen Stämme unter die verschiednen Sprachgebiete möglich wäre.

Von welcher Seite wir also eine weitere Eintheilung auch versuchen mögen, immer erweist sich dieselbe als schwankend und unsicher, und zu irgend wie haltbaren und weiterführenden Ergebnissen gelangen wir nicht. Die Geschichte wird sich dabei beruhigen müssen, daß eine Klassification der verschiednen Stämme nicht vollständig durchführbar oder höchst fraglich ist, und daß als wirklich greifbare, reale Einheiten nur die von den alten Schriftstellern genannten Stämme selbst auftreten. Religiöse Verbindungen bestanden mehrfach und sind uns zum Theil ausdrücklich bezeugt, aber eine weitere Bedeutung hatten sie nicht. Nähere sprachliche Beziehungen bestanden ebenfalls, aber auch sie heben die Thatsache der Trennung nicht auf.

Indes schon in dem negativen Ergebnis, daß jede weitere Eintheilung mehr eine mythologische oder sprachliche als eine geschichtliche ist, liegt der Beweis, daß es den deutschen Völkern

vor ihrer Berührung mit den Römern an der politischen
Einigung gefehlt hat und jeder Stamm ein besonderes Ganze
für sich bildete.

Erst in den Kämpfen mit den Römern erwachte das politische Leben. Erscheinen die Sueven bei Cäsar fast noch wie
wandernde Horden, unstet und halb nomadisch, nur kriegerisch
organisirt und geschlossen, so sind die Germanen des Tacitus
bereits zum Ackerbauvolk übergegangen. Es liegen eben anderthalbhundert Jahre dazwischen und in diese fallen die weltgeschichtlichen Kämpfe mit den Römern. In noch viel höherem
Grad aber ist dies zwischen Tacitus' und Julian's Zeit der
Fall gewesen: hier liegen weitere dritthalbhundert Jahre in
der Mitte, und in dieser Zeit hatte der Pfahlgraben das unstete Leben der Germanen noch viel fester und enger eingeschnürt.
Wie die Römer am Rhein hatten stehen bleiben müssen, so
war auch den Germanen eine Gränze gesetzt worden, während
sie zu Cäsar's Zeit noch im Begriff waren, weiter in Gallien
vorzudringen. Cäsar warf sie über den Rhein zurück. Wohl
oder übel sahen sie sich hier fixirt und genötigt, zu bleibenden
Niederlassungen überzugehen. Sie musten sich fester ansiedeln
und ihre frühere Lebensweise aufgeben. Ihr Gemeinwesen erhielt allmählich eine territoriale Grundlage, und damit war
der Übergang zu staatlicher Ordnung gemacht.

Aber viel direkter wirkten die Kämpfe mit den Römern
noch von einer andern Seite. Sie weckten das Gefühl der
Stammverwandtschaft und der nationalen Zusammengehörigkeit.
Die einzelnen Stämme wurden genötigt, aus ihrer Isolirung
herauszutreten und zur Abwendung der gemeinsamen Gefahr
sich mit einander zu verbinden. Waren die ersten Bündnisse
auch wechselnd und vorübergehend, so blieben sie doch in so fern
wichtig und folgenreich, als das Zusammengehörige meist auch
für die Folge verbündet blieb. Man muste einsehen, daß

gegen einen übermächtigen Feind wie die Römer kein Stamm auf eigne Hand Krieg führen konnte. Der große Bund, den Armin zusammen gebracht hatte, löste sich zwar bald wieder auf, allein das Beispiel war gegeben, und in der Folge finden wir regelmäßig mehrere Stämme, vor allem die benachbarten, im Kriege gegen die Römer vereint.

Also auch der weitern Zersplitterung und Trennung in eine Menge kleiner, unabhängiger Gemeinden, wie sie mit der äußern Ausbreitung des Volks Hand in Hand gegangen war, wurde ein Ziel gesetzt. An ihre Stelle tritt die Verbindung und Einigung. Die kleinen Völkchen, die früher unter eigenem Namen erscheinen, verschwinden allmählich, und statt ihrer treten seit dem Anfang des dritten Jahrhunderts die großen Stammnamen auf, die noch jetzt fortdauern. Nicht als ob die ältern Völkerschaften untergegangen wären, nur ihre Isolirung hat aufgehört, und darum erscheinen die neuen, größeren Einheiten auch unter neuen Namen. Allerdings hatten sie in dieser Weise früher nicht existirt. Es sind nicht die alten Stämme unter neuen Namen, sondern Verbindungen und Mischungen derselben, zum Theil sehr verschiedener Herkunft. Und diese neuen Stämme erscheinen überall auch in anderen Wohnsitzen. Ueberaus stark und fest muß der Kitt gewesen sein, der sie verbunden hat, daß sie sich im wesentlichen unverändert durch allen politischen Wechsel seitdem bis auf die Gegenwart erhalten konnten. Was aber vermochte die Elemente der neuen Stämme fester zusammen zu schmelzen, als das Jahrhunderte lang anhaltende Feuer des Kriegs mit dem römischen Weltreich? So zeigt sich auch von dieser Seite her entschiedener Fortschritt zu höherm staatlichen Leben.

Natürlich haben sich die Stämme nicht zufällig oder willkürlich gebildet. Es liegt schon im Begriff derselben, daß die nähere Verwandtschaft und Nachbarschaft den Ausschlag gegeben hat und das bildende Princip gewesen ist. So wenig die ältern untergegangen sind, so wenig sind die spätern etwas neues: sie begreifen nur eine Reihe von verwandten Völkern in ihrer Verbindung und in neuen Gebieten. Bleiben wir beispielsweise bei den drei wichtigsten Stämmen, welche sich schon zur Zeit der römischen Eroberungskriege in der Mitte von Deutschland finden, Sigambern, Cherusker und Chatten, so können wir sie auch unter den spätern Namen leicht wieder erkennen: aus den Sigambern sind salische Franken geworden, die Cherusker sind in den Sachsen aufgegangen, die Chatten erscheinen als Oberfranken und Hessen. Sigambern und Cherusker sind mit andern Völkern zusammen geflossen, die Oberfranken sind die ausgewanderten, die Hessen die in der alten Heimat zurückgebliebenen Chatten. Darum hat der Name der Hessen einen beschränktern, der der Franken einen viel weitern Sinn angenommen. Alle drei sind aus ihrer Isolirung herausgetreten und haben sich dauernd mit ihren nächst verwandten Nachbarn verbunden: die Sigambern mit den mittelrheinischen Völkern, die Cherusker mit den Engern, Chauken und Sachsen, die Chatten mit den fränkischen Stämmen. Daher die neuen Namen; sie sind einfach die Folge der neuen Verbindung und der veränderten Wohnsitze.

Gewiß haben die Kämpfe mit den Römern den nächsten Anlaß zu diesem Bildungsprozeß gegeben. Aber auch die innern Fehden und Kriege mögen mitgewirkt haben, in die wir die Germanen gleich bei ihrem Eintritt in die Geschichte verwickelt sehen und die auch in der Folge fortdauerten, sobald nicht eine größere gemeinsame Gefahr sie eine Zeit lang ruhen ließ. Leider haben wir über diese innern Kämpfe fast gar keine Nachrichten; aber die Vermutung ist nicht zu gewagt, daß sie gerade dann am lebhaftesten waren, wenn den Germanen von außen her einmal längere Ruhe geboten war und wir am wenigsten darüber erfahren. Die Stämme waren nun auf sich angewiesen und setzten die begonnene Entwickelung in Kampf und Fehde an den Gränzen fort. Das Verwandte schloß sich zusammen, das Fremde schied sich. Wenn zum Beispiel Cherusker und Chatten, die zur Zeit der großen Römerkriege doch stets verbündet waren, später sich trennten, so hat das gewis in alten Stammesfehden seinen Grund, die auch in der Folge nicht ruhten. Bei den Cheruskern, einst den Vorkämpfern der deutschen Freiheit, hatte nach Armin's Tode die römische Partei die Oberhand gewonnen, und dies scheint der Grund zum Wiederausbruch der Feindseligkeiten mit ihren südlichen Nachbarn gewesen zu sein: unter Domitian nahmen dieselben den Charakter eines allgemeinen Volkskrieges an. Seitdem stehen sich die Stämme wie früher als erbitterte Feinde gegenüber; möglich daß das Vordringen der Chatten gegen Norden die Veranlassung war, daß sich die Cherusker nun um so fester an die niederdeutschen Stämme anschlossen.

Jedenfalls hat die Bildung der neuen Stämme im zweiten Jahrhundert begonnen. Denn schon im dritten, als die Angriffe gegen das römische Reich begannen, treten an der Gränze die neuen Namen auf, während die ältern von nun an seltner und bald gar nicht mehr genannt werden. Vollendet aber wurde die Entwickelung erst zu Ende des fünften und im Anfang des sechsten Jahrhunderts mit der Gründung des fränkischen Reichs und der Ankunft der Baiern in ihren heutigen Sitzen. Damit war die Völkerbewegung im innern Deutschland der Hauptsache nach geschlossen.

Im ganzen und großen entspricht die Reihe der spätern Stämme auch der frühern, nur daß sie neue Namen angenommen haben, und viele kleinere verschwunden sind. An die Stelle der Markomannen sind die Baiern getreten, an die Stelle der Hermunduren die Thüringer, aus den Chatten sind

Hessen geworden und an diese schließen sich die verschiedenen fränkischen Stämme an, zu denen im weitern Sinne noch die Chatten selbst gehören. Nur im Decumatenland hat sich aus verschiednen Elementen ein neuer Stamm gebildet, der alemannisch-schwäbische, und eben so erscheint im Rücken der fränkischen Stämme der neue große Sachsenname, dessen Ausbreitung mit dem Vorrücken der niederdeutschen Stämme nach Süden gleichen Schritt hält. Denn auch die letztern haben an der allgemeinen Bewegung nach Süd und West Theil genommen, und es würde eine Umkehr aller Geschichte sein, wenn man annehmen wollte, der sächsische Stamm habe sich durch ein Vordringen mitteldeutscher Stämme nach Norden gebildet.

Merkwürdigerweise sind es vorzugsweis nur die westlichen oder suevischen Stämme, die ihre Namen verändert haben, während sie doch von der Völkerwanderung verhältnismäßig am wenigsten berührt wurden. Umgekehrt haben sich bei den östlichen oder gothischen Völkern, die durch die Wanderungen von ihrer alten Heimat völlig losgerissen und in neue Bahnen geschleudert wurden, gerade die alten Namen erhalten: Langobarden, Vandalen, Burgunder, Gothen, Heruler, Rugier und Gepiden behalten die Namen, die wir schon in der Urzeit antreffen, bis zu ihrem Untergang. So auffallend dies auf den ersten Blick scheint, so natürlich möchte es gleichwohl zu erklären sein. Denn die Art der Bewegung war bei den östlichen und westlichen Stämmen eine ganz verschiedne.

Die östlichen Stämme verließen ihre frühern Sitze, sie wanderten vollständig aus und blieben vorläufig auch auf der Wanderung geschlossene Völker. Eben darum mussten die alten Namen mit wandern und die Völker begleiten. Freilich haben sich die Stämme später auch hier nicht ganz in der alten Integrität erhalten, einzelne Bruchstücke und Theile wurden abgesprengt, andere Elemente kamen hinzu, kleinere Stämme giengen in größern auf, wie das auf so langen und abenteuerlichen Irrfahrten nicht anders sein konnte. Aber der Hauptsache nach müssen es doch die alten Stämme gewesen sein, die sich in ihrem Bestand erhielten, wie die Fortdauer der alten Namen beweist. Burgunder, Vandalen, Heruler, Gothen, Gepiden und Langobarden lassen sich als solche in ihrer Identität bis nach Südgallien, Afrika, Italien, Spanien, Ungarn und wieder Italien verfolgen. Ja manche Namen dauern trotz des Untergangs der Völker oder ihrer Auflösung im Romanenthum als Provinzialnamen bis auf die Gegenwart fort: so Burgund in Frankreich, die Lombardei in Italien, Andalusien (Vandalusien) und Catalonien (Gothalanien) in Spanien.

Das aber ist bei den westlichen Stämmen in diesem Sinn nicht der Fall gewesen. Bei der langsamern und viel allmählichern Bewegung an den westlichen Gränzen bildeten sich mit dem Zusammenfluß neuer Stämme auch neue Namen. Sie sind alle aus einer Verbindung und Vermischung vieler kleiner Völkchen hervorgegangen. Diese sind bei der spätern Ausbreitung über die Gränzen des römischen Reichs zusammen gewachsen und erscheinen daher später nach ihrer dauernden Niederlassung in den neuen Wohnsitzen auch unter neuen Namen. Vielfach kamen fremde Elemente hinzu und verschmolzen trotzdem mit ihren Nachbarn zur Einheit eines neuen Stammes; so stießen die Juthungen oder Sueven, ursprünglich ein niederdeutsches Volk, zu den Alemannen und bilden mit ihnen später den großen alemannischen oder schwäbischen Stamm; so setzten sich die Amsivarier, als Emsanwohner ursprünglich ebenfalls ein norddeutscher Stamm, zwischen Nieder- und Oberfranken fest und erscheinen später zu beiden Seiten des Rheins; so bringen Chauken und Sachsen später nach Süden vor und verbinden sich mit den Engern und Cheruskern zum neuen großen Stamm der Sachsen; überall erscheinen Bruchstücke verschiedner Stämme unter die ältern vertheilt und eingesprengt. Die alten Wohnsitze wurden auch hier verlassen; aber selbst wenn die Verbindung mit der Heimat blieb, erhielten sich die alten Stämme doch nicht in ihrer Integrität. Nur wo Reste der alten Stämme in den ursprünglichen Sitzen blieben, wie bei den Friesen und Hessen, erhielten sich auch hier die alten Namen.

Mit einem Wort: die Völkerbewegung des Ostens läßt sich als Auswanderung, die des Westens als fortschreitende Ansiedelung und Colonisirung bezeichnen. Es ist möglich, daß die Trennung der germanischen Stämme in eine östliche und westliche Gruppe auch auf die Richtung der Wanderzüge selbst nicht ohne Einfluß war. Wenigstens folgen die Stämme jenseit der Elbe, einschließlich der Langobarden, zunächst dem großen gothischen Völkerstrom nach Südosten, ehe sie sich westwärts wenden und die Provinzen des abendländischen Kaiserreichs überziehen, wogegen die Völker diesseit der Elbe ihre einmal eingenommenen Wohnsitze im ganzen soviel wir wissen nie mehr verlassen, sondern sich von da, allerdings vielfach getheilt und verschoben, nur weiter nach Süden und Westen ausbreiten. Darum ist die Völkerbewegung im innern Deutschland im einzelnen um so viel schwieriger nachzuweisen; sie vollständig wieder zu erkennen, wird nur mit Hilfe der Ortsnamenforschung gelingen. Erst wenn wir von jedem deutschen Stamm ein vollständiges, urkundlich belegtes Ortsnamenverzeichnis haben, wird es möglich sein, die Herkunft und Ausbreitung dieser Stämme mit annähernder Sicherheit festzustellen.

Den Sturz des weströmischen Reichs haben zunächst die östlichen Völker herbeigeführt, als sie von den Hunnen genötigt wurden, die neu gewonnenen Wohnsitze wieder zu verlassen, und nun kein anderer Ausweg blieb als der Übergang in das römische Reich. Aber sie haben darüber selbst den Untergang gefunden, indem sie in der Folge entweder in langen Kämpfen aufgerieben wurden oder in der romanischen Bevölkerung ihre Sprache und Nationalität einbüßten. Die Früchte des Sieges sind den deutschen Stämmen zu gute gekommen. Denn die neue Entwickelung ist nicht von Italien oder Spanien, sondern von Deutschland und Frankreich ausgegangen, und zwar zunächst von den beiden Stämmen, die sich an der Rheingränze bildeten, den Alemannen und Franken. —

Die Defensive, welche die Römer seit der Zeit des Tiberius eingehalten hatten, war fast anderthalbhundert Jahre mit Glück behauptet worden. Nur kleinere Einbrüche und Raubzüge über die Gränze hatten statt gefunden, zuletzt hatten selbst diese aufgehört, seitdem unter Hadrian mit dem Pfahlgraben die Gränze fester geschlossen war. Unter Mark Aurel aber, dem letzten und größten der vier vortrefflichen Kaiser, die auf einander folgten, begannen die Einfälle mit neuer Gewalt und Stärke.

Während eines Feldzugs, den die Römer im Orient gegen die Parther führten, verbanden sich alle Gränzvölker von Pannonien bis Gallien, Sarmaten und Germanen, zu einem gemeinschaftlichen Angriff gegen das römische Reich, an ihrer Spitze die Markomannen und Quaden. Sie drangen über die Donau vor, setzten ihren Raub- und Plünderungszug nach Oberitalien fort und kamen beinahe ungehindert bis vor Aquileja am adriatischen Meer. Nach der glücklichen Beendigung des parthischen Krieges beeilte sich Mark Aurel mit aller Macht gegen sie in's Feld zu rücken. Indes wurden die Zurüstungen sehr erschwert durch die Pest, welche die Truppen aus dem Orient mit gebracht hatten und die nun auch im Abendland große Verheerungen anrichtete.

Der Krieg dauerte mit geringer Unterbrechung vierzehn Jahre lang (166—180). Von beiden Seiten ward mit hartnäckiger Ausdauer und Erbitterung gefochten; daß auch die Germanen bedeutende Vortheile errangen, zeigt die unglaubliche Anzahl Gefangener, die sie nach dem Frieden wieder herausgeben musten. Mark Aurel führte mehrfach persönlich den Oberbefehl, gewann mehrere Siege und feierte im Jahr 176 einen großen Triumph, starb aber zu Wien, ehe der Krieg vollständig beendet war. Die beabsichtigte Eroberung des Markomannenlandes hatte er aufgeben müssen. Sein schwacher Sohn und Nachfolger Commodus (180—192) schloß einen leidlichen Frieden, worin die Donau von beiden Seiten als Gränze anerkannt wurde. Die Markomannen verpflichteten sich zur Stellung von Hilfstruppen, erhielten dafür aber alle in ihrem Land nördlich von der Donau angelegten Castelle eingeräumt. Besiegt oder gar unterworfen waren sie nicht.

Es war der erste größere Offensivkrieg, den die Germanen gegen die Römer führten. Ohne Zweifel stand er im Zusammenhang mit dem Aufbruch der gothischen Völker zwischen Elbe und Weichsel, die damals, sei es durch die wachsende Bevölkerung, sei es durch den Andrang fremder Stämme genötigt, von Norden gegen Südosten bis zur Donaumündung und zum schwarzen Meer vorzurücken begannen. Schon die Römer wusten dies: die Völker, welche sich den Markomannen angeschlossen hatten, erzählt Capitolin, seien von anderen vertrieben worden und vor ihnen geflüchtet. Der Stoß gieng von Nordosten aus, wo es den Gothen in ihren alten Sitzen zu eng wurde, traf zuerst die Markomannen und ihre Nachbarvölker, scheint aber auch die Stämme im innern Deutschland mit berührt zu haben.

Denn gleichzeitig mit der Erhebung der Markomannen und zwar noch vor dem Ausbruch des eigentlichen Krieges (162) waren auch die rheinischen Stämme, die sich hundert Jahre lang still gehalten hatten, wieder über den Rhein in das römische Germanien, ja selbst über die Donau in Rhätien eingebrochen. Während des Krieges unternahmen sie einen zweiten Einfall, gegen den Didius Julianus abgeschickt wurde, der nachmals als Meistbietender von den Prätorianern den Thron erkaufte, aber gleich darauf um's Leben kam (193).

So begann auf verschiednen Seiten die Beunruhigung des römischen Reichs, die bald immer größere Verhältnisse annahm. Mark Aurel behauptete noch die alten Gränzen; das Reich hatte unter ihm die größte Ausdehnung: auf hunderttausend Quadratmeilen wird sein Gebiet geschätzt, auf neunzig Millionen die Einwohnerzahl.

Im dritten Jahrhundert erscheint nun die ganze ungeheure Gränze vom schwarzen Meer bis zur Nordsee überall von Germanen bedroht und angegriffen: in ununterbrochener Reihe bringen sie vor und suchen sich innerhalb der Gränze festzusetzen. Im äußersten Osten, um die Donaumündungen und das schwarze Meer, treten die Gothen auf, die etwa zu Anfang des Jahrhunderts dort angekommen sein mögen. Sie gewinnen unter ihrem König Kniva zwei entscheidende Schlachten gegen Kaiser Decius, in deren letzter der Kaiser mit dem ganzen römischen Heer den Untergang fand (251), erscheinen dann in zwei großen Abtheilungen als Ost- und Westgothen nördlich vom schwarzen Meer und von der Donau angesiedelt, plündern und verwüsten in fortgesetzten Raubanfällen Kleinasien und die Balkanhalbinsel (von 258—269 lassen sich allein fünf große Heerfahrten unterscheiden) und nehmen unter Kaiser Aurelian die ganze Provinz Dacien weg, das heutige Ungarn, Siebenbürgen, die Moldau und Wallachei (274). Um die mittlere Donau bleiben Markomannen und Quaden die gefürchteten Feinde der Römer. Am Oberrhein erscheinen zu Anfang des Jahrhunderts die Alemannen, die fortwährend Einfälle in Gallien, Rhätien und Italien machen und nach dem Tod des Kaisers Probus (282) das Decumatenland in Besitz nehmen. Am Mittel- und Niederrhein erscheinen wenig später die Franken, die mit ihren Raubzügen vorzugsweise das nördliche Gallien und die Niederlande heimsuchen und auf dem linken Rheinufer Boden zu gewinnen suchen. An den Küsten der Nordsee endlich bis nach Gallien und Britannien hin machen sich die Sachsen als Seeräuber furchtbar.

Noch vor dem Anfang der eigentlichen Völkerwanderung sehen wir also das römische Reich auf der ganzen Nordseite von Germanen bedroht: es ist, als ob sie sich längs der Gränze in Schlachtordnung aufgestellt hätten, um über das Reich herzufallen.

In diesem Augenblick, wo die Germanen von der Defensive zur Offensive übergehen, erscheinen im Nordwesten die neuen Namen. Die Stämme sind nicht mehr mythologische, sondern kriegerische Einheiten. Oder sie wachsen, wie wir vielleicht besser sagen, während der langen Kämpfe mit fortschreitender Ansiedelung zu solchen zusammen. Und wenn sie auch nicht immer in Volkskriegen auftreten, nicht wie im Osten die ganzen Stämme sich von der Scholle lösen, um neue Sitze zu suchen, so erscheint in ihren Unternehmungen doch jetzt überall Zusammenhang und Methode. Größere oder kleinere Abtheilungen sind es, die fortgesetzt ihre Einfälle machen und womöglich jenseit der Gränze sich festzusetzen suchen. Denn das ist das letzte Ziel aller Angriffe: die Gränzen werden zu eng und müssen erweitert werden. Es ist daher auch kein Zweifel, daß die Angriffe, selbst wenn sie nur von vereinzelten Schaaren ausgehen und zunächst nichts weiter als Raub- und Beutekriege sind, meist den ganzen Stamm hinter sich haben und mit Billigung desselben unternommen werden.

Ein friedlicher Verkehr zwischen Römern und Germanen erschien fortan unmöglich. Das gewaltige Reich mit seinem Glanz und seiner Herrlichkeit, seinen Kostbarkeiten und Schätzen übte auf die hungrigen Germanen eine so unwiderstehliche Anziehungskraft, daß ihre Beutelust immer wieder von neuem gereizt wurde, bis endlich ihr Bildungstrieb erwachte und sie nicht mehr das fremde Gold und Silber allein anziehend fanden.

Am frühsten werden die Alemannen genannt. Der Name bezeichnet unmittelbar die vereinigten Völker in ihrer Verbindung: Alamanniba bedeutet im Althochdeutschen Gemeinschaft und wird Bundesname gewesen sein; Alemannen konnten daher die Theilnehmer oder Genossen des Bundes genannt werden Tubanten, Usipier und Tenchterer, die ehedem am Nieder- und Mittelrhein gewohnt und sich von da aufwärts gezogen hatten, dürfen als Grundlage des Vereins angesehen werden; noch einige kleinere Völker oder Theile von solchen mögen sich angeschlossen haben; einzelne Reste suevischer Stämme sind vielleicht von Ariovist's Zeit in der alten helvetischen Einöde und später hinter dem Limes sitzen geblieben. Die Usipier erscheinen im Bataverkrieg mit andern Völkern bei der Belagerung von Mainz; vielleicht ist ihr Name im Namen der Stadt Wiesbaden und des bei Lorch in den Rhein mündenden Wisperbachs erhalten. In ihrer Nähe werden von Tacitus und Ptolemäus die Tenchterer, von Ptolemäus auch Tubanten genannt. Die letztern erscheinen noch einmal mit ihrem Einzelnamen neben den Alemannen zu Anfang des vierten Jahrhunderts, sonst verschwinden schon mit dem zweiten Jahrhundert die Einzelnamen, und dafür treten zu Anfang des dritten Alemannen auf. Wo sollen die frühern ansehnlichen Völker hingekommen, wo das neue Volk der Alemannen, das gleich bei seinem ersten Auftreten ein zahlreiches genannt wird, anders hergekommen sein, wenn diese nicht aus einer Verbindung jener hervorgegangen sind?

Sie erscheinen zum ersten Male unter Caracalla am Main, wo der Kaiser im Jahr 213 Krieg mit ihnen führt. Gleichzeitig scheint er auch mit den benachbarten Chatten gekämpft zu haben, die also wohl mit den Alemannen gemeinschaftliche Sache machten, obgleich sie in der Folge sich nicht diesen, sondern den Franken anschlossen. Caracalla legte sich von seinen Siegen zwar den Namen Germanicus bei, allein man nahm es mit solchen Beinamen damals nicht mehr so genau. Dürfen wir dem Bericht des Dio Cassius glauben, so hätte der Kaiser seine Siege erkauft. Auf alle Fälle waren sie sehr zweifelhafter Art.

Denn weit entfernt, daß die Alemannen sich dadurch von weitern Angriffen hätten abhalten lassen, setzen sie diese in der Folge nur mit um so größerer Heftigkeit fort. Unaufhörlich wiederholten sie seitdem ihre Raubzüge in die römischen Provinzen, sobald sich eine günstige Gelegenheit dazu bot; schon unter Alexander Severus (222—235) fanden neue große Einfälle über den Rhein und die Donau statt, während der Kaiser im Orient gegen die Perser kämpfte. Als er an den Rhein zog, um die Alemannen zu bekriegen, wurde er in einem Soldatenaufstand in der Nähe von Mainz ermordet.

Sein Nachfolger Maximin (235—238) stellte zwar für einige Zeit Ruhe her, indem er von Mainz aus einen großen Verwüstungszug durch das deutsche Land bis nach Pannonien unternahm und die Gränzen überall von den Feinden säuberte. Allein kaum zwei Jahrzehnte später wurde es mit den Einfällen ärger denn je. Unter den Kaisern Valerian und dessen Sohn Gallienus (253—268) erhoben sich mit den Alemannen zugleich die Franken und Gothen. Valerian geriet auf einem Zug gegen die Perser in Gefangenschaft und wurde nicht wieder befreit. Da überschwemmten und verwüsteten die Alemannen das südöstliche Gallien und Italien bis nach Ravenna, die

Franken Gallien und Spanien, die Gothen Kleinasien, Macedonien und Griechenland. Schon damals schien das Ende des römischen Reichs herbei gekommen zu sein; überall standen Gegenkaiser auf und vermehrten die Anarchie; eine verheerende Pest kam hinzu, um das Elend voll zu machen.

Doch wurde der Untergang noch glücklich abgewendet. Der Gegenkaiser Postumus (258—267) schlug die Feinde in Gallien und stellte den rheinischen Limes wieder her, Gallienus siegte bei Mailand über die Alemannen (261), und mit dem Kaiser Claudius (268—270), welcher die Alemannen noch einmal am Gardasee schlug, begann die Reihe der illyrischen Soldatenkaiser, deren Thatkraft und Energie eine Wendung zum Bessern herbeiführte. Indes hörten die Einfälle darum nicht auf. Unter Aurelian (270—275) drangen die Alemannen wieder bis tief in Italien ein, nachdem sie bei Placentia einen großen Sieg erfochten hatten, und bedrohten selbst Rom (270); schließlich gelang es dem Kaiser, sie zweimal zu schlagen und Italien von ihnen zu befreien. Rom erhielt nach Beendigung des Krieges eine neue Stadtmauer, um es für die Zukunft gegen einen Handstreich der Barbaren zu sichern.

Nur vorübergehend gelang es Kaiser Probus (276—282), die Alemannen über den Neckar und die rauhe Alp zurückzuwerfen und den Gränzwall wieder herzustellen. Denn gleich nach seinem Tode wurde das Decumatenland dauernd von ihnen in Besitz genommen. Neue Einfälle fanden unter seinen Nachfolgern Carus und Carinus statt (282—284), dann wieder unter Diocletian (284—305), der auf kurze Zeit das Vorland zwischen Oberrhein und Schwarzwald wieder gewann, unter Constantius Chlorus, Constantin dem Großen (306—337) und seinem Sohn Constantius II. (337—361). Jeder Kaiser erfocht Siege, bleibende Erfolge keiner.

Auch die große Niederlage, welche Julian, der Neffe des

letztgenannten Kaisers, den Alemannen bei Straßburg beibrachte (357), und die entscheidenden Siege, welche er in zwei weitern Feldzügen über sie errang, hatten keinen andern Erfolg, als daß sich die Angriffe gleich nach seinem Tod erneuerten. Valentinian I. hatte fast während seiner ganzen Regierung (364—375) mit ihnen zu kämpfen, Gratian erfocht wieder einen Sieg bei Argentaria in der Nähe des heutigen Colmar im Jahr 378, Eugenius 392 am Oberrhein, Stilicho 400 in Oberschwaben, und doch war es unmöglich, den Angriffen ein Ziel zu setzen. Nahezu zweihundert Jahre lang wurde fast ununterbrochen gekämpft; endlich mußten die Römer die Verteidigung aufgeben, das Oberrheinthal räumen und den Alemannen das Land, das sie eingenommen hatten, überlassen. Es ist dasselbe, was sie noch heute inne haben, nur daß sie später von Norden her wieder durch die Franken erheblich eingeschränkt wurden.

Die Bildung des Volks ist ohne Zweifel am obern Main längs des römischen Limes vor sich gegangen. Dann breiteten sie sich, als zur Zeit des Kaisers Probus in ihrem Rücken sich die Burgunder niederließen, innerhalb des Gränzwalls südwärts bis zum Bodensee aus. Endlich als Stilicho zu Anfang des fünften Jahrhunderts die Rheingränze preis geben mußte, bis zu den Vogesen und den Alpen, im Norden durch die vorrückenden Burgunder gedrängt.

Auch hier war es nicht blos Feindschaft gegen die Römer, was sie vorwärts trieb, sondern zugleich das Drängen anderer Völker in ihrem Rücken, zunächst der hinter ihnen auftretenden Burgunder, was sie nötigte, nun das Land weiter oberhalb bis zum Bodensee und darüber hinaus bis zu den Alpen in Besitz zu nehmen. Etwa hundert Jahre, von Kaiser Probus bis auf die Zeit Valentinian's I., haben sich die Burgunder in den Sitzen am oberen Main bis zur Jagst und zum Kocher gehalten, gelegentlich wohl mit den Alemannen zu Einfällen in das römische Gebiet vereinigt, öfters aber mit ihnen in Kampf und Streit; dann brechen sie zu Ende des vierten Jahrhunderts auf und nehmen die Gebiete von Mainz und Worms zu beiden Seiten des Rheins in Besitz (an diese Zeit knüpft das Nibelungenlied an), bis ihnen nach einer Niederlage, die ihnen ein in römischem Sold stehendes Heer der Hunnen beigebracht, von den Römern Wohnsitze am Fuß der Alpen und in den Rhonegegenden angewiesen werden.

Noch ein anderes Volk hatte sich kurz vor der Zeit des Kaisers Probus neben den Alemannen niedergelassen, und dies erscheint in der Folge dauernd mit ihnen verbunden und ist es geblieben: die Juthungen oder die spätern Sueven, ursprünglich wie die Burgunder ein niederdeutsches Volk, das etwas weiter südlich von diesen auch noch im Osten der Alemannen Raum fand und bald an den Raubzügen der letztern lebhaften Theil nahm. Neuerdings ist man geneigt, die alten Semnonen für das Stammvolk dieser juthungischen Sueven zu halten. Daran mag soviel richtig sein, daß sich ein kleinerer oder größerer Theil Semnonen dem Durchzug des nördlichen juthungischen Nachbarvolks angeschlossen hat. Wären aber Semnonen und Sueven wirklich völlig identisch, so würde sich ohne Zweifel bei ihnen ebenso wie bei den Burgundern und Langobarden der alte Name erhalten haben. In jedem Fall scheint ein Theil der Semnonen zunächst in den alten Sitzen geblieben und erst später weiter nach Süden vorgedrungen zu sein, wo sie aller Vermutung nach in dem neuen Stamm der Thüringer aufgiengen.

Die juthungischen Sueven sind die heutigen Schwaben im engern Sinn, in denen allein der alte Suevenname fortlebt, obgleich Schwaben und Alemannen bald auch in einem weitern Sinn gleichbedeutend für einander genommen wurden. Schon

Ammian, der um den Ausgang des vierten Jahrhunderts schrieb, nennt die Schwaben einen Theil der Alemannen, und eben so wurden später umgekehrt unter den Schwaben die Alemannen mit begriffen. In Sprache, Art und Sitte aber sind sie verschieden und noch jetzt als zwei besondere Stämme zu erkennen. Die eigentlichen Schwaben wohnen östlich von den Alemannen, wo sie von Anfang an neben ihnen erscheinen, nur daß sie gleich ihnen in der Folge auch weiter nach Süden über die Donau vorgedrungen sind. Der Kamm des Schwarzwaldes bildet so ziemlich die Gränze beider Stämme: jenseits der Dialekt, wie er aus Hebel's alemannischen Gedichten bekannt ist und in den verschiednen Schweizer-Idiomen gesprochen wird, diesseits die schwäbische Mundart, die von den Zischlauten und der consonantischen Lautstufe abgesehn sonst den mitteldeutschen Dialekten näher steht. Ihre Geschichte kennen wir freilich nicht näher.

Nach den Kriegen Julian's scheinen die Alemannen sich eine Zeit lang nordwärts ausgebreitet zu haben, erst auf dem rechten Rheinufer in der Wetterau und dem heutigen Nassau, dann als Stilicho die Rheingränze aufgab, auch auf dem linken im Elsaß und rheinabwärts bis in die Gegend um Coblenz, Achen und Cöln. Hier stießen sie bei weiterem Vordringen mit den Franken zusammen, die sich nun gleichfalls am Mittelrhein und bis ins Innere von Gallien ausbreiteten, während ursprünglich beide Völker in entgegengesetzter Richtung vorgedrungen waren, die Franken gegen den Niederrhein, die Alemannen gegen das innere Deutschland. Die Wetterau scheint längere Zeit alemannisch gewesen zu sein: zu Julian's Zeit erscheint daselbst der alemannische Stamm der Buccinobanten oder Buchengauer. Die Burgunder haben nur vorübergehend, zu Anfang des fünften Jahrhunderts, und wohl nur in den südlichern, um Mainz gelegenen Strichen, das Land inne gehabt, nie die ganze Wetterau und das nördliche Nassau.

Nach ihrem Abzug sind, wie früher allgemein angenommen wurde, zunächst wieder die Alemannen in den Besitz dieser Gebiete gekommen und bis zu ihrer Niederlage im Jahr 496 darin geblieben, während eine neuere Ansicht alsbald die Franken an die Stelle der Burgunder treten läßt und ihnen das Land zu beiden Seiten des Rheins bis gegen die Pfalz und den Neckar hin zutheilen will. Man meint, eine einzige Schlacht habe nicht hingereicht, die Alemannen aus einem so bedeutenden Landstrich bis gegen den Hagenauer Forst und die Enz und Murg hin zu verdrängen. Allein eine vollständige Verdrängung braucht auch gar nicht angenommen zu werden, und bis auf die Zeiten Chlodwig's hatten sich die Alemannen, so viel wir wissen, doch siegreich behauptet. Es wäre sonst kaum zu begreifen, wie sie in den mittelrheinischen Gebieten, zwischen Achen und Cöln, mit den Franken zusammen stoßen konnten: die entscheidenden Kämpfe mit Chlodwig sind nicht die ersten gewesen und Siegbert, der König der Uferfranken am Rhein, war sogar in seiner Residenz Cöln bedroht worden. Ohne Zweifel haben sich beide Stämme im Lauf des fünften Jahrhunderts auf dem linken Rheinufer gleichzeitig neben einander ausgebreitet, als dem Namen nach noch das römische Reich fortdauerte. Erst nach dem Zug Attila's hörten die Versuche der Römer, die Rheingränze wieder zu gewinnen, definitiv auf. Eine förmliche Landtheilung aber hat vor der Ansiedelung zwischen den Stämmen gewis nicht statt gefunden, jeder nahm was ihm am nächsten lag oder was er erreichen konnte, bis schließlich der Kampf über den endgültigen Besitz entschied und die Gränzverhältnisse regelte.

Auch die Ortsnamen bestätigen dies. Sie deuten eben so wohl auf ein zeitweiliges Vorrücken der Alemannen bis über die Gegend um Coblenz und Achen hinaus, wie auf einen längern Besitz der Wetterau und der südlichen Gebiete im Nassauischen.

Denn die Namen mit den ächt alemannischen Endungen -ach, -brunn, -felden, -hofen, -ingen, -schwand, -stetten, -wangen und -weiler, die in rein fränkischem Gebiet nirgends vorkommen, finden sich vom Elsaß an über die ganze Pfalz, Rheinhessen und Rheinpreußen zerstreut, nur daß sie gegen Norden hin immer seltner werden und mehr und mehr den vorzugsweis fränkischen Namen auf -bach, -berg, -born, -dorf, -feld, -hausen, -heim und -scheid Platz machen. Daß der Unterschied wirklich auf einen Gegensatz der Stämme zu beziehen ist, zeigt der Ort Franken zwischen Sinzig und Laach und das dicht daneben vorkommende Schwabenmaar im Wald zwischen Franken und Breisig: wahrscheinlich gieng die alte Gränze hier durch. Ahrweiler im Ahrthal und Eschweiler bei Achen sind die letzten größern Orte alemannischer Namensform: je weiter aufwärts, desto häufiger werden die Namen: zwischen Mosel und Nahe zählen sie schon nach hunderten. Der Verfasser hat sie in seinen „Ansiedelungen und Wanderungen deutscher Stämme" möglichst vollständig gesammelt und die Gründe näher entwickelt, die für ihren alemannischen Ursprung beweisen. Doch darf man dabei nicht vergessen, daß in einem Land mit gemischter Bevölkerung später auch die Namen sich mischten, und daß alle Umstände im Zusammenhang zu erwägen sind, um ein annähernd sicheres Resultat für die Gränzen zu gewinnen.

Nicht minder deuten die Ortsnamen im Nassauischen und in der Wetterau auf einen längern Besitz der Alemannen und einen dem Lauf der Flüsse aufwärts folgenden Anbau. Hier aber sind die Namen vielfach entstellt. Besonders ist die Endung -weil oder -weiler, die den Franken später unverständlich sein mochte, oft abgeschliffen und unkenntlich geworden. So lautet beispielsweise das heutige Echzel, ein alter Centhauptort bei Nidda in der Wetterau, in den alten Fulder Urkunden Achizuuila, Rendel bei Assenheim in den Lorscher Urkunden

Rantwilre: bei beiden ist die Ableitung urkundlich sicher, bei Echzel steht -wil in Verbindung mit einem keltischen Flußnamen, der sich merkwürdigerweise nur im Ortsnamen erhalten hat, bei Rendel -wilre (villare) in Verbindung mit einem Eigennamen, den wir vielleicht selbst historisch in der Person Rando's wieder finden, ein alemannischer Häuptling (regalis), welcher unter Valentinian I. Mainz überfiel und plünderte. Auch die benachbarte Ronneburg, urkundlich noch im dreizehnten Jahrhundert Randenburg, hat von einem Rando ihren Namen. Eben so kommen andere alemannische Namen oder Namensformen in Nassau und der Wetterau vor: die Endung -hofen ein paar Mal in der Wetterau und öfter in Nassau, Dorfweil und Peterweil bei Frankfurt, Eltvill im Rheingau, verschiedne Weiler in Nassau, die jetzt in Weyer übergegangen sind, und andere mehr. Die alemannischen Namen in Nassau und der Wetterau sind aber darum ganz besonders lehrreich, weil sie einen sichern Schluß auf das Alter der Ansiedelungen zulassen. Denn mit dem Sieg Chlodwig's kamen diese Gegenden in ausschließlich fränkischen Besitz, die alemannischen Namen müssen also älter sein und noch der vorfränkischen Zeit angehören. Sie zeigen, daß schon im vierten oder fünften Jahrhundert die Alemannen sich hier bleibend niedergelassen haben: bis zur Mitte des dritten gehen die römischen Denkmale herab.

Einige Jahrzehnte nach dem ersten Auftreten der Alemannen am Oberrhein erscheinen am Mittel- und Niederrhein die Franken: zuerst um das Jahr 240 in der Nähe von Mainz bei einem Einfall in Gallien; gleich darauf werden im Heere des Postumus auch fränkische Hilfstruppen genannt. Der Name bedeutet unzweifelhaft so viel wie Freie, Kühne und scheint den Streifzügen in's römische Gebiet den Ursprung zu verdanken. Die Ableitung von der Waffe, Franca oder Francisca das Wurfbeil, ist zu verwerfen; Grimm will diesmal lieber die Waffe vom Volksnamen ableiten.

Sigambern, Amsivarier und Chatten sind die drei Hauptvölker, welche später unter dem neuen Namen zusammengefaßt werden. Aber noch eine Reihe anderer haben sich ganz oder zum Theil dem Stamm angeschlossen und sind in ihm aufgegangen: die Chamaven am Niederrhein und längs der Issel, wo ihr Name im Gau Hamaland fortlebte; die Chattuarier weiter aufwärts am linken Ufer zwischen Rhein und Maas, ursprünglich wohl in der Gegend von Siegburg und Bonn; und zum Theil auch die Brukterer, soweit sie nicht in ihren alten Sitzen um die Lippe zurückblieben und sich später mit den Sachsen mischten.

Länger als bei den Alemannen dauern die alten Namen neben dem neuen Gesammtnamen fort: gerade hier läßt sich das Zusammenwachsen der verschiednen Stämme ziemlich deutlich verfolgen, während bei den Alemannen eine viel stärkere Mischung erfolgt sein muß. Noch König Chlodwig wird nach dem Übertritt zum Christenthum von Bischof Remigius als Sigamber angeredet; ja selbst im sechsten und siebenten Jahrhundert taucht bei einzelnen Schriftstellern gelegentlich der alte Name wieder auf. Die Amsivarier erscheinen zuletzt Ende des vierten Jahrhunderts im Bund mit den Chatten in der Nähe von Cöln und den obern Ruhrgegenden, wo in der Folge Ripuarier auftreten. Eben so wird der Name der Chatten obwohl seltener bis gegen Anfang des fünften Jahrhunderts gehört: seit dem Ende des vierten scheinen sie vorzugsweis mit den Amsivariern zu ihren Streifzügen nach Gallien sich vereinigt zu haben. Sigambern und Chatten bleiben wie früher eng mit einander verbündet, handeln aber bis zu ihrer Verschmelzung in den neuen überrheinischen Gebieten noch lange Zeit als besondere Völker. Auch sind die Chatten, obgleich

sie von Anfang an zum fränkischen Reich hielten, doch nie
ganz in dem neuen Stamm aufgegangen. Denn ein Theil ist
in der alten Heimat geblieben und erscheint hier später im
vollen Licht der Geschichte zu Bonifacius' Zeit unter dem etwas
veränderten Namen der Hessen.

Die historische Identität der Chatten und Hessen ist stets
bereitwillig zugestanden, die sprachliche vielfach bezweifelt worden.
Und doch verhält sich die Sache genau genommen eigentlich
umgekehrt. Denn gerade die sprachliche Identität von Chatten
und Hessen ist nicht zu bezweifeln, während geschichtlich zwischen
den ausgewanderten Chatten und den im Land zurückgebliebenen
Hessen unterschieden werden muß. Nur die Chatten, welche
sich außerhalb der alten Sitze und jenseit des Rheines niedergelassen haben, sind ein Bestandtheil der eigentlichen Franken
geworden, oder, wie wir richtiger sagen können, es sind die
Oberfranken, die zu beiden Seiten des Mittelrheins längs der
Sieg und Lahn abwärts und längs der Mosel und Nahe auf-
wärts bis nach Lothringen hin sich niedergelassen haben. Da-
gegen ergiebt sich die sprachliche Identität aus dem Namen
des Dorfs Hessen bei Saarburg in Lothringen, der in zwei
Urkunden aus dem Jahr 699 noch in der alten Form ad
Chassus oder Cassus (für Chassos) und in einer anderen vom
Jahr 847 inter Hessis lautet. Es war wohl der südlichste
Endpunkt der spätern Wanderungen. Bei den niederdeutschen
Stämmen, aus deren Munde die Römer den Namen des
Volks zuerst gehört haben, wird derselbe Chatten gelautet
haben, während er nach der im Lande selbst üblichen Mundart
mit altfränkischer Aspirata Chassen gesprochen wurde. In dieser
Form erscheint er in den zwei ältern Urkunden, während die
jüngere Form schon der heutigen entspricht.

Der Name der Franken ward bald den Römern noch
furchtbarer als der der Alemannen. Sie beginnen nun eben-

falls ihre unaufhörlichen Raub- und Beutekriege gegen das römische Reich; fast zweihundert Jahre lang dauert die Plünderung und Verwüstung der Gränzgebiete; kaum zurückgeschlagen sind sie immer wieder von neuem da und fangen das Rauben von vorn an. Die kleinen Unternehmungen einzelner Gefolgschaaren hörten nie auf, dazwischen kamen größere Einbrüche und allgemeine Volkskriege: nur den besten und thatkräftigsten Kaisern gelang es zuweilen für eine Zeit Ruhe zu stiften. Das Verhalten der Gränzvölker ist gleichsam der Maßstab für die Regierung des römischen Reichs, denn jede Schwäche wurde benutzt, jeder Athemzug des Reichs alsbald in den germanischen Bergen und Wäldern empfunden.

So oft die Alemannen im Südwesten vorbrechen, dringen die Franken über den Mittel- und Niederrhein. Gleich bei ihrem ersten Einfall unter dem neuen Namen hatten sie einen großen Theil von Gallien durchstreift; Aurelian schlug sie zurück, damals noch Feldherr unter Kaiser Valerian. Unter Gallienus durchzogen sie ein paar Jahre darauf plündernd ganz Gallien und Spanien: ein Theil setzte sogar über die Meerenge nach Afrika über. Postumus vertrieb sie und nahm fränkische Schaaren in seinen Sold, um sich mit ihrer Hilfe gegen Gallienus zu behaupten. Der gewaltige Aurelian kämpfte während seiner kurzen Regierung längs der ganzen Gränze des Reichs vom äußersten Osten bis zum Westen, befreite die Provinzen von den eingedrungenen Barbaren, vernichtete die Usurpatoren und stellte die Einheit des Reichs wieder her. Nicht minder tapfer und glücklich war der heldenmütige Probus, als mit dem Tode Aurelians die Einfälle von neuem begonnen hatten. Er bekämpfte Alemannen, Franken und Burgunder im innern Deutschland, erfocht glänzende Siege und sicherte und befestigte noch einmal die alten Gränzen. Aber mitten in seiner Siegeslaufbahn unterlag er wie sein Vorgänger dem gewöhnlichen Schicksal der Imperatoren ermordet zu werden: nichts zeigt vielleicht mehr den drohenden Untergang des Reichs, als daß es keine guten Kaiser mehr ertragen konnte.

Vom Niederrhein und dem Bataverland aus machten sich die Franken eine Zeit lang auch als Seeräuber den Römern furchtbar. Kaiser Probus hatte auf seinen Feldzügen eine Anzahl Franken gefangen genommen und nach Kleinasien an das schwarze Meer verpflanzt. Allein sie rissen hier Schiffe an sich, plünderten die Küsten von Kleinasien und Griechenland, landeten in Afrika, überfielen Syrakus, zogen durch die Meerenge von Cadix und langten glücklich an der Küste der Nordsee wieder an: wohl einer der abenteuerlichsten Züge, welche die Geschichte kennt. Unter dem abtrünnigen Carausius wurde das Unwesen noch ärger. Er war von Diocletian abgeschickt, um der Seeräuberei der Franken und Sachsen ein Ende zu machen, allein er warf sich in Britannien selbst zum Kaiser auf (286—294) und unterstützte nun umgekehrt ihre Seefahrten, um sie für seine Zwecke zu benutzen.

Diocletian theilte das Reich, um die Gränzen besser schützen zu können. Er nahm seinen alten Kriegsgefährten Maximian zum Mitkaiser (Augustus) an, der bald in Constantius Chlorus noch einen Unterkaiser (Cäsar) erhielt. Seitdem regierte einer der abendländischen Imperatoren regelmäßig in Trier, von wo den Einfällen leichter und schneller begegnet werden konnte. Dadurch gelang es, die römische Herrschaft hier noch volle hundert Jahre ziemlich ungeschmälert zu behaupten. An den erfochtenen Siegen aber sehen wir, daß der Gränzkrieg doch nicht aufhörte und daß es trotz der Siege nur mit Mühe gelang, die Franken abzuwehren. Constantius Chlorus trieb sie über den Niederrhein zurück und verpflanzte einen Theil in römisches Gebiet. Auch sein Sohn Constantin der Große schlug sie auf verschiednen Zügen am Nieder- und Mittelrhein in ihrem eignen Land. Er brauchte das Schreckmittel, eine Anzahl Gefangene, darunter zwei angesehene Fürsten, vermutlich weil sie den Frieden gebrochen hatten, im Circus zu Trier wie gemeine Verbrecher den wilden Thieren vorzuwerfen: noch sind mit den Resten des Amphitheaters auch die Zwinger erhalten, aus denen die Thiere in die Arena losgelassen wurden. Zweimal bereitete der erste christliche Kaiser den gebildeten Trierern dies rohe Vergnügen; sie waren so entzückt darüber, daß die Blutgier der Bestien eher gesättigt wurde wie ihre Schaulust. Aber ein Grauen erfaßte sie doch, als sie sahen, wie trotzig und unverzagt die wehrlosen Germanen auch hier dem Tode entgegen giengen.

Um die Mitte des vierten Jahrhunderts fand wieder ein neuer großer Einfall statt, als Magnentius sich zum Gegenkaiser in Gallien aufgeworfen hatte. Julian trieb die obern Stämme über den Rhein zurück und verfolgte sie bis tief in die Gebirge des innern Deutschlands, während er die salischen Franken auf ihre dringenden Bitten als römisches Hilfsvolk im Bataverland und zwischen Schelde und Maas duldete. Das Bundesverhältnis wurde nun eine Zeit lang nicht gestört; nur die obern Stämme setzten ihre Angriffe gegen den Mittelrhein fort. Zu Anfang des fünften Jahrhunderts, als die Römer die Rheingränze nicht mehr decken konnten, begannen indes auch die salischen Franken sich wieder zu erheben. An die Stelle der Streifzüge trat nun die Eroberung und Colonisirung: die Römer musten das nördliche Gallien und die mittelrheinischen Gebiete preis geben, wie sie den Alemannen die Schweiz und den Elsaß abtreten musten. Die Franken ließen sich im römischen Reich nieder und nahmen mit dem weitern Vordringen das Land für sich in Besitz. Was mit dem Schwert gewonnen war, wurde mit dem Pflug zum zweiten Mal erobert: noch jetzt zeigt die Sprachscheide zwischen romanischer und deutscher Bevölkerung die Gränze an, bis zu der die Franken colonisirend vordrangen und die Provinzialen vertrieben, im Gegensatz zu den spätern Eroberungen, die das Land zwar unterworfen, die römische Bevölkerung aber erhalten haben.

Die Geschichte der drei Hauptvölker, welche durch die langen Kämpfe mit den Römern und die darauf folgende Ansiedelung zu einem Stamm zusammen schmolzen, läßt sich bis zu ihrer Vereinigung unter Chlodwig im einzelnen ziemlich genau verfolgen.

Am Niederrhein und die Issel hinab breiteten sich die Sigambern aus, wo sie der Bataverinsel gegenüber Ende des dritten Jahrhunderts zuerst unter dem Namen Franken mit begriffen werden. Von dem Flüßchen Isala oder Sala erhielten sie den Namen der salischen Franken, den schon Ammian als hergebracht bezeugt. Sie hatten sich rheinabwärts ziehen müssen, wie die Usipier und Tenchterer, ihre alten Nachbarn und Verbündeten von Cäsar's Zeit her, umgekehrt rheinaufwärts. Wir dürfen dies Ausweichen niederrheinischer Stämme nach Nord und Süd wohl mit einem Vordringen der Nachbarstämme im Osten in Verbindung bringen, wie es für die spätere Zeit ausdrücklich überliefert ist: hart an die römische Gränze gedrückt blieb ihnen bei der allgemeinen Bewegung von Ost nach West nichts übrig, als rechts und links auszuweichen, sobald die hintern Stämme nachrückten. Hätten sie in ihren alten Sitzen Raum gehabt sich auszudehnen, so würden sie gewis nicht das Raub- und Beuteleben so lange fortgesetzt haben. Denn mit einer festen Ansiedelung im Land war dasselbe nicht mehr verträglich; die volle Anjäßigkeit erweckt eine so starke und lebhafte Heimatsliebe, daß das unstete, abenteuernde Umherschwärmen in fernen und fremden Gegenden keinen Reiz mehr für sie haben konnte.

Von der alten salischen Heimat aus drangen sie weiter vor und besetzten das Bataverland bis zur untern Maas und Schelde, wohl schon in den ersten Jahren Diocletian's zur Zeit der Empörung des Carausius. Constantius und sein Sohn Constantin trieben sie auf das rechte Rheinufer zurück, allein sie müssen das linke bald wieder gewonnen haben, denn fünfzig Jahre später findet sie Julian nicht nur im Besitz von Batavia, sondern auch des Landes zwischen Maas und Schelde. Er überfiel sie und die benachbarten Chamaven, trieb die letztern zurück, ließ aber die salischen Franken auf ihre Bitten in den eingenommenen Sitzen und verwandte sie gegen die Sachsen, welche die Franken im Rücken bedrängten. Eingeklemmt zwischen das römische Reich auf der einen und das mächtige Sachsenvolk auf der andern Seite, waren sie genötigt, die gewonnenen Sitze festzuhalten und weiter gegen Westen und Süden sich Raum zu schaffen. Darum das inständige, fast flehentliche Bitten bei Julian.

Einige Zeit blieben nun die Salier im Verhältnis römischer Hilfsvölker, dem wir so oft begegnen, weil es für beide Theile vortheilhaft war. Für die deutschen Stämme, weil sie auf diese Art Land zum Anbau, Brod und Unterhalt und im römischen Heerdienst auch volle Gelegenheit zur Befriedigung ihrer Thatenlust erhielten. Schon zu Ende des vierten Jahrhunderts finden wir mehrfach Franken in den höchsten Ämtern, fast als Regenten des Reichs, wie denn thatsächlich das ganze folgende Jahrhundert hindurch das römische Reich vorzugsweis durch Germanen regiert und gehalten wurde. Aber auch für die Römer war das Verhältnis von Vortheil. Sie gewannen damit Colonisten für ihre entvölkerten Provinzen, treue und tapfere Bundestruppen und eine feste Stütze für ihre Herrschaft. Unter Gratian bestand das römische Heer fast schon zur Hälfte aus angeworbenen oder verbündeten Germanen.

Zu Anfang des fünften Jahrhunderts, nachdem Vandalen, Sueven und Alanen in Gallien eingebrochen waren, erhoben sich die Salier von neuem. Die Vandalen wurden von ihnen bekämpft, weil sie dieselben wie nachmals die Alemannen als ihre natürlichen Feinde und Nebenbuhler ansahen: nur sie hatten Aufnahme im römischen Reich erlangt. Bald darauf unternahm ihr König Chlojo von Dispargum aus, vermutlich Duisborch in Brabant, einen Eroberungszug gegen Cambrai und bis an die Somme und setzte sich dort bleibend fest. Dies kleine Häuflein salischer Franken ist es, das nachmals, durch fortwährenden Zuzug stammverwandter Schaaren aus der Heimat verstärkt und mit den andern fränkischen Völkern geeinigt, unter Chlodwig zu jenem mächtigen Strom anschwoll, der stark genug war, das ganze römische Gallien und die übrigen deutschen Stämme in sich aufzunehmen, ohne im Romanismus aufzugehen oder seine Eigenart zu verlieren. Dazu bedurfte es aber der Hand eines Chlodwig, um mit der Vergangenheit zu brechen und eine neue Ordnung zu begründen.

Ein zweiter Hauptstamm, der der Ripuarier oder Userfranken, wohnte östlich von den Saliern und weiter aufwärts um Cöln im alten Ubierland. Ein Theil blieb auf dem rechten Rheinufer in den Ruhrgegenden zurück, der größere gieng später auf das linke über und hat sich bis zur Maas hin ausgebreitet, von Werden an der Ruhr über das Gebiet der Städte Cöln, Bonn, Jülich, Zülpich und Achen so weit als in der Folge auch hier die deutsche Sprache vordrang. Die Südgränze reicht bis in die Eifelgegend, wo sich in dem Namen der Orte Reiferscheid bei Stadtkill, Reiferscheid bei Adenau und Franken bei Sinzig das Andenken an die alte Gränze noch jetzt erhalten hat.

Es sind die frühern Amsivarier, die als solche zuletzt Ende des vierten Jahrhunderts zwischen Chamaven und Brukterern auf der einen und den Chatten auf der andern Seite genannt werden. An ihrer Stelle treten hundert Jahre später ripuarische Franken auf. Als Nebenvolk erscheinen die Chattuarier, ein schon in älterer Zeit von den Chatten abgezweigter Stamm; etwa in ähnlicher Weise wie die Chamaven sich den Niederfranken anschlossen: die spätern Wohnsitze auf dem linken Rheinufer (pagus Hattuariorum) liegen zwischen Chamaven und Ripuariern in der Mitte, in dem nördlichen Winkel zwischen Rhein und Maas. Doch mag in den langen Kämpfen gegen die Römer vielfache Mischung statt gefunden haben. Beide Stämme nehmen im Bund mit den Nachbarvölkern, unter denen auch Brukterer vorkommen, von Anfang an am Namen und an den Raubzügen der Franken Theil und setzen dieselben, nachdem die Salier bereits als Hilfsvolk im römischen Reich Aufnahme gefunden, noch längere Zeit fort, bis es ihnen ebenfalls gelingt, sich dauernd auf dem linken Rheinufer niederzulassen.

Schon zu Kaiser Julian's Zeit war Cöln einmal zehn Monate lang in den Händen dieser rheinischen Franken, auch die andern Uferstädte am Niederrhein, wie weiter oberhalb Neuß, Bonn, Andernach und Bingen hatten sie eingenommen. Julian trieb sie über den Rhein zurück, nahm die Uferstädte wieder und versah sie mit britannischem Getraide, ein Beweis wie traurig es mit dem Anbau im Lande selbst bestellt sein mochte. Er unternahm zugleich einen Zug in das Innere und drang dabei so weit in die Gebirge ein, wie vor ihm kein anderer römischer Feldherr: es wird das Gebiet um die obere Ruhr gewesen sein, wo die Amsivarier damals wohnten und wohin die Römer auf ihren frühern Zügen nicht gekommen waren.

Nicht lange darnach (388) erhoben sich die rheinfränkischen Stämme unter ihren Führern Gennobaud, Marlomer und

Sunno zu neuen Einfällen. Gegen sie kämpfte Arbogast, ebenfalls ein fränkischer Fürst, der aber in römische Kriegsdienste getreten war, weil sein Geschlecht sich mit den andern Fürstenhäusern entzweit hatte. Wir sehen, wie der alte Haber der vornehmen Geschlechter, dem wir in der Urzeit begegnen, auch in der Folge fortdauert, und wie die dynastischen Elemente von Anfang an unsere Geschichte mit bestimmen. Ältere Historiker legen ihnen zu viel Gewicht bei, wenn sie womöglich die ganze deutsche Geschichte mit ihnen in Verbindung bringen. Neuerdings werden sie, wie es scheint, zu wenig beachtet, denn allerdings spielen sie überall mit, und die Streitigkeiten der fürstlichen Häuser geben vielfach den nächsten Anlaß zu den entscheidenden Ereignissen.

Arbogast war im römischen Dienst rasch zu Ansehen und Macht gelangt und spielte unter dem minderjährigen Valentinian II., für den er nach dem Tode Gratian's (383) die Reichsregierung führte, während Kaiser Theodosius im Osten herrschte, eine hervorragende Rolle. Als Valentinian mündig geworden sich seinem Einfluß zu entziehen suchte, ließ er ihn tödten und setzte einen andern Kaiser ein (Eugenius), kam aber mit diesem zwei Jahre darauf im Kampf gegen Theodosius um's Leben (394). Es war nicht der erste und nicht der letzte deutsche Regent am römischen Hofe.

Der Gränzkrieg der Jahre 388 und 389 war unglücklich für die Römer verlaufen und hatte mit einer großen Niederlage derselben geendet, da das römische Heer den zurückweichenden fränkischen Schaaren unvorsichtig in's Innere des Landes folgte, hier nach gewohnter Manier in unwegsamen, sumpfigen Wald gelockt, überfallen und beinahe vollständig aufgerieben wurde. Arbogast setzte sich deshalb selbst an die Spitze eines Zugs. Er gieng im Jahr 392 um die Winterzeit, wo die Wälder kahl und die Sümpfe gefroren waren, über den Rhein, verwüstete das Gebiet der Brukterer und Chamaven und stieß dann auf die Amsivarier und Chatten unter ihrem Herzog Markomer. Diese wichen jedoch aus und vermieden einen Kampf; weiter wagte sich auch Arbogast nicht vor. Es wurde daher Friede geschlossen, den Stilicho, ein neuer Regent am römischen Hofe aus vandalischem Stamm, ein paar Jahre darauf erneuerte.

Zu Anfang des folgenden Jahrhunderts begann der Krieg wieder. Die Rheinstädte, vor allem Mainz, Cöln und Trier, wurden wiederholt erobert, geplündert und verbrannt, Trier im Lauf weniger Jahrzehnte allein viermal: schon im Jahre 418 muste die gallische Präfektur nach Arles in Südgallien verlegt werden. Aëtius versuchte eine letzte Gegenwehr und erfocht im Jahr 428 noch einmal einen Sieg. Aber er konnte auf die Dauer dem übermächtigen Andrang der rheinischen Stämme nicht widerstehen und muste kurze Zeit darauf auch die ripuarischen Franken als Hilfsvolk in das Reich aufnehmen, mit anderen Worten, er muste das von ihnen eingenommene Gebiet räumen. Seitdem erhielten sie den besondern Namen Uferfranken oder Riparii in lateinischer Form, weil ihr Gebiet auf beiden Seiten des Rheines lag. Der Name rührt wohl noch aus der Zeit, da das Lateinische die herrschende Sprache in diesen Gegenden war; daß er auch in das Deutsche übergieng, zeigt der Name der beiden Gränzorte Reiferscheid und die umgedeutschte Form Ripuarii. Das Bundesverhältnis wurde treulich gehalten: gegen Attila kämpften sie unter Aëtius mit in der catalaunischen Schlacht. Eine Zeit lang hatten sie ihre eigenen Könige, die in Cöln residirten, bis Chlodwig sie aus dem Wege räumte.

Ein paar Jahrzehnte später, nachdem die rheinischen Franken die Gebiete zwischen Maas, Rhein und Eifel eingenommen hatten, erscheint auch das dritte Hauptvolk, das der eigentlichen

Oberfranken oder Chatten, im Besitz der linksrheinischen Gebiete: von Coblenz und Bingen an die Thäler der Mosel und Nahe aufwärts bis gegen Trier, Metz und Toul im heutigen Lothringen, nach dem Abzug der Burgunder und der Niederlage der Alemannen auch weiterhin bis zum Hagenauer Forst, wo der Speiergau später der letzte fränkische Gau ist. Oberfranken oder Chatten hatten gleichfalls die Raubzüge in's römische Reich mit unternommen und sich zuletzt namentlich an der Plünderung und Zerstörung der Rheinstädte betheiligt. Coblenz, Bingen, Mainz und Trier sind wohl zunächst von ihnen erobert, wie denn gleich anfangs der Name der Franken in der Gegend von Mainz auch zuerst auftaucht.

Unmittelbar nach dem Zug Attila's erscheinen sie als Herren des Landes. Es ist sehr wahrscheinlich, daß sie sich diesem Zug, so weit sie nicht in den alten Stammlanden blieben, angeschlossen und ihn zu bleibender Niederlassung in den überrheinischen Gegenden benutzt haben. Mit den benachbarten, altbefreundeten Stämmen sind sie stets verbündet geblieben, obgleich sie gewis ebenso wie die salischen und ripuarischen Franken bis auf Chlodwig ihre besondern Fürsten hatten. Doch wurde bis zum Sturz der römischen Herrschaft in Gallien wohl dem Namen nach noch eine römische Oberhoheit anerkannt: der im Jahr 472 als comes Trevirorum erwähnte Arbogast hat fränkischen Namen und römischen Titel. An die Bildung eines besondern Reichs, wie die Ripuarier ein solches gegründet hatten, konnte schon um deswillen nicht gedacht werden, weil die in Besitz genommenen Gebiete bis zu Ende des Jahrhunderts zwischen Franken und Alemannen streitig blieben. Denn gerade in diesen Gegenden haben sich fränkische und alemannische Wanderungen gekreuzt. Mit der Niederlage der Alemannen unter Chlodwig aber war die Abhängigkeit vom fränkischen Reich unmittelbar entschieden, denn erst dem Sieg

Chlodwig's verdankten die eingedrungenen Oberfranken den sichern Besitz ihres Gebietes: der fränkische König trat ganz von selbst an die Stelle des römischen Imperators, nur daß er den verbündeten Stammgenossen gegenüber nicht die gleichen Rechte erhielt. Die am weitesten nach Norden vorgedrungenen Alemannen gaben ihre Sitze um die Mosel und Lahn auf und wurden wahrscheinlich von Theodorich dem Großen im östlichen Schwaben zwischen Donau, Iller und Lech angesiedelt.

Die fortschreitende Ansiedelung der Oberfranken auf dem linken Rheinufer läßt sich mit überraschender Deutlichkeit an der Hand der Ortsnamen noch jetzt verfolgen. Denn in langen ununterbrochenen Reihen setzen sich dieselben von den Stammlanden aus in den neu gewonnenen Gebieten fort. Der Zug gieng die Thäler der Lahn, Wied und Sieg entlang über den Rhein, dann zu beiden Seiten der Mosel und Nahe und in ihren Seitenthälern fort bis in das heutige Lothringen. Die Wetterau muß bei Beginn der Wanderungen noch in alemannischem Besitz gewesen sein, denn wäre dies nicht der Fall gewesen, so hätten die Chatten einen viel bequemern und kürzern Weg nach dem Rhein gehabt. Schon Ende des vierten Jahrhunderts waren Alemannen und Franken entzweit: Macrian, der bei Mainz mit Valentinian I. Frieden schloß, kam nachmals in einem Kampf mit den Franken um's Leben; vorübergehend nahmen dann die Burgunder die Sitze um den Mittelrhein ein.

Eine Zeit lang giengen die Ansiedelungen beider Stämme neben und durch einander her: so lange das römische Reich fortdauerte, hatte der eine so wenig Recht dazu wie der andere. Die Niederlassungen der Alemannen in den Thälern der Maas, Mosel und des Rheins aber drohten nicht nur die verschiednen fränkischen Stämme von einander, die Salier von den Ripuariern und diese von den Chatten, sondern auch von ihren

Stammlanden auf dem rechten Rheinufer zu trennen. Daher der erbitterte Kampf in der zweiten Hälfte des fünften Jahrhunderts und das kühne, entscheidende Eingreifen Chlodwig's: erst damit war die Möglichkeit eines einheitlichen größern fränkischen Reichs gegeben.

Die Übereinstimmung der Ortsnamen diesseits und jenseits des Rheines bis zur ripuarischen und alemannischen Gränze ist aber so merkwürdig und auffallend, daß es ein wahres Wunder wäre, wenn sie zufällig sein sollte, wogegen sie überaus natürlich scheint, sobald wir annehmen, daß die Einwanderer ihre heimischen Ortsnamen auch den neuen Sitzen beilegten, wie das in Amerika noch alle Tage geschieht. Ohne Zweifel sind auch von den überrheinischen Herrengeschlechtern, die später zum Theil auf dem rechten Ufer und in Hessen selbst wieder in den Besitz von Grafschaften kamen, die meisten oberfränkischen oder chattischen Ursprungs. So das Königshaus der Konradiner, das rheinfränkische Kaisergeschlecht und die Grafen im Rheingau, von denen das Haus Nassau abstammt. Nur darf man nicht den genealogischen Zusammenhang wieder herstellen wollen. Nicht die Abstammung der Geschlechter im einzelnen, sondern die Verwandtschaft des Stammes im ganzen ist das entscheidende. Ist diese aber wirklich unzweifelhaft, so wird die uralte Verbindung der überrheinischen Herrengeschlechter mit den diesseitigen von selbst erklärlich.

Nach dem Sieg Chlodwig's scheint eine länger andauernde Rückwanderung der Alemannen eingetreten zu sein, in größerem Maßstab aus den nördlichen Strichen zwischen Lahn und Neckar auf dem rechten und bis zur Nahe auf dem linken Rheinufer, in kleinerem aus den weiter südlich gelegenen. Denn die zurückbleibenden wurden einem Zins unterworfen, der sogenannten Osterstufe, die noch in spätern mittelalterlichen Urkunden vorkommt. Wie weit unmittelbar nach dem Sieg die fränkische

Herrschaft erstreckt wurde, wissen wir nicht: in die vorübergehend von den Burgundern bewohnten Gebiete um den obern Main bis zum Kocher und zur Jagst hatten sich wohl gleich nach deren Abzug Hermunduren, Chatten und Alemannen getheilt, die Hermunduren im Osten, die Chatten im Nordwesten und die Alemannen im Süden. In die von den letztern nun verlassenen Gebiete rückten oberfränkische Einwanderer nach, in die nördlichen in stärkerer, in die südlichen in schwächerer Zahl. Jedenfalls hat in der heutigen Pfalz wie im nördlichen Baden und Würtemberg eine starke Mischung stattgefunden. Denn später reicht die fränkische Bevölkerung nicht allein bis zum Hagenauer Forst und zum Neckar, sondern noch weit darüber hinaus, in den Elsaß hinein und bis gegen die Murg, Enz, Rems und Rednitz: die Stammesgränzen stimmen im allgemeinen mit den Gränzen der spätern Bisthümer Speier und Würzburg überein.

Über die Art und Zeit dieser bedeutenden Ausbreitung des fränkischen Stammes gegen Südosten sind wir nicht näher unterrichtet; es ist kaum wahrscheinlich, daß schon unter Chlodwig so weit alles Land unter unmittelbare fränkische Botmäßigkeit gekommen sein sollte. Aber wenn dies auch der Fall war, so blieb doch auf beiden Seiten der spätern Stammesgränze die alemannische Bevölkerung vorherrschend. Nur waren die Alemannen seitdem allerdings zu einem ernstlichen Widerstand gegen ein weiteres Vordringen der Franken zu schwach. Auch der freigebliebene südliche Theil des Stammes unterwarf sich ein paar Jahrzehnte später dem fränkischen Reich, als der gothische Krieg in Italien ausbrach und damit der Schutz der gothischen Könige aufhörte. Diese Unterwerfung aber erfolgte ohne Zweifel auf Bedingungen hin, nur die Heerfolge des Stammes, nicht eine Zinspflicht des Landes wurde anerkannt, und in den Gränzen des spätern Herzogthums Schwaben hat sich deshalb die alemannische Bevölkerung ziemlich rein und unvermischt erhalten. In dem Elsaß dagegen, der eine Zeit lang ein besonderes Herzogthum bildete, drang seit dem sechsten Jahrhundert ebenfalls fränkische Einwanderung vor. Wir sehen das aus den zahlreichen fränkischen Ortsgründungen und den vielen Namen auf -heim, die, wenn nicht alle, doch sicher zum größten Theil einer jüngern Zeit angehören, wie die alten alemannischen auf -weiler, -hofen und -ingen. Es wird unter den Merovingern im Elsaß ähnlich ergangen sein, wie zweihundert Jahre später in Sachsen, wo Karl der Große die fränkische Ansiedelung gleichfalls sehr begünstigte. —

Während an der römischen Gränze sich die neuen großen Stämme der Alemannen und Franken bilden, vollzieht sich hinter ihnen in zweiter Reihe die Bildung von zwei andern Stämmen, der Sachsen und Thüringer. Als solche erscheinen sie zwar erst etwas später und wir lernen sie zunächst nur aus ihren Rückwirkungen auf die vordern Stämme kennen. Doch muß der Bildungsprozeß ziemlich gleichzeitig statt gefunden haben, wenn wir auch weniger darüber erfahren: die Ereignisse im Innern entzogen sich vielfach den Blicken der Alten und hatten für sie bei weitem nicht die Bedeutung wie die an der Gränze.

Erst wenn der Schatz altsächsischer und thüringischer Ortsnamen einmal gehoben ist, dürfen wir hoffen, helleres Licht über die Entstehungsgeschichte dieser Stämme zu gewinnen. Bis dahin sind wir auf größere oder geringere Wahrscheinlichkeiten angewiesen, wenn wir das Bild vervollständigen wollen, verhehlen uns aber nicht, daß dabei vor allem Bescheidenheit Not thut. Wir dürfen nicht mehr verlangen, als vorläufig die Quellen bieten. Und für die Grundzüge und Umrisse des Bildes ist das vollkommen genügend: der Bildungsprozeß, wie wir ihn bei den Franken und Alemannen verfolgen konnten, wiederholt sich im wesentlichen auch hier.

Die Sachsen werden als Einzelvolk auf der Südspitze der kimbrischen Halbinsel zuerst von Ptolemäus um die Mitte des zweiten Jahrhunderts genannt. Der Name bedeutet soviel als Messer- oder Schwertträger, von dem kurzen Schwert, welches sie führten. Daß der Name der Cherusker, der später im Sachsennamen aufgieng, die gleiche Bedeutung hat, goth. hairus, altſ. heru das Schwert, ist wohl nur neckischer Zufall: weiter im Norden kommt noch ein drittes Volk vor, dessen Name ebenfalls vom Schwert abgeleitet ist, die Suardonen, Nachbarn der Sachsen im Osten.

In erweiterter Bedeutung begegnet der neue Stammname erst Ende des dritten Jahrhunderts, wo Sachsen mit den Franken die römischen Küsten beunruhigen, zur Zeit der Herrschaft des Carausius, in den ersten Jahren Diocletian's. Seine Ausbreitung auf die benachbarten Stämme erklärt sich wohl daher, daß die Angriffe auf das römische Reich später von verschiedner Seite ausgiengen, nicht mehr allein von dort, wo der Sachsenname am frühsten gehört wurde: für die kriegerischen Unternehmungen, woran sich Angehörige verschiedner Stämme betheiligten, paßte der neue Name besser als die alten Einzelnamen. Gerade so wie bei den Franken und Alemannen. Mit dem weitern Vordringen der niederdeutschen Stämme gegen Süden und Westen drang zugleich der neue Gesammtname vor und die frühern Einzelnamen verschwanden.

Chauken, Angrivarier und Cherusker sind die drei Hauptvölker, aus denen der neue große Stamm der Sachsen zusammen gewachsen ist. Noch einige kleinere kommen hinzu, wie die Chasuarier um die obere Hase, oder Reste anderer, wie der Brukterer und Chamaven, die von den Sachsen gedrängt an der Auswanderung ihrer Stammgenossen keinen Theil genommen hatten. Chauken werden noch einmal zu Anfang des dritten Jahrhunderts genannt, wo sie einen Streifzug in's römische Gebiet unternehmen, seitdem regelmäßig nicht mehr oder nur bei den Dichtern.

Eben so erscheint der Name der Angrivarier, die zwischen den Chauken und Cherusfern um die mittlere Weser wohnten, nach dem dritten Jahrhundert bei den römischen Schriftstellern nicht mehr. Doch taucht der Name in den spätern deutschen Geschichtsquellen als Engern (Angarii) für den mittleren Hauptstamm der Sachsen wieder auf: wiederum ein Beweis, daß die alten Namen sich erhielten, so bald die Voraussetzungen dazu vorlagen, Integrität des Stammes und Fortdauer der alten Bedeutung. Es sind die Anwohner der fruchtbaren Uferlande um die Weser im Gegensatz zu den oberen Flach- oder Gebirgslanden. Die Cherusker, welche in ihren ursprünglichen Sitzen um den Harz zurückblieben, hier schon Cäsar und Tacitus bekannt, werden zuletzt Anfang des vierten Jahrhunderts mit ihrem besondern Namen genannt, in der folgenden Zeit nicht mehr oder nur in alterthümlicher, dichterischer Schreibart. Das siegreiche Vordringen der Chatten gegen sie unter Kaiser Domitian kann nur einen vorübergehenden Erfolg gehabt haben. Alle drei Völker im Rücken der Franken werden nun seit dem vierten Jahrhundert allmählich unter dem Gesammtnamen Sachsen zusammen gefaßt.

Schon im Lauf des dritten Jahrhunderts mögen die Sachsen nach Süden und Westen vordringend bis zum Niederrhein sich ausgebreitet und Brukterer und Chamaven aus ihren frühern Sitzen verdrängt haben. Von dort drängten sie dann auch die Salier auf die batavische Insel und beunruhigten namentlich unter Julian mit ihren Räubereien die römischen Gränzen. Dieser brauchte einen vornehmen Franken, Namens Charietto, gegen sie, der seiner Zeit selbst das Raubhandwerk getrieben, sich dann in Trier niedergelassen und römische Dienste genommen hatte: im kleinen Krieg war er äußerst geschickt und den

Römern von größtem Nutzen; er kam nachmals unter Valentinian auf einem Zug gegen die Alemannen um's Leben, den er als Anführer des römischen Heeres leitete.

Seit der zweiten Hälfte des vierten Jahrhunderts waren sie unter dem neuen Gesammtnamen mit den Franken und Alemannen die gefürchtetsten Feinde der Römer. Als Anwohner des Niederrheins waren sie auf eine lange Strecke die Nachbarn der Franken im Osten geworden. Als die ripuarischen und oberfränkischen Wanderungen auf das rechte Rheinufer begannen, rückten die Sachsen auch in die Gegend um die obere Ruhr und Diemel nach. Die Diemellandschaft führt später den Namen des sächsischen Hessengaus, muß also den Hessen von den Sachsen abgenommen sein. Sie blieb Jahrhunderte lang streitiges Gränzland. Die Raubfahrten zur See scheinen sie seitdem vorzugsweis den transalbingischen Sachsen und Angeln auf der cimbrischen Halbinsel überlassen zu haben; wenigstens ist zunächst von dort aus im Lauf des fünften Jahrhunderts die Eroberung von England ausgegangen.

Aber auch auf dem Festland machte die Bildung des Frankenreichs unter Chlodwig bald eine weitere Ausbreitung des Stammes unmöglich. Nur gegen Süden, an der hessischen und thüringischen Gränze, scheint eine solche noch erfolgt zu sein. Wenigstens wurde von da an zwischen Franken und Sachsen am Niederrhein und an der hessischen Gränze fast ununterbrochen gekämpft, bis es unter Pipin gelang, die südlichen Striche, und dann unter Karl dem Großen den ganzen Stamm zu unterwerfen. Gegen Südosten erfolgte eine Erweiterung der sächsischen Herrschaft mit dem Sturz der thüringischen Macht unter den Söhnen Chlodwig's, denen die Sachsen Zuzug geleistet hatten. Das nördliche Thüringen kam infolge dessen unter sächsische Botmäßigkeit, blieb jedoch wie es scheint den Franken zinspflichtig. Vielleicht hängt es mit diesen Vorgängen zusammen, daß ein Theil der Sachsen sich im Jahre 568 dem Zug der Langobarden nach Italien anschloß. Die verlassenen Wohnsitze um die Bode und Saale wurden von den fränkischen Königen Schwaben und andern Stämmen eingeräumt. Als die Auswanderer, die ihre Rechnung in Italien nicht gefunden hatten, zurückkehrten und ihre früheren Sitze wieder einnehmen wollten, wurden sie von den neuen Ansiedlern im Kampf größtentheils aufgerieben.

Zur Zeit Karl's des Großen war die Bildung des neuen Stammes längs vollendet. Sie scheint ähnlich wie bei den Alemannen erfolgt zu sein, wo ebenfalls Völker verschiedner Abstammung zusammen schmolzen, nicht wie bei den Franken, deren Stämme sich von Haus aus näher standen und in den neuen Sitzen sich gleichwohl selbständiger erhielten. Der Stamm wird nun in Westfalen, Engern und Ostfalen eingetheilt, jeder Theil mit einem besondern Herzog an der Spitze. Ost- und Westfalen sind die Bewohner der östlichen und westlichen Ebene (fala), die Engern die des Weserlandes in der Mitte.

Die Engern sind sprachlich und geschichtlich identisch mit den alten Angrivaren, erscheinen aber jetzt fast längs der ganzen Weser bis gegen die Mündung ausgebreitet. Vermutlich haben sie im Süden einen Theil der Cherusker in sich aufgenommen. Auch in Ortsnamen hat sich das Andenken an den alten Stamm erhalten: zwei Dörfer Engern und Bodenengern liegen bei Rinteln und Obernkirchen und sind wohl als alte Gränzen gegen die Cherusker zu deuten.

Das Hauptvolk der Westfalen sind ohne Zweifel die nach Süden vorgedrungenen Chauken, die sich aber südlich von der Lippe stark mit Cheruskern gemischt haben, je weiter nach Süden desto mehr. Auf ein Vordringen nach Süden deuten auch die niederdeutschen Ortsnamen, die bis in das mittlere

Westfalen hinauf gehen. In spätern westfälischen Urkunden treten die Personennamen mit schwacher Endung in nieder- und oberdeutscher Form auf n und o auf, was gleichfalls gemischte Bevölkerung verrät. Außer den Chauken sind wohl auch die Chasuarier mit einigen andern kleinen Völkchen in die Westfalen übergegangen und mit nach Süden vorgedrungen.

Der Hauptbestandtheil der Ostfalen wird durch die Cherusker gebildet, die nach dem Abzug der Langobarden zu Ende des vierten und Anfang des fünften Jahrhunderts vielleicht auch in die von diesen verlassenen Gebiete nordwärts sich ausgebreitet haben. Doch blieb ein Theil der Langobarden im Bardengau zurück; später kamen noch die Nordschwaben und Nordthüringer hinzu, wurden aber zu den Ostfalen im engern Sinn nicht mit gerechnet. Daß sich der Name Ostfalen nicht erhalten hat, während der der Westfalen als Provinzialbezeichnung noch heute fortdauert, mag daher rühren, daß Westfalen später ein besonderes Herzogthum unter den Erzbischöfen von Cöln bildete, während Ostfalen zerstückelt wurde.

Man hat gemeint, daß die Cherusker, die schon im Kampf gegen die Römer an der Spitze der mitteldeutschen Völker stehen, auch bei der Bildung des spätern Sachsenbundes den wichtigsten Antheil gehabt hätten. Allein wäre dem so, so würde kaum zu begreifen sein, warum die Cherusker später unter Westfalen, Engern und Ostfalen vertheilt scheinen und ihre Selbständigkeit als besonderer Stamm vollständig eingebüßt haben. Zudem sind die Cherusker unzweifelhaft herminonischer Abkunft, also mit Sigambern und Chatten ursprünglich näher verwandt wie mit den niederdeutschen Völkern ingävonischen Stammes, während das spätere sächsische Volk vorwiegend niederdeutsches Gepräge zeigt.

Die treibende Kraft zur Bildung des neuen Stammes wird also nicht von den Cheruskern, sondern von den Chauken und

Engern ausgegangen sein. Chauken sind nur der erste nach
Süden und Westen vordringende sächsische Stamm und ihnen
mögen die benachbarten niederdeutschen Stämme sich ange=
schlossen haben. Die allgemeine Versammlung des Bundes, zu
der aus jedem Gau zwölf Abgeordnete erschienen, wurde zu
Markloh gehalten, das man an der untern Weser im Gebiet
der Engern sucht. An einen bewohnten Ort ist dabei wohl
nicht zu denken: der Name bedeutet Gränzwald und scheint nur
auf ein dort befindliches Bundesheiligthum sich zu beziehen.

Gegen Norden erstreckt sich der Sachsenname bis zur Eider,
wo er nördlich von der Elbe zuerst erscheint und später als
vierte Abtheilung die überelbischen Sachsen begreift (Nordal-
bingi). Dieselben sind aus verschiednen kleinen Völkern nieder=
deutscher Abkunft erwachsen und werden später wieder in Ditmarschen, Stormarn und Holtsaten eingetheilt. Der Name
der letztern, Holz= oder Waldsassen, in niederdeutscher Abkür=
zung Holsten, ist im Hochdeutschen in Holsteiner verkehrt
worden.

An den Küsten erhielt sich der alte Name und Stamm
der Friesen, die aber östlich von der Ems sich mit einem Rest
der alten Chauken und Sachsen verbunden zu haben scheinen,
welcher an der neuen Stammesverbindung der Sachsen keinen
Theil nahm, seinen rein niederdeutschen Charakter bewahrte
und deshalb später noch zu den Friesen gezählt wurde.

An die Stelle der alten Hermunduren treten später die
Thüringer. Es unterliegt zwar keinem Zweifel, daß die
Hermunduren das Stammvolk der letztern sind. Denn da,
wo die alten Schriftsteller, Vellejus, Plinius, Tacitus und
andere, Hermunduren nennen, östlich von den Chatten, er=
scheint seit Anfang des fünften Jahrhunderts der neue Name
Thüringer, im Rücken der Franken und Alemannen, an der
Seite der Sachsen: zuerst bei Vegetius, dann bei Sidonius

Apollinaris unter den Hilfsvölkern des Attila. Aber eben so gewis, ist es, daß beide Stämme nicht völlig identisch sind. Warum würde sich sonst nicht der alte Name erhalten haben, da doch die Wohnsitze trotz mancherlei Verschiebung im ganzen dieselben geblieben sind? Selbst wenn wir die patronymische Ableitung Duringi von Duri mit Wegfall des verstärkenden Bestimmungsworts zugeben, so sind die Namen doch nicht ganz die gleichen: Duringen und Duren würden sich gerade so zu einander verhalten wie Jutungen und Jüten. Aber schon diese gewöhnlich angenommene Ableitung unterliegt mancherlei Bedenken, da die Lautverschiebung ursprünglich Aspirata erwarten ließe. Andere wollen deshalb den Namen lieber von der Thyra ableiten, einem Zufluß der Helme, an dessen Mündung unterhalb Nordhausen noch jetzt ein Ort Thüringen liegt: wobei freilich fraglich bleibt, ob der Flußname nicht selbst wieder von den Duren abgeleitet ist und ursprünglich Thuraha gelautet hat. Der Ortsname Thüringen könnte die Anwohner der Thyra bedeuten; ein zweiter Ort Thüringenhausen, unweit des vorigen, ein paar Stunden südlich von Sondershausen, aber weist entschieden auf den Stamm. Volksnamen als Ortsnamen haben an und für sich keinen Sinn, wenn sie als solche nicht eine besondere Bedeutung haben: sie bezeichnen entweder eingestreute Orte stammfremder Ansiedler oder in der ältern Zeit regelmäßig die Stammgränze. Dicht bei Thüringenhausen aber liegen gegen Osten Holz- und Feldengel, Kirch- und Westerengel, die auf die Gränze der Angeln deuten. Etwas weiter südlich, bei Arnstadt, begegnet ein Angelhausen, das zwar nach einem Personennamen, eben so gut indes auch nach dem Stamm benannt sein könnte und in diesem Fall vermutlich den Gegensatz zu Thüringenhausen bilden würde. Noch weiter südlich, bei Ilmenau, liegt Angelrode; in den Orten Döringstadt bei Lichtenfels und Engelstadt (jetzt Ingolstadt) bei

Würzburg scheint sich der Gegensatz noch einmal zu wiederholen: wir werden gleich auf die Angeln zurückkommen.

Eine Mischung verschiedner Völker und die Bildung eines neuen Stammes hat also auch hier statt gefunden. Über die Bestandtheile desselben und die Art und Zeit seiner Bildung ist uns jedoch so gut wie gar nichts überliefert. Die römischen Schriftsteller kümmerten sich wenig um die Vorgänge bei den Barbaren, wenn das Reich nicht davon berührt wurde; nur die Stämme, die seit dem dritten Jahrhundert fortwährend die Gränze beunruhigten, hatten Wichtigkeit für sie. Und dazu gehörten die Hermunduren wenigstens vorerst noch nicht. Seit dem Markomannenkrieg, womit die großen Völkerbewegungen begannen, verschwindet ihr Name vollständig aus der Geschichte. Während indes an der römischen Gränze gleich mit dem Beginn der Kämpfe neue Namen auftreten, dauert es bei den Thüringern noch zweihundert Jahre länger, ehe ihr Name genannt wird.

Die Gränzen der Hermunduren erstreckten sich von der Werra östlich bis zur Elbe, nördlich bis zum Harz, südlich bis an das Fichtel- und Erzgebirge. Nach dem Abzug der Markomannen nach Böhmen nahmen sie mit Bewilligung der Römer auch die verlassenen Sitze am obern Main ein. Sie sind das einzige deutsche Volk, welches lange Zeit mit den Römern aufrichtig befreundet war: Tacitus rühmt den friedlichen Verkehr mit ihnen nicht bloß an der Gränze, sondern selbst innerhalb der Provinz bis nach Augsburg hin; erst am Markomannenkriege nahmen sie als Feinde der Römer Theil. Seitdem sind sie weiter nach Süden und vorübergehend bis an die Donau vorgedrungen. Denn in der zweiten Hälfte des fünften Jahrhunderts — nach der Auflösung des Hunnenreichs — verwüsten sie unter dem neuen Namen Thüringer, an der Seite der Alemannen, in wiederholten Einfällen die römischen Donaugegenden bis nach Passau hin; noch Nab und Regen werden zu ihrem Gebiet gezählt.

Lange aber kann die Herrschaft in diesen Gegenden nicht gedauert haben. Denn bald darauf erschienen im Osten die Baiern und nahmen den spätern Nordgau, das Land nördlich von der Donau, in Besitz. Die Thüringer wurden also nach Norden zurückgedrängt, wo im heutigen Ostfranken, südlich vom Thüringer Wald bis zu den spätern Stammesgränzen der Alemannen und Baiern, oberfränkische und hermundurische Bevölkerung sich mischten. Noch zu Anfang des achten Jahrhunderts residirten thüringische Herzoge in Würzburg.

Indes sind es nicht die Hermunduren allein, die unter den Thüringern begriffen werden, und nicht der ganze Stamm ist über die Gebirge nach Süden ausgewandert. Ein Theil ist ohne Zweifel in den alten Stammlanden östlich von der Werra zwischen dem Thüringer Wald und dem Harz zurückgeblieben.

Neben ihnen werden schon von Tacitus Angeln und Warnen genannt: die Angeln nach Ptolemäus nordöstlich von den Hermunduren um die untere Saale und längs der mittleren Elbe, also auf dem linken Elbufer, die Warnen (Varini) nördlich von den Angeln auf dem rechten Elbufer zwischen Teutonen (Jüten) und Semnonen, den Langobarden gegenüber. Warnen wohnten hier noch zu Anfang des sechsten Jahrhunderts, als ein Haufe Heruler von den frühern Sitzen an den Karpathen nach Skandinavien zog, aber gewiß nicht lange mehr, da bald nachher Slaven in diese Gegend vordrangen. Versprengte Abtheilungen der Thüringer und Warnen kommen um diese Zeit auch um die Rhein- und Maasmündung neben einander vor, wo sie den Franken nachgerückt zu sein scheinen. Wie und wann sie dahin gekommen sind, wissen wir nicht, doch wohl kaum vor Attila's Zeit. Ihre Selbständigkeit erlag im sechsten Jahrhundert hier ebenso der fränkischen Herrschaft wie im Stammland.

Ein Engelgau findet sich später in Thüringen zwischen Saale und Unstrut, in der Gegend der spätern Grafschaft Beichlingen, an dessen westlicher Gränze wir die vier Dörfer Holz-, Feld-, Kirch- und Westerengel getroffen haben; ein Weringau gar noch viel weiter südlich, nördlich von Würzburg um den obern Main, dessen Andenken, wie wir gleich sehen werden, sich ebenfalls in Ortsnamen erhalten hat. Angeln aber wohnten auch in Schleswig, wo der Landschaftsname Angeln bis heute fortdauert: zunächst von diesen nördlichen Angeln ist in Verbindung mit den benachbarten Sachsen und Jüten im fünften Jahrhundert die Eroberung von Südbritannien ausgegangen, das daher den Namen England empfieng, wenn sich vielleicht auch Theile thüringischer Angeln ihren nördlichen Brüdern wieder anschlossen.

Aber wie ist das Verhältnis der sächsischen und thüringischen Angeln zu denken: sind die nördlichen oder die südlichen Gebiete die Stammsitze? Das letztere gewis nicht. Denn daß die Angeln und Warnen ein ursprünglich von den Hermunduren verschiednes Volk sind, kann nicht bezweifelt werden; noch das spätere thüringische Stammrecht zeigt es in der eigenthümlichen Überschrift lex Augliorum et Werinorum hoc est Thuringorum: Angeln und Warnen scheinen der herrschende Stamm geworden zu sein und nur den Namen von den hermundurischen Thüringern angenommen zu haben. Alles weist darauf hin, daß Angeln und Warnen niederdeutscher Abkunft sind, daß sie in früher Zeit aus der cimbrischen Halbinsel — wie wahrscheinlich auch die Langobarden — in Deutschland eingewandert, und da sie das Land zu beiden Seiten der Elbe schon besetzt fanden, in einem schmalen Strich keilförmig nach Süden vorgedrungen sind.

Damit stimmt eine auffallende Erscheinung überein, die uns die Ortsnamen dieses Strichs darbieten, die aber alles Auffallende verliert, sobald wir sie mit der Einwanderung der Angeln und Warnen in Verbindung bringen. Vom nördlichen Schleswig an zieht sich nämlich bis in die Gegend von Würzburg, bald in breiterer bald in schmälerer Ausdehnung, ein langer Zug Namen mit der eigenthümlichen Endung -leben, die sonst bei keinem andern deutschen Stamm sich findet. Förstemann deutet es als Nachlaß, Erbschaft, altfrs. lava, as. leva, was einen sehr guten Sinn gibt, da die Namen meist mit Personennamen zusammengesetzt sind, analog dem oberdeutschen siaza Weide pascuum. Wie immer sind die Namen gegen Anfang und Mitte des Zugs häufiger, während sie gegen das Ende seltener werden und sich allmählich verlieren. Mit Hadersleben in Nordschleswig beginnt die Reihe, mit Ettleben, Zeitzleben, Eßleben und Günterslleben nördlich von Würzburg schließt sie: am zahlreichsten und in breitester Ausdehnung finden sie sich in der fruchtbaren Magdeburger Gegend zwischen Ohre und Bode, dann wieder im fruchtbaren Helme- und Unstrutthal zwischen dem Harz und dem Thüringerwald, besonders gerade im Engelgau.

Die südlichste Gruppe gehört dem Weringau an. Auf die Warnen deutet hier noch das kleine Flüßchen Wern (Werinaha), die Orte Ober- und Niederwern bei Schweinfurt und der Ort Wernfeld oberhalb Gemünden, wo die Wern in den Main fließt. Sicherlich nur ein Zufall, aber doch ein recht neckischer ist es, daß sowohl dem Engelgau wie dem Weringau ein Hessengau zur Seite liegt; jedenfalls ein Beweis, daß die Völkerwanderung doch auch im innern Deutschland eine starke Mischung der Stämme bewirkt hat. Die Einwanderung muß in eine verhältnismäßig frühe Zeit fallen, weil die Namen nirgends in die Gebirge hinaufsteigen, vielmehr überall, soweit der Raum es gestattet, dem fruchtbaren Thalgelände folgen; im nördlichen Thüringen fand die Ausbreitung vermutlich zu der Zeit statt, als die Hermunduren bereits zum großen Theil über den Kamm des Gebirges nach Süden abgezogen waren.

Daß wirklich einst eine Einwanderung aus der cimbrischen Halbinsel nach Deutschland statt gefunden hat, zeigen noch andere Namensformen, wenn sie auch nicht so tief nach Süden vorgedrungen sind. Es sei hier nur an das eben so eigenthümliche -büttel erinnert, altf. bodl, agf. botl villa domus, Dorf Haus, das besonders häufig im westlichen Holstein vorkommt, sich von da zwischen Weser und Elbe aufwärts zieht, dann von Lüneburg dem Lauf der Ilmenau folgt und schließlich in das Ockerthal überspringt, wo es in der Gegend von Wolfenbüttel aufhört. Wir gehen also sicher nicht irre, wenn wir im Anschluß an diese altsächsische Einwanderung auch die Angeln und Warnen von dort her ziehen lassen.

Aber nicht bloß Angeln und Warnen, auch Semnonen müssen den Thüringern sich später beigemischt haben. Das zahlreiche und mächtige Hauptvolk der Sueven zwischen Elbe und Oder, bei welchem die übrigen Stämme ihr Bundesheiligthum hatten, das aber selbst kaum noch herminonischen Stammes ist, sondern schon dem Ostzweig angehört oder eine Mittelstellung einnimmt, verschwindet nach dem Markomannenkrieg spurlos aus der Geschichte. Und doch muß es irgendwohin gekommen sein. Daß das ganze Volk in Masse ausgewandert ist, ist kaum wahrscheinlich, weil sich dann so gut wie bei den benachbarten Langobarden und Vandalen gewis der alte Name erhalten hätte.

Man glaubt sie in den spätern Juthungen oder Sueven wiederzufinden, die sich im dritten Jahrhundert den Alemannen anschließen, also in den heutigen Schwaben; andere wollen sie in den Sueven wieder erkennen, die zu Anfang des fünften

Jahrhunderts mit den Vandalen nach Spanien zogen. Für beides wird ein strikter Beweis schwer zu erbringen sein, so wahrscheinlich es auch ist, daß sich kleinere oder größere Abtheilungen des Volks den Wanderungen der benachbarten Stämme zugesellt haben, den durchziehenden Juthungen im Norden wie den auswandernden Vandalen im Süden. Denn Völker, deren Namen spurlos aus der Geschichte verschwindet, sind entweder untergegangen oder doch in ihrem frühern Bestand erloschen.

Vermutlich ist also ein Rest der Semnonen zunächst im alten Stammland geblieben, dann seit dem Durchbruch der nördlichen Stämme nach und nach in das nördliche Thüringen ausgewandert und schließlich mit dem Vordringen der Slaven zu Anfang des sechsten Jahrhunderts vollends über die Elbe und Saale hinüber gedrängt. Hier giengen sie in dem neuen Namen der Thüringer auf, der seit dem fünften Jahrhundert ebenso als Bundesname erscheint wie der Name der Sachsen, Franken und Alemannen. Leider sind die Ortsnamen in der Mark Brandenburg nachmals so gründlich slavisirt worden, daß auch von dieser Quelle schwerlich ein sicherer Aufschluß zu erwarten ist.

Was es mit den zu Ende des sechsten Jahrhunderts, als eine Schaar Sachsen den Langobarden nach Italien gefolgt war, von den fränkischen Königen Chlotar und Siegbert in das östliche Thüringen verpflanzten Schwaben und andern Stämmen für eine Bewandtnis hat, ist mit Sicherheit eben so wenig zu ermitteln. Gewis ist nur, daß sich hier später vier Gaue finden, deren jeder von einem besondern Stamm den Namen hat: der Schwabengau zwischen Bode, Saale und Wippra, der Friesengau zwischen Wippra und Unstrut, der Hessengau zwischen dem linken Ufer der Unstrut und der Saale, und der Engelgau zwischen der Saale und dem rechten Ufer der Unstrut.

Die Schwaben, zum Unterschied von den eigentlichen Schwaben später Nordschwaben genannt, hält man für Warnen, die Friesen für Angeln: aber diese Stämme brauchten hier doch wohl nicht erst neu angesiedelt zu werden, vielmehr gehörten ihnen wahrscheinlich gerade die den Langobarden nachgezogenen Sachsen an, und der Engelgau ist ohne Zweifel ältern Ursprungs. Der Hessengau verdankt seinen Namen vermutlich allerdings einer hessischen Colonie, wie eine Vergleichung der hier vorkommenden Ortsnamen mit denen im Stammland zeigt. Ebenso ist der Hessengau um Haßfurt und den Haßwald, an der Ostseite des Weringaus, auf eine alte Einwanderung zu beziehen, die vermutlich schon einer frühern Zeit angehört: alemannische, thüringische und fränkische Bevölkerung haben sich in Ostfranken gemischt.

In der zweiten Hälfte des fünften Jahrhunderts hatte das Reich der Thüringer seine größte Ausdehnung: es erstreckte sich über einen großen Theil des mittlern Deutschlands, von der nördlichen Elbe bis zur Donau, östlich bis zum Erzgebirge und zum Böhmerwald, westlich zum Theil noch über die Werra hinaus bis zur fränkischen Saale, zum Main und zur Tauber. Aber lange hat die Macht und Blüte desselben nicht gedauert, und in der folgenden Zeit wurden die Gränzen des Stammes von allen Seiten beschränkt und eingeengt. Im Norden drangen die Sachsen bis zur Wasserscheide der Leine und Unstrut vor, die südlichen Gebiete nahmen die Baiern weg, und im Osten gewannen die Slaven immer mehr Raum bis zur Saale, zum obern Main und zur Regnitz, ja vorübergehend noch über die Saale hinaus. Unter den Söhnen Chlodwig's kam das ganze Land unter fränkische Herrschaft (531); Nordthüringen, zwischen Bode, Saale, Ohre, Elbe und Aller, wurde abgetrennt und den Sachsen überlassen, die bei der Eroberung mitgewirkt hatten. Nur im Westen hat eine kleine Gebietserweiterung gegen das hessische Stammland statt gefunden, bis zur Wasserscheide der untern Werra und Fulda, soweit später die thüringische Germaramark und der Rettergau reichte: vermutlich zu Ende des fünften Jahrhunderts, als die Hessen infolge der oberfränkischen Wanderungen im Stammland sehr geschwächt waren.

So ist vom Ganzen nur das Mittelstück oder das spätere Südthüringen übrig geblieben, wo sich der Stammname als Landschaftsbezeichnung bis auf die Gegenwart erhalten hat.

Das letzte Volk im Südosten, das auch zeitlich zuletzt in die Reihe der deutschen Stämme eintritt, sind die Baiern. Der Name, in voller Form zusammengesetzt Baiu-varii, in kürzerer nur mit ableitender Endung ahd. Paigira, bezeichnet die Bewohner des Landes Baja. Baja aber ist der abgekürzte Name für Böhmen, den es von den alten keltischen Bojen erhalten hat: Boiohaemum schon bei Vellejus, Boihemum bei Tacitus. Das Volk muß also längere Zeit hier gewohnt, sich aus verschiedenen Elementen neu gebildet und von dem Land den neuen Namen angenommen haben, den es noch heute führt. Es wird zuerst in der sogenannten fränkischen Völkertafel um das Jahr 520 genannt (die Stelle bei Jornandes ist wahrscheinlich interpolirt), etwas später erscheint Baiern auch als Landesname an der Ostseite der Schwaben zwischen Lech, Donau und Alpen. Das heutige Königreich hat eine viel größere Ausdehnung, obgleich die südöstlichen Theile abgetrennt und zu Östreich gekommen sind: nur Oberbaiern, Niederbaiern und die Oberpfalz gehören zum Stammland.

Welcher Herkunft die Baiern sind, ist eine der berühmtesten Streitfragen deutscher Geschichte und war es noch mehr, so lange man wegen des Namens sogar keltische Abstammung für möglich hielt. Volle Klarheit haben auch die neusten Untersuchungen nicht gebracht. Indes darf soviel jetzt als entschieden gelten, daß die Markomannen den Hauptbestandtheil des Volkes bilden, gleichviel ob wir es direkt oder auf Umwegen von ihnen ableiten. Daß Markomannen und Baiern aber nicht völlig identisch sein können, zeigt wieder die Verschiedenheit des Namens, von andern Argumenten, wie den fünf Adelsgeschlechtern, die auf eine Verbindung verschiedner Stämme mit ihren Fürsten deuten sollen, ganz abgesehn. Denn ein Volk gibt ohne zwingenden Grund seinen frühern Namen nicht auf, auch nicht infolge der Auswanderung, wie ja gerade die Baiern ihren Namen aus den alten in die neuen Wohnsitze mitgenommen haben. Wie bei den übrigen Stämmen wird daher eine Mischung statt gefunden haben: vermutlich sind die Reste benachbarter und verwandter Völker, wie der Quaden, Skiren, Ostsueven, Heruler, Rugier und anderer, hinzu gekommen.

Zu den Völkern herminonischer Abkunft dürfen die Bestandtheile, soweit es sich nicht etwa um einzelne versprengte Abtheilungen von Hermunduren handelt, nicht mehr gerechnet werden. Sie gehören zum Theil jedenfalls der gothischen Völkerfamilie an, wie denn schon die Markomannen, ähnlich wie die Semnonen, auch wenn man sie im weitern Sinn noch zu den Sueven zählt, eine Mittelstellung zwischen der westlichen und östlichen Gruppe oder — die letztern als Istävonen gefaßt — zwischen Herminonen, Ingävonen und Istävonen einnehmen.

Daß aber die Markomannen den Hauptbestandtheil ausmachen, kann nicht ernstlich bezweifelt werden. Sie erscheinen noch volle zweihundert Jahre nach dem von ihnen benannten Kriege, ja bis in das fünfte Jahrhundert hin in ihren alten Wohnsitzen in Böhmen und beunruhigen von dort aus mit den Nachbarvölkern die römischen Gränzen; zum letzten Mal werden sie unter den Hilfsvölkern Attila's genant. Czechen treten dann seit dem siebenten Jahrhundert in Böhmen auf, sind aber wahrscheinlich schon früher, gleich nach dem Abzug der Markomannen, dort eingedrungen und haben möglicherweise selbst mit den Anlaß zur Auswanderung gegeben. Von einem Untergang des Stammes wissen wir nichts: es bleibt also keine andere Annahme übrig, als daß er in der neuen Stammesverbindung der Baiern aufgegangen ist. Das Verhältnis wird ähnlich zu denken sein wie bei Hermunduren und Thüringern: aus verschiednen Elementen erwuchs ein neuer Stamm und dieser erhielt daher auch einen neuen Namen.

So wenig wir über die Bildung des Stammes etwas erfahren, so wenig sind wir über die Art der Einwanderung näher unterrichtet. Die bairische Stamm- und Wandersage, die uns freilich erst in spätern Überlieferungen vorliegt, weist auf den Zug über den Böhmerwald, wofür manche Gründe sprechen. Neuere lassen die Einwanderung donauaufwärts statt finden, weil das Land zuerst mit dem alten Noricum gleichbedeutend genommen werde. In beiden Fällen sind wohl zuerst die fruchtbaren Thäler und Ebenen, dann erst das Gebirgsland in den Alpen besetzt worden; schon um die Mitte des sechsten Jahrhunderts reicht Baiern bis zum Lech, begreift also nicht bloß Noricum, sondern zugleich einen Theil von Rhätien. Die sicherste Auskunft würden uns die alten Ortsnamen in Böhmen geben, wenn sie erhalten wären. Allein leider verhält es sich damit ebenso wie in der Mark Brandenburg, sie sind slavisch geworden und gestatten keinen Rückschluß auf die frühere Zeit. Eine Untersuchung aber wäre immerhin der Mühe wert.

Nur die Zeit der Einwanderung läßt sich annähernd ermitteln. Odoaker, der letzte römische Heerführer und der erste germanische König in Italien, machte im Jahr 488 der Herrschaft der Rugier auf dem linken Donauufer ein Ende, gab aber gleichwohl die Donaugränze auf, weil sie unhaltbar geworden, und ließ die romanische Bevölkerung aus Noricum nach Italien abführen. Nur geringe Reste derselben, wohl meist dem Stand der Colonen angehörig oder in den Gebirgsgegenden ansäßig, scheinen zurückgeblieben zu sein; wir sind gerade über die damaligen Zustände in diesen Gegenden ziemlich genau aus dem Leben des heiligen Severin († 481) unterrichtet, das Eugippius, ein Schüler desselben, welcher dort mit ihm zusammen gelebt hatte, zu Anfang des folgenden Jahrhunderts beschrieb. So entstand hier ein freies Gebiet und dieses ward bald darauf, wahrscheinlich mit Zustimmung des ostgothischen Königs Theoderich, der auf Odoaker gefolgt war, von den Baiern eingenommen. Die Einwanderung muß verhältnismäßig rasch erfolgt sein, weil bereits zu Anfang des sechsten Jahrhunderts das Land größtentheils im Besitz der Baiern gewesen zu sein scheint. Als der gothische Krieg ausbrach, kam es gleich dem benachbarten Schwaben unter fränkische Herrschaft, vermutlich ebenfalls zuerst durch Vertrag (536).

Damit ist die Reihe der Stämme, aus deren Verbindung nachmals das deutsche Reich hervorgieng, geschlossen. Die ganze östliche Hälfte unseres Vaterlandes, Sachsen, Schlesien, die Mark Brandenburg, Mecklenburg, Pommern und Preußen, ist erst später durch Eroberung und Colonisation von den Slaven wieder gewonnen worden. Böhmen ist bis auf den heutigen Tag vorwiegend czechisch geblieben. Denn in die frei gewordnen Stammlande bis zur Elbe, Saale, zum Fichtelgebirge und zum Böhmerwald drangen alsbald starke und zahlreiche slavische Völker nach, deren Überwältigung erst nach langen, blutigen Kämpfen gelang.

Überblicken wir die fünf neuen Stämme noch einmal, Alemannen, Franken, Sachsen, Thüringer und Baiern, so zeigt sich, daß auch ihre Bildung — ähnlich wie nachmals die der

Märker, Mecklenburger, Pommern, Preußen und Schlesier — in langen, anhaltenden Kämpfen statt gefunden hat, theils gegen das römische Reich, theils unter einander. Es ist die bewegteste Zeit der deutschen Geschichte: die Zeit der Völkerwanderung im innern Deutschland. Alle sind selbst erst aus einer Vereinigung kleinerer Völker hervorgegangen, alle haben mit einziger Ausnahme der Thüringer sich über den heimatlichen Boden hinaus verbreitet und benachbarte römische Gebiete besetzt. Denn auch das von den Sachsen eroberte Britannien war seit der Zeit des Kaisers Claudius römische Provinz.

Seit dem Markomannenkrieg entsteht im innern Deutschland ein Treiben, Drängen und Stoßen der Völker, das nicht eher zur Ruhe kommt, als bis neue große Stammeseinheiten sich gebildet und Raum zu bleibender Ansiedelung gewonnen haben. Der erste Anstoß der Bewegung darf in den gothischen Wanderungen gefunden werden: es ist wahrscheinlich, daß er seinerseits wieder in dem Vordringen slavischer Stämme gegen Nordost seinen Grund hat. Die gothischen Völker, die sich nun weder nach Westen noch nach Osten ausbreiten konnten, wichen nach Süden und Südosten aus, während den vordern Stämmen, auf welche sich der Stoß fortpflanzte, kein anderer Ausgang blieb als über die Donau und den Pfahlgraben in's römische Reich. Denn mochte auch im zweiten und dritten Jahrhundert schon ein Übergang zu festerer Ansiedelung eintreten, so erfolgte er keinen Falls so schnell, um überall mit dem Streben nach weiterer Ausbreitung gleichen Schritt halten zu können. Der innere Ausbau des Landes durch Rodung erfordert Zeit und Ruhe: gerade daran aber fehlte es den rasch anwachsenden Stämmen, und so schnell gaben sie ihre Freude an Raub und Krieg, an leichtem Erwerb und Gewinn im Kampf nicht auf, als daß sie ohne weiteres auf ihre kriegerischen Gelüste hätten verzichten und an dem mühsamen und verachteten Ackerbau hätten Genüge finden sollen. Und selbst in diesem Fall wurde den westlichen Stämmen bald der Raum für ihren fortschreitenden Anbau zu eng. —

So war schon vor der eigentlichen Völkerwanderung (375—568) die Gränze des römischen Reichs im Abendland auf allen Punkten durchbrochen und überschritten. Bereits zur Zeit des Kaisers Gallienus schien der Untergang des Reichs nahe: im Innern vollkommene Auflösung, überall Usurpatoren, alle Provinzen des Reichs überflutet von eingedrungenen Barbaren. Da hatten die tapfern illyrischen Soldatenkaiser es noch einmal aus tiefer Ohnmacht erhoben, Claudius, Aurelian und Probus schlugen die Feinde zurück, Diocletian gab ihm eine neue Verfassung, Constantin erkannte das Christenthum an, Julian, Valentinian und Gratian errangen wieder große Erfolge an den Gränzen. So hätte das Reich noch Jahrhunderte lang fortbestehen können. Denn auch die östlichen Völker, von denen die Bewegung ausgegangen war, schienen vorläufig zur Ruhe kommen und in den neu gewonnenen Gebieten nördlich vom schwarzen Meer und von der Donau sich häuslich einrichten zu wollen.

Aber nun wurden diese durch das Vordringen der Hunnen nach Europa von neuem in Aufruhr gebracht und ergossen sich seit dem Ende des vierten Jahrhunderts abermals in wilden Schwärmen oder in mächtigen organisirten Heeren über die Provinzen des römischen Reichs.

Einem gleichzeitigen gemeinschaftlichen Angriff aller germanischen Stämme war dasselbe nicht gewachsen: unmöglich konnte die lange Gränze vom schwarzen Meer bis zur Nordsee gehalten werden. Von Deutschland aus wäre es möglich gewesen, von Italien aus nicht. Die Theilung des Reichs erleichterte wohl die Verteidigung, brachte aber im Innern nur neue

Schwierigkeiten und Verwickelungen. Augustus mochte Recht gehabt haben, wenn er zum erfolgreichen Schutz der Gränze den Besitz von Deutschland für unerläßlich hielt; sein Schmerz über den Untergang des Varus war nicht ohne tiefern Grund.

Es ist bewundernswert, daß es den Römern trotzdem so lange gelingen konnte, den Bestand des ungeheuern Reichs im wesentlichen ungeschmälert zu behaupten: nur die Vorlande im äußersten Osten und Norden hatte man aufgeben müssen. Wohl geschah es in den letzten Jahrhunderten vorzugsweis durch germanische Hilfsvölker und Heerführer, und es ist kaum zu viel behauptet, wenn man sagt, daß im Lauf des vierten und fünften Jahrhunderts das Reich allmählich germanisirt worden sei. Denn dieselben Kaiser, von denen eine Wiederaufrichtung und Neugestaltung des Reichs ausgieng, nahmen auch zuerst und in immer steigendem Maß Germanen in das Land und das Heer auf, erst als Colonen und Leten, dann ganze Schaaren auf Bedingungen hin, endlich die fremden Völker selbst gegen die Verpflichtung zum Gränzschutz, bis im fünften Jahrhundert nahezu das ganze „römische" Heer aus Germanen bestand.

Und auf diese angeworbenen oder angesiedelten Germanen war festerer Verlaß als auf die römischen Unterthanen und Beamten: Sklaven giengen wohl zu ihren Stammgenossen über, wenn diese als Sieger in die Provinzen einzogen, freie Germanen, die vertragsmäßig römische Dienste genommen hatten, niemals. Sie kämpften mit derselben Tapferkeit und Treue gegen ihre eignen Landsleute wie gegen fremde Feinde. Darum stand ihnen bald der Weg zu den höchsten römischen Ämtern und Ehrenstellen offen, im Militär- wie im Civil- und Hofdienst, und von dem Tod Valentinian's an bis zum Untergang des Kaiserthums im Abendland haben fast ununterbrochen Germanen als allmächtige Minister am Hof das Regiment geführt: erst jener Franke Arbogast, der schon den Herrn spielen wollte und einen Kaiser nach seinem Gefallen ernannte, dann Stilicho, der geniale, edle und kühne Vandale, dann Aëtius, zwar von Geburt ein Römer, aber doch in germanischer Weise nach Art eines deutschen Fürsten und Heerkönigs, dann der gewaltige Sueve Ricimer, der die letzten Kaiser nach Gutdünken ein- und absetzte. Auf ihn folgte endlich Odoaker, der an der Spitze des germanisch gewordenen Heeres den letzten Schattenkaiser verjagte, in der Verwaltung aber kaum eine andere Änderung einführte, als daß er das Heer in Italien ansiedelte und ihm in den Formen römischer Einquartierung ein Drittel des Landes zuwies. Das römische Reich gieng im Abendland aus fast wie ein Licht, und doch beherrschte noch sein Schatten die Welt, doch lieh es nachmals selbst dem Reiche Karl's des Großen noch Namen und Glanz und konnte in staatsrechtlicher Fiktion fortbestehen bis auf unsere Tage.

So waren die Germanen außerhalb die heftigsten Feinde und im Innern zugleich die besten Freunde und Stützen des Reichs. Freilich war mit der Aufnahme und Begünstigung der fremden Elemente auch ein neuer Zwiespalt in dasselbe gekommen, während es bis dahin stets den kosmopolitischen Gedanken vertreten und die unterworfenen Nationen alle der Reihe nach aufgelöst hatte. Aber die Germanen hatte es eben nicht unterwerfen können, sie standen ihm, wenn auch zerklüftet und gespalten, als zweite Weltmacht gegenüber, und wohl oder übel muste es mit ihnen fertig zu werden suchen, mochte man sie als äußere Feinde bekämpfen oder als Freunde und Helfer in der Not sich gefallen lassen. Dieser Gegensatz der Nationalität arbeitete, freilich Hand in Hand mit dem religiösen Gegensatz zwischen Christen- und Heidentum und seit der Zeit Constantin's zugleich zwischen katholischen und arianischen Christen, auch wieder an der Zersetzung und Auflösung des Reichs und führte die merkwürdigsten Parteistellungen herbei: eine national-römische Partei, die an den alten Göttern festhielt; eine andere, welche das germanische Element begünstigte, wenn sie auch gleich der vorigen mit Verachtung auf die rohen, schmutzigen Barbaren herabsah; katholische, arianische und semiarianische Christen; heidnische und christliche Germanen und unter diesen wieder solche, die an ihrer Nationalität festhielten, während weitaus die meisten mit der ihnen eignen Bildungsfähigkeit sich bereitwillig der römischen Civilisation anbequemten. Nur in einer längern Zeit friedlicher, ungestörter Entwickelung wäre eine Romanisirung des germanischen Elements möglich gewesen. Aber sie würde bei dem Fortbestand des Reichs ganz von selbst eingetreten sein, eben so gewis, als sie nachmals in Spanien, Gallien und Italien eintrat, trotzdem Westgothen, Franken und Langobarden die Herrschaft über die Provincialen erlangt hatten. Zu allen Zeiten haben die Sieger von den Besiegten wenigstens die überlegene Bildung angenommen.

Vorläufig aber wurde der Untergang des abendländischen Kaiserthums gar nicht als solcher empfunden. Die Maschine der Staatsverwaltung arbeitete so gut es gehen wollte ruhig weiter, und gut gieng es ja längst nicht mehr. So autokratisch das Kaiserregiment war, das Reich fiel doch bei weitem nicht damit zusammen. Wie hätte es sonst so viele schlechte Regenten ertragen können: aber gut oder schlecht, es war im wesentlichen kein Unterschied mehr, die guten vermochten nicht viel zu bessern, und was vielleicht das Beste war, die schlechten nicht viel zu schaden. Nicht das Kaiserthum, sondern die Überlieferung einer tausendjährigen Bildung, Literatur und Kunst, römische Sprache und Sitte, römisches Recht, Verwaltung und Polizei, das lebhafte politische Bewustsein und vor allem die katholische Kirche, die sich mehr und mehr an die Stelle des

Staats gesetzt und in demselben Maß an Macht, Ansehn und
Reichthum gewonnen, in welchem dieser verloren hatte, das
war es, was das römische Reich noch ausmachte und wofür
das Kaiserthum man könnte sagen nur als Symbol diente,
weil es alles das mit Einem Wort zusammen faßte.

Usurpatoren und Zwischenregierungen waren etwas längst
gewohntes, und nicht anders wurde die Regierung Odoaker's
aufgefaßt. Die Provinzen des Abendlands waren ja thatsäch=
lich längst verloren und eine nach der anderen in die Hände
der Barbaren gekommen: Britannien an die Angelsachsen,
Gallien an die Burgunder und Franken, Spanien an die
Westgothen und Sueven, Afrika an die Vandalen. Nun war
auch Italien gefallen. Aber wenn nicht in Rom, so dauerte
doch in Constantinopel, der zweiten Hauptstadt, die Constantin
gegründet hatte, das Reich mit den alten Ansprüchen und
Traditionen unverändert fort. Wohl mochten die oströmischen
Kaiser hoffen, die in die abendländischen Provinzen eingedrun=
genen germanischen Völker wie bisher im Kampf gegen ein=
ander aufreiben zu können, und als Theoderich mit den Ost=
gothen der Herrschaft Odoaker's in Italien ein Ende gemacht
hatte, schien alles wieder in bester Ordnung. Der abtrünnige
König war durch einen legitimen ersetzt, der im Namen und
Auftrag des Kaisers regierte. In ähnlicher Art wurden die
Westgothen in Spanien und die Burgunder und Franken in
Gallien benutzt; hatten sich doch in Gallien römische Feldherren
zunächst gerade so wie früher behauptet, und auch als diese
im Kampf gegen die Franken unterlegen waren, kam es der
Zeit durchaus nicht zum Bewustsein, daß damit eine bleibende
Änderung eingetreten sei. Die Dinge sahen sich eben von ger=
manischem und von römischem Standpunkt aus ganz verschieden
an, je nachdem man sie betrachtete: in Wirklichkeit waren die
Germanen die Herren geworden, wenn auch die fremden For=

men noch fortdauerten und die Zustände überall noch etwas unfertiges hatten; in den Augen der Kaiser waren die Provinzen wie früher in römischem Besitz und die Germanen nichts weiter als angesiedelte Hilfsvölker, deren man sich zu gelegener Zeit auch wieder entledigen konnte. Das insulare Britannien mochte den Angelsachsen überlassen bleiben, der Wiedergewinn von Afrika dagegen, wo die Vandalen sich unabhängig gemacht hatten, war nur verschoben: ihre Herrschaft gieng nach dem Tode Geiserich's (477) ohnehin der Auflösung entgegen. Vor allem auf Gallien kam es an. Von hier aus, nicht von Italien aus, musten sich die Geschicke Roms erfüllen, denn Gallien stand in unmittelbarem Zusammenhang mit den germanischen Stammlanden, seitdem Franken und Alemannen diesseit wie jenseit des Rheins herrschten, während Italien durch die Alpen davon getrennt war und eine zwar geschütztere, aber auch isolirtere, viel weniger entscheidende Lage hatte.

Es fragte sich nur, ob die Germanen in den Provinzen mit ihrer abhängigen Stellung auf die Dauer zufrieden sein und die Dinge eben so ansehen würden wie die römischen Kaiser. Denn es war doch etwas wesentlich anderes, ob sie im Reich nur geduldet, als militärpflichtig angesiedelt oder besoldet und in kaiserlichem Interesse verwandt wurden, mit einem Wort, ob sie in fremdem Dienst standen, wie das im großen selbst noch bei den Westgothen, Burgundern und Ostgothen der Fall war, oder ob sie activ zu Werke giengen, kraft des Rechts der Eroberung römischen Boden in Besitz nahmen und sich hier nach Belieben einrichteten, mit anderen Worten, ob sie die Herren wurden, wie es die Angelsachsen, Vandalen und später die Langobarden machten. Denn darum handelte es sich. Entweder der äußere Bestand des Reichs wurde erhalten und die Germanen blieben was sie waren, abhängige Milizen, oder er wurde gestürzt und eine neue germanische Ordnung der Dinge trat an seine Stelle. Der Romanisirungsprozeß mochte in beiden Fällen der gleiche sein. Denn allerdings wurden die Germanen in den Provinzen, gleichviel ob sie als Diener oder Herren kamen, schließlich eben so romanisirt, als das Reich sich seit der Zeit Diocletian's und Constantin's bis zu einem gewissen Grad germanisirt hatte.

Lange schien es zweifelhaft, welche Wendung die Geschichte nehmen würde. Nur sehr allmählich änderte sich die Stellung der germanischen Hilfsvölker in den Provinzen; nur Schritt vor Schritt vermochten ihre Heerkönige zu selbständiger Herrschaft überzugehen und den occupirten Ländern das Ansehn neuer, unabhängiger Staaten zu geben: das oströmische Reich hielt seine Ansprüche nach wie vor aufrecht und machte noch im sechsten Jahrhundert erfolgreiche Versuche, die verlornen Provinzen des Abendlands wieder zu gewinnen. Im Westreich aber wurde zu Ende des fünften Jahrhunderts das Schicksal der römischen Herrschaft entschieden. Von Gallien aus vollzog sich die neue Ordnung der Dinge: einem fränkischen Eroberer war es vorbehalten, alle Vortheile, die das Reich bot, zu benutzen, alle Machtmittel, die es noch besaß, sich zu eigen zu machen, und doch mit dessen Überlieferungen zu brechen, auf seinen Trümmern ein neues Reich aufzurichten und den Germanen zur Herrschaft zu verhelfen.

Zweites Buch.
Innere Zustände während dieser Zeit.

Erstes Capitel.
Culturstufe.

Zwei Völker sehen wir im letzten Jahrhundert vor Christi Geburt mit dem römischen Reich in einen Kampf um ihre Existenz verwickelt, die Kelten in Frankreich, die Germanen in Deutschland, beide anscheinend unter ganz gleichen Verhältnissen und mit der gleichen Aussicht auf schließlichen Untergang. Aber wie anders ist bei beiden der Ausgang des Kampfes, den das übermächtige Weltreich hier wie dort in der sichern Erwartung begonnen hatte, daß es sich nur um zwei neue, mehr oder minder schwierige Eroberungen handeln könne. Während die Kelten in einer Reihe verzweifelter, aber vereinzelter Kämpfe zu Grunde gehen, gelingt es den Germanen, nicht bloß ihre nationale Selbständigkeit zu behaupten, sondern in der Folge umgekehrt das römische Reich selbst zu Fall zu bringen.

Wohl hatten einst auch die Gallier Rom bedroht. Dem Tag an der Rhone war dreihundert Jahre früher ein Tag an der Allia voraus gegangen, der beinah den jugendlichen Freistaat gleich in seinen ersten Anfängen vernichtet hätte: etwa um dieselbe Zeit, als die im Norden vordringenden Germanen die Ostsee erreicht und sich zwischen Finnen und Kelten in die Mitte geschoben hatten. Schritt vor Schritt waren die letztern seitdem zurückgedrängt worden, in Italien durch die Römer, in Deutschland durch die Germanen, bis sie endlich in Gallien dem Angriff Cäsar's erlagen, gerade als die Germanen sich anschickten, das Land für sich in Besitz zu nehmen. Und so gefährlich war den Römern diese Concurrenz vorgekommen, daß sie glaubten, ihre Eroberungen erst dann schließen zu dürfen, wenn sie nun auch noch Deutschland zur Provinz gemacht hätten. Hier aber scheiterten ihre Angriffe; hier vermochte ihre überlegene Kriegskunst und Politik keinen Sieg mehr zu erringen: die Barbaren behielten die Oberhand.

Da drängt sich die Frage auf, wie es zu erklären ist, daß zwei nahverwandte, ziemlich gleich begabte und gleich tapfere Völker ein so verschiednes Geschick haben konnten. Wohl mag die geistige und sittliche Kraft beider von Haus aus nicht ganz die gleiche gewesen sein. Denn überall wo Kelten und Germanen zusammen treffen, zeigen sich diese als überlegen und die erstern müssen zurückweichen. Aber das allein erklärt nicht alles: haben doch Völker von viel geringerer Kraft und Bildung viel mächtiger und entscheidender in die Geschichte eingegriffen und ihr selbständiges Dasein gegen überlegne Nachbarn gerettet. Auch die besondere Ungunst des Geschicks reicht zur Erklärung nicht aus; denn ein starkes und gesundes Volk überwindet dieselbe: wiewohl die Kelten dadurch allerdings in der ungünstigsten Lage waren, daß sie von zwei Seiten her von überlegnen Feinden angegriffen wurden.

Der letzte Grund ist wohl kein anderer, als daß es ihnen nicht gelungen war, in der langen Zeit, die ihrer verhältnismäßig ungestörten Entwickelung vergönnt war, sich national zu einigen und irgendwo ein politisches Ganze von größerer Kraft und Widerstandsfähigkeit herzustellen, weder in Gallien, noch in Noricum, Helvetien oder Britannien. Denn nur als einheitlicher Staat vermag ein Volk sich zu behaupten, die äußeren

Schwierigkeiten zu überwinden und die Aufgaben, die ihm die Geschichte vorgezeichnet hat, zu lösen. So wurden auch die Griechen schließlich eine Beute der Römer, weil es ihnen bei all ihrer Kunst und Wissenschaft nicht gelungen war, einen nationalen Staat zu gründen und dem römischen Reich geschlossen gegenüber zu treten: nur daß freilich das viel reichere innere Leben der Griechen in gewissem Sinne sich bereits erfüllt hatte, als die römische Eroberung kam.

Und doch hatte die Entwickelung bei den Kelten schon zweitausend Jahre gedauert, doch waren sie mit den Völkern der alten Welt in so vielseitige und mannigfache Berührung gekommen, daß im Verkehr mit ihnen der nationale Gedanke wohl hätte sich ausbilden und zur Gründung größerer Staaten führen können. Das aber war das Schlimme: die innere Entwickelung, die im einzelnen zu mannigfacher Ausbildung geführt hatte, war im ganzen doch mangelhaft und unvollkommen geblieben, sie war vorzeitig gealtert, ohne daß der Mangel nationalen und politischen Lebens noch durch die rohe Naturkraft aufgewogen wurde wie bei den Germanen. Und gerade das war das erste, was bei den Germanen im Kampf mit den Römern erwachte: der Gedanke nationaler Einheit und das politische Bewustsein. Für die Kelten war es zu Cäsar's Zeit dazu zu spät; wohl regte sich auch bei ihnen das Gefühl der Zusammengehörigkeit und Gemeinschaft, aber es fehlte an allen Vorbedingungen einer politischen Organisation.

Mit einem Wort, wir haben es bei ihnen mit einer sinkenden und absterbenden, einer theils unreifen, theils überreifen, bei den Germanen mit einer zwar noch rohen und unentwickelten, aber naturkräftig gesunden und aufstrebenden Entwickelung zu thun. Es trat ein Volk in die Geschichte, das von der Civilisation der alten Welt bis dahin noch beinah ganz unberührt geblieben war, und was ihm an höherem politischen Leben fehlen mochte, durch die Ueberfülle seiner nationalen Kraft und Gesundheit ersetzte.

Jahrhunderte lang hatten die Kelten weniger die Blüte und Bildung als den Verfall und die Verderbnis der alten Welt kennen gelernt; sie hatten ihre jugendliche Kraft und Frische eingebüßt, ohne daß ihnen eine innerlich ausreifende Entwickelung dafür zu Theil wurde. Selbst das wärmere Klima und die größere Fruchtbarkeit des Landes hatte dieselbe nicht begünstigt: soweit in Südgallien griechische und römische Colonien vordrangen, soweit verbreitete sich griechische und römische Bildung, aber zu einer selbstthätigen Aufnahme und Aneignung dieser Bildung kam es nicht. Darum bleibt die Cultur auf einer relativ niedern Stufe und hat daneben doch zugleich das Gepräge des Vorzeitigen, Frühreisen: sie kommt nicht zur vollen Blüte, sondern nur zu einem Wachsthum, das schon den Verfall in sich schließt.

Ein nationales Band, was über die einzelnen Stämme hinausreichte, bestand in Gallien, von der Gemeinschaft der Sprache und den wechselnden Bündnissen abgesehen, nur in den Priestern oder Druiden mit ihren Priesterschulen, ihrem Corporationsgeist und ihrer Hierarchie. Da sie nicht wie die Priester im Orient eine geschlossene Kaste bildeten, sondern sich aus dem Volk ergänzten, stellten sie in ihrem Kreise allerdings eine gewisse Gemeinschaft des ganzen gallischen Volks dar. Aber das Band war doch nicht stark genug, um wirklich eine nationale Einigung in Form einer Theokratie zu begründen, und zugleich war es wieder zu stark, um daneben noch ein selbständiges politisches Leben aufkommen zu lassen. Je mehr das letztere in der Auflösung begriffen war, desto höher stieg die Macht der Priester. Nicht die Könige oder die gewählten Fürsten, sondern die Priester mit ihren Freiheiten und Privilegien, ihrem Aberglauben und ihren Opfern, ihrer Strafgewalt und Gerichtsbarkeit, ihrer Feldmeßkunst und Heilkunde waren die eigentlichen Herren des Volks. Kein Gallier opferte ohne Priester; diese saßen mit ihren Familien in allen Städten und Dörfern des Landes. Daneben gab es Landesheiligthümer, wo jährlich die Stammesopfer gehalten wurden, und vermutlich noch ein Hauptheiligthum, welches mit dem Oberdruiden an der Spitze den Mittelpunkt der Vereinigung bildete. So stellte sich in der Hierarchie der Priester in der That eine gewisse Verbindung des gallischen Volkes dar, die innerhalb ihrer Organisation unabhängig von den Sonderinteressen und Parteispaltungen der einzelnen Stämme, ebensowohl national wie volksthümlich war. Aber wie jede einseitige Priesterherrschaft hatte auch diese ihre Nachtheile und Gefahren. Sie war eigennützig und habgierig, hielt das Volk absichtlich in Unwissenheit und vernichtete vollends seine Selbständigkeit; zur politischen Clientel und dem Faktionswesen kam noch eine geistige Vormundschaft hinzu. Statt die Kraft des Volks zu entfesseln und zu befreien, unterdrückte sie dieselbe vielmehr und lähmte sie.

Dagegen hat sich bei den Germanen auf den Wanderungen und in den Kämpfen mit den Römern zugleich das Heroenthum entwickelt, das nirgends eine einseitige Priesterherrschaft aufkommen ließ. So tief die Germanen die übersinnlichen Beziehungen fassen mochten, diese haben zu keiner Zeit das geistige Leben der Nation vollständig beherrscht, weder in der heidnischen noch in der christlichen Zeit. Der kriegerische Geist duldete keine Unterdrückung oder Knechtschaft. Alle Geschichte beruht bei uns auf dem Gegensatz des religiösen und politischen Lebens, auf der Anerkennung beider als selbständig neben einander; nie hatte der Glaube uns die irdischen Aufgaben vergessen lassen, die dem Menschen doch auch obliegen und die ihn beschäftigen, so lange er im Schweiß seines Angesichts sein Brod essen muß. Diese irdischen Aufgaben verlangen vor allem eine wirthschaftliche Ordnung, in der sie allein gelöst werden können, ein Recht, wodurch das äußere Leben gepflegt und geschützt wird, und einen Staat, der den zeitlichen Bedürfnissen entspricht und das Recht im Innern wie nach außen zur Erfüllung bringt.

Gewis hat es Zeiten gegeben, wo auch bei uns die religiösen Interessen wenn nicht ausschließlich, doch so vorwiegend das Volk beschäftigt haben, daß alles andere darüber in den Hintergrund trat: so zur Zeit der Kämpfe zwischen Hierarchie und Kaiserthum, dann wieder im fünfzehnten Jahrhundert, als man nach einer Reform der Kirche an Haupt und Gliedern verlangte, und vor allem im Zeitalter der Reformation und des dreißigjährigen Krieges. Aber nie haben die religiösen Fragen, so ernst und nachhaltig, so lebhaft und allgemein sie erörtert wurden, das nationale Leben gefangen genommen, nie haben sie den Sinn für die politische, rein weltliche Seite unserer Entwickelung unterdrückt, und das letzte Ergebnis jener Kämpfe war nicht geistige Knechtschaft, sondern Befreiung. Freilich um den Preis der Glaubenseinheit, wie sie die romanischen Völker bis auf den heutigen Tag behauptet haben; aber doch auch mit dem Gewinn einer viel größern Rührigkeit und Lebendigkeit dieses Glaubens, doch auch in dem Sinn, daß zu Zeiten gerade die Kirche dem Staat gegenüber die Freiheit des Gewissens und des Glaubens vertreten hat. Nur darum hat kein anderes Volk so anhaltende und so lebhafte Kämpfe zwischen Kirche und Staat geführt als das deutsche; nur darum sind in den Zeiten der Übermacht der Kirche gerade auch die politischen Interessen so stark und lebhaft verfochten worden; nur darum endete die Reformation nicht bloß mit einer kirchlichen, sondern auch mit einer politischen Spaltung. Denn die Auflösung des alten Reichs, das auf der Einheit von Kirche und Staat beruhte, war nur die notwendige

letzte Folge der Reformation: nun waren es die Fürsten, die
die politischen Aufgaben der Kirche gegenüber vertreten musten.
Der deutsche Geist hat auf die Dauer niemals weder eine
Unterwerfung des Staats unter die Kirche, noch eine Unterwerfung der Kirche unter den Staat ertragen, er hat beide
stets als gleichberechtigt und unabhängig anerkannt, so oft auch
über die äußern Gränzen ihrer Lebensgebiete gestritten worden
ist und in Zukunft noch gestritten werden mag.

Am stärksten zeigte sich der Verfall des keltischen Staats
in der fortdauernden Zwietracht des Volks, die es selbst zur
Zeit der größten Not zu keiner nationalen Einigung mehr
kommen ließ. Uneinigkeit der verschiednen Conföderationen,
zu denen sich je die Nachbarstaaten zusammen gethan hatten,
der abhängigen und der anführenden Staaten innerhalb jeder
Conföderation, Parteispaltungen in den einzelnen Staaten selbst
und womöglich wieder Geschlechterfaktionen in jeder Partei:
das ist das trübe Bild, welches uns das politische Leben des
Volks zur Zeit der römischen Eroberung darbietet. Bei den
meisten Stämmen gab es eine römische und eine germanische
Partei; jede rief die Fremden in's Land und suchte mit ihrer
Hilfe den Sieg zu erringen, unbekümmert darum, daß die
Fremden doch dabei nur ihren eignen Vortheil im Auge
hatten.

Germanen und Kelten gründeten beide den Staat auf
den Stamm und den Gau, nicht wie Griechen und Römer auf
die Stadt, da die unentwickelten Verhältnisse noch keine Städte
als Mittelpunkte des politischen Lebens brauchen konnten. Aber
der keltische Staat löste sich auf, während der germanische in
den Kämpfen mit den Römern sich erst zu entwickeln begann.
Die Macht des Königthums war in Gallien zu Cäsar's Zeit
schon gebrochen. Während indes bei den Völkern der alten
Welt auf die Aristokratie des Adels dann rasch eine republi-

kanische Verfassung mit dem gleichen Recht aller Bürger folgte, freie, selbständige Gemeinwesen, die in der Zeit ihrer Blüte erst die größten politischen Tugenden erzeugten, Uneigennützigkeit, Opferfreudigkeit, berechtigtes Selbstgefühl und volle Hingabe an's Vaterland, kam bei den Kelten der Fall des Königthums nur den Adelsfaktionen zu gut, deren Familienhaß der mächtigste Bundesgenosse der Römer war und an nichts weiter als an die Sicherung der eignen Herrschaft dachte.

Die Freiheit des Volks wurde unterdrückt. Der gemeine Mann war abhängig geworden und verarmte; Zustände, wie sie in Rom immer nur vorübergehend zu Krisen geführt hatten, bis die Plebs ihre Gleichstellung mit den Patriciern errang, hatten in Gallien eine bleibende Verarmung und Unterdrückung fast des gesammten Volks zur Folge gehabt und eine Clientel in allen möglichen Formen erzeugt, von einer bloß faktischen Abhängigkeit an bis zur eigentlichen Hörigkeit und Knechtschaft. Wie in Rom waren die adeligen Geschlechter nicht bloß die großen Grundbesitzer, sondern zugleich die Capitalisten, die durch die öffentlichen Ämter, die Staatspachtungen, den Ertrag ihrer Güter und Heerden, den Großhandel und die Verschuldung des gemeinen Mannes das Geld an sich gebracht hatten.

An die Stelle der Gemeinfreien war ein Ritterstand getreten, analog den römischen Equites die nach einem Census berufene Reiterei, zu welcher auch die Adelsgeschlechter gehörten, während das übrige Volk zu Fuß diente. Jeder Fürst hielt wieder sein reisiges Dienstgefolge für sich und suchte dadurch seine Macht und seinen Einfluß zu verstärken. Die eigentliche Masse des Volks hatte keine politischen Rechte mehr; nur Priester und Ritter konnten an den Landesversammlungen Theil nehmen, nur die Parteihäupter aus fürstlichem Geschlecht durch Wahl zu den höchsten Staatsämtern, den obersten Richter- und Heerführerstellen, gelangen. Aber dies Ritterthum, das sich als Rest gemeinfreier Stammesgenossen in den angesehenen und begüterten Geschlechtern erhalten hatte, vermochte weder für die verlorne politische Freiheit des gemeinen Mannes, noch für die davon abhängige Kriegstüchtigkeit des Fußvolks einen Ersatz zu gewähren: es hatte sich eben nur auf Kosten des gesammten Volks ausgebildet.

Darum war auch die Wehrfähigkeit desselben eine geringere wie bei den Germanen. Wohl hatten die Kelten gute Pferde und eine vortreffliche Reiterei, aber nur ein mittelmäßiges und relativ wenig zahlreiches Fußvolk. Ein Volk, welches seine Freiheit verliert, wird immer auch seine frühere Tapferkeit einbüßen. Denn der gemeine, hörig gewordene Mann kämpft nur noch leichtbewaffnet, in Notfällen und für den Herrn, wenn er von diesem aufgeboten wird, nicht mehr als vollberechtigter Genosse für Freiheit und Vaterland, um Sieg oder Tod. Gewis haben die Gallier, als es sich um Sein oder Nichtsein handelte, noch verzweifelt gekämpft und den letzten Mann aufgeboten, aber die rechte Kriegsfreudigkeit und Kriegstüchtigkeit des Volks war doch verloren; für die Masse der Bevölkerung war es schließlich einerlei, ob sie einem gallischen oder römischen Herrn diente. Und doch hat in nationalen Kämpfen stets ein geübtes, kriegsgewohntes Fußvolk den Ausschlag gegeben, doch ruht in ihm die eigentliche Schwerkraft des Heeres, vor allem wenn es einen Feind gilt, dessen Hauptstärke gerade in einem vortrefflich bewaffneten, taktisch ausgebildeten und kriegs- und siegsgewohnten Fußvolk besteht, wie das bei den Römern der Fall war. Es ist merkwürdig, wie die alten Gallier und ihre Nachkommen, die heutigen Franzosen, darin die Rollen gewechselt haben: die Reiterei ist bei den Franzosen wie bei den Römern stets die schwache Seite gewesen, während es sich bei den Galliern umgekehrt verhielt. Man sollte fast meinen, das Volk habe durch seine Mischung mit römischem Blut seine nationale Vorliebe verloren, wie sie durch Cäsar uns so bestimmt bezeugt ist.

Endlich trat der Verfall und die beginnende Auflösung auch in den wirtschaftlichen Zuständen ein: hier vor allem zeigt sich die eigenthümliche Mischung halb roher, zum Theil noch barbarischer Culturformen mit einer frühreifen, vorzeitig alternden Entwickelung.

Kelten und Germanen begannen beide mit Viehzucht und Weidewirtschaft, dann giengen sie zur Ansäßigkeit und zum Ackerbau über. Aber die Kelten haben, selbst nachdem sie bleibend angesiedelt waren, ihre Abneigung gegen den Ackerbau nicht vollständig überwunden; sie weideten lieber ihre Heerden, auch wo der treffliche Boden zum Anbau aufforderte, als daß sie planmäßige, fortschreitende Rodungen vornahmen; wurde das Land zu eng und die Weide zu klein, so schickten sie ihre herangewachsenen Söhne mit Weib und Kind aus, neue Wohnsitze zu suchen, während sie mit den jüngern Kindern daheim blieben; ein volles Grundeigenthum, was nicht mehr der Familie sondern dem Einzelnen angehört, haben sie erst unter römischer Herrschaft kennen gelernt.

Daneben aber ließ sie ihre Anstelligkeit und ihr praktisches Geschick von Griechen und Römern bald Gewerbe und Handwerk lernen; der Handelsverkehr entwickelte sich, die Liebe zu den edeln Metallen, Prunksucht und Goldgier erwachten; Schätze und Kostbarkeiten begannen vorzugsweise als Eigenthum angesehen zu werden, Goldmünzen wurden allgemeines Tauschmittel, und mit einer Cultur, die im Grund noch eine patriarchalische war und nur die Heerden als wahren Reichthum hätte kennen sollen, verband sich unvermittelt die Geldwirtschaft. Damit verschärfte sich der Unterschied zwischen Reich und Arm: die Reichen und Vornehmen gewannen, die Armen und Geringen verloren. Die Vornehmen machten es nun den Griechen nach), zogen in die Städte und ließen ihre Höfe durch Knechte verwalten; Luxusartikel bezogen sie vom Ausland statt vom heimischen Gewerbe, wie es das kosmopolitische Capital stets thut. Darum blieb das Handwerk, das in den Städten getrieben wurde, ohne Bedeutung: dazu hätte es einer andern Gütervertheilung und vor allem einer höher entwickelten Landwirtschaft bedurft. Denn es ist eine alte Erfahrung, die sich immer von neuem bestätigt, daß ein gesundes Handwerk einen gesunden Ackerbau voraussetzt, der es im eigentlichen Sinn des Wortes nährt, wie der Ackerbau umgekehrt wieder durch Gewerbe und Handel belebt und befruchtet wird.

Deshalb konnte das städtische Leben, das die Kelten früh von den Völkern der alten Welt gelernt und angenommen hatten, doch nicht recht gedeihen. Die gallischen Städte mit ihren überaus festen und künstlichen, aus quer liegenden Balken, Erdwerk und Steinen aufgeführten Schutzwehren, die eben so dem Feuer, wie dem Mauerbrecher und Sturmbock wiederstanden, waren Zufluchtsorte im Krieg (weshalb sie im Krieg auch eine viel zahlreichere Bevölkerung hatten als im Frieden), Mittelpunkte des Cultus und zum Theil auch des Handels und Verkehrs, selbständige wirtschaftliche und politische Bedeutung aber hatten sie nicht: erst durch die Römer wurden sie Gerichts- und Verwaltungssitze für das umliegende Land. Sie erzeugten kein neues, freies Bürgerthum, wie tausend Jahre später die deutschen Städte, als der Stand der alten Gemeinfreien infolge der veränderten Kriegsverfassung auch bei uns untergieng, dafür aber in den Kaufleuten und Handwerkern alsbald ein neuer aufkam, der für die folgende Entwickelung viel bedeutsamer wurde als der alte. Denn dieser war ein Geburtsstand, ähnlich der Civitas im Alterthum, während der neue die Schranken der Geburt gerade durchbrach und sich nachmals zum allgemeinen Staatsbürgerthum erweiterte. Das keltische Städtewesen war ein vorzeitiges wie das keltische Ritterthum: es half der gemeinen Freiheit nicht wieder auf.

Fassen wir das alles noch einmal zusammen: eine ausgelebte wirtschaftliche Cultur, die auf der andern Seite zugleich nicht über ihre ersten Anfänge hinaus gekommen war; eine mangelhafte Wehrkraft, die kein Volk in Waffen mehr kannte; die politische Unfreiheit, in welche die Masse des Volks herabgedrückt war; die nationale Uneinigkeit, das Faktionswesen, die staatliche Auflösung und eine eigennützige und herschsüchtige Hierarchie, die vielleicht allein im Stande gewesen wäre, den drohenden Untergang abzuwenden, wenn sie rechtzeitig das Volk hätte einigen können: so wird es uns nicht mehr wundern, daß die Kelten dem römischen Reich mit einem Cäsar an der Spitze nach kurzem Kampf unterlagen, während das viel rohere, von aller Civilisation unberührte, eben darum aber noch durch und durch gesunde und man möchte fast sagen überkräftige Nachbarvolk nicht bloß im eignen Lande sich behauptete, sondern schließlich das römische Reich selbst in Trümmer schlug und an seiner Stelle die Herrschaft übernahm.

Zweierlei ist es besonders, worin Natur und Geschichte uns vor andern Völkern begünstigt haben: die eigenthümliche Begabung, die uns zu Theil geworden ist, und daß wir die verliehenen Gaben auf das glücklichste haben entwickeln können. Erst beides zusammen hat uns fähig gemacht, auch die schwierigen Aufgaben, die uns vorbehalten waren, zu übernehmen und die Culturvölker der alten Welt darin abzulösen.

Es ist einmal die dem Germanen von Haus aus eigne Kraft und Energie, nicht bloß in leiblicher, sondern vor allem auch in geistiger Hinsicht, seine Regsamkeit und Rührigkeit, die Leidenschaft, womit er alles treibt, was er ergreift; seine Freude an Mühe und Arbeit, an Kampf und Gefahr, Sturm und Wogen, Wetter und Wind; die Liebe zu jeder Art von

Thätigkeit und Beruf, zur Viehzucht wie zum Ackerbau, zur Jagd wie zum Krieg, und dann als die Zeit gekommen war, auch zum Handwerk, zu Gewerbe, Handel, Kunst und Wissenschaft. Und den Beruf treibt er nicht bloß um des Erwerbs und der Not willen, er überträgt die Liebe auch auf die Gegenstände und Werkzeuge seiner Thätigkeit, auf das Vieh was ihn nährt und für ihn arbeitet, den Acker den er baut, die Bäume die er pflanzt, den Wald worin er jagt, das Schiff womit er fährt, die Geräte mit denen er wirkt und schafft.

Mit dieser Kraft und Energie, dieser geistigen und gemütvollen Hingabe an den Beruf, verbindet sich jene wunderbare Vielseitigkeit, welche zugleich die eigenthümlichen Gegensätze unseres Charakters erklärt: die Liebe zur Heimat, die selbst krankhaft werden kann, und der Hang zu abenteuerlichen Fahrten und Wanderungen; ein starkes, lebhaftes Freiheitsgefühl, ja in der ältesten Zeit ein wilder, unbändiger Freiheitstrotz, und doch die opferwilligste, demütigste Treue gegen die Könige und Herren; die Erbitterung und Wut, womit gegen die Feinde gefochten, und die Gnade und Großmut, die geübt wird, sobald der Feind überwunden ist. Ein Schriftsteller des sogenannten jungen Deutschlands hat einmal etwas boshaft gesagt, Deutschland zeichne sich vor andern Völkern nur dadurch aus, daß es die besten Bedienten liefere. Wäre ein minder begabtes Volk gemeint, so läge die stärkste Schmähung darin. Sagen wir dafür mit einer leichten Änderung, es liefere die treusten Diener, so enthält der Ausspruch das größte Lob und bestätigt nur die alte Erfahrung, die ihrer Zeit schon die Römer gemacht haben. Denn nur deshalb zogen sie die Germanen im Staats- und Kriegsdienst den eignen Landsleuten vor, weil sie treuer waren.

Sodann aber ist es eine besondere Gunst des Geschicks, daß uns eine langsame, aber stetige innere Entwickelung vergönnt war, welche die ursprüngliche Anlage und Begabung auf allen Gebieten des Lebens zur vollen Entfaltung und Reife kommen ließ.

Vor allem war es ein Glück, daß uns das Christenthum zugeführt wurde, ehe der Verfall und die Entartung des Heidenthums eintraten, als im ganzen noch ein verhältnißmäßig reiner Naturcult ohne Tempel und Götzen bestand. Denn mögen die Germanen, wie man oft hervorgehoben hat, schon in ihrem heidnischen Glauben, in ihrer hingebenden Liebe und Treue, in ihrer Gemütstiefe und Sittenstrenge immerhin eine gewisse Wahlverwandtschaft mit dem Christenthum gehabt haben, die Entartung des heidnischen Cultus würde doch so wenig wie anderwärts ausgeblieben sein, wenn sie dabei stehen geblieben wären. Zeichen dieses herannahenden Verfalls finden sich in Deutschland so gut wie später im skandinavischen Norden. Aber ehe der Verfall um sich greifen konnte, kam die Berührung mit dem römischen Reich, die Völkerwanderung und der Übertritt zum Christenthum. Dagegen haben die Völker der alten Welt das Christenthum erst kennen gelernt, als es zu einer Erneuerung des nationalen Lebens zu spät für sie war, und die Kelten in Gallien haben als selbständiges Volk es überhaupt gar nicht mehr kennen gelernt.

Und dann ein Zweites. Auch die Berührung mit dem römischen Reich erfolgte bei uns gerade zur rechten Zeit und in der rechten Art, als die Selbständigkeit der Nation nicht mehr gefährdet war und die langen Kämpfe sie zu einer selbstthätigen Aufnahme römischer Bildung vorbereitet und befähigt hatten. Ja die tiefere Berührung mit der Kunst und Wissenschaft des Alterthums wurde bei uns im Grund erst durch die christliche Kirche vermittelt: über dem Fall des heidnischen Weltreichs reichte sie den Germanen die Hand. Auch die römische Welt war eine andere geworden zur Zeit Constantin's oder gar Theodosius des Großen wie zu Cäsar's oder Tiberius' Zeit, und so erscheint als erste Frucht jener langen Kämpfe, wie der friedlichen Verbindung, die unterdes im römischen Reich selbst statt gefunden hatte, gerade die Annahme des Christenthums. Im innern Deutschland hat dann wie im Norden die Kirche überhaupt erst die Bildung des klassischen Alterthums eingeführt und verbreitet: nun waren es die großen geistigen Überlieferungen desselben, nicht der Verfall und die Sittenverderbnis, die uns zugeführt wurden. Wie das Christenthum das erste, so war die Annahme der lateinischen Schrift das zweite Ergebnis, welches die Völkerwanderung für uns hatte. Damit war zugleich ein Schlüssel gewonnen, der uns die wissenschaftlichen Schätze des Alterthums zugänglich machte, viel leichter, wie wenn wir unser unbeholfenes Runenalphabet beibehalten hätten, das auf einer frühern Entwickelungsstufe doch auch schon den Völkern der alten Welt entlehnt war.

Gerade umgekehrt verhielt es sich mit den Kelten. Sie wurden von griechischer und römischer Verderbnis angesteckt, ehe sie reif genug waren, dieselbe durch die Bildung der alten Welt wieder zu überwinden. Nicht die Kirche, sondern der Staat hat bei ihnen romanisirt, und lange bevor sie durch Cäsar dem Reich einverleibt wurden, hatten im Süden griechische und römische Colonien bestanden, die nur nachtheilig und zersetzend auf sie wirkten und nicht einmal wirtschaftlich wie wir sahen von Nutzen gewesen waren. Daß aber auch bei uns wie bei jedem andern Naturvolk Empfänglichkeit für die Schattenseiten aller Civilisation vorhanden war, zeigt sich nicht erst in der fränkischen Zeit, sondern schon in den Kriegen Armin's. Was wäre wohl aus uns geworden, wenn Augustus oder Tiberius Deutschland erobert hätten. Im besten Fall hätten wir unsere Nationalität eingebüßt und als selbständiges Volk so gut aufgehört zu existiren wie die Kelten.

So war es eine glückliche Fügung, was uns im Gegensatz zu andern Völkern eine zweitausendjährige und im ganzen wie wir hoffen noch immer fortschreitende Entwickelung möglich gemacht hat. Wir haben das Christenthum und die Bildung der alten Welt aufgenommen, ohne uns selbst zu verlieren: denn trotz aller Umwandlung ist das Volk doch noch dasselbe wie vor zweitausend Jahren, und die Germania des Tacitus spiegelt uns fast eben so die Tugenden und Fehler der heutigen wie der alten Germanen wieder. Gleichwohl haben wir damit ein neues, zweites Leben begonnen: denn alles was wir seitdem geworden sind verdanken wir dem Christenthum und der klassischen Bildung; sie allein haben uns in die Reihe der Culturvölker eintreten lassen.

Es hat deshalb bei den Germanen ein ganz besonderes Interesse, die ersten Anfänge ihrer Entwickelung kennen zu lernen, so anziehend diese überhaupt bei jedem Volk sind: die ursprüngliche Bildungsstufe, die sie erreicht hatten, ehe im Contakt mit der alten Welt und dem Christenthum die eigentlich historische Entwickelung begann. Wie weit waren sie vorher gekommen, was kann als altes, nationales Erbgut angesehen werden, was ist später hinzugekommen und erst Folge der beginnenden Umwandlung: diese Fragen sind Gegenstand wissenschaftlicher Untersuchung gewesen, so lange es eine deutsche Geschichte gibt, und von jeher in ganz verschiednem Sinne beantwortet worden. Auch wenn es ein anderes, fremdes Volk wäre, würde die Untersuchung den größten Reiz haben, wie jedesmal wo es sich darum handelt, aus der Verbindung verschiedner Culturelemente den Ursprung eines neuen Lebens abzuleiten. Und doch ist wie überall so auch hier gerade der Ursprung vielfach in undurchdringliches Dunkel gehüllt.

Wir haben früher gesehen, daß die Germanen, ehe sie nach Deutschland kamen, mindestens schon eine zweitausendjährige

Entwickelung hinter sich hatten und daß ihre Cultur bereits in der asiatischen Urheimat zu einem verhältnismäßig hohen Grad von Ausbildung gelangt war. Ohne Hausthiere und Heerden, ohne Waffen, Geräte und Werkzeuge, ohne schützende Kleidung und die Kunst eines einfachen Hausbaus, ja ohne eine gewisse Ordnung ihrer socialen Verhältnisse hätten sie weder den weiten Weg nach dem europäischen Westen zurücklegen, noch sich in kältern, rauheren Gegenden behaupten können. Sicherlich müssen bei einem so eminent bildungsfähigen Volk auf den langen Wanderungen weitere Fortschritte statt gefunden haben; so gering der Verkehr mit andern Völkern gewesen sein mag, Spuren von einem solchen zeigen sich doch, wie gerade die Annahme des phönizisch-griechischen Alphabets als Runenzeichen etwa im fünften Jahrhundert vor unserer Zeitrechnung beweist. Ja es hat vermutlich Zeiten gegeben, wo die Germanen schon in andern Ländern auf dem Punkt waren, seßhaft zu werden und zum Ackerbau überzugehen. Denn vor aller Geschichte ist es zunächst die Natur, die den Menschen zum Fortschritt und zur Entwickelung zwingt, die ihm ihre Gaben darbietet und ihn zugleich nötigt, sie durch eigne Kraft zu erwerben, und wo sie in fruchtbaren Gefilden zum Anbau auffordert, da haben gewis alle arischen Völker auch wirklich Ackerbau getrieben, so roh und unvollkommen er sein mochte.

Aber auch Rückschritte haben ohne Zweifel statt gefunden. Denn wenn ein Volk durch andere genötigt wird, die fruchtbaren Gefilde wieder zu verlassen, wenn es auf unwirtlicher Steppe oder in dichten Urwäldern sich einrichten muß, so hört der Ackerbau von selbst auf und es bleibt kein anderes Mittel des Unterhalts als der Rückgriff auf Heerden und Weidewirtschaft. Die Natur steht dem Menschen nicht bloß helfend und fördernd zur Seite, sie tritt ihm auch feindlich entgegen und nötigt zum Kampf mit ihr, vor allem, wenn ein rauheres Klima Schutz gegen Kälte, Regen und Schnee verlangt und die Beschaffenheit des Bodens keinen Anbau gestattet. Von diesem Schicksal mußten gerade die Germanen auf ihren Wanderungen betroffen werden, da ihr Weg sie mit den Slaven am weitesten nach Norden verschlug: vielleicht sind auf Jahrhunderte gedeihlicher Entwickelung Jahrhunderte des Rückschritts und Stillstands gefolgt. Jedenfalls hat die Natur sie darin im Vergleich mit den übrigen arischen Völkern nicht sonderlich begünstigt und ihre Entwickelung lange aufgehalten.

Über das alles sind wir nicht näher unterrichtet. Höchstens daß uns die Sprache gestattet, einige mehr oder minder sichere Schlüsse zu ziehen, hie und da Vermutungen zu wagen und im allgemeinen uns eine Vorstellung von dem Leben der Urzeit und seinem allmählichen Fortschritt zu machen. Eins aber ist unzweifelhaft, daß die Germanen auf den langen Wanderungen ihre ursprüngliche Kraft und Reinheit bewahrt haben, daß sie jugendfrisch und naturwüchsig wie kein zweites Volk in die Geschichte eintreten. Und das ist sicherlich gerade ihrer langsamen äußern Entwickelung zu verdanken, die sie innerlich um so gesunder erhielt.

Sehen wir nun im folgenden, welche Bildungsstufe sie erreicht hatten, als sie in Deutschland ihre bleibende Heimat fanden und in den ersten Jahrhunderten unserer Zeitrechnung den Kampf mit den Römern begannen. Darüber haben wir historische Überlieferungen, vor allem die fremden Schriftsteller, die, wenn sie auch lückenhaft sind und zu manchen Zweifeln und Streitfragen Anlaß geben, uns doch ein viel deutlicheres Bild gewähren, als es für die rückwärts liegende Zeit aus der Geschichte der Sprache erschlossen werden kann. Nur müssen wir ihre Berichte überall wo es thunlich ist mit den heimischen Quellen und der Geschichte des eignen Landes zu verbinden suchen.

Wir reden vom Niedern zum Höhern aufsteigend zunächst von den wirtschaftlichen Zuständen oder der Culturstufe im engern Sinn, dann vom Kriegswesen, von der politischen Verfassung und schließlich vom Glauben und geistigen Leben.

Zwei extreme Ansichten stehen sich vom vorigen Jahrhundert bis fast auf die Gegenwart über die Cultur der alten Germanen gegenüber. Nach der ältern, die für das Jahrhundert der Aufklärung charakteristisch ist, waren die Germanen der Urzeit nahezu vollständige Wilde, nicht bloß Barbaren im Sinne der Griechen und Römer, welche jedes fremd redende Volk so nannten, sondern in des Worts eigentlicher Bedeutung: ohne ausgebildete Sprache, fast ohne alle Kleidung, ohne künstliche Speise, ohne bleibende Wohnung, ohne Ackerbau, ohne Eigenthum, ohne politische Verfassung: ein Nomaden- oder Jägervolk, ähnlich wie die Indianer im heutigen Amerika oder die Malaien auf den Südseeinseln. Nur die Bärenfelle muste man ihnen lassen; denn daß sie bei dem kältern Klima eine Bedeckung brauchten, konnte man nicht bestreiten. Zur Nahrung gab man ihnen außer Milch und Fleisch vorzugsweise Eicheln, Nüsse und eßbare Wurzeln; zur Wohnung Höhlen in der Erde; zum Gedankenaustausch eine Sprache, die Thierlauten ähnlicher geklungen habe wie der menschlichen Stimme. In vollem Ernst theilt ein geistvoller und gelehrter Germanist aus dem Ende des vorigen Jahrhunderts, der auf privatrechtlichem Gebiet schätzbare Untersuchungen geliefert hat, hiernach die deutsche Geschichte in drei Perioden: in das Zeitalter der altgermanischen Barbarei, welches die ersten fünfhundert Jahre unserer Zeitrechnung begreift; in die tausendjährige Nacht des Mittelalters, die bis zum Jahre 1500 herabgeht; und in das Zeitalter der modernen Aufklärung, in welchem der glückliche Verfasser lebte. Natürlich ist man von solchen Übertreibungen jetzt zurückgekommen. Seitdem die geschichtliche Grammatik, die deutsche Alterthumskunde und Mythologie uns noch etwas weiter aufgeklärt haben, muste das Bild sich freilich heller gestalten. Aber ein reines Nomaden- und Jägervolk blieben die Germanen doch immer.

Im Gegensatz zu dieser ältern Ansicht ist durch Justus Möser eine andere herrschend geworden, die sich die alten Germanen wie unsere heutigen Bauern denkt. Namentlich hat neuerdings Landau sich die Sache so vorgestellt. Da ist alles gerade so wie auf unsern Dörfern: ausgebaute Häuser mit weiß getünchten und gemalten Wänden, Fachbau mit Mauer- und Riegelwerk, Ställe und Scheunen, eingezäunte Höfe und Gärten, Hühner und Gänse, entwickelte Viehzucht, aufgetheilter Boden, Ackerbau und Dreifelderwirtschaft, begränzte Staatsgebiete mit Privatrecht und politischer Verfassung. Nur die Kirchen und Schulen, die Straßen, Brücken und Wege hat man sich weg zu denken; sonst sahen die Dörfer der Urzeit nicht viel anders aus wie unsere heutigen auch. Auch diese Ansicht wird in ihrem Extrem jetzt kaum noch verteidigt. Aber wenn man noch immer von Anfang an volle Ansäßigkeit, eigentlichen Ackerbau, feste politische Territorien und Sondereigen am Grund und Boden annimmt, so ist man doch von einem Bauernvolk nicht weit entfernt, nur daß es freilich nicht als ganz friedlich und harmlos gedacht werden kann. Man ist immer noch geneigt, eine tausendjährige Entwickelung zu überspringen und die Germanen des Cäsar und Tacitus wie zur Zeit Karl's des Großen sich vorzustellen. Ja für das geistige Gebiet wurde diese Anschauung durch die zwar wohlgemeinte, aber doch recht ungeschichtliche Übertreibung der historischen Schule nur noch gesteigert, wenn sie in Sprache und Poesie, Verfassung und Recht fast ein höheres und reicheres Leben annehmen wollte als heut zu Tage.

Indes der Gegensatz hängt nicht bloß mit der verschiednen

Zeitrichtung zu Ende des vorigen und zu Anfang dieses Jahrhunderts zusammen. Wäre dies, so würde er längst vermittelt und ausgeglichen sein. Er hat noch eine tiefere Bedeutung, insofern er innerhalb gewisser Gränzen durch die fremden Quellen, welche wir über die Zustände der alten Germanen haben, unterstützt und genährt wird. Denn gerade die Hauptschriftsteller, Cäsar und Tacitus, scheinen sich zu widersprechen. Bleiben wir bei Cäsar, so möchte in der That die erste Ansicht Recht haben, denn Cäsar schildert uns die Germanen allerdings noch als halbe oder ganze Nomaden. Nehmen wir aber die „Germania" des Tacitus zur Hand, so hat die zweite Ansicht Recht, denn mit festen Ansiedelungen, Eigenthum am Grund und Boden und einer ausgebildeten politischen Verfassung ist eine Nomadenwirtschaft unvereinbar. Man hat deshalb zu dem bedenklichen Ausweg gegriffen, je nach dem Bild, was man sich selbst von den germanischen Urzuständen machte, bald Cäsar, bald Tacitus den Vorzug zu geben: schade nur, daß der Bericht des Tacitus so außerordentlich kurz, so vieldeutig und so tendenziös ist. Käme es wieder nur darauf an, zwischen Cäsar und Tacitus zu entscheiden, so müste unzweifelhaft Cäsar Recht behalten, denn er sah mit seinem Feldherrnauge doch wohl schärfer als Tacitus, der, wenn er überhaupt Deutschland gesehen, es nur oberflächlich kennen lernte, wogegen der Ackerbau für die Feldzüge Cäsar's zugleich eine eminent praktische Bedeutung hatte.

Und doch scheinen sich beide Schriftsteller nur zu widersprechen, doch besteht kein eigentlicher Widerspruch zwischen ihnen. Cäsar hat für seine Zeit recht berichtet und Tacitus für seine nicht minder. Beide, Historiker ersten Ranges, haben sicherlich genau überlegt, was sie niederschrieben, beide wusten, was sie gesehen oder gehört hatten. Zwischen ihnen liegen anderthalbhundert entscheidungsschwere Jahre in der Mitte, in denen sich die Verhältnisse wohl geändert haben konnten und, da inzwischen den Germanen der Weg nach Gallien verlegt war, auch geändert haben musten. Ein- bis zweihundert Jahre machen oft ausnehmend viel aus: wie anders z. B. sah Deutschland vor und nach dem dreißigjährigen Krieg oder 1650 und 1750 aus. Eine neue, überaus folgenreiche Entwickelung hatte begonnen: die Römer hatten den Übergang zur Seßhaftigkeit erzwungen. So schildert uns Cäsar das Ende der alten, Tacitus den Anfang der neuen Zeit. Mochte der dreißigjährige Eroberungskrieg der Römer Deutschland verwüstet haben, so hatte es seitdem im Innern doch keinen Feind mehr gesehen, und das Volk, welches nun auf die neue Heimat beschränkt war, konnte sich in den nächsten hundert Jahren wohl etwas wohnlicher darin eingerichtet haben.

Aber auch in der nächstfolgenden Zeit haben Fortschritte statt gefunden und die Verhältnisse im Sinn einer festern Ansiedelung sich noch weiter geändert und consolidirt. Denn gerade zur Zeit des Tacitus begann der Bau des Pfahlgrabens, der die Gränzen der Germanen noch weiter einengte und für die folgenden hundert Jahre nicht bloß den Wanderungen, sondern selbst den räuberischen Einfällen nach Gallien ein Ziel setzte. In diese beiden Jahrhunderte fällt ohne Frage der Übergang zu dauernden, bleibenden Niederlassungen, der sich gewiß nicht plötzlich und mit einem Male, sondern nur sehr allmählich vollzog, und wenn die Einfälle zu Ende des zweiten Jahrhunderts wieder begannen, so beweist das nur, daß der Nahrungsspielraum mit der wachsenden Bevölkerung wie gewöhnlich nicht gleichen Schritt hielt, nicht daß seitdem auch wieder eine Rückkehr zum frühern, unsteten Leben erfolgte. Denn die Stämme im innern Deutschland haben seitdem ihre Sitze nicht vollständig wieder verlassen: ihre spätern Wanderungen haben mehr den Charakter einer fortschreitenden Colonisation, die überall wo sie Raum findet das Land anbaut und neue Orte gründet, nicht wie bei den östlichen Stämmen den einer Auswanderung ganzer Völker: ein Beweis, daß inzwischen die Zustände auch im Stammland selbst andere geworden waren. Wir werden es nun sehr begreiflich finden, daß Cäsar und Tacitus sie anders auffassen, denn jener sah sie unmittelbar vor, dieser nach den großen Kämpfen mit den Römern und dem infolge derselben eingetretenen Wechsel. Daß die östlichen Stämme vollständig auswanderten, hat einmal wohl in einem äußern Zwang, in dem Andrang zahlreicher Nachbarstämme seinen Grund, dann aber auch darin, daß die Verhältnisse hier nicht so weit vorgeschritten waren wie im Westen. Und doch scheinen sich Reste germanischer Stämme in den alten Sitzen erhalten zu haben, da neuerdings Spuren deutscher Bevölkerung zur Zeit der slavischen Herrschaft auch in den östlich der Saale und Elbe gelegenen Ländern glaubhaft nachgewiesen sind.

Glücklicherweise sind wir nicht mehr auf die fremden Schriftsteller allein angewiesen. Denn seitdem wir den Culturzuständen der Germanen noch auf andern Wegen, vor allem in der Geschichte des Anbaus im Lande selbst nachgehen können, kann im ganzen und großen kein ernstlicher Zweifel mehr darüber bestehn. Barbaren waren sie im Sinne der Römer allerdings, aber es waren die einzigen wirklich culturfähigen längs der ganzen Gränze des ungeheuren Reichs, es waren die einzigen, welche den Römern gleich anfangs mit dem Vollgefühl einer gleichberechtigten, ja überlegnen Rasse entgegentraten. Und darum haben sie auch die Provinzen, in denen sie sich ansiedelten, mit neuem Leben erfüllt. Sie haben sie vor allem wieder bevölkert, das Land neu angebaut und den passiven Geist der an den Despotismus gewöhnten Romanen gebrochen. So culturfähig sie aber sein mochten, es waren vor ihrer Berührung mit den Römern doch nur die ersten Anfänge der Cultur vorhanden. Nichts wäre verkehrter, als sich die ursprünglichen Zustände in Deutschland nach Art der heutigen auszumalen. Denn wir können den unendlichen Fortschritt, der seit der fränkischen Zeit statt gefunden hat, deutlich verfolgen; gehen wir also noch fünfhundert Jahre weiter zurück, in denen die Geschichte doch auch nicht geruht hat, ja in denen die Germanen am meisten lernen mussten, wie auch der Einzelne in der Jugend bekanntlich am meisten lernt, so bleibt von geordneten wirtschaftlichen Verhältnissen im heutigen Sinn so gut wie nichts übrig.

Ein reich begabtes Volk tritt uns entgegen, das nach einem Land sucht, wo es sich entwickeln kann, während die geschichtliche Entwickelung erst beginnt.

Die Wahrheit wird also ziemlich genau in der Mitte der früher angenommenen Extreme liegen. Denken wir uns die Germanen als vollständig roh, so läugnen wir damit ihre Entwickelungsfähigkeit, denn das würde zugleich auf geringe Anlage schließen lassen; denken wir sie uns als vollständig civilisirt, so läugnen wir die Entwickelung selbst und es hat kein Fortschritt statt gefunden, den die spätere Geschichte doch so deutlich verkündet. Das eine ist so unrichtig als das andere.

Lassen wir einmal die fremden Schriftsteller einen Augenblick bei Seite und versuchen uns die alten Zustände aus der Geschichte des Anbaus zu vergegenwärtigen, soweit wir ihn im eignen Lande verfolgen können. Nur das nordwestliche Deutschland ist dazu geeignet, denn nur in den Strichen zwischen Rhein, Elbe und Main haben innerhalb der beglaubigten Geschichte stets deutsche Stämme gewohnt. Der Osten ist später den Slaven zugefallen und zum Theil bis auf den heutigen Tag slavisch geblieben, das Decumatenland haben die Alemannen erst Ende des dritten Jahrhunderts in Besitz genommen, die

Baiern sind in ihre neuen Sitze gar erst zu Anfang des sechsten eingewandert. Die ältesten noch vorhandnen Ansiedelungen können also nur in Westfalen, Hessen, Thüringen und an der Nordsee gesucht werden. Die Westfalen und Thüringer in ihrem heutigen Bestand aber sind jüngere Stämme, und wenn sich auch bei ihnen unzweifelhaft Orte finden, welche in die Urzeit zurückgehen, so wird die Untersuchung doch durch die spätere Mischung der Stämme wesentlich beeinträchtigt und erschwert; die friesischen Ansiedelungen und gerade vielleicht die ältesten sind später zum Theil wieder vom Meere verschlungen worden, geben daher auch keinen sichern Anhalt für den fortschreitenden Anbau in historischer Zeit. So bleibt nur das alte Stammland der Chatten, in welchem sich bis auf die Gegenwart ein Rest derselben als Hessen erhalten hat, als das einzige oder weitaus beste und sicherste Gebiet für die Untersuchung übrig. Hier wo schon Cäsar die Sueven, Strabo die Chatten kennt, dürfen wir unzweifelhaft die meisten alten Orte erwarten, hier allein können sich solche unverändert mit ihren alten Namen von der Urzeit bis auf die Gegenwart erhalten haben, hier allein läßt sich eine Geschichte des Anbaus in vollem Zusammenhang bis auf unsere Tage verfolgen.

Ziehen wir nun die Ortsgeschichte zu Rate, so ergibt sich, daß die unendliche Mehrzahl der noch bestehenden Orte erst einer spätern, größtentheils viel spätern Zeit ihren Ursprung verdankt. Sie zerfallen ihrem Alter nach in drei Klassen, die sich theils durch die geographische Lage der Orte, theils durch das relative Alter ihrer Namen bestimmen lassen, und zwar im allgemeinen um so sicherer, als die dadurch gewonnenen Zeiträume zugleich genau den in der Geschichte allgemein angenommenen Perioden entsprechen. Die erste Klasse begreift die Namen der Urzeit bis zur Bildung des fränkischen Reichs oder den fränkischen Wanderungen im fünften Jahrhundert.

Es sind entweder einfache, oft sehr schwer zu enträtselnde Namen, oder Composita mit den später in der Sprache ausgestorbnen, daher jetzt ebenfalls nicht mehr verständlichen Worten affa (Wasser), lar (Ort, Stätte), loh (Wald), mar (Quelle, Sumpf), und tar (Baum, Strauch). Sie sind meist den einfachsten sinnlichen Wahrnehmungen entlehnt und führen auf die örtliche Lage, die Bodenbeschaffenheit, die Pflanzen, Bäume oder Thiere zurück, welche sich zufällig am Ort der Niederlassung zuerst fanden. Alle hierher gehörigen Orte liegen in offenen Thälern oder fruchtbaren Ebenen, während die Berge, wenn es sich nicht etwa um alte Befestigungen handelt, erst später angebaut wurden. Denn natürlich nahm man zuerst den besten Boden in Anspruch und stieg erst als die Bevölkerung dichter wurde in die kleinen Seitenthäler und die höher gelegnen, minder ergiebigen Gegenden hinauf. Die zweite Klasse begreift die Namen der merovingischen Epoche bis zur Einführung des Christenthums in Hessen und Thüringen, also die Zeit vom fünften bis zum achten Jahrhundert. Sie lassen sich zuerst mit Sicherheit auf den oberfränkischen Wanderungen, besonders in den überrheinischen Gebieten, verfolgen und bezeichnen deutlich den inzwischen erfolgten Übergang zur festen Ansiedelung und vollen Seßhaftigkeit des Volks. Es sind meist Zusammensetzungen mit den jüngern Localbezeichnungen -au, -bach, -berg, -born, -feld, -scheid, -statt, die an die Stelle der ältern Grundworte treten, oder mit Worten, die von Anfang an menschliche Wohnsitze bezeichnen, wie -büren, -dorf, -heim, -hausen, -wig und andere, oder schließlich und zwar immer häufiger mit Personennamen, welche auf die Erbauer oder Eigenthümer der Orte gehen und die vor allem die festere Verknüpfung der Ansiedler mit dem in Besitz genommenen Land andeuten. Die dritte Klasse endlich begreift die Namen, welche der christlichen Zeit bis zum Aufkommen der

Städte oder dem neunten bis dreizehnten Jahrhundert angehören, womit die Geschichte des ältern Anbaus schließt, da seit dem Aufkommen der Städte die Bevölkerung dichter zusammen rückte und von den frühern Orten, namentlich gerade den später gegründeten, viele wieder eingiengen: die Zeit des Interregnums bildet etwa die Gränze, wo die Rodungen in der bisherigen Weise aufhörten. Es sind vorzugsweise die Namen auf =hagen, =rode, =seß, =burg, =fels, =stein, =kirchen, =cappel, =münster und =zell, welche dahin zählen; daneben blieben natürlich auch die Grundworte der vorigen Periode in Gebrauch, und die jüngern, die der dritten und letzten angehören, kommen nur neu hinzu.

Vergleichen wir aber die Zahl der Orte, die in den beiden jüngern Perioden entstanden sind, mit denen der Urzeit, so stellt sich die Zahl der letztern als eine verschwindend kleine heraus. Und diese Zahl wird noch dadurch vermindert, daß einmal gerade die ältesten Namen vielfach rein locale Bezeichnungen enthalten, die erst später auf die Ansitze und Wohnorte übertragen wurden, also auf das gleichzeitige Vorhandensein der letztern keinen sichern Schluß gestatten, und sodann, daß doch auch schon in der Urzeit und gerade für das zweite und dritte Jahrhundert, in denen der Pfahlgraben keine Auswanderung über die Gränze gestattete, ein gewisser Ausbau im Stammland angenommen werden muß. Ziehen wir die zwar auch noch der ersten Periode angehörigen, aber jüngern, erst gegen Ende derselben entstandnen Orte ab, so möchten in Hessen kaum ein paar Dutzend Orte übrig bleiben, deren Dasein für die Zeit des Tacitus oder gar Cäsar mit voller Gewisheit behauptet werden kann. Aber auch wenn es mehr sein sollten, ändert das an der Thatsache, daß ihrer im Vergleich mit den nachweisbar jüngern unendlich wenige sind, nicht das geringste ab. Und doch ist gerade Hessen dasjenige Land, wo auf kleinem

Raum verhältnismäßig die meisten alten Namen vorkommen und diese auf ein ganz besonders hohes Alter und eine wirklich in die Urzeit hinaufreichende ungestörte Ansäßigkeit des Volks schließen lassen. Trotzdem liegt es auf der Hand, daß die volle Ansäßigkeit auch für den hessischen Stamm erst nach den fränkischen Wanderungen eingetreten ist, da er sich noch in größerm Maß daran betheiligte. Also kann eine über das ganze Land verbreitete allgemeinere und dichtere Besiedelung erst nachher statt gefunden und demgemäß auch der Ackerbau erst seit dieser Zeit sich über das ganze Land verbreitet haben. Mit einem Wort: die Zeit des eigentlichen Ausbaus im Stammland war die zweite Periode.

Zu demselben Ergebnis gelangen wir noch auf einem anderen Wege, wenn wir die Namen der Feldlagen und Forstorte zu Hilfe nehmen und an deren Hand uns die ursprüngliche Beschaffenheit des Bodens zu vergegenwärtigen suchen. Schon Tacitus sagt, Deutschland starre von Wäldern und Sümpfen; wo die Wälder vielleicht weniger dicht waren wie im nördlichen Deutschland, waren dafür die Sümpfe um so ausgedehnter und zahlreicher. Aber noch jetzt, nachdem zwölfhundert Jahre lang im Land gerodet worden ist, gehört Hessen zu den relativ waldreichsten Ländern von Europa, mit über vierzig Prozent Waldboden: vor den großen Rodungen, deren Anfang wir mit annähernder Sicherheit in das fünfte Jahrhundert nach Christi Geburt setzen, muß also so ziemlich das ganze Land mit Urwald bedeckt gewesen sein. Nur längs den Flußthälern und in der Ebene war das Dunkel des Urwalds vermutlich schon von den Kelten ein wenig gelichtet und um die bewohnten Orte eine kleine, dürftige Feldmark geschaffen, während man sich für die notwendigen Weidestrecken einfach durch Niederbrennen des Waldes, wie ein solches noch aus dem spätern Mittelalter bezeugt ist, Platz zu machen suchte:

noch jetzt gehen diese Triften und Weidestrecken vielfach den
kleinen Bergwässern entlang bis auf die höchsten Kämme der
Gebirge, während die Feldmark bei weitem nicht so hoch
hinaufreicht. Indes wo der Wald zum Anbau niedergebrannt
oder gerodet ist, da hat er sich wenigstens in den Flurbezeich=
nungen bis auf den heutigen Tag erhalten. Weitaus die
meisten Feldorte und Feldlagen, selbst in den fruchtbaren Ge=
genden, wo die Ansiedelungen schon früh am dichtesten waren,
sind nach dem Wald benannt und erinnern noch jetzt an den
frühern Waldbestand und die ursprüngliche Bodenbeschaffenheit.
Und dasselbe, was von dem Wald gilt, gilt auch vom Sumpf.
Denn eben so zahlreich wie die nach dem Wald benannten,
sind die nach Sümpfen, stehenden Wässern, Brüchen oder
Mooren benannten Feldorte, und die Synonymik der ältern
Sprache muß geradezu unerschöpflich gewesen sein, um für jede
specielle Art von Morast oder Lache den treffenden Ausdruck
zu finden. Viele sind jetzt gar nicht mehr verständlich, denn
mit dem Einschwinden der Sümpfe verlor sich auch das Be=
dürfnis nach einer genauern Unterscheidung derselben: wir
finden solche in Hessen, wo die durchweg hügelige Beschaffen=
heit des Bodens ihre Trockenlegung ungemein begünstigte, jetzt
nur noch ganz ausnahmsweise. Die Namen aber sind am
Boden haften geblieben und verraten uns seinen frühern Zu=
stand. Also auch von dieser Seite wird der Anbau des Landes
für die Urzeit auf ein Minimum eingeschränkt.

Keinen Falls kann ein wirtschaftliches System gedacht werden,
welches mit den natürlichen Voraussetzungen und der ursprüng=
lichen Beschaffenheit des Landes unvereinbar gewesen wäre.
Es war zweifellos eine noch halb nomadische Wirtschaft, bei
der neben den Heerden und Weidegründen vor allem auch die
Jagd eine Hauptrolle spielte, die eben so wohl zum Schutz
der Heerden wie zum eignen Unterhalt nötig war, während

von einem geordneten Ackerbau, wie er zur Zeit Karl's des Großen bestand, von regelmäßiger Fruchtfolge, Wiesenbau und künstlicher Viehzucht keine Rede sein kann. Freilich trat schon mit dem Bau des Pfahlgrabens eine wesentliche Änderung ein, weil er, so lange die Gränze wohl verteidigt war, die Germanen nötigte, Acker und Weiden zu vergrößern, wenn sie nicht verhungern wollten; aber ein erheblich ausgedehnterer Anbau darf doch erst seit der zweiten Hälfte des fünften Jahrhunderts angenommen werden, als die Wanderungen nach Gallien aufhörten und die Stämme in Deutschland definitiv auf ihre alte Heimat beschränkt blieben. Nun aber hat der Ackerbau auch eine innere Geschichte. Er wird je weiter wir zurückgehen um so oberflächlicher: selbst auf dem verschwindend kleinen Theil des Landes, welcher als Saatfeld diente, wurde relativ viel weniger Frucht gezogen wie heut zu Tage. Alles in allem genommen stellt sich hiernach aus der Geschichte des Anbaus im Lande selbst das negative Ergebnis heraus, daß ein Ackerbau in unserem Sinne in der Urzeit noch nicht vorhanden war: das was davon vorhanden war, ist mit dem heutigen gar nicht zu vergleichen.

Kehren wir nach dieser Abschweifung zu den fremden Schriftstellern zurück, so gewinnen wir das wichtige Resultat, daß die Berichte des Cäsar und Tacitus notwendig zusammen zu halten sind, daß beide, weit entfernt sich zu widersprechen, umgekehrt sich ergänzen und unterstützen und nur im Zusammenhang mit einander recht verstanden werden können.

Wir treffen die Germanen bei ihrem Eintritt in die Geschichte auf dem Punkte, die alte, unstete Lebensweise zu verlassen. Auch wo sie sich angesiedelt haben, sind sie vorläufig doch noch nicht fest ansäßig, denn ein solcher Übergang vollzieht sich nicht von heute auf morgen. Es sind wie man will wandernde Ackerbauer oder ackerbauende Nomaden. Sie haben

Heimat und Wohnsitze, sind aber geneigt, sie leicht wieder preis zu geben und bessere aufzusuchen; sie bauen Häuser, wo sie sich niederlassen, aber nur von Holz und leichter Arbeit, die sich allenfalls noch auf Wagen laden und mit fortführen lassen; sie bestellen wo sie länger bleiben auch den Boden, aber ein wirklich ansäßiges Volk, das vom Ackerbau lebt, sind sie doch noch nicht geworden, denn Krieg, Jagd und Viehzucht bilden ihre Hauptbeschäftigung und ihren Haupterwerb.

Gleichwohl scheiden sie sich von Nomaden, die nur Zelte und wechselnde Weidegebiete haben, oder von Jäger- und Fischervölkern, die nicht einmal Heerden haben. Das wird an dem scharfen Gegensatz deutlich, den Tacitus mit wenigen Strichen zwischen der Cultur der Germanen und der nordischen Finnen zeichnet. Diese haben keine Waffen, nur Pfeile mit Knochenspitzen, keine Pferde, statt der Häuser geflochtene Hütten, statt der Kleider nur Thierfelle sich zu bedecken; sie leben von Kräutern oder von der Jagd und halten sich trotz ihrer Armut für glücklicher, als wenn sie mit Mühe Felder bestellen oder häusliche Arbeit verrichten müßten. Gewis waren auch die Germanen leidenschaftliche Jäger und nicht bloß zum Vergnügen, aber ein bloßes Jägervolk sind sie darum doch nicht gewesen, und wenn Tacitus die Heerden ihren einzigen Reichthum nennt, so macht sie das eben so wenig zu reinen Nomaden.

Nur den Wandertrieb haben sie mit diesen gemein. Denn nachdem sie den ungeheuren Weg von den Abhängen des indischen Kaukasus nach Deutschland zurück gelegt hatten und vielleicht zweitausend Jahre, wenn auch mit Unterbrechungen, doch immer wieder von neuem gewandert waren, darf es uns nicht wundern, wenn sie noch Jahrhunderte lang nicht zur vollen Ruhe kommen konnten. Hätte das römische Reich seine Gränze behauptet, wären nicht von außen immer neue Anstöße zur

Wanderung gekommen, so würden wir ohne Zweifel keine Völkerwanderung mehr gehabt haben. Wohl oder übel hätten die Germanen gleich im ersten Jahrhundert zu Rodungen übergehen müssen, um sich den notwendigen Unterhalt zu verschaffen, während das in größerm Maßstab erst seit dem fünften Jahrhundert geschah, als die Bildung der neuen Stämme vollendet und mit dem fränkischen Reich eine Anerkennung derselben neben einander eingetreten war, die kein unstetes Umherziehen ganzer Völker mehr gestattete. Bei ihrer Ankunft in Deutschland aber dachten sie gewis noch nicht daran, daß sie gerade hier ihre bleibende Stätte finden würden. So sah sie Cäsar in Gallien vordringen, so berichtet uns Strabo, der etwa siebzig Jahre später schrieb, so auch noch Tacitus, der wieder siebzig Jahre später als Strabo schrieb.

Besonders merkwürdig ist der Bericht Strabo's. Gemeinsam ist allen Stämmen die leichte Art auszuwandern, schreibt er, denn ihre Lebensweise ist einfach, sie treiben noch keinen eigentlichen Ackerbau und sammeln keine Reichthümer, sondern begnügen sich mit ärmlich ausgestatteten Hütten, sie nähren sich meist von ihren Heerden, ähnlich wie Nomaden, laden wie diese ihren Hausrat auf Wagen und ziehen mit dem Vieh wohin sie wollen. Eben so sagt Tacitus, sie hätten immer denselben Grund gehabt, nach Gallien auszuwandern, die Lust ihre Wohnsitze zu wechseln und bessern Boden zu gewinnen, als das eigene Land ihnen gewähre.

Also sie suchen doch culturfähigen Boden, sie kennen den Ackerbau und wissen ihn zu schätzen. Freilich lieben sie wie alle unentwickelten Völker vorläufig die Trägheit und den Müßiggang noch mehr und ziehen den Erwerb durch Raub und Krieg der Arbeit vor. Aber mit dem Ackerbau war doch ein Anfang der Entwickelung gegeben, der früher oder später den Übergang zur Seßhaftigkeit nach sich ziehen mußte. Denn bei einem culturfähigen Volk führt er notwendig zu weiterer Entwickelung, vor allem zum Handwerk, das in gewissem Sinne, so weit es die nötigen Waffen und Werkzeuge liefert, eben so alt oder älter ist als der Ackerbau. Nur seine weitere Ausbildung ist von ihm abhängig und erfolgt Hand in Hand mit ihm.

Zugleich setzt der Ackerbau, wie er auch getrieben werden mag, schon überall eine gewisse Ordnung der Verfassung und des Rechts voraus, die über den nomadischen Geschlechterstaat hinaus geht: ein bestimmtes wenn auch noch nicht fest begränztes Territorium, wo das Volk ansäßig ist, und irgend eine Auftheilung des in Besitz genommenen Landes. Damit sind wenigstens die Grundlagen für Staat und Recht gegeben: ein politisches Gebiet und eine Art von Privat- oder Sondereigenthum.

Daß die Germanen und selbst die Sueven den Ackerbau kennen, und daß sie ihn treiben wo sie sich niederlassen, weiß auch Cäsar. Nur läugnet er das Privateigenthum, während Tacitus bereits ausgebildete Besitzverhältnisse und eine vollständige Auftheilung des Bodens anzunehmen scheint. Und hier liegt der Hauptwiderspruch zwischen beiden.

Man könnte sagen, Cäsar habe nur die Sueven im Auge, die er auf ihren Wanderungen in Gallien kennen lernte. Ein wanderndes Volk aber muß den Ackerbau anders ordnen als ein angesiedeltes, das seine Wohnsitze nicht wieder verlassen will und sich bleibend darin einrichtet: es ist ein organisirtes Heer, das sich nach der Ernte vom Boden wieder löst und bei welchem die Verfassung mit wandert. Wir würden also aus Cäsar erfahren, wie es die Germanen in der Übergangszeit machten und wie sie es vermutlich auch vorher auf ihren Wanderungen gemacht hatten. Daß hier an keine förmliche Landtheilung mit Sondereigen zu denken ist, liegt auf der Hand.

Allein was Cäsar an der einen Stelle von den Sueven sagt, wiederholt er an einer andern ausdrücklich von den Germanen überhaupt, und es ist sicher nicht anzunehmen, daß er sich gerade hier geirrt haben sollte. Wollen wir Cäsar nicht für einen einfältigen Tropf halten, so müssen wir das, was er mehrmals und bestimmt behauptet, ohne Widerrede annehmen. Die suevischen Zustände waren damals mehr oder weniger noch die allgemein germanischen, und wenn Cäsar in Deutschland einen erheblichen Unterschied gefunden hätte, würde er es gewiß nicht verschwiegen haben.

Alles kommt also darauf an, wie wir die Angaben des Tacitus zu verstehen haben, ob wirklich in den anderthalb hundert Jahren der Übergang zu einer eigentlichen Ackerwirtschaft mit vollständiger Auftheilung des Bodens vollendet war oder nicht. Gewiß, ein entschiedner Fortschritt war erfolgt, das unstete Leben hatte aufgegeben werden müssen, und die Anfänge der neuen Entwickelung traten bestimmter hervor. Die Frage ist nur: wie weit? Hier liegt nun die große Schwierigkeit. Denn die berühmte Stelle in der „Germania" läßt sich möglicherweise eben sowohl noch von einem ganz rohen, halb nomadischen, wie von einem weit fortgeschrittnen und entwickelten Ackerbau verstehen; es kommt nur darauf an, was man aus der Stelle heraus oder hinein lesen will.

Es ist am Ende Geschmacksache, wie man sich mit ihr abfindet, und jeder Streit darüber vergeblich. Nehmen wir sie aber im Zusammenhang mit der ganzen geschichtlichen Entwickelung und im Einklang mit dem, was alle andern Schriftsteller über das wirtschaftliche Leben der Germanen sagen, vor allem auch im Einklang mit dem, was uns die Geschichte des Anbaus im Lande selbst gelehrt hat, so ist es ganz undenkbar, die Stelle auf einen ausgebildeten Ackerbau zu deuten, wie er kaum zu Chlodwig's oder Karl's des Großen Zeit vorhanden gewesen sein kann. Ein Grundeigenthum im römischen oder modernen Sinn ist mit den wirtschaftlichen Zuständen zu Tacitus' Zeit eben so unverträglich, wie wenn man umgekehrt behaupten wollte, das Vermögen eines Agriculturvolks bestehe ausschließlich oder vorzugsweis in seinen Heerden und Viehtriften. Und bleiben wir bei der den Römern geläufigen Anschauungsweise und der nächsten und einfachsten Art ihres Ausdrucks stehen, so können die Hauptworte „mit den Saatfeldern wechseln sie jährlich und es bleibt immer noch Land genug übrig (arva per annos mutant et superest ager)" nur von einem Wechsel der Saatfelder selbst, nicht bloß von einem Wechsel in der Bestellung derselben verstanden werden. Mit andern Worten, nur ein Theil des bestellbaren Bodens diente dem Ackerbau, der übrige als Hute und Trift der Viehzucht. Zum Überfluß fügt Tacitus gleich selbst noch hinzu, daß es keine Gärten und keinen Wiesenbau gebe, daß keine Mühe auf die Bestellung verwandt und nur die Saat dem Boden anvertraut werde: das bestätigt vollends, in welchem Sinn er die Worte meint, und daß auch er nur die ersten Anfänge eines geordneten Ackerbaus und Privatbesitzes vor Augen gehabt haben kann.

Andere verstehen die Worte von der Dreifelderwirtschaft und übersetzen frischweg: mit der Bestellung der Schläge wechseln sie jährlich und ein Theil des Feldes bleibt brach. Warum nicht lieber gar besömmerte Brache, von der wir in den vorgeschrittensten und reichsten Gegenden urkundlich erst seit dem dreizehnten Jahrhundert hören, oder Klee- und Futterbau, wie er in der Gegenwart üblich ist! Eine ganz einfache Dreifelderwirtschaft wäre freilich mit einem primitiven Ackerbau nicht unvereinbar, wenn sie nur wirklich bezeugt wäre. Allein die Stelle sagt davon nichts, und der Gegensatz von Feld (arva) und Land (ager) deutet auf einen Wechsel der Äcker selbst. Urkundliche Spuren der Dreifelderwirtschaft reichen nicht über das achte Jahrhundert zurück, doch ist sie auf den Hausgütern der fränkischen Könige und den Höfen des geistlichen und weltlichen Adels gewiß viel älter. Die großen Güter sind zu allen Zeiten mit den Fortschritten der Landwirtschaft vorangegangen und darum haben sie ohne Zweifel auch für die ältere und älteste Zeit nach dieser Seite hin ihre besondere Bedeutung. In den gewöhnlichen Feldmarken dagegen, wo Gesammteigen und Flurzwang bestand, wird es länger gedauert haben, ehe sie durchdrang, wenn sie auch vermutlich schon in einer Zeit eingeführt wurde, wo eine Art Gesammteigen noch fortdauerte. Wenigstens scheint eine Eintheilung der Feldflur in drei Schläge gerade in den ältesten Feldmarken schon sehr früh vorgekommen zu sein, indes doch wohl nicht vor dem Ende des fünften Jahrhunderts, als volle Ansäßigkeit eingetreten war. Die Bewirtschaftung wird dann ursprünglich nicht nach Art unserer Dreifelderwirtschaft (Winterfrucht, Sommerfrucht, Brache), sondern vielleicht so zu denken sein, daß jährlich immer nur Ein Schlag bestellt wurde und dieser erst im vierten Jahr wieder an die Reihe kam. Immerhin war damit wenigstens ein permanentes Ackerland aus der Feldmark ausgeschieden. Dasselbe führt den Namen Saatfeld oder Esch (goth. atisk, ahd. ezisc) und findet sich hie und da auch in Ortsnamen, besonders in Westfalen und den überrheinischen Gegenden. Es könnten diejenigen Orte sein, wo eine solche Ausscheidung am frühsten statt gefunden hatte und die daher zum Unterschied von andern danach benannt wurden. Indes auch wenn der Ursprung der Namen anders zu erklären ist, beweist ihr seltnes Vorkommen doch, daß in gewissem Sinn die festen Niederlassungen älter sind als die Saatfelder. Viel häufiger sind die nach der Esche (ahd. asc fraxinus, ascahi fraxinetum) benannten Orte, die mit den vorigen, sobald keine alten Schreibungen vorliegen, leicht verwechselt werden können.

Auch das Wort Feld (campus, arvum), das namentlich als Grundwort in Ortsnamen häufig ist, gehört im ganzen, wo es nicht etwa Übersetzung des keltischen magus, erst der zweiten Periode der Ortsgründung an und bedeutet ursprünglich nicht einmal immer gerade ein Saatfeld, sondern wie noch jetzt Fläche, Ebene schlechthin, wiewohl in den jüngern Namen allerdings die erste Bedeutung immer bestimmter und entschiedener hervortritt. Denn in Verbindung mit Personennamen deutet es unzweifelhaft auf festes Ackerland. Dasselbe gilt von dem Wort Acker (ager, arvum), das vor dem achten Jahrhundert in Ortsnamen äußerst selten ist: wohl der deutlichste Beweis, daß die Ortsgründung der eigentlichen Ackerwirtschaft mit permanentem Pflugland voraufgieng. Älter und häufiger ist das ahd. bracha, das ursprünglich nicht den heutigen Sinn von Brache hatte, sondern das erste Umbrechen des zum Anbau bestimmten Landes bezeichnete, und sich schon in sehr alten nieder- und oberdeutschen Ortsnamen findet, in Hessen z. B. in der einfachen Form Brach für einen Centhauptort. Allein es gestattet durchaus keinen Schluß auf die Art des Anbaus und läßt es vollkommen zweifelhaft, ob das aufgebrochene Land nun auch immer unter dem Pflug blieb oder nicht. Jedenfalls zeigt das überaus seltne Vorkommen von Ortsnamen, die der Saat oder Ernte entlehnt sind, daß bleibende Saatfelder in der ältesten Zeit noch nicht angenommen werden dürfen.

Fast alle Nationalökonomen der Gegenwart, an ihrer Spitze Hanssen, Knies und Roscher, sind denn auch übereinstimmend der Ansicht, daß das ursprüngliche Feldsystem der Germanen nicht die Dreifelderwirtschaft, sondern eine wilde Feldgraswirtschaft gewesen sei, d. h. eine solche wobei auf eine einjährige Bestellung wieder eine längere Benutzung als Weideland folgte. „Sie entspricht den ausgedehntesten verfügbaren Bodenflächen, der dünnsten Bevölkerung und den geringsten Arbeitskräften der Urzeit; dagegen setzt die Dreifelderwirtschaft schon höhere Betriebsmittel und Arbeitskräfte, Tendenz zur Getraideerzeugung über den eignen Bedarf und eine feste, planmäßige Ordnung des Feldbaus voraus" (Hanssen). Urkundlich kommt ein solches Liegenbleiben von Feldern noch im spätern Mittelalter vor; selbst auf Klostergütern werden Äcker genannt „so jetzund in Heide liegen". Es wurde also immer nur ein kleiner Theil der Feldmark angebaut und dieser wanderte, ohne das es bleibendes Ackerland und eine schlagmäßige Eintheilung der Felder gegeben hätte, in der ganzen Feldmark umher. Alles war ursprünglich Gemeinweide, so weit es nicht vorübergehend zur Saat bestimmt wurde; außerdem gab es immer noch ausreichende Hute- und Triftländereien, die sich überhaupt nicht zum Anbau eigneten.

Natürlich muste der Wechsel von Acker- und Weideland, sobald die Niederlassungen und Ortschaften sich fixirten, unbequem werden. Man zerlegte also die Feldmark in zwei Theile, in bleibendes, dem Ort näher gelegenes Ackerland und in bleibendes, entfernter gelegenes Weideland, mit andern Worten, man gieng zur Dreifelderwirtschaft über, da das Ackerland nun schlagmäßig eingetheilt werden muste. Dadurch wurden die Wege verkürzt und die Bestellung und Ernte sehr erleichtert: auf niederer Culturstufe ein ganz ähnlicher Vorgang, wie heut zu Tage die Verkoppelung und Zusammenlegung der Grundstücke. Es ist möglich, daß sich der frühere Wechsel des Ackerlands, das Umherziehen des Feldes durch die ganze Gemarkung, im Ortsnamen Wabern erhalten hat: zum ahd. wawar vagus unstet, wobei wohl kaum noch an das Unstete der Niederlassung selbst gedacht werden kann. Der Name findet sich mehrfach und gerade bei sehr alten Orten: Wabern in der am frühsten angebauten hessischen Ebene bei Fritzlar, Wabern bei Bern, Wawern im Trier'schen bei Conz und bei Prüm, Wavre in Belgien und Wever bei Paderborn. Es bezeichnet vielleicht umgekehrt wie Esch diejenigen Orte, wo der Wechsel des Ackerlands sich länger als anderwärts erhielt und daher ein unterscheidendes Kennzeichen abgab, während in der Urzeit allerdings die Niederlassung selbst mit gewandert sein mag.

Auch für das Wandern der Niederlassungen selbst gibt es vermutlich noch einen Beleg in dem ahd. lâr, das sich einfach (Lahr, Laar, Laer, Leer, Lohr, Lohra, Lohre) wie zusammengesetzt häufig in Ortsnamen erhalten hat (Aßlar, Birklar, Dorlar, Dreislar, Ellar, Geislar, Goslar, Heßlar, Holzlar, Lindlar, Lollar, Mecklar, Sieglar, Uslar und andere, aber auch als Bestimmungswort im Anfang, wie Lahrbach, Larau, Lohrbach, Lohrhaupten, Lohrheim). Das Wort ist uralt, frühzeitig erloschen und vorzugsweis in den nieder- und mitteldeutschen Gebieten zu Hause, die stets von deutschen Stämmen bewohnt worden sind, mit den Wanderungen jedoch früh auch in die überrheinischen Gegenden und nach Süddeutschland gekommen. Es gehört jedenfalls noch der Urzeit an und ist wohl das erste, was für eigentliche Ansitze oder Niederlassungen in Gebrauch kam und bis zu Ende des fünften Jahrhunderts auch im Gebrauch blieb. Aber es bezeichnet noch keine festen, ausgebauten Wohnsitze, sondern die Niederlassung schlechthin, die möglicherweise ihren Ort noch wechseln kann, obgleich unter den Namen natürlich auch solche vorkommen, welche locale Beziehungen enthalten und deshalb an einem bestimmten Ort haften (wie Fritzlar der Ort des Friedens, vermutlich eine altheidnische Cultusstätte, Wetzlar für Wetafalar, der Ort am Furtwasser und andere ähnliche). Daß das Wort noch etwas unfertiges bezeichnet, sehen wir einmal daraus, daß es später durch andere verdrängt wird, die wie -dorf, -feld, -hausen und -heim entweder auf einen Fortschritt im Anbau oder eine bleibende Heimat deuten. Dann aber vor allem daraus, daß es als Localname zugleich für Orte vorkommt, die niemals eigentliche Ansiedelungen gewesen sind, sondern nur vorübergehend zum Aufenthalt gedient haben können. So findet es sich in Hessen noch jetzt vielfach als Name für Berge oder Forstorte tief im Wald. Daß alle diese Orte als Gerichts- oder Opferplätze benutzt worden, ist zu bezweifeln, denn die Namen sind dafür zu zahlreich und enthalten nichts, was eine solche Beziehung rechtfertigt. Wohl aber werden es Orte gewesen sein, die gelegentlich, wie etwa im Sommer oder in Notfällen, mit den Heerden aufgesucht wurden und so lange auch zu Niederlassungen dienten, während sie sich zur festen Ansiedelung und Ortsgründung nicht eigneten: nur die Namen erinnern noch an ihre ursprüngliche Bestimmung. Eine deutlichere Spur davon scheint sich in dem mit einem Personennamen zusammengesetzten, also verhältnismäßig jüngern Ort Brunslar (bei dem hessischen Felsberg) erhalten zu haben, dessen Name merkwürdigerweise als Feldort noch einmal zwei Stunden oberhalb in einer ganz andern Feldmark wiederkehrt: offenbar eine zweite Niederlassung des Bruno, die nur vorübergehend gewesen sein kann.

Doch sei dem wie ihm wolle, das unstete Leben des Volks spiegelt sich auch im ältesten Ackerbau ab und wiederholt sich in jeder einzelnen Feldmark. Wie das ganze Volk wandert und vorübergehend von Ort zu Ort Äcker bestellt, so zeigt sich dieser gleichsam wandernde Ackerbau zuerst auch noch im Lande selbst, welches vom Volk nicht wieder verlassen wurde.

Wann der überaus wichtige Übergang zum festen, geordneten Ackerbau erfolgt ist, wird sich kaum annähernd bestimmen lassen. Indes doch wohl schwerlich vor dem fünften Jahrhundert, ehe die Bildung der neuen Stämme vollendet war. Denn gewis hat dieselbe auch im innern Deutschland, besonders in Sachsen und Thüringen, nicht ohne längere, anhaltende Kämpfe statt gefunden, ein Schmelzfeuer gleichsam, worin nicht bloß die kleinen stammverwandten Völker, sondern auch Völker verschiedner Herkunft zu neuen großen Stammeseinheiten zusammen flossen. Und man wird nicht annehmen wollen, daß das Volk eher in seinen kleinsten Abtheilungen und Gliedern, in den wirtschaftlichen Folgen und Wirkungen, wie im ganzen und großen, in den wirtschaftlichen Grundlagen und Voraussetzungen zur Ruhe gekommen wäre. Gerade die Berührung mit dem römischen Reich und die Reibungen der Stämme unter einander haben den Fortschritt wohl erst hervorgerufen. Auf der andern Seite wäre freilich auch die Bildung der Stämme selbst wieder unbegreiflich, wenn wir nicht zugleich ein inneres Zusammenwachsen durch fortschreitenden Anbau und neue Ortsgründungen, eine Ausbreitung der Gaue und eine Verminderung der trennenden Weiden annehmen wollten. —

Das vollständige Detail der altgermanischen Landwirtschaft und ihr successiver Fortschritt zu höhern Stufen wird im einzelnen kaum je wieder zu ermitteln sein. Sie war unzweifelhaft schon damals nach Ort und Zeit so gut verschieden, als es der Ackerbau im heutigen Deutschland ist. So reicht ein wichtiger Unterschied der Ansiedelung, je nachdem dieselbe in zusammenhängenden Dörfern oder in einzelnen zerstreuten Höfen erfolgte, gewis in die Urzeit zurück. Denn er führt nicht bloß auf die Stammesverschiedenheit, sondern vor allem auf die Beschaffenheit des Bodens zurück. Jenes ist die Regel, dieses die Ausnahme, die nur eintritt, wo die Bodenbeschaffenheit keine gemeinschaftliche Feldflur gestattet. Wo die Fruchtbarkeit rasch wechselt, dürre Heide und fettes Ackerland dicht beisammen liegen, da ist keine Ansiedelung in zusammenhängenden größern Feldfluren möglich. Schon Tacitus scheint die verschiedne Art des Anbaus bemerkt zu haben. Er spricht zuerst von der

Hofwirtschaft, nach der ein jeder sich nach Belieben anbaue, wo ihm Wasser, Feld und Wald gefalle; dabei blieben nur Wald und Weide im Markverband, während sonst jeder seine Äcker und Wiesen separat erhielt, so daß sie eine freie, selbständige Feldmark für sich bildeten. Bei dem Dorfbau, den er keines Falls aus eigner Anschauung kannte, macht er dann auf den Unterschied der römischen und deutschen Bauart aufmerksam, daß die Häuser nicht an einander stießen, sondern einzeln ständen und je mit einem Hofraum umgeben seien: der Gegensatz läßt sich an der romanischen und deutschen Sprachgränze noch jetzt verfolgen.

Nur die Grundzüge und Ausgangspunkte der Entwickelung können annähernd festgestellt werden. Und diese können im Vergleich mit der Ausbildung, welche die Landwirtschaft in der Gegenwart erhalten hat, allerdings kaum tief genug angeschlagen werden. Es war, um einen technischen Ausdruck zu brauchen, noch eine ganz extensive Wirtschaft mit möglichst geringer Arbeits- und Capitalverwendung. Das war für jene Zeit zugleich das Vortheilhafteste. Denn Arbeit und Capital waren kostbar und selten, der Boden dagegen in überflüßiger Menge vorhanden. Da dieser, sobald keine Rodungen mehr zuläßig sind, nicht weiter wachsen kann und doch fort und fort eine größere Bevölkerung ernähren muß, so bleibt später nichts übrig, als seine Kraft innerlich zu steigern, das heißt durch stärkere Arbeits- und Capitalzusätze mehr zu gewinnen. So geht man zu intensivern Wirtschaftsstufen über, bis zuletzt alle Feldgemeinschaft aufgehoben und der Ackerbau ein reiner Industriezweig wird. Der erste wichtige Fortschritt dieser Art, der Übergang zur Dreifelderwirtschaft, gehört wohl noch der Urzeit, wenn auch erst dem Ende derselben an.

Damit hängt nun auch die Entwickelung des Eigenthums an Grund und Boden zusammen. Wahres Privateigenthum setzt permanentes Ackerland voraus, und nur in demselben Grad, in welchem der Boden Arbeits- und Capitalzusätze aufnimmt, wird auch das Eigenthum intensiver, das heißt ein immer stärkeres und freieres Recht. Ob und in wie weit ein solches in der Urzeit bereits vorhanden war, ist daher eben so fraglich, wie die Art und Weise, wie der Ackerbau getrieben wurde. Ja die Worte bei Tacitus selbst scheinen in einem gewissen Widerspruch zu stehen, und nicht mit Unrecht bezweifelt Hanssen, ob Tacitus es überhaupt zu einer deutlichen Vorstellung des germanischen Agrarwesens gebracht habe. Denn während die ersten Worte auf einen Wechsel der Markgenossen im Besitz der Äcker deuten (agri pro numero cultorum ab universis in vices occupantur), scheint er im Nachsatz von einer definitiven Landvertheilung unter die Genossen zu reden (quos mox inter se secundum dignationem partiuntur). Erklärungen den Widerspruch zu heben sind mancherlei möglich: man könnte z. B. Vorder- und Nachsatz sich zeitlich getrennt denken, so daß die Aufteilung nicht gleich nach der Besitznahme erfolgt sei, oder ein selbständiges Eigenthum nur bei den Fürsten- und Herrengeschlechtern annehmen, wobei das Hauptgewicht auf die Worte Rang oder Stand fiele, oder den Nachsatz nur auf die westfälische Hofwirtschaft beziehen, bei der allerdings in gewissem Sinne ein freies Eigen von Anfang an vorkam. Aber man kommt damit nicht weiter; das eine ist so gut möglich wie das andere. Gewis ist nur soviel, daß Genossenschaft und Sammtbesitz das Ursprüngliche, Aufteilung und Sondereigen das Abgeleitete sind: der Antheil an der gemeinen Mark darf nicht als Zubehör zum aufgetheilten Ackerland angesehen werden, sondern der Antheil am Ackerland war umgekehrt die Folge der Zugehörigkeit des Einzelnen zur Genossenschaft. Nur so erklärt sich die alte Feldgemeinschaft, die noch kein festes Sondereigen kannte, sondern abwechselnd jedem Besitzer seinen Antheil am

Ackerland anwies. Und wenn Tacitus für die Urzeit von einer Occupation und Aufteilung redet, so möchte man fragen, was denn in Deutschland, so lange dasselbe mit Urwald bedeckt blieb, eigentlich aufzutheilen war. Allerdings war das anders, sobald Länder in Besitz genommen wurden, die Römer oder Kelten schon lange unter dem Pflug gehabt hatten. Im innern Deutschland dagegen kann von den letztern vorher nur ein dürftiger und oberflächlicher Ackerbau getrieben worden sein, und das bestellbare Land bildete sicher nur einen äußerst geringen Bruchtheil der ganzen Oberfläche: man irrt gewis nicht, wenn man annimmt, daß z. B. in Hessen mindestens 99 Prozent alles bestellbaren und eigenthumsfähigen Landes erst durch Rodungen gewonnen sind.

Jeden Falls waren die Sonderrechte der Einzelnen, dem Umfang wie dem Inhalt nach, noch sehr gering, denn erst mit der Rodung und dem Anbau vollzieht sich die Appropriation; durch die Rodung wurde ja überhaupt erst culturfähiger Boden gewonnen. Wenn also Tacitus von einer Occupation und Auftheilung spricht, so mögen immerhin Sonderrechte angenommen werden, aber es können doch erst Anfänge eines wirklichen Eigenthums gewesen sein. Sobald aber der Begriff des Sondereigens einmal ausgebildet war, konnte er nun leicht auf das Ackerland im ganzen übertragen werden, und in den Stammrechten der folgenden Periode tritt er allerdings bestimmt und deutlich hervor. Die Einführung einer Art von Dreifelderwirtschaft mit permanentem Pflugland muß notwendig voraus gegangen sein.

Indes auch in der folgenden Zeit zeigt sich das Eigenthum im Vergleich mit dem heutigen nach zwei Seiten hin wesentlich beschränkt. Einmal konnte wegen der Abhängigkeit des Ackerbaus von der Weidewirtschaft immer nur ein verhältnismäßig kleiner Theil des Landes aufgetheilt werden. Von den

Urwäldern abgesehen musten große Weidestrecken bleiben, die wie der Wald gemeinschaftlich benutzt wurden. Das sind die spätern Almenden oder Marken, die bei der Verbindung der Viehzucht mit dem Ackerbau und der rohen, einfachen Art des letztern das ganze Mittelalter hindurch die größte Bedeutung hatten. Sie standen nur den politischen Abtheilungen oder Genossenschaften im ganzen zu, nicht Einzelnen allein, soweit nicht etwa Fürsten und Herren solche selbständig für sich erworben hatten. Vielleicht darf ein solcher selbständiger Besitz der Stammhäupter schon in der ältesten Zeit angenommen werden: daß sie größere Antheile an der gemeinen Mark erhielten, sagt Tacitus ausdrücklich und folgt schon aus ihrem größern Reichthum an Heerden.

Dann aber war auch das Recht des Einzelnen am aufgetheilten oder ausgeschiednen Ackerland kein unbeschränktes wie nach römischem oder heutigem Recht. Es konnte nur in der herkömmlichen Weise mit Rücksicht auf die übrigen Markgenossen benutzt werden. Wenn auch der jährliche Wechsel mit dem Ackerland, wie ihn Cäsar bestimmt ausspricht und Tacitus noch anzudeuten scheint, gewis bald aufhörte, so war die Feldgemeinschaft, die bis auf unsere Zeit fortgedauert hat, jedenfalls um so größer, je weiter wir uns in die alte Zeit zurückversetzen. So weit sie aber reichte, so weit war der Einzelne in seinem Besitz und Gebrauch gebunden, denn er leitete sein Recht immer nur von der Genossenschaft ab.

Auch durfte er schon in der Urzeit gewis so wenig wie bei den Kelten oder später zum Nachtheil seiner Kinder und Erben darüber verfügen, denn der Einzelne war nicht als solcher, sondern als Angehöriger seiner Sippe oder seines Geschlechts im Stamm und in der Mark berechtigt, und darum hatte er auch seinen Ansitz und Acker nicht zu freiem individuellen Eigenthum. So wenig er für sich allein einen Fremden in den Stamm aufnehmen konnte, so wenig konnte er den Rechten seiner Sippe vorgreifen. Noch im dreizehnten Jahrhundert kommen Güter vor, von denen es urkundlich heißt, daß sie seit den ältesten Zeiten im Besitz eines und desselben Hauses gewesen seien. Wenn das auch nicht gerade wörtlich zu nehmen ist, so heißt es doch wenigstens so viel, daß eine traditionelle Überlieferung bestand, wonach soweit menschliches Gedenken reichte nichts anderes bekannt war. Bei den Kelten hat sich vor der römischen Eroberung gar kein individuelles Grundeigenthum ausgebildet. Das Ackerfeld war in der ältern Zeit im Gesammtbesitz des Geschlechts; die Genossen bewirtschafteten es gemeinsam oder vertheilten es an die einzelnen Hausväter. Dann wurden die Familienloose Erbgut der einzelnen Familien, woran jeder Angehörige ein Genossenschaftsrecht oder eine Anwartschaft hatte. Daher war jede Veräußerung ohne Einwilligung der Berechtigten ungültig; alle Familienglieder hafteten für die Bußen, die der Einzelne verwirkt hatte, wie sie ein Recht zum Empfang derselben hatten: ähnlich wie das auch bei den Germanen der Fall war. —

Städte waren in der ältern Zeit vollkommen unbekannt, wie Tacitus nachdrücklich betont. Eben so erzählt Ammian von den Alemannen, daß sie Städte als Bollwerke der Knechtschaft ansahen. Die Abneigung der Germanen dagegen gieng so weit, daß sobald sie ein Land eroberten die Zerstörung der Städte und Festungswerke regelmäßig das erste war was sie thaten: oft sehr zu ihrem Nachtheil, weil sie sich dadurch eines wesentlichen Mittels beraubten, das Land zu behaupten, wie gerade die Alemannen im Elsaß zu Julian's Zeit erfahren musten. So blieb es noch beinahe tausend Jahre, bis infolge der innern Entwicklung auch bei uns Städte aufblühten, nun in ganz anderer Weise als bei den Kelten oder den Völkern der alten Welt. Denn im gesammten neuern Europa ist das Städtewesen, soweit damit eine besondere städtische Verfassung zusammen hängt, germanischen Ursprungs, auch da wo wie in den Provinzen des römischen Reichs die Städte selbst viel älter sind. So lange aber die Germanen noch angreifend in der Geschichte auftraten und zur Verteidigung ihrer Heiligthümer nur Ringwälle brauchten, so lange sie bei Weidewirtschaft und Ackerbau blieben und sich infolge dessen gleichmäßig über das offene Land verbreiteten, ohne zunächst überhaupt feste Ansitze zu gründen, so lange paßten Städte noch weniger wie ausgebaute Dörfer, und so lange erhielt sich auch der Gedanke, daß Festungen der gemeinen Freiheit gefährlich seien, wie es der Burgenbau seit dem eilften Jahrhundert wirklich war. Dagegen haben die Städte später umgekehrt die Freiheit begünstigt und mehr als alles andere die Leibeigenschaft und Hörigkeit überwinden helfen.

Natürlich fehlte es mit den Städten auch an allem activen Handel und Gewerbe. Selbst fremde Kaufleute wurden ungern gesehen und nur zum notwendigen Tauschverkehr zugelassen. Cäsar bemerkt, daß namentlich die Einfuhr von Wein nicht geduldet werde. Das war sehr klug, hatte aber nicht lange Bestand. Denn schon zu Tacitus' Zeit wusten die Germanen den Wein eben so zu schätzen wie das von ihnen selbst gebraute Bier: die ersten Anfänge des Weinbaus in Deutschland werden auf Kaiser Probus zurück geführt.

Wenn wie Tacitus erzählt die Hermunduren des Handels wegen bis nach Augsburg kamen oder bei der Eroberung der Residenz Marbod's durch Catualda ansäßige römische Händler dort gefunden wurden, so waren das eben Ausnahmen, die keine weitern Folgerungen gestatten. Denn die Hermunduren waren das einzige deutsche Volk, das mit den Römern auf freundschaftlichem Fuße lebte. Und der Handel, welcher mit deutschen oder nordischen Produkten statt fand, wurde nicht von deutschen, sondern von römischen Kaufleuten getrieben: es waren vorzugsweise Pelze, Häute und Bernstein, daneben auch wohl Seife mit Lauge bereitet, Gänsefedern zum Füllen der Kissen und germanisches Haar, womit sich die vornehmen Römerinnen schmückten; als Gegenwert wurden Schmucksachen, geprägtes und ungeprägtes Edelmetall und am liebsten gewis Erz und Eisen genommen, deren Ausfuhr indes von den römischen Kaisern früh verboten wurde.

Drei alte Handelsstraßen giengen von der Ostsee nach Süden: eine über die Elbe nach Gallien, die Pytheas für den Bernsteinhandel kennen lernte; eine zweite im Weichselthal aufwärts nach der Donau und dem adriatischen Meer, die besonders in der Kaiserzeit in Aufnahme kam; und eine dritte nach Südosten dem Lauf des Dniepers entlang, die vorzugsweise von den Griechen benutzt wurde.

Nur an den Gränzen entstand ein lebhafterer Verkehr; daß die Germanen fremde Kaufleute brauchten, um ihre Beute wieder an sie zu verhandeln, berichtet schon Cäsar: doch unterlag auch dieser Verkehr in kriegerischen Zeiten, und diese bildeten ja die Regel, mannigfachen Beschränkungen. Ein eigentlicher Handel aber, an dem die Germanen selbstthätig Theil nahmen, entwickelte sich erst mit dem Aufkommen der Klöster und Städte, zumal infolge der Kreuzzüge und der Verbindung mit Italien, und nun entstand auch in Deutschland ein eigner Handels- und Gewerbestand.

Von den Handwerken erlangten nur die einige Ausbildung, die für den Ackerbau und Krieg unentbehrlich waren oder das notwendige Gerät zum Haushalt lieferten, wie Schmiedekunst und Töpferei. Die letztere gedieh wohl erst im Verkehr mit den Römern zu höherer Kunstfertigkeit, wie die Funde im Decumatenland zu beweisen scheinen. Die Verarbeitung des Eisens dagegen muß früher erlernt worden sein, denn die Germanen treten gleich mit eisernen Waffen in die Geschichte, wenn auch dasselbe zu Tacitus' Zeit noch selten und kostbar war und die allgemeine Verbreitung eiserner Waffen erst der Zeit der Völkerwanderung angehört. Die Kunst andere Metalle zu schmelzen, scheinen sie schon aus der asiatischen Heimat mitgebracht zu haben, denn sie ist allen arischen Völkern eigen. Das schließt natürlich nicht aus, daß daneben noch längere Zeit auch Steinwaffen im Gebrauch blieben, denn das Erz war eben so kostbar und schwer zu gewinnen wie das Eisen. Auch Gerberei und Sattlerei konnten nicht ganz entbehrt werden: gegen die Kälte brauchte man verarbeitete Felle und Pelze, und zum Aufzäumen und Anschirren der Pferde hatte man Leder nötig. Sättel scheinen zu Cäsar's Zeit noch nicht im Gebrauch gewesen zu sein, wenigstens erzählt er, daß die Germanen es für schimpflich und feig hielten, solche zu brauchen, und gesattelte Reiter, selbst wenn dieselben in noch so großer Anzahl seien, verachteten.

Ohne Zweifel waren die meisten eigentlichen Handwerke schon bekannt. Ziemlich ausgebildet und in innungsmäßigem Verband treten sie auf den königlichen Hausgütern zu Karl's des Großen Zeit auf; es ist möglich, daß auf den größern fürstlichen Höfen der Urzeit etwas ähnliches vorgekommen sein mag, besonders wenn es etwa gelang, kunstfertige fremde Hörige zu gewinnen. Daß die Höfe die natürlichen Mittelpunkte für Gewerbe und Handel bildeten, darf aus dem Vorhandensein römischer Kaufleute am Hof Marbod's geschlossen werden, wenn es dazu noch eines Beweises bedürfte, da sie es für die Luxusindustrie zu allen Zeiten gewesen sind. Gleichwohl befanden sich die Handwerke im ganzen noch in sehr untergeordneter Stellung und wurden regelmäßig nur im Haus und für das Haus getrieben. Das zeigt sich noch zu Karl's des Großen Zeit, ja noch viel später bis in das zwölfte und dreizehnte Jahrhundert auch in den Städten in der Hörigkeit des

Handwerkerstandes, die erst durch die städtische Entwickelung überwunden wurde, als es im dreizehnten Jahrhundert Stadtrecht wurde, daß die Luft in der Stadt frei mache. Es waren also, vom Hausbetrieb abgesehn, meist Leibeigene oder Hörige, denen das Handwerk überlassen blieb; ein öffentlicher Betrieb für andere oder auf Bestellung konnte nur mit Erlaubnis des Herrn statt finden. Davon machten nur Schmiede und vielleicht Zimmerleute eine Ausnahme, wozu sich auch Freie hergaben: schon die Wielandssage deutet darauf, daß das Schmiedehandwerk in weit höherm Ansehn stand als die übrigen. Sonst muste jeder die Arbeit, welche er brauchte, selbst verrichten oder von seinen Hörigen verrichten lassen, eine nationale Arbeitstheilung mit selbständigem Handwerkerstand gab es nicht und wurde erst überhaupt möglich, als Handel und Gewerbe in den Städten größere Bedeutung gewannen und auf eignen Füßen stehen lernten. Auch den Hausbau übernahm ursprünglich jeder selbst, wie es auf dem Lande zum Theil noch heute geschieht.

Die Frauen und Mägde spannen, webten und nähten die Kleider, die von Flachs oder Wolle, wie Tacitus bezeugt, durchweg im Haus verfertigt wurden. Eben so besorgten sie das Mahlen, Backen und Brauen, die hörigen Mägde wie immer die gröbere und schwerere Arbeit, die Frauen und Töchter die feinere und leichtere. Leider fehlt uns noch immer eine Geschichte des Mühlenbaus, die nicht bloß für Ackerbau und Gewerbe, sondern auch für vieles andere überaus lehrreich sein würde. Das ältere, jetzt noch in zahlreichen Ortsnamen erhaltene Wort dafür war Quirn (goth. quairnus): es bezeichnet nichts weiter, als eine Handmühle einfachster Art, wo das Getraide durch zwei in einander passende Steine zerrieben wurde. Die Ortsnamen sind so zahlreich und über die verschiednen Gegenden Deutschlands verbreitet, daß sich diese ältere Art von Mühlen lange erhalten haben muß. Daß aber ganze Orte darnach benannt wurden, zeigt doch auch wieder, daß es größere Mühlen gewesen sein müssen, wie sie nicht in jedem Haus, nicht einmal in jedem Ort vorkamen, weil sie sonst kein unterscheidendes Kennzeichen für die Benennung hätten abgeben können. Wahrscheinlich wurden sie später so vergrößert, daß sie durch Thiere getrieben werden musten, während daneben noch lange kleinere Handmühlen im Gebrauch blieben. Wassermühlen, welche bei den Römern in den letzten Zeiten der Republik aufkamen, lernte man zwar früh in den römischen Provinzen kennen, baute sie aber im innern Deutschland häufiger erst im spätern Mittelalter. Zu ihrer Anlage gehörte ein für die damalige Zeit so großes Capital, daß sie anfangs nur von Fürsten, reichen Klöstern oder Städten errichtet werden konnten. In den ehemals römischen Gebieten sind sie natürlich älter, vor allem wieder auf den großen Königshöfen der merovingischen und karolingischen Zeit. Keinen Falls ist der Übergang von den alten Hand- zu den spätern Wassermühlen unvermittelt zu denken. Daß schon vorher ein Fortschritt statt gefunden hat, zeigt unter anderm das Wort Holzmühl, das sich als Ortsname für ein wetteranisches Dorf findet und im Gegensatz zu dem benachbarten Radmühl steht, aber auch einen Gegensatz zu dem ältern Quirn (Quirnbach, Quirnheim, Querfurt, Kirnbach, Körnbach, Kernbach, Kürnach, Kürnbach, Kürnberg und viele andere) anzudeuten scheint; auch die Roßmühlen, die später zur kriegerischen Ausrüstung der Städte gehörten, für den Fall, daß bei einer Belagerung die Mühlgraben abgegraben wurden, lassen darauf schließen. Als die Wassermühlen aufkamen, paßte das alte Wort Quirn nicht mehr, die Sprache ließ es daher fallen und nahm für die spätern Mühlen in unserm Sinn das ahd. muli Mühle in Gebrauch, was in jüngern Ortsnamen bekanntlich ebenfalls häufig vorkommt, vor dem zwölften Jahrhundert aber noch sehr selten ist.

So waren in der Urzeit alle Gewerbe, welche für das tägliche Leben dienen, für Nahrung, Kleidung und Wohnung, also gerade die, welche für die eigentliche Masse der Bevölkerung arbeiten, auf den Hausbetrieb beschränkt und daher auch noch ohne technische, handwerksmäßige Ausbildung.

Gab es keinen Handel und kein Gewerbe, so kannte man selbstverständlich auch das Geld noch nicht als allgemeines Tauschmittel. Allerdings wurden die edeln Metalle gesucht und geschätzt: besonders gern in Form goldner Ringe, die um den Hals oder Arm getragen, als Geschenk gegeben, im Tauschverkehr gebraucht und als Schatz gesammelt und aufgespeichert wurden. Eben so kannte und brauchte man das Geld, wobei man die feinen Silbermünzen der Republik gar wohl von den schlechtern der Kaiserzeit zu unterscheiden wuste. Aber es diente, wenn es nicht wie die Ringe aufgespart wurde, nur zum Gränzverkehr, nicht im Lande selbst, und eigne Münzen hatte man nicht. Das ganze wirtschaftliche Leben beruhte auf Tauschhandel und Naturalwirtschaft, wobei jeder das was er zum Leben brauchte wo möglichst selbst zu ziehen suchte oder von andern gegen eigne Erzeugnisse eintauschte.

Das gewöhnliche Tauschmittel oder das eigentliche Geld jener Zeit, wenn wir so wollen, war Vieh, weshalb in den nordischen Sprachen sö wie das lateinische pecunia beides zugleich bedeutet. Noch in den Volksrechten sind die Bußen zum Theil in Vieh angesetzt; eben so werden Tribute in Pferden, Rindern oder Häuten auferlegt, wie z. B. die Friesen an die Römer jährlich eine Anzahl Ochsenhäute entrichten musten. Später trat für regelmäßig wieder kehrende Abgaben an die Stelle des Viehes mehr und mehr das Getraide, was wieder den Fortschritt von der ältern Viehzucht und Weidewirtschaft zum Ackerbau mit vorwiegender Fruchtgewinnung bezeichnet. In diesem Sinn hat sich die alte Naturalwirtschaft mit ihren

Fruchtzinsen, Zehnten, Käs-, Honig-, Eier-, Hühner- und Gänselieferungen für den Haushalt des geistlichen und weltlichen Adels das ganze Mittelalter hindurch erhalten, ja im Grunde bis auf die Ablösungsgesetze der neuern Zeit fortgedauert.

Mit den einfachen ältern Zuständen stimmt auch die Lebensweise in Beziehung auf Nahrung, Kleidung und Wohnung überein.

Was die Nahrungsmittel anlangt, so waren es vorzugsweis Milch- und Fleischspeisen, weniger Getraide und Brod, wovon man lebte, genau der wirtschaftlichen Cultur entsprechend, welche noch an das frühere Nomadenleben erinnert. Doch erwähnt Plinius auch Haferbrei als allgemein verbreitete Kost, der sich auf dem Land bekanntlich bis in dieses Jahrhundert als solche erhalten hat. Wir dürfen daraus schließen, daß Hafer, der von allen Getraidearten am leichtesten magern Boden und ein rauhes Klima verträgt, verhältnismäßig auch am meisten gebaut wurde, neben der Gerste, die man zum Bier brauchte; Korn und Waizen gewis noch sehr wenig, wie es in ärmern Gegenden selbst im Mittelalter nicht viel anders war. Tacitus nennt außer dem Wild insbesondere Äpfel und saure Milch. Der Apfel war jedenfalls das älteste und verbreitetste Obst, wie wir aus den zahlreichen alten Ortsnamen sehen, die von Apfelbäumen entlehnt sind (Affoldern, Affoltern, Effelder, Effeltern, Apelern, Affeltrach, Affalterbach, Effolderbach, Aplerbeck, Affeltrangen und andere: darunter ist besonders das alemannische Affoltern bei Zürich bemerkenswert, das zwar noch der Urzeit angehört, aber doch nicht vor dem fünften Jahrhundert gegründet sein kann, als die Alemannen das Land zwischen Bodensee und Alpen in Besitz nahmen; Affoldern unter Waldeck an der Eder, Centhauptort, mag älter sein). Schon Jakob Grimm macht auf den merkwürdigen Umstand aufmerksam, daß das Wort Apfel Kelten, Germanen und Slaven eigenthümlich ist, während Griechen und Römer ein anderes dafür haben; es ist entweder ursprüngliches Gemeingut der drei erst genannten Stämme, oder Germanen und Slaven haben es von den Kelten entlehnt. Saure Milch ist in den altgermanischen Gegenden, wie Westfalen und Hessen, noch jetzt vielfach ein Lieblingsgericht. Cäsar fügt noch den Käs hinzu, sicher der einfache, kleine Handkäs, wie er in den Lieferungen des Mittelalters schock- und malterweis vorkommt, denn die künstliche Käsebereitung, wie sie in der Schweiz und in den Niederlanden üblich ist, hier aber allerdings schon sehr früh, haben wir erst von den Römern gelernt.

Unter den Fleischspeisen steht natürlich das Wild obenan. Denn die Jagd war tägliche Übung und schon um des Unterhalts willen nötig. Von zahmem Vieh war das Schwein bis zu Ende des Mittelalters das wichtigste Culturthier. Es weidete fast halb wild in den Wäldern und fand überall die beste Eichelmast. Sein Fleisch wurde in allen möglichen Formen und Arten gegessen, frisch, gekocht und gebraten, gesalzen und geräuchert, gehackt und ungehackt. Daher spielen Speck, Schinken und Wurst das ganze Mittelalter im Küchenzettel eine Hauptrolle: selbst Karl der Große hielt es nicht unter seiner Würde, im Capitulare für die königlichen Hausgüter Vorschriften für Schinken und Wurst zu geben. Auch bei Gastmählern wurde das Schweinefleisch in den verschiedensten Zubereitungen aufgetischt: so z. B. noch im zwölften Jahrhundert bei den festlichen Basler Domherrnmahlzeiten, deren Beschreibung uns erhalten ist. Man rechnete dabei auf je acht Herren täglich ein Schwein. Es müssen demnach, selbst wenn das Gesinde mit gegessen hat und der Appetit erheblich größer als heut zu Tage war, ziemlich magere gewesen sein; wie Tacitus von den alten Germanen sagt, sie hätten viel, aber schlecht genährtes Vieh. Dagegen war Rindfleisch selten und fast ein Leckerbissen: das Rind wurde mehr als Milch-, wie als Schlachtvieh gehalten. Nur im Herbst wird so viel geschlachtet worden sein, als junges Vieh vorhanden war, um möglichst wenig überwintern zu müssen. Das Fleisch wurde ebenfalls meist getrocknet, gesalzen oder geräuchert und für den Winter aufbewahrt, wo die Nahrung auch für den Menschen schwieriger zu beschaffen war; frisch wurde dasselbe gewis nur ausnahmsweise gegessen, und eine eigentliche Mästung war vollkommen unbekannt. Noch im fünfzehnten und sechzehnten Jahrhundert kam es vor, daß deutsche Höfe fette Ochsen aus Holstein und den Marschen kommen ließen, um eine Abwechslung für das ewige Einerlei von Wildpret und Fischen zu haben. Pferdefleisch wurde hauptsächlich bei den Opfermahlzeiten gegessen und daher später von der Kirche verboten; zunächst daher mag, wenn auch unbewust, der Widerwille rühren, der sich in der Gegenwart vielfach gegen den Genuß desselben kund gibt, obgleich natürlich auch unser Geschmack verwöhnter geworden ist. Von Vegetabilien wurden noch im spätern Mittelalter neben dem Brod besonders Hülsenfrüchte genossen, Erbsen, Bohnen und Linsen: es wird in der Urzeit nicht anders gewesen sein, denn ein ausgebildeter Gemüs- und Gartenbau gehört erst der jüngsten Entwickelungsstufe an. Nur die einfachsten Kraut- und Rübenarten dürfen als bekannt vorausgesetzt werden.

Die schweren Speisen bedurften dann wieder starker Gewürze, weshalb später im Mittelalter der Pfeffer so beliebt wurde und so oft als Abgabe erscheint. In der Urzeit muste man sich natürlich mit Salz und einheimischem Lauch begnügen. Das Salz wurde auf die rohste, einfachste Art gewonnen, indem man die Soole über Kohlenfeuer goß und den Niederschlag sammelte. Salzquellen waren daher bei ihrer außerordentlichen Wichtigkeit für Menschen und Vieh häufig ein Streit-

gegenstand zwischen benachbarten Stämmen und gaben Anlaß
zu erbitterten Kriegen, so die an der Werra zwischen Hermunduren und Chatten, die bei Schwäbischhall später zwischen Burgundern und Alemannen.

Das scharfe Gewürz aber reizte den Durst, und so musste
zu der nahrhaften Kost auch tüchtig getrunken werden. Daß
der Trunk eine Hauptleidenschaft war, berichten übereinstimmend
alle alten Schriftsteller. So fanden auch später die christlichen
Glaubensboten bei ihrer Ankunft die Germanen wohl gerade
bei Trinkgelagen zu Ehren des Wotan versammelt; denn selbstverständlich wurde auch bei den Opfermahlzeiten vor allem getrunken. Wein hatte man nicht, seine Einfuhr war sogar in
der ältesten Zeit bei den Nachbarstämmen der Römer verboten, aber man trank verschiedne Arten Bier, das wie bei
uns durch Gährung aus Hopfen und Malz gewonnen wurde.
Zu Tacitus' Zeit scheint das Verbot nicht mehr in Kraft gewesen zu sein, denn er erzählt gerade umgekehrt, daß die am
Rhein wohnenden Stämme außer dem Biere auch gekauften
Wein tränken.

Verhältnismäßig am wenigsten genau sind wir über die
Kleidung und Tracht der alten Germanen unterrichtet. Was
die Schriftsteller haben ist dürftig und vieldeutig; auch die
Gräberfunde reichen vorläufig nicht aus, um uns ein vollständiges und deutliches Bild zu geben. Nehmen wir die Nachrichten bei Cäsar, Pomponius und Tacitus buchstäblich, so
könnte es scheinen, als ob die Germanen der Urzeit wirklich
wie Wilde halbnackt gegangen seien. Allerdings mag das den
Römern im Vergleich mit ihrer nationalen Tracht so vorgekommen sein. Die Kinder wuchsen wohl im Hause und
Stall mit dem Gesinde und Vieh halbnackt auf; im Sommer
bei der Arbeit, auf der Jagd oder im Kampf legten auch Er-
wachsene ihr Obergewand ab und trugen Brust und Nacken

bloß; und eben so mögen sie sich, wenn sie zu Hause am Herd oder auf der Bärenhaut lagen, nur mit einem Mantel bedeckt haben, wie nach Müllenhoff's treffender Bemerkung ja auch noch heut zu Tage gelegentlich der Schlafrock die übrige Kleidung vertritt. Daß sie aber regelmäßig nur ein Fell oder ein Stück Zeug umgeschlagen hätten und im übrigen unbekleidet gewesen seien, ist nicht bloß unwahrscheinlich, sondern geradezu unmöglich. Denn bei aller Abhärtung konnte man der Natur doch nicht trotzen: der germanische Winter verlangte im Freien einen wärmern und stärkern Schutz.

Zwei Kleidungsstücke sind übereinstimmend bei Männern wie bei Frauen anzunehmen, nur daß sie bei den Frauen vermutlich etwas länger waren: das Obergewand oder der Mantel und der Rock oder das Kleid. Der Mantel, den Tacitus Sagum nennt, muß dem römischen Soldatenmantel ähnlich gewesen sein. Es war ein großes, viereckiges Stück Wollenzeug, wie es auch die Kelten und zwar besonders gern bunt oder farbig trugen, das um die linke Schulter gelegt, auf der rechten mit einer Spange oder Haspe befestigt wurde, den rechten Arm frei ließ und bis auf die Knie herabfiel. Neben dem Mantel, der der römischen Toga entsprach, nur daß diese länger war, wurde noch ein enger Rock oder bei den Frauen ein Kleid getragen, das von Leinen gefertigt ziemlich eng anschloß, ebenfalls bis auf die Knie reichte und bei den Frauen ohne Ärmel war. Daß nur die Vornehmen ein solches Unterkleid, ähnlich der römischen Tunika, getragen hätten, sagt Tacitus nicht ausdrücklich, sondern nur, daß die Vornehmen daran zu unterscheiden gewesen seien: sie werden eben wie zu allen Zeiten ein feineres und besseres gehabt haben. Es vertrat die Stelle unseres heutigen Hemdes, denn der allgemeine Gebrauch des letztern datirt erst seit dem sechzehnten Jahrhundert. Vermutlich wurde von den Männern außerdem auch noch eine kurze Hose getragen, die wenigstens die Oberschenkel bedeckte: das alte Wort dafür ist Bruch, das erst außer Gebrauch kam, als später längere Hosen üblich wurden und Bruch und Hosen zusammen fielen. Von Hosen, welche den Unterschenkel bedeckten, findet sich in den ersten Jahrhunderten keine Spur. Das Wort ist freilich ebenfalls alt, bedeutet aber ursprünglich eben so wohl Strümpfe wie Hosen. Gegen die Kälte hatte man warme Pelzröcke (Rhenonen), die ganz allgemein im Gebrauch gewesen sein müssen, denn die Germanen werden von römischen Schriftstellern geradezu bepelzte Männer genannt. Auch Schuhe wurden getragen, wie das in allen germanischen Sprachen übereinstimmende Wort Schuh und die Gräberfunde zeigen; nur waren es allerdings noch grobe, haarige Schuhe aus Einem Stück Leder. Daß daneben die Germanen gelegentlich auch barfuß giengen, versteht sich eben so von selbst, wie es noch heut zu Tage geschieht. Aber auch Schmuck und Putz sind vielfach bezeugt und in den mannigfachsten Formen und Arten aus den Gräbern zu Tage gekommen: vor allem Spangen in sehr verschiedener Gestalt und von verschiedenem Stoffe, und bei den Vornehmen wie wir bereits wissen besonders häufig größere Ringe um Hals oder Arm.

Natürlich wird Tracht, Farbe und Schnitt der Kleider bei den einzelnen Stämmen nicht ganz gleich gewesen sein, so wenig als es die Art und Form der Waffen war.

Auch über den ältesten Hausbau sind wir nur ungenügend unterrichtet. Was die spätern Volksrechte darüber enthalten, darf nicht ohne weiteres auf die Urzeit übertragen werden. Denn es versteht sich von selbst, daß er mit dem Übergang zur festen Ansäßigkeit gleichen Schritt hielt, mit andern Worten, daß eigentliche Häuser erst gebaut wurden, sobald man die Niederlassung als bleibend ansah. So erklärt sich wieder der scheinbare Widerspruch zwischen Cäsar und Tacitus: Cäsar schweigt ganz darüber, während Tacitus schon einen Hausbau kennt, so roh er ihm auch im Vergleich mit dem römischen noch vorkam. Wenn Cäsar zugleich berichtet, die Sueven und die Germanen überhaupt blieben an demselben Ort nicht länger als ein Jahr, so folgt hieraus von selbst, daß, so lange das unstete Leben dauerte, auch die Wohnsitze nicht für einen längern Aufenthalt eingerichtet wurden, denn niemand wird Häuser bauen wollen, die man wenn sie fertig sind wieder verlassen muß. Daß aber der Übergang zur Ansäßigkeit und die Berührung mit den Römern sofort andere Verhältnisse hervorrief, sehen wir nicht bloß aus Tacitus, der doch schon manches vom germanischen Hausbau zu erzählen weiß, sondern vor allem aus Ammian, der im vierten Jahrhundert zur Zeit der Kriege Julian's die Wohnungen wieder viel besser und den römischen ähnlicher fand. Also auch hier werden wir gerade für die ersten Jahrhunderte auf wesentliche Fortschritte hingewiesen, wie solche mit der Umgestaltung der wirtschaftlichen Zustände in notwendigem Zusammenhang standen.

Tacitus bemerkt ausdrücklich, daß der Steinbau den Germanen unbekannt sei. Das muste einem Römer besonders auffallen, weil er sich keinen Bau ohne Bruch- oder Backsteine denken konnte, war aber für Deutschland sehr natürlich und wird noch aus viel späterer Zeit durch die Geschichte der mittelalterlichen Bauten auf das bestimmteste bestätigt. Denn der Steinbau ist erst von Italien aus mit den Kirchen und Klöstern zu uns gelangt. Anfangs waren selbst die Kirchen, Pfalzen, Burgen und Festungsmauern noch von Holz; Pfahlburger hießen die Bürger, die außerhalb der Ringmauern wohnten, weil die ältesten Mauern aus Pfahlwerken bestanden; noch im dreizehnten und vierzehnten Jahrhundert bildeten in den Städten die sogenannten Baumhäuser, das heißt die ganz aus Holz gebauten, die Regel, eben so wie sich das Andenken an den Holzbau der ältern Burgen in dem Namen Baum- oder Boineburg erhalten hat. Noch viel weniger konnte man in der Urzeit auf den Gedanken geraten, Steinbauten zu versuchen, wo der Wald in möglichster Nähe das prächtigste Holz lieferte, so wenig wie man heut zu Tag in den amerikanischen Wäldern daran denkt. Die Bäume wurden indes nicht nach Art der amerikanischen Blockhäuser der Länge nach über einander geschichtet, sondern Pfahl an Pfahl neben einander gestellt, wie es das Wort Stockwerk anzeigt. Oder man ließ Zwischenräume und füllte sie, wie es auf dem Lande noch jetzt geschieht, mit Lehm, Erde oder Geflecht aus: denn der sogenannte Fach- oder Riegelbau, aus Balken und Mauerwerk gemischt, ist erst viel jüngern Ursprungs. Ohne Zweifel hatten alle Häuser ursprünglich nur ein einziges Stockwerk, wie es in manchen Gegenden gleichfalls noch heute der Fall ist; nur die königlichen oder fürstlichen erhielten schon früh ein zweites. Erst als später in den Städten der Raum enger und die Bauplätze theurer wurden, begann man allgemein mehrere Stockwerke auf einander zu setzen, wie damit zugleich, um die Feuersgefahr zu verringern, sich der Steinbau verbreitete. Sogenannte Erdhäuser, aus Holz und Lehm, kommen auf dem Lande urkundlich das ganze Mittelalter hindurch vor. Daß man übrigens trotz des rohen und unförmlichen Stoffs, womit man baute, auch in der ältesten Zeit etwas auf freundliches Aussehen gab, zeigt doch schon Tacitus. Denn er erzählt, daß einzelne Stellen mit einer glänzenden Farbe getüncht wurden, daß es fast wie Malerei und Linienzeichnung aussah: es werden die Zwischenräume zwischen den Balken gewesen sein, die man, wie der Bauer noch heut zu Tage thut, mit einer weißen Lehmfarbe anstrich und vermutlich mit allerlei Figuren zierte.

Je weniger künstlich der Hausbau war, desto größere Sorgfalt verwandte man auf die Keller. Das ältere Wort dafür scheint Tung oder Dung gewesen zu sein, weil sie im Winter der Kälte wegen mit Dung zugedeckt wurden; das dem Lateinischen entlehnte Wort Keller scheint ursprünglich einen Weinkeller zu bedeuten. Solche Keller oder Gruben, trichterförmig und von ziemlicher Tiefe, in der Mitte durch eine Balkenlage in eine obere und untere Abtheilung geschieden, kamen auch für sich allein, abgesondert von Häusern vor. Die obere Abtheilung diente namentlich im Winter zum Wohnen, im Sommer umgekehrt gerade der Kühle wegen zur Arbeit, besonders für die Frauen zum Weben, die untere zur Aufbewahrung der Vorräte und Früchte. Also doch Höhlen, wenn wir wollen, nur kunstgerecht ausgeführt und dem rauhen Klima sehr angemessen; meist aber standen wohl kleine einstöckige Häuser darüber, in späterer Zeit ganz gewis. Ohne allen Überbau empfahlen sie sich besonders zum Bergen der Vorräte bei feindlichen Überfällen, da sie von außen leicht unkenntlich gemacht werden konnten. Das hebt denn auch Tacitus nachdrücklich hervor.

Der Fortschritt im Hausbau, wie er unzweifelhaft in der Zeit von Cäsar bis Tacitus und wieder von Tacitus bis zum fünften Jahrhundert statt gefunden hat, ist zwar im einzelnen nicht näher bezeugt. Doch läßt er sich ziemlich bestimmt an den verschiednen Namen verfolgen, mit denen in der ältesten Zeit die Niederlassungen und Wohnsitze bezeichnet werden. Denn in der Reihenfolge der Namen, die dafür in Gebrauch kommen, spricht sich deutlich nicht bloß ein Übergang zur eigentlichen Ansäßigkeit, sondern auch ein Fortschritt im Hausbau selbst aus.

Die Namen, welche von Anfang an bewohnte Orte bezeichnen, nicht wie die auf -bach, -berg, -born, -feld, -scheid und andere auf solche erst übertragen wurden, sind von den minder häufigen oder minder charakteristischen abgesehn vorzugsweise die auf -lar, -dorf, -heim, -hofen, -hausen und -weiler:

alte Appellativa, die ursprünglich sowohl einfach wie zusammengesetzt vorkamen, seitdem sie aber als Eigennamen massenhaft auf bestimmte Orte übergiengen, zur Unterscheidung noch einen Zusatz erhalten musten und daher jetzt regelmäßig nur als Endungen auftreten.

Das älteste Wort ist das oben schon besprochene Lahr, als Endung abgekürzt -lar. Es bedeutet im Grunde nichts weiter als Ort oder Stätte und kann daher eben so gut noch eine wandernde Niederlassung wie einen festen Wohnsitz bezeichnen. Es ist unstreitig das erste, was für eigentliche Ansitze gebraucht wurde, wie seine Verbindung mit Personennamen zeigt, paßte aber nicht mehr, seitdem man Häuser zu bauen anfieng und die neuen Orte auch neue bezeichnende Namen haben musten. Auffallenderweise fehlt es so gut wie ganz den Alemannen und Baiern, von denen jene erst seit dem vierten, diese erst seit dem sechsten Jahrhundert ihre heutigen Wohnsitze eingenommen haben. Der Grund dafür liegt vermutlich darin, daß in dieser Zeit bereits andere Ausdrücke üblich waren, die für feste Niederlassungen und Orte mit ausgebauten Häusern bezeichnend waren, denn vollständig fremd ist es auch den Schwaben und Baiern nicht. Bei den ältern deutschen Stämmen, in Westfalen, Hessen, Thüringen und Ostfranken, ist es nicht bloß viel häufiger, sondern auch länger in Gebrauch geblieben und mit den Wanderungen frühzeitig in die überrheinischen Gebiete gekommen.

Seit dem fünften Jahrhundert kamen neue Ausdrücke auf, die zur Zeit des frühern halb nomadischen Lebens noch nicht gebraucht werden konnten, nun aber gerade für die festen Ansiedelungen und den dauerhaftern Bau derselben im Gegensatz zu den ältern charakteristisch sind: Dorf, Heim, Haus, Hof und Weil oder Weiler. Die ersten vier (Haus und Hof regelmäßig im Dat. Pl. Hausen und Hofen) finden sich so ziemlich bei allen deutschen Stämmen, Heim vorzugsweise bei den rheinfränkischen, Hofen bei den Schwaben und Baiern, Weiler bei den Alemannen. Auch Büren, ahd. bûr Wohnung, gehört in diese Reihe; es ist zwar viel weniger verbreitet, aber deshalb beachtenswert, weil es vorzugsweis bei den Sachsen und Schwaben begegnet.

In allen tritt der Begriff einer bleibenden Niederlassung bestimmt und deutlich hervor: am bestimmtesten in Hausen und Heim, ebenso in Weiler, das dem lateinischen villare entspricht wie Weil dem lateinischen villa, weniger in Dorf und Hof, von denen das erstere im Gegensatz zu Hof die gemeinschaftliche, von mehrern bewohnte Niederlassung bezeichnet, wie das urverwandte lateinische turba nur den Begriff der Vielheit oder Menge enthält. Heim, das griechische κώμη, mag ursprünglich das gemeinschaftliche Lager zur Nacht bezeichnet haben, nahm aber früh den Sinn von Heimat an und steht in der Mitte zwischen Lahr, das noch auf keinen Hausbau schließen läßt, und dem jüngern Hausen, das auf den Begriff des letztern das Hauptgewicht legt. Hausen ist daher das relativ jüngste und findet sich auf dem Weg, welchen die fränkischen Wanderungen genommen haben, noch verhältnismäßig selten, am häufigsten später im fränkischen Hessen: die Heimat war hier älter, also paßte für die später neu gebauten Orte auch weniger Heim als Hausen. In den ältesten Urkundenbüchern, wie den Weißenburger, St. Galler, Fulder und Lorscher Schenkregistern, sind übrigens alle im Vergleich zu den abgeleiteten und übertragenen Ortsnamen noch verhältnismäßig selten, denn zuerst, ehe man Niederlassungen gründete, wurden die Bäche, Quellen, Felder und Berge benannt: ein Beweis, daß von unsern Ortsnamen kaum der eine oder andere in die Urzeit hinaufreichen mag, wenn auch die Sprache natürlich alle Worte bereits kannte. Aber es waren eben reine Appellativa, die als Eigennamen keinesfalls schon in größerer Zahl auf bewohnte Orte übergegangen waren. Als dies häufiger geschah, kamen sie dann besonders als Endungen oder Grundworte in Gebrauch und wurden zugleich für die verschiednen Gegenden und Stämme charakteristisch. —

Vielleicht mag das Bild, welches wir von der altgermanischen Cultur entworfen haben, mit unsern patriotischen Gesinnungen und Wünschen nicht ganz übereinstimmen. Aber es ist für die Germanen gewis ehrenvoller, wenn sie von primitiven Anfängen aus sich zur Cultur der Gegenwart emporgerungen haben, wie wenn sie wirtschaftlich zu Cäsar's oder Tacitus' Zeit schon nahezu dieselbe Stufe erreicht hätten, die sie jetzt einnehmen. Je höher und vielseitiger die Aufgaben waren, welche die Geschichte ihnen vorbehalten hatte, je geringer die Ausbildung, mit der sie in die Geschichte eintraten, desto schwieriger war es für sie, dieselben nach allen Seiten zu lösen. Denn nicht einseitig wie die Völker der alten Welt, sondern nach den verschiedensten Richtungen hin haben die Germanen sich mit der Zeit entwickelt. Sie haben sich nicht wie die Phönizier und Karthager nur auf den Handel, nicht wie die Griechen allein auf Kunst und Wissenschaft, nicht wie die Römer auf Politik, Staat und Recht geworfen, sondern auf allen Gebieten menschlicher Bildung und Thätigkeit mit den übrigen Culturvölkern gewetteifert und auf jedem allmählich die schönsten Blüten und Früchte zur Reife gebracht. Gerade in der allseitigen, universellen Ausbildung hat die Geschichte sie ganz besonders begünstigt; aber eben darum hat sie die Früchte derselben auch nur nach und nach, langsam und sehr allmählich gezeitigt.

Zweites Capitel.
Kriegswesen.

Weitaus am bedeutsamsten für das Leben der alten Germanen war der Krieg. Denn hier brach ihre Naturkraft am unmittelbarsten hervor, hier zeigten sie sich von Anfang an trotz ihrer mangelhaften Bewaffnung und Kriegskunst dem römischen Reich gewachsen. Und davon hatten sie selbst ein lebhaftes Bewustsein. Mit ächt arischem Stolz ließen sich friesische Gesandte zur Zeit Nero's im römischen Theater vernehmen, „kein Volk der Welt übertreffe die Germanen an Tapferkeit", und setzten sich infolge dessen auf die Ehrenplätze, welche für ausgezeichnete Bundesgenossen vorbehalten waren. Aber auch die Römer hatten ein Gefühl davon, daß ihnen von Deutschland aus die Weltherrschaft streitig gemacht werde. Mit Schrecken erinnerten sie sich der Cimbern- und Teutonenkriege; furchtsam und beklommen waren sie unter Cäsar Ariovist, unter Germanicus Armin entgegen gezogen; fast verzweifelt ruft Tacitus aus, daß die Germanen nun schon zweihundert Jahre lang besiegt würden, und nichts besseres weiß er für das römische Reich, da dessen Geschick sich zu erfüllen drohe, als ihre Uneinigkeit zu wünschen. Auf entscheidende Siege durch eigne Kraft hoffte er kaum noch.

Gleich in den ersten feindlichen Zusammenstößen hatten die Germanen sich den Römern ebenbürtig gezeigt; Heerführer, die im großen Krieg ganz unerfahren waren, boten einem Marius und Cäsar die Spitze: ein wenig mehr Besonnenheit und Umsicht, ein wenig mehr Kunst und Geschick und vor allem etwas mehr Glück, und die Würfel der Entscheidung wären anders gefallen. Darum ist der Untergang der Cimbern und Teutonen vielleicht eine der größten Tragödien, welche die Geschichte kennt, und auch die Niederlage, welche Ariovist schließlich im Kampf mit Cäsar erlitt, erweckt unsere Theilnahme.

Freilich sind wir vom Standpunkt der römischen Geschichte aus gern geneigt, die Dinge anders anzusehen. Wir versagen uns nicht ein gewisses Gefühl der Befriedigung, daß es den Römern noch einmal gelang, die feindlichen Barbarenschwärme niederzuschlagen, daß Cäsar in seinem Siegeslauf nicht von einem rohen Germanenkönig aufgehalten wurde. Die Zeit war noch nicht da, wo die Germanen die Bildung der alten Welt in sich aufnehmen konnten. Was hätte werden sollen, wenn die Cimbern und Teutonen wirklich Herren von Italien, die Sueven Herren von Gallien geworden wären? Aller Voraussicht nach wären beide Barbaren geblieben und trotzdem schließlich im Romanenthum untergegangen.

Aber doch kann nichts tragischeres gedacht werden, als das Ende dieser nach Hunderttausenden zählenden Cimbern- und Teutonenheere, die wohl vorbereitet und ausgerüstet, notgedrungen mit Weib und Kind ihre Heimat verlassen hatten, um neue Wohnsitze zu suchen, nur mit Widerstreben den Krieg gegen das römische Reich begonnen und ihn dann, als er unvermeidlich geworden, nach einem großartigen Plan aufgenommen und mit beispiellosem Erfolg durchgeführt hatten, um fast am Ziel ihres Unternehmens, getrennt und vereinzelt, eine Beute der römischen Kriegskunst zu werden und mit ihren Leichen die

Schlachtfelder zu decken, während die Weiber den Kindern und sich selbst den Tod gaben, um nicht in die Sclaverei und Schande verkauft zu werden.

So mochte das Volk der Germanen Jahrhunderte lang vorher gewandert sein; nur war es noch nie mit der geschlossenen Macht eines Weltreichs zusammen gestoßen. Es ist als ob die Wanderungen der Urzeit in diesen letzten gewaltigen Zug auslaufen. Denn die spätern Wanderungen haben schon einen wesentlich andern Charakter: die Stämme im innern Deutschland haben vollständig den heimischen Boden nicht mehr verlassen, und auch die östlichen Stämme schienen bereits zur Ruhe gekommen zu sein, als sie Ende des vierten Jahrhunderts durch den Andrang der Hunnen von neuem zum Aufbruch genötigt wurden. Deshalb bilden die Cimbern- und Teutonenkriege nicht sowohl den Anfang einer neuen, wie das Ende einer frühern Epoche: sie schließen die vorgeschichtlichen Wanderungen im großen Stil und bilden nur indirekt mit den folgenden Siegen Cäsar's einen Wendepunkt, indem sie vorläufig der freien Völkerbewegung ein Ziel setzen.

Wohl hatten die Germanen zu siegen, aber nicht den Sieg zu benutzen verstanden. Sie sahen den Kampf weniger als Mittel zum Zweck wie als Selbstzweck an und glaubten, daß ihrer Tapferkeit auch ferner der Sieg nicht fehlen könne. In dieser Zuversicht wurden sie getäuscht. Noch einmal behielten Kunst und Geschicklichkeit über die rohe Naturkraft die Oberhand; und zugleich war den Römern die Glut und der Staub des italienischen Sommers zu Hilfe gekommen. Nicht von Marius und Catulus allein sind die Cimbern und Teutonen besiegt worden: auch von dem italienischen Klima und seiner Hitze. Hätten sie Wind und Wetter für sich gehabt oder gar den Schutz des eignen Landes, das Glück, was sie zehn Jahre lang an ihre Feldzeichen gefesselt hatten, wäre ihnen treu geblieben.

Auch Ariovist hätte ein besseres Loos verdient. Wäre es nur nicht gerade Cäsar gewesen, vielleicht der größte Feldherr aller Zeiten, mit dem er zusammentreffen muste. Fünfzig Jahre später hätte ein Armin aus ihm werden können; ein paar hundert Jahre später würde er vermutlich die Rolle Chlodwig's gespielt haben. Denn so lange dauerte es noch, ehe dem fränkischen Stamm das auszuführen gelang, was Ariovist mit seinen Sueven vorhatte. Aber selbst einem Cäsar gegenüber war er kein verächtlicher Gegner, und wenn uns die Cimbern- und Teutonenkriege ein germanisches Volksheer noch in seinem Untergang großartig und bewundernswert erscheinen lassen, so zeigt uns der Kampf des Ariovist, was ein germanischer Feldherr vermochte, und auch die Niederlage schmälert kaum seine Größe. Denn von Cäsar geschlagen zu werden, war keine Schande, ihm mit Geschick widerstanden und den Sieg auf's äußerste erschwert zu haben, immerhin ein Ruhm.

Der Ausgang des Feldzugs hätte gar leicht ein anderer sein können. Kleinere Vorgefechte, die statt gefunden hatten, waren für die Römer ungünstig ausgefallen; die Schlacht, welche Ariovist zur Unzeit aufnehmen muste, blieb lange zweifelhaft und unentschieden. Mit größter Kunst hatte er Cäsar von seiner Rückzugslinie und seinen Verbindungen abzuschneiden gesucht, und der vollendete Meister der Kriegskunst sah sich zu Anfang des Feldzugs von einem Barbaren in arge Verlegenheit gebracht. Mit welchem Selbstgefühl er aber Cäsar gegenüber trat, zeigen die uns in den Commentaren zum gallischen Krieg überlieferten Reden. „Es scheine ihm wunderlich", äußerte er gegen Cäsar, „daß die Römer sich in den von ihm eroberten gallischen Gebieten zu schaffen machten; er habe das gleiche Recht der Eroberung wie sie; wollten sie es aber auf den Kampf ankommen lassen, so würden sie erfahren, was unbesiegte und kriegsgewohnte Germanen in der Tapferkeit leisten könnten." Eine solche Sprache war für die Römer, welche die halbe Welt erobert hatten, seit Jahrhunderten nicht mehr erhört. So muste denn auch Cäsar mit der Vertreibung der germanischen Macht aus Gallien den Krieg beginnen: man kann sagen, nicht von den Galliern, sondern von den Germanen habe er das Land erobert, denn mit dem Sieg über Ariovist war die Eroberung in der That schon halb gelungen. —

Der Krieg ist zu allen Zeiten der sicherste Maßstab für die nationale Kraft. Denn die Kriegführung eines Volks wird in erster Linie durch seine Kriegstüchtigkeit bedingt. Die Kriegstüchtigkeit aber ist nur der äußere Ausdruck seiner moralischen Kraft und Gesundheit. Alle Tugenden und Fehler treten im Krieg in potenzirter Gestalt auf: hier rächt sich jede Untugend und Schwäche des Volks und wird oft genug verhängnisvoll für sein Schicksal, hier entfaltet es seine materiellen, geistigen und sittlichen Hilfsmittel in ihrer wahren Größe. Taktische Kunst und Disciplin geben erst in zweiter Linie den Ausschlag, und wie sie selbst wieder nur das Produkt nationaler Fähigkeiten und Tugenden sind, so weiß ein kriegstüchtiges Volk sich dieselben im Kampf mit einem geübteren Gegner, soweit es nötig ist, bald zu eigen zu machen. Darum zeigt der Krieg, wieviel ein Volk wert ist: von ihm allein hängt die Stellung ab, welche es in der Geschichte einnimmt, der größere oder geringere Einfluß, den es auf andere Völker ausübt, seine Erhebung und Macht, wie sein Verfall und Untergang. Was hilft aller Handel und Gewerbfleiß, aller Wohlstand und Reichthum, alle Kunst und Wissenschaft, wenn das Volk sie nicht zu schützen und die nationale Selbständigkeit zu behaupten weiß?

Deshalb können aufsteigende Völker im Krieg nur gewinnen, sinkende nur verlieren. Denn er ist nicht bloß der sicherste

Maßstab, sondern unter normalen Verhältnissen auch ein Haupthebel der nationalen Kraft. So paradox es klingt und so niederschlagend es für das Gefühl menschlicher Würde sein mag, er ist jederzeit so lange es eine Geschichte gibt das notwendige Übel gewesen, das vielleicht am wirksamsten zur Erhaltung und Ausbreitung der Cultur beigetragen hat: nichts befördert so sehr den Verkehr der Völker unter einander, nichts stählt und hebt im gleichen Maß die nationale Kraft wie er, aber nichts verzehrt sie auch rascher wie er, wenn die sittlichen Grundlagen einmal in's Wanken gekommen sind.

Allerdings pflegt die stärkste Machtentfaltung nach außen nicht gerade mit der größten Blüte im Innern zusammen zu treffen. Regelmäßig wird jene erst eintreten, wenn die nationale Kraft wieder zu sinken anfängt. Denn das Gesetz, daß die Mittheilung der Kraft Zeit erfordert, gilt in der Geschichte nicht minder wie in der Natur. Die aufsteigende Entwickelung wirkt nach außen noch eine Zeit lang nach, während sie ihren Höhepunkt bereits überschritten hat, ja ihre letzte Wirkung äußert sie vielleicht erst, wenn die Quelle der Kraft schon erschöpft ist. Wir sehen das am deutlichsten am römischen Reich, wo längst der sittliche Verfall eingetreten war, ehe das Reich äußerlich seinen größten Umfang erreichte. Die Geschichte desselben ist aber so einzig in ihrer Art und liegt dabei so fertig und abgeschlossen vor uns, daß wir von ihr nicht auf andere Völker zurückschließen dürfen. Nur das ist sicher, daß der Verfall großer Staaten jederzeit mit Luxus, Üppigkeit und Verweichlichung beginnt; dann geraten die sittlichen Grundlagen in's Wanken; und damit beginnt zugleich der Verfall ihrer Kriegstüchtigkeit und Machtstellung nach außen. Nun kann er äußerlich wohl eine Zeit lang verzögert und aufgehalten werden, allein schließlich wird die innere Auflösung doch eintreten. Und wenn es den Römern gelang, ihre Herrschaft noch Jahrhunderte lang nach eingetretenem Verfall zu behaupten, so geschah das weniger mit eigner, wie mit fremder Kraft, weil ihnen einmal noch längere Zeit die Hilfsmittel der unterworfenen Länder und Völker zu Gebote standen und sie ihr Leben durch die nationale Kraft der letztern gleichsam zu verjüngen wußten, und weil sie dann später, als auch die Hilfsmittel der Provinzen aufgebraucht waren, in immer steigendem Maß fremde Elemente in ihre Dienste nahmen. So sind es in den letzten zweihundert Jahren, von Diocletian bis auf Odoaker, vorzugsweis gerade die Germanen gewesen, die den Staat gestützt und erhalten haben. Endlich aber haben sie ihn doch gesprengt, die aufgenommenen Hilfsvölker wurden selbständig und gründeten eigne Reiche, und die Auflösung erfolgte im innern und von außen zugleich.

Solange dagegen ein Volk noch im Aufsteigen begriffen ist, begünstigt und fördert der Krieg mehr wie alles andere die nationale Entwickelung. Und das war bei den Germanen der Fall. Der Krieg zeigte die ganze Fülle ihrer jugendlichen Kraft und Gesundheit, er offenbarte alle die glänzenden Eigenschaften ihres Charakters, Mut, Kühnheit, Todesverachtung, Treue, Ritterlichkeit, Großmut. Und zugleich ist er es gewesen, der alle diese Tugenden erst recht entwickelt und zur Reife gebracht, die nationale Kraft geweckt und gesteigert und, was vielleicht das merkwürdigste ist, in gewissem Sinn das Volk sogar civilisirt hat.

Wohl war das Leben der Germanen nicht ausschließlich auf den Krieg gestellt. Dazu waren sie zu reich veranlagt, zu bildungsfähig und vielseitig: der deutsche Universalismus ist so alt als der deutsche Partikularismus. Aber doch waren sie, als sie in die Geschichte eintraten, vornehmlich ein kriegerisches Volk, doch war der Krieg ihre Hauptleidenschaft, doch galt er als Sache des nationalen Cultus. Darum hatten sie ihre Hauptgötter alle in Kriegsgötter verwandelt oder in Beziehung zum Krieg gebracht, darum riefen sie bei Beginn des Kampfes

Wotan, Donar und Ziu an, darum glaubten sie im Tod auf dem Schlachtfeld unmittelbar die ewige Freude und Seligkeit zu erringen. Nur so erklärt sich die Todesfreudigkeit, womit sie in den Kampf giengen, der brausende Jubel des Schildgesangs, womit sie die Schlacht eröffneten, die unnütze Blutverschwendung, mit der sie selbst im Fall der Niederlage den Kampf bis auf den letzten Mann fortsetzten. Daß ein solches Volk den Römern im Krieg furchtbar sein muste, ist leicht begreiflich, denn unter allen Völkern, die sie bekämpft und besiegt hatten, war ihnen kein zweites vorgekommen, das mit gleicher Leidenschaft und Begeisterung, nicht um irdischer Güter willen, ja im Grunde nicht einmal für Freiheit und Vaterland, sondern um seines Glaubens, um der heimatlichen Götter willen, für Sieg oder Tod gekämpft hätte.

Nahezu vierhundert Jahre hat der Krieg mit dem römischen Reich gedauert, mit längerer Unterbrechung im zweiten, fast ohne solche in den drei folgenden Jahrhunderten. Seit dem Ausbruch des Markomannenkriegs hörte er an den Gränzen kaum je ganz auf. Wohl gab es Ruhepausen, Momente beiderseitiger Erschöpfung, in denen man vorübergehend des Kampfs müde war; aber dann brach er nur mit erneuter Gewalt wieder aus, und es hat Zeiten gegeben, in denen die ganze Gränze des römischen Reichs von der Nordsee bis zu den Küsten des schwarzen Meeres ein einziges, ungeheures Kriegstheater war: im äußersten Osten die Gothen, an der mittlern Donau die Markomannen und Quaden, im Decumatenland die Alemannen, im Nordosten die Franken und Sachsen.

Der Gedanke liegt nahe, daß der Krieg gegen das selbst im Verfall noch übermächtige Weltreich die Kraft der Germanen in dieser langen Zeit wohl hätte erschöpfen und aufreiben können. Unzählige Male sind sie geschlagen und besiegt worden, Hunderttausende sind auf dem Schlachtfelde gefallen, aber zuletzt blieben sie doch Sieger, und ihre gefährlichsten Feinde waren in den letzten beiden Jahrhunderten nicht die Römer, sondern ihre eignen Brüder und Stammverwandten, die in die Dienste des fremden Reichs übergetreten waren.

Mit jedem Kampf wuchs ihre Kraft, während die der Römer sank. Wohl verloren sie bei der überlegenen Taktik des Feindes mehr Gefangene wie dieser, und diejenigen, welche sie selbst gemacht hatten, musten sie oft genug in den Friedensschlüssen wieder herausgeben. Aber doch war der unendliche Vortheil des Kampfs auf ihrer Seite, nicht auf der römischen. Bei längern Kriegen zwischen reichen und armen Völkern kann das nicht anders sein: der Vortheil ist regelmäßig auf Seite der letztern, um so mehr, je mehr der Schauplatz des Kampfes das Gebiet der erstern ist. Das waren vorzugsweise die Länder, aus denen das Reich seine besten Kräfte zog, Gallien, Italien, Illyrien, die Süddonauländer und Kleinasien. Die Provinzen des Reichs litten unter den unaufhörlichen Einfällen und Raubzügen unsäglich, der Boden wurde verheert und verwüstet, ihre Städte geplündert und zerstört, ihr Wohlstand vernichtet, ihre Hilfsquellen erschöpft. Die Beute dagegen, welche die Römer bei ihren Kriegszügen in Deutschland holten, war nicht groß, und wenn sie auch mit Feuer und Schwert alles vernichteten, was sie erreichen konnten, die Ansiedelungen und Ernten verbrannten und die Heerden weg trieben, das Land erholte sich dabei verhältnismäßig sehr rasch wieder, und der Mangel alles eigentlichen Reichthums war im Bunde mit dem dürftigen Anbau und den unendlichen Wäldern der mächtigste Bundesgenosse der Germanen. Den Boden konnten die Feinde nicht mitnehmen, und das Holz zum Hausbau lieferte der nahe Wald in überreicher Fülle: gerade so wie die zahllosen Stadtbrände im zwölften und dreizehnten Jahrhundert das Aufblühen der Städte nicht wesentlich gehindert haben.

Denn jede Verminderung des überflüssigen Waldbestandes wirkte ähnlich wie die fortschreitende Rodung.

Man könnte sagen, der Krieg sei für die Germanen in der damaligen Zeit ein Element ihres wirtschaftlichen Lebens gewesen, während er die hochentwickelte Cultur des römischen Reichs auf's äußerste schädigte. Er sorgte nur für den notwendigen Abfluß der überschüssigen Volksmenge und stellte das Gleichgewicht zwischen dem raschen Wachsthum derselben und den engen Gränzen ihres Nahrungsspielraums her. Darum vermochte keine Niederlage die Germanen auf die Dauer zu schwächen. Wenige Jahrzehnte sind die Verluste immer wieder ersetzt; ja man möchte fast glauben, daß die Kriege das Anwachsen der Bevölkerung im ganzen nur begünstigt hätten. Selbst die langen und blutigen Kriege, welche die Kaiser Probus, Aurelian, Julian, Valentinian und Gratian führten, vermochten die Kraft des Volkes nicht zu brechen: kurze Zeit nach jedem Kriege stehen die Germanen allemal von neuem in ungeschwächter Kraft und Zahl den Römern gegenüber. Daher das Staunen der fremden Schriftsteller, daß selbst nach den blutigsten Schlachten bald wieder neue und größere Schaaren die Gränzen des Reichs überfallen konnten, ihr unheimliches Grauen vor den unendlichen Barbarenschwärmen, die im Norden des Reichs sich im Dunkel endloser Wälder verborgen hielten und dem Reich schließlich den Untergang bringen würden.

Aber nicht bloß äußerlich blieb die Kraft der Germanen im Kampf mit den Römern ungebrochen. Sie wurde auch innerlich vermehrt und gesteigert. Denn die eigentliche Kunst der Kriegführung lernten sie erst von ihren Feinden. Sie hätten nicht so bildungsfähig sein und den Krieg nicht so leidenschaftlich lieben müssen, wenn er hätte ohne Nutzen für sie bleiben und ihre Ausbildung nicht begünstigen sollen. In Strategie und Taktik, in der Kriegführung im offnen Feld wie in der Kunst der Belagerung und Befestigung waren sie die gelehrigsten Schüler der Römer. Nahmen doch die Römer selbst fort und fort Germanen in ihre Dienste, bis zuletzt unter Odoaker fast das ganze römische Heer in Italien nur aus Germanen bestand. Ähnlich waren die Ostgothen in Italien, die Burgunder und Franken in Gallien, die Westgothen in Spanien nichts weiter als römische Hilfsvölker. So wurde das Reich wohl eine Zeit lang noch durch fremde Kraft unterstützt und gehalten, aber schließlich kamen die Dienste, welche die Germanen im römischen Heere oder als Bundesgenossen leisteten, doch nur der Steigerung ihrer eignen Wehrkraft und Kriegstüchtigkeit zu gut. Die abhängigen Hilfsvölker wurden bald die Herren der römischen Bevölkerung.

Und nicht allein die Künste des Kriegs, auch die des Friedens haben die Germanen in dem langen Kampf mit den Römern gelernt. Das erste Culturvolk der damaligen Welt und eine noch unentwickelte, aber jugendfrische und bildungsfähige Nation Jahrhunderte lang im Kampf mit einander: da hätte es mit einem Wunder zugehen müssen, wenn die letztere in dem andauernden vielseitigen und lebhaften Verkehr nicht alles hätte lernen sollen, was sie für jene Zeit lernen und brauchen konnte. Wohl wurden die Germanen im innern Deutschland von römischer Bildung zunächst wenig berührt, aber doch verdanken auch sie alle Fortschritte in Ackerbau und Handwerk, Kunst und Wissenschaft nur den langen und anhaltenden Kämpfen mit dem römischen Reich. Die blutige Saat ist aufgegangen und hat reiche Frucht getragen.

Bei der außerordentlichen Bedeutung, welche das Kriegswesen für das nationale Leben der Germanen und seine Entwickelung hatte, gewährt es ein doppeltes Interesse, die äußern Mittel kennen zu lernen, die ihnen dabei zu Gebote standen: Ausrüstung, Bewaffnung, taktische Gliederung, Oberbefehl,

Art und Weise der Kriegführung, Belagerungs- und Befestigungskunst; mit einem Wort die Anfänge der eigentlichen Technik der Kriegskunst, womit sie den Römern gegenüber traten.

Auch darüber sind uns in den alten Schriftstellern im ganzen nur dürftige Nachrichten überliefert. Dennoch sind sie immerhin reichhaltiger wie über viele andere Zweige der deutschen Alterthumskunde. Und ein vortreffliches Hilfsmittel zu ihrem Verständnis haben wir in dem überaus wertvollen Werk des verstorbnen Generals von Peuker über das deutsche Kriegswesen der Urzeiten (in drei Theilen zu Berlin 1860 und 1864 herausgekommen, leider unvollendet, da der dritte Theil, der eine Wanderung über die altgermanischen Schlachtfelder enthält, mit den Feldzügen des Drusus abbricht). Es ist mit außerordentlichem Fleiß, kritischer Sorgfalt und erschöpfender Benutzung aller zugänglichen Quellen, insbesondere auch der bisherigen Gräberfunde, verfaßt und gehört wegen der selbstlosen Hingabe an seinen Gegenstand und des reinen patriotischen Sinnes, in dem es geschrieben ist, zu den Büchern, welche nicht blos wissenschaftlichen, sondern zugleich sittlichen Wert haben. Vor allem haben wir mit Dank zu erkennen, daß es ein Meister der Kriegskunst ist, der sich der Bearbeitung des Stoffs unterzogen hat und der darum die überlieferten Thatsachen überall mit den Augen eines Fachmanns ansieht und zu beurtheilen versteht. Je mehr Schwierigkeiten er nach anderer Seite hin zu überwinden hatte, desto größer bleibt sein Verdienst. Die folgende Darstellung schließt sich dem Werk möglichst genau an: mitunter ist es schon ein Verdienst, das Verdienst Anderer ungeschmälert anzuerkennen. Nur in kleinen Einzelnheiten schien hie und da eine Abweichung geboten.

Für die Waffenkunde wurde daneben noch das Handbuch der germanischen Alterthumskunde von Gustav Klemm (Dresden 1836) zu Rathe gezogen, das auch Peuker benutzt hat. Es ruht hauptsächlich auf den Gräberfunden und ist zugleich mit einer Reihe von Steindrucktafeln versehen, auf denen die wichtigsten aufgefundenen Gegenstände abgebildet sind, bedürfte aber jetzt einer neuen Bearbeitung, da sich die Funde in den letzten vierzig Jahren wesentlich vermehrt haben. Sollte der Gesammtverein für deutsche Geschichts- und Alterthumskunde es nicht der Mühe wert finden, für eine würdige Neubearbeitung des verdienstvollen Buches zu sorgen? Die reichen Mittel, über welche die zahlreichen Localvereine für vaterländische Geschichte gebieten, sollten doch endlich einmal eine würdige Bestimmung finden und nicht länger mehr von einem wenigstens zum Theil ganz nutzlosen Dilettantismus verschwendet werden.

Die zwei ersten Kriegsvölker der Welt waren es, die mit ungleichen Waffen und doch ziemlich gleichen Kräften ihren Kampf ausfochten. Wäre es anders gewesen, so würde der Kampf nicht Jahrhunderte lang gedauert haben. Aber Natur und Kunst schienen sich die Wage halten zu wollen, und was die Stärke des einen Volkes ausmachte, darin lag allemal zugleich die Schwäche des andern. Das eine hatte eine lange glänzende Kriegsgeschichte hinter sich und darin alles gelernt und erfahren, was Kunst und Übung zu lehren vermögen, Strategie, Taktik, Disciplin, Verpflegung und Ausrüstung, Lager-, Straßen- und Festungsbau, es hatte Feldherren ausgebildet und in entscheidender Stunde immer solche gefunden, welche das Heer zum Siege zu führen wusten. Das andere trat mit den Cimbern- und Teutonenkriegen erst in die Geschichte ein und führte den Krieg noch in roher, naturalistischer Weise, den Römern gegenüber ein Barbarenvolk wie alle andern auch, das bei aller persönlichen Tapferkeit den Krieg eben noch nicht als besondere Kunst erlernt hatte, die Freiheit höher achtete als militärischen Gehorsam und daher an die einheitliche, allein maßgebende Leitung eines Feldherrn im römischen

Sinn nicht gewöhnt war. Nur an leiblicher Stärke, moralischer Kraft und kriegerischem Geist war es den Römern überlegen. Und mit diesen Eigenschaften hat es schließlich dennoch alle Kriegskunst der Römer zu Schanden gemacht. Die letztern sahen sich auf die Dauer außer Stande, mit ihrer hergebrachten Legionstaktik den Angriffen der Germanen zu widerstehen, und musten im offenen Felde eben so zu einer mehr defensiven Schlachtordnung übergehen, wie sie schon aus Mangel an Mannschaft genötigt waren, die langen Gränzen des Reichs durch Verschanzungen und Castelle zu decken. Das bestätigt die alte Erfahrung, daß, so groß der Einfluß der Kriegskunst sein mag, zuletzt doch immer die sittlichen Faktoren und die darauf beruhende kriegerische Tüchtigkeit der Völker den Ausschlag geben.

Schon die Körpergröße, Kraft und Gewandheit der Germanen erregte Bewunderung und Schrecken bei dem verhältnismäßig kleinen römischen Menschenschlag. Männer von sechs bis sieben römischen Fuß waren etwas gewöhnliches; der Gothe Maximin, der sich im römischen Heerdienst bis zum Kaiser aufschwang, soll gar acht Fuß groß gewesen sein; noch Karl der Große maß sieben seiner eignen Füße an Leibeslänge. Dazu kam das wilde Aussehen, die trotzige Miene, der kühne Blick ihrer großen blauen Augen, den, wie die Gallier Cäsar versicherten, kein Feind aushalten könne.

So groß sie waren, so riesenhaft waren sie auch an körperlicher Stärke. Als die Cimbern den römischen Consul Catulus an der Etsch angriffen, rissen sie Baumstämme mit den Wurzeln aus der Erde oder ergriffen Felsblöcke und schleuderten sie in den Fluß, um die von den Römern erbaute Brücke zu zerstören. Ein altes Glarner Geschlecht führt bis auf den heutigen Tag eine Tanne im Wappen, weil der Ahnherr bei einem Kampf mit den Schwyzern eine Tanne mit den Wurzeln

aus der Erde gerissen und damit die Feinde in die Flucht
getrieben haben soll. Eben so erzählt Ammian aus den Kriegen
Julian's, daß gefangene Alemannen Baumstämme von vierzig
Fuß Länge und darüber mit Leichtigkeit auf den Schultern getragen und zu den Festungsbauten herbei geschleppt hätten.

Mit der Stärke verband sich eine außerordentliche Ge-
wandtheit. Teutoboch, der König der Teutonen, der bei Aquä
Sextiä in Gefangenschaft geriet, vermochte über vier bis sechs
Pferde hinweg zu springen; beim Aufsitzen sprangen in der
ältesten Zeit alle germanischen Reiter auf die Pferde, da der
Gebrauch der Steigbügel unbekannt war. In gleicher Weise
wurde die Schnelligkeit und Ausdauer im Lauf geübt. Das
gab Veranlassung zur Ausbildung einer eignen Truppe, die
aus leicht bewaffnetem Fußvolk bestand und in Verbindung mit
der Reiterei kämpfte: jedem Reiter wurde ein Fußgänger
beigegeben, meist jugendliche, ausgewählte Krieger, welche beim
Angriff neben den Pferden herliefen und die feindlichen Reiter
und Pferde im Kampf besonders von unten zu treffen suchten,
daß sie stürzten, im Fall des Rückzugs aber sich an den Mähnen
festhielten und so wieder zu den Ihrigen zurückkamen. Cäsar
fand diese Kampfesweise so vortheilhaft, daß er nach ihrem
Vorbild eine leichte Legion errichtete, welche nachmals bei
Pharsalus den Ausschlag gab. Auch die Reiter wusten unter
Umständen rasch vom Pferde zu springen und in ungünstigem
Terrain den Kampf zu Fuß aufzunehmen: die Pferde waren
dazu abgerichtet, ruhig stehen zu bleiben, bis die Reiter sich
wieder aufschwangen.

Von Jugend auf waren alle Germanen an den Gebrauch
der Waffen gewöhnt und damit vertraut. Dazu dienten
Schwerttänze, Waffenspiele, kriegerische Übungen, die Jagd auf
die wilden Thiere und vor allem der Krieg selbst. Waffen
waren die Weihgeschenke der Verlobten, bewaffnet hielten die

Germanen ihre Versammlungen, mit den Waffen gaben sie
ihren Beifall zu erkennen, darauf wurden die Eide abgelegt,
sie nahmen sie mit in's Grab; so wuchsen sie von Jugend
auf mit denselben zusammen und trennten sich selbst im Tode
nicht von ihnen.

Es liegt auf der Hand, daß diese Stärke und Gewandheit
in Verbindung mit einer außerordentlichen Sicherheit in der
Führung der Waffen den Germanen selbst der ausgebildetsten
Taktik gegenüber von größtem Vortheil sein muste. Sie war
der nächste Grund zu der persönlichen Überlegenheit im Kampf
Mann gegen Mann, trotz der viel bessern römischen Waffen
und der Gleichmäßigkeit und Übereinstimmung im Gebrauch
derselben. Zugleich steigerte sie in hohem Maß das Selbst-
vertrauen und die Siegeszuversicht der Germanen. Denn bei
der Kampfesweise des Alterthums, ja selbst bis zu Ende
des Mittelalters, hatte sie eine ganz andere Bedeutung wie
jetzt: erst die allgemeine Einführung der Schußwaffen hat ihre
Bedeutung wesentlich vermindert. So lange aber in jeder
Schlacht schließlich das Handgemenge den Ausschlag gab, gehörte sie mit zu den wesentlichen Faktoren der Entscheidung.
Darum liebten die Germanen auch vorzugsweis das Nahgefecht
und den Einzelkampf; ihre Feldherren ließen es sich nicht
nehmen, in der Schlacht mit zu kämpfen und dem Heere in
persönlicher Tapferkeit und Bravour voran zu leuchten, ja sie
musten es, wenn sie nicht dem Verdacht der Feigheit sich aussetzen wollten, so sehr der Überblick dabei verloren gieng und
die eigentliche Oberleitung darunter litt. Es war das wirk-
samste Mittel der Anfeuerung, viel wirksamer als der Befehl.
War freilich der Führer einmal gefallen, und auf ihn richteten
sich deshalb die Angriffe des Feindes immer zunächst, so wankte
die Schlacht dann um so leichter. So fiel Tejas, der letzte
Heldenkönig der Ostgothen, im Jahr 552 in der Schlacht bei

Nocera, nachdem er fast den halben Tag über unermüdet gekämpft und zahllose Einzelkämpfe bestanden hatte, als er von neuem den vielfach durchbohrten Schild wechseln muste und sich dabei nur einen Augenblick der nötigen Deckung beraubte.

Nicht minder waren die Germanen im Ertragen der Strapatzen von Jugend auf geübt und abgehärtet. Besonders gegen Hunger und Kälte, weniger gegen Durst und Hitze. Schnee, Kälte und Regen aber war ihnen gleichgültig, trotz ihrer mangelhaften Bekleidung, und sie marschirten und kämpften dabei eben so ausdauernd und tapfer wie bei Sonnenschein. Mit größtem Behagen ließen die Cimbern bei ihrem Übergang über die Alpen ihre halb nackten Leiber beschneien und fuhren dann auf den Schilden die Gletscher hinab, unbekümmert um die Schluchten und Abgründe.

Alle waren geübte Schwimmer, auch die Reiterei mit ihren Pferden verstand sich vortrefflich auf diese Kunst. Selbst reißende Ströme wie der Rhein wurden auf solche Art überschritten. Oft genug mag es bei den Einfällen in Gallien geschehen sein, und wenn das Übersetzen in Nachen und Fähren bequemer war, so war das Übersetzen durch Schwimmen, besonders in der Dunkelheit, viel weniger leicht bemerkbar.

Nehmen wir dazu den größern Mut und alle jene glänzenden geistigen und sittlichen Eigenschaften, die wir bereits besprochen haben, so hatten die Germanen in dieser physischen und moralischen Überlegenheit allerdings vieles vor den Römern voraus. Und wurden sie im eignen Lande angegriffen, so kam ihnen in der damaligen Beschaffenheit desselben noch ein mächtiger Bundesgenosse hinzu: die Römer hatten dann nicht bloß das Volk, sondern auch das Land gegen sich. Das war aber auch so ziemlich alles, was bei einem Kampf mit dem damals ersten Kriegsvolk der Welt und der geeinten und einheitlich organisirten Macht des ungeheuern Reichs zu ihren Gunsten in die Wagschale fiel. In allem Übrigem konnten sie sich mit den Römern nicht messen, um so weniger, als es an einer politischen Einigung fehlte und die einzelnen Stämme, meist jeder für sich, auf eigne Hand den Kampf mit den Feinden aufnahmen. Das wird sich noch deutlicher herausstellen, wenn wir nun die Hauptpunkte des germanischen Kriegswesens im einzelnen erörtern.

Wir beginnen mit den Waffen. Ohne Zweifel waren sie weder bei den verschiedenen Stämmen, noch innerhalb desselben Stammes gleich, wie schon aus den Berichten der Alten geschlossen werden kann und die Gräberfunde noch weiter bestätigen. So zum Beispiel führt Tacitus als unterscheidendes Kennzeichen der gothischen Stämme an, daß sie runde Schilde und kurze Schwerter hätten. Eben so wenig ist eine gleichmäßige Bewaffnung der Einzelnen anzunehmen. Jeder hatte selbst für seine Waffen zu sorgen, und wenn dabei eine gewisse Übereinstimmung aus der nationalen Kampfweise und Heerordnung sich von selbst ergab, so war doch gewis vieles auch vom Zufall und der Willkür abhängig. Den Römern, die ihre eignen Waffenfabriken hatten (später im Westen namentlich in Trier), kamen die germanischen Waffen so unvollkommen und mangelhaft vor, daß wie sie sagen es überhaupt keiner Kunst zu ihrer Anfertigung bedurft habe. Denn wie jeder seine Ausrüstung selbst zu beschaffen hatte, so muste er auch im Stande sein, diese leicht wieder ausbessern zu können, wenn sie schadhaft geworden war. Regelmäßig geschah das im Felde vor jeder Schlacht: noch im sechsten Jahrhundert war es so bei dem fränkisch-alemannischen Heer, welches den Gothen zu Hilfe nach Italien gezogen war. Doch befanden sich ohne Zweifel in jedem Heer Schmiede und andere Handwerksleute, die im Notfall aushalfen, und wäre es auch nur unter den Hörigen des Trosses gewesen.

Gewöhnlich denken wir uns Schild, Schwert und Lanze als die allgemeinen Waffen der alten Germanen. Zu Chlodwig's oder Karl's des Großen Zeit war das auch wirklich der Fall, in der Urzeit aber bei weitem noch nicht. Der Schild war allerdings als Schutzwaffe unerläßlich, denn da der Kampf Mann gegen Mann geführt wurde, konnte eine Deckung im Handgemenge nicht entbehrt werden: auch gegen Pfeile und Wurfgeschosse gewährte er in den meisten Fällen Schutz, wenn sie nicht mit Maschinen geschleudert wurden. Dagegen waren Schwert und Lanze nach Tacitus' ausdrücklicher Angabe noch selten. Nur die vordern Glieder trugen Lanzen. Bei der keilförmigen Schlachtordnung hätten die hintern Glieder keinen freien Gebrauch davon machen können; auch sonst erwiesen sie sich wegen ihrer Länge im Gefecht oft hinderlich, besonders im Wald, worauf Germanicus vor der Schlacht an der Weser seine Römer aufmerksam machte, um ihnen Mut einzuflößen.

Die Schwerter aber konnten schon um deswillen nicht allgemein sein, weil das Eisen noch verhältnismäßig selten und kostbar war. Zwar führen drei Stämme vom Schwert den Namen, die Suardonen im östlichen Holstein, die Sachsen im westlichen und die Cherusker um den Harz und die Weser. Allein gerade ihre Namen zeigen, daß zu der Zeit als dieselben aufkamen, der Gebrauch der Schwerter noch nicht bei allen Stämmen verbreitet sein konnte, weil man sie sonst nicht zur Unterscheidung darnach hätte benennen können. Immerhin beweisen sie, daß das Schwert sehr weit in die Urzeit zurückreicht, nur nicht als regelmäßige und allgemein verbreitete Waffe. Am merkwürdigsten ist der Name der Cherusker, den schon Cäsar kennt, denn das altsächsische heru bezeichnet wirklich ein größeres Schwert, das nur von gehärtetem Erz oder Eisen sein konnte. Sehr viel älter als die erste Erwähnung des Namens bei Cäsar wird übrigens sein Ursprung nicht sein.

Die Sachse aber (sahs culter), wovon die Sachsen ihren Namen haben und die bei ihnen und den Angeln verbreitet waren und nachmals bei der Eroberung von Britannien so gute Dienste leisteten, sind lange Messer, die, wie das dem lateinischen saxum verwandte Wort zeigt, ursprünglich von Stein gewesen sein müssen: in Ortsnamen hat sich die ursprüngliche Bedeutung von Fels oder Stein bis auf den heutigen Tag erhalten. Natürlich wurden sie später allgemein aus Erz oder Eisen gefertigt wie die eigentlichen Schwerter. Denn sobald metallne Waffen aufkamen, musten die schwächern steinernen mit der Zeit schwinden, eben so wie dann die ehernen (aus einem Gemisch von einem bis zwei Theilen Zinn und acht bis neun Theilen Kupfer) von den eisernen verdrängt wurden, weil sie im Kampf gegen die letztern zersprangen oder durchgeschlagen wurden. Doch haben sich Waffen von Stein oder von Holz mit steinernen Spitzen und Schneiden, wie die Gräberfunde zeigen, noch lange neben den metallnen im Gebrauch erhalten. Erst während der Kriege mit den Römern mögen sie allmählich verdrängt worden sein, denn Erz und Eisen war die liebste Beute der Germanen, noch lieber als Gold und Silber, und wenn man gleich fertige Waffen erbeuten konnte, was bei den Niederlagen der Römer nichts seltenes war, so nahm man natürlich auch diese in Gebrauch. Die allgemeine Verbreitung von eisernen Waffen aber erfolgte erst während der Völkerwanderung, nur daß daneben sich wieder das Erz oder die Bronze noch längere Zeit behauptete. Bei einzelnen Stämmen, wie bei den Langobarden, scheint selbst zu Karl's des Großen Zeit das Erz noch nicht vollständig verdrängt gewesen zu sein, während es bei den zum fränkischen Reich gehörigen Stämmen allerdings der Fall war.

Die ältesten Waffen waren also noch sehr roh und einfach und gewis von denen der arischen Urzeit nicht wesentlich verschieden. Wie Schild, Wurfspeer und Keule bei allen Völkern die ersten Waffen sind, aus denen sich die übrigen dann nach und nach entwickeln, so waren sie es neben dem Streithammer und der Streitaxt auch bei den Germanen. Eigenthümlich war ihnen die mörderische Framea oder der Streitmeißel, ein kurzer hölzerner Schaft mit breiter beilförmiger Spitze von Stein, Erz oder Eisen. Sie diente ebensowohl im Handgemenge zum Stoß oder Hieb wie bei Beginn des Kampfes zum Wurf und war deshalb auch wohl mit einem Ohr und Riemen zum Zurückziehen versehen. Bei den Franken wurde später die Streitaxt besonders beliebt und daher in der bei ihnen üblichen Form Franziska genannt; eben so kam der Ango oder der gezackte Wurfspeer bei ihnen auf, der, wenn er traf, aus der Wunde nicht wieder heraus gezogen werden konnte und daher meist tödtlich war oder, wenn er im Schild stecken blieb, wenigstens den Schild niederriß und unbrauchbar machte. Außerdem war wie überall für das Ferngefecht der Bogen mit Pfeilen und die Schleuder im Gebrauch. Daneben verbreiteten sich im Kampf mit den Römern auch Schwerter und Dolche immer allgemeiner. Alle Waffen waren im Vergleich mit den römischen schwer und plump: zwar fest und solid, aber regelmäßig ganz ohne Kunst gearbeitet und viel weniger widerstandsfähig. Betrachten wir sie uns der Reihe nach noch etwas näher.

Von Schutzwaffen waren nur Schilde im allgemeinen Gebrauch. Sie waren groß und unförmlich: viereckig, bis zu vier Fuß breit und sechs Fuß lang, im Verhältnis zur Größe aber sehr leicht, meist nur aus Flechtwerk oder dünnen bemalten Brettern gefertigt. Doch auch so waren sie noch schwerfällig genug, so daß Germanicus darüber spotten konnte. Indes wenn sie den ganzen Mann und unter Umständen selbst eine Colonne decken sollten, musten sie notwendig die entsprechende Größe haben.

Das leichte Fußvolk und die Reiterei hatten kleinere runde, daher nicht so lange, aber etwas breitere Schilde, ähnlich wie bei den Römern. Die östlichen Stämme hatten durchweg runde Schilde, übereinstimmend mit den hinter ihnen wohnenden Sarmaten. Später kam allgemein eine kleinere Form der Schilde in Gebrauch, und sie hatten in dieser spätern Gestalt nur noch eine Größe von vier Fuß Länge und zwei Fuß Breite.

Dagegen wurde ihre Widerstandskraft durch Metallbeschläge und Lederüberzüge verstärkt.

Zum Festhalten dienten zwei Handhaben im innern, eine zum Durchstecken des Oberarms, die andere für die Hand. Zugleich erhielten sie Riemen, die durch die Griffe gezogen wurden, zum Überhängen über die Schultern, damit, wenn beide Hände zur Führung der Waffen nötig waren, der Schild auf den Rücken geworfen werden konnte. Das Schwert hieng, wo ein solches vorkam, auf der rechten Seite, entweder an einem Wehrgehenk über die linke Schulter oder an einem Gürtelband.

Nur im Norden kamen auch metallne Schilde vor, eiserne im fränkischen Reich wohl nicht vor dem neunten Jahrhundert: rund, oval oder unten spitz zulaufend; in der Folge verwandelte sich die Form in ein längliches Dreieck. Das gewöhnliche Material aber blieb leichtes, zähes Holz oder ein Geflecht von Weiden oder Wurzelfasern. Noch im dreizehnten Jahrhundert finden sich Rittersiegel, deren Zeichnung auf Flechtwerk deutet. Besonders merkwürdig ist ein boyneburgischer Wappenschild aus dieser Zeit, der aus vier einfachen Feldern besteht, von denen je zwei abwechselnd eine geflochtene und eine glatte Fläche zeigen. Denn der Schild war zugleich das Wappen, weshalb die gewöhnlichen Rittersiegel bis Ende des Mittelalters regelmäßig auch eine dreieckige Form haben.

Die Sitte, Sinnbilder und Embleme auf dem Schilde zu führen, ist uralt. Sie dienten zum Schmuck wie zum Kennzeichen: schon Tacitus berichtet, daß man dazu die ausgesuchtesten Farben genommen habe. Doch scheinen in der Urzeit mehr die Stämme als die Geschlechter sich durch die Farben unterschieden zu haben; feststehende eigne Wappen kamen erst viel später auf, zuerst wie jede Auszeichnung bei den Fürsten- und Herrengeschlechtern. So hatten die cimbrischen Reiter weiße, die Arier an der obern Weichsel schwarze Schilde; Skandinavier und Sachsen rothe, die Friesen braune, die Franken im fünften Jahrhundert weiße mit gelben Buckeln. Die Nationalfarben mögen damit zusammenhängen, doch verdanken sie ihren Ursprung zunächst wohl den Feldzeichen und Fahnen. Denn die altfränkischen Farben sind roth und weiß, die alemannischen roth und gelb.

Panzer und Helme bildeten seltene Ausnahmen und wurden nur etwa geführt, wenn sie als Beute oder Geschenk in die Hände der Germanen gekommen waren. Doch hatten schon die cimbrischen Reiter metallne Helme und Panzer, wie denn im skandinavischen Norden und von da auch weiter in Jütland die Schmelz- und Schmiedekunst sich früher ausgebildet hat als in Deutschland. Dann kamen sie besonders bei Fürsten und Vornehmern in Gebrauch; im Alemannenkrieg gegen Julian scheinen die Könige Helme mit farbigen Büschen gehabt zu haben. Häufiger, aber auch nur bei Vornehmern, war der Gebrauch von Thierfellen, die als Mantel um die Schultern getragen wurden und deren Kopfhaut man mit den Ohren, Hörnern oder Geweihen über den Kopf zog. Das vermehrte das ungeheuerliche Aussehen der germanischen Krieger und flößte den Feinden Schrecken ein: die spätere Helmzier des Mittelalters ist ein Rest dieser alten Sitte. Der gemeine Mann dagegen kämpfte regelmäßig ohne Kopfbedeckung, auch

Brust und Nacken waren bloß. So blieb es bis in das sechste Jahrhundert, ja im Grund auch später, denn eine volle Rüstung ist noch lange Zeit ein Vorzug der Fürsten und Herren gewesen und erst, als sich im zehnten Jahrhundert der Kriegsdienst änderte, auf die Ritterschaft übergegangen.

Die ältesten Angriffswaffen sind der Streitkolben und die Keule, letztere in doppelter Gestalt als Schlag= oder Wurfkeule. In den Gräbern fanden sich auch solche mit ehernen Köpfen und Stachelspitzen nach Art der spätern Morgensterne. Die Keule scheint ursprünglich allgemein in Gebrauch gewesen zu sein, denn sie führte nach Isidor bei den Galliern den Namen Teutone. Zum Wurf reichte sie nicht weit, war aber dafür von um so stärkerer Wirkung. Als Mark Aurel zwei Löwen gegen die Markomannen über die Donau schickte, hielten diese sie für große Hunde und erlegten sie mit ihren Keulen.

Aus dem alten Streitkeil, der ursprünglich von Feuerstein, Hornblende oder Granit und mit scharfer Schneide versehen war, später aber von Erz gefertigt wurde (von einem halben bis zu zehn Pfund schwer, vier bis zwölf Zoll lang, an der Schneide zwei bis vier Zoll breit), gieng später der Streit= meißel oder die Framea hervor. Sie fügte ihm einen hölzernen Schaft von etwa drei bis vier Fuß Länge hinzu und verlieh ihm dadurch nicht allein eine viel größere Gewalt beim Stoß oder Schlag, sondern machte ihn auch zum Wurf brauchbar. Nur muste er als Spitze jetzt etwas verkleinert werden: die= selbe ist in der Regel nicht über sechs Zoll lang, zwei breit und ein Pfund schwer; sie wurde entweder in den Schaft ein= gelassen und mit Sehnen und Riemen daran festgebunden oder am untern Ende mit einer Höhlung zum Aufstecken versehen und angenietet oder angenagelt.

Die Framea kann als die eigentliche Nationalwaffe der alten Germanen gelten. Sie wird häufig von Tacitus ge=

nannt, meist in Verbindung mit dem Schild, auch wohl mit Schild und Schwert, und als mörderisch und siegreich von ihm bezeichnet. Die Funde und Ausgrabungen haben sie in großer Menge zu Tage gefördert, zuweilen mit größern Stücken Bronze, was auf förmliche Gußanstalten schließen läßt. Soweit sie aus Bronze hergestellt wurden, sind sie meist wohl erhalten; auch einzelne erhaltene Schafte sind gefunden worden. Die Schneide wurde geschliffen und scheint gelegentlich durch eine hölzerne oder lederne Scheide gegen Abstumpfung geschützt worden zu sein. Im Wurf reichten sie weniger weit als der Wurfspieß, aber doch immer bis auf dreißig Schritt. Da sie zum Theil mit Riemen zum Zurückziehen versehen waren, kam es offenbar weniger auf die Wirkung in die Ferne, wie auf die Kraft und Gewalt des Stoßes an, und diese war allerdings stark genug, um nicht bloß breite und tiefe Wunden zu schlagen, sondern selbst Knochen zu zerschmettern.

Die Wurfspieße oder Gere (ahd. gero die Spitze, auch in vielen Ortsnamen) dienten vorzugsweise dem leichten Fußvolk und konnten im Bogen bis auf hundert und fünfzig Schritt, horizontal bis auf fünfzig Schritt mit Erfolg geworfen werden, kleinere noch weiter und mehrere auf ein Mal. Sie waren zunächst für das Ferngefecht bestimmt, womit das leichte Fußvolk den Kampf eröffnete. Von der Framea unterschieden sie sich durch ihre größere Leichtigkeit und die scharfe, zweischneidige Spitze, die, in der Regel zwei bis drei Zoll lang, auch am hintern Ende spitz zulief und stets in eine Schaftspalte eingelassen wurde. Es finden sich Spitzen von Stein, Bronze und Eisen, ja selbst von Knochen, und im Notfall, wenn keine Spitzen vorhanden waren, begnügte man sich auch mit Härtung des zugespitzten Holzes im Feuer, wie Tacitus bezeugt. Übrigens diente der Wurfspieß nicht bloß zum Gebrauch im Krieg, sondern vornehmlich auch zur Jagd, und für diesen Zweck wurde er das ganze Mittelalter hindurch beibehalten, während die stärkern Schutzwaffen ihn später aus dem Krieg verdrängten.

Bei den Franken kam in der Folge eine eigenthümliche Art von Wurfspieß auf, die an die Stelle der alten Framea trat und wie diese sowohl zum Nahkampf als zum Wurf gebraucht wurde. Es ist der Ango (lancea uncata bei Sidonius, ἄγγων bei Agathias), dessen Spitze sich vermutlich in der sogenannten bourbonischen Lilie erhalten hat und zwei nach unten gebogne Widerhaken zeigt.

Der Schaft war mit metallnen Schienen beschlagen, theils um die Waffe schwerer und wirksamer zu machen, theils um sie gegen den feindlichen Hieb besser zu schützen. Also ein kurzer, schwerer Spieß nach Art des römischen Pilums, dessen eiserne Spitze ebenfalls gewöhnlich einen Widerhaken hatte und dessen Wirkung auf zehn bis zwölf Schritt Entfernung am größten war.

Der Ango verursachte schmerzhafte und tödtliche Wunden, da er nur äußerst schwer wieder heraus gezogen werden konnte; drang er in den Schild ein, so gestattete er diesen niederzureißen und machte den Gegner wehrlos. Da seine Anfertigung schon größere Kunstfertigkeit voraussetzt, scheint er erst in der spätern Zeit aufgekommen zu sein, als die Franken in Gallien festen Fuß gefaßt hatten. Im sechsten Jahrhundert aber war er nächst der Streitaxt die Hauptwaffe derselben; so in dem fränkisch-alemannischen Heer, welches 552 in Italien gegen die Griechen kämpfte, während er in dem frühern Feldzug Theodebert's von 539 noch nicht genannt wird.

Die schwere Lanze war nur zum Nahkampf und zur Bewaffnung der vordersten Schlachtreihen bestimmt. Sie sollte vorzugsweise zum ersten Einbruch in die feindlichen Linien dienen. Die Germanen führten anfangs solche von ungeheurer Länge, bis zu sechzehn Fuß und darüber, wie aus der Anrede des Germanicus an die römischen Soldaten vor der Schlacht bei Idistaviso hervorgeht. Das hatte in der Ebene, besonders auf sumpfigem Boden, große Vortheile, weil man den Feind schon von weitem erreichen konnte, war aber im Wald und Gebirge nachtheilig, weil die Länge hier am freien Gebrauch der Lanze hinderte. Sie wurde deshalb später etwas verkürzt und scheint zu Tacitus' Zeit in dieser Größe nur noch selten im Gebrauch gewesen zu sein (raro maioribus lanceis utuntur). Nur einzelne Stämme wie die Quaden und Sachsen behielten die längere Lanze bei.

Um ihr Gewicht zu vermindern, brauchte man zu den Schäften vorzugsweis die leichten und zähen Holzarten, besonders gern die Esche, aber auch Linde und Fichte. Die Spitze, von Bronze oder Eisen, war zweischneidig, meist neun bis fünfzehn Zoll lang und mit einer Höhlung versehen, die auf den Schaft aufgesetzt und mit Nägeln daran befestigt wurde. Fähnchen zur Verzierung der Spitze kamen erst in der nachkarolingischen Zeit auf, Schaftbeschläge oder Seitenblätter, in welche die Spitze auslief, zuweilen schon früher.

Die Lanze ist von jeher die Hauptwaffe der Reiterei gewesen und war es auch bei den Germanen. Daher erklärt sich der Sprachgebrauch des Mittelalters, wonach man unter Lanze oder Gleve (frz. glaive) geradezu den gerüsteten Ritter zu Pferde mit seinen Knechten verstand. Stämme, die hauptsächlich zu Pferd kämpften, führten deshalb auch vorzugsweis die Lanze als Waffe. So war dieselbe mit dem Schwert die alleinige Waffe der Vandalen im Krieg gegen Belisar.

Aus einer Verbindung der Lanze mit der Streitaxt gieng später die Hellebarde hervor, Hiltbarte oder Kampfbeil, auch Helmbarte oder Speerbeil, da die lange, mehrschneidige Spitze Helm genannt wurde: auf der Rückseite hatte sie einen Haken zum Herabreißen des Reiters. Sie war ausschließlich für das Fußvolk bestimmt und wurde im Mittelalter die gewöhnlichste Waffe der Söldner und Landsknechte. Doch findet sie sich annähernd schon auf karolingischen Münzen und mag bis an die Urzeit hinaufreichen.

Die einfache Streitaxt dagegen gehört jedenfalls schon der Urzeit an und ist von den Germanen wahrscheinlich schon aus Asien mitgebracht worden, ursprünglich von Stein, später von Erz oder Eisen. In der Form unserer gewöhnlichen Äxte, mit einem kurzen handlichen Stiel versehen, diente sie ebensowohl auf kurze Entfernung zum Wurf (drei Meereswellen weit), wie im Nahkampf zum wuchtigen Hieb. Die Westgothen schleuderten sie an einem Riemen und zogen sie nach dem Wurf wieder zurück; auch die Franken verstanden sie mit großer Sicherheit auf den Gegner zu werfen und so bei Beginn des Kampfes dessen Schild zu zertrümmern, worauf sie zum Schwert griffen. Bei den Franken war auch die Rückseite schneidig: daher der Name Bipennis, zweischneidiges Beil, oder nach dem Namen des Stammes Franziska.

Im fünften Jahrhundert scheint sie, wie dies aus der Geschichte Chlodwig's hervorgeht, bei dem fränkischen Fußvolk in allgemeinem Gebrauch gewesen zu sein. Auch das fränkische Heer, welches im Jahr 539 unter König Theodebert den Gothen zu Hilfe nach Italien zog, war mit Schild, Schwert und Streitaxt bewaffnet; bloß die Reiterei, welche die Leibwache des Königs bildete, hatte Lanzen.

Eine der ältesten Streitäxte, in Gestalt einer einfachen Holzaxt, schon von Eisen, ist im 17. Jahrhundert zu Tournay im Grab König Childerich's I. († 481) aufgefunden: das Eisen acht Zoll lang und an der Schneide vier Zoll breit. Doch kommen auch größere vor, bis zu vierzehn Zoll lang, zwei Zoll dick und vierzehn Pfund schwer.

Im ganzen sind indes die Funde selten, was darauf zu deuten scheint, daß die Waffe nur bei den Franken verbreitet war und erst seit der Zeit aufkam, als die alte Framea allmählich durch andere Waffen verdrängt wurde. Sie scheint gleichzeitig mit dem Schwert in häufigeren Gebrauch gekommen zu sein und verrät insofern jedenfalls einen Fortschritt in der Bewaffnung.

Ebenso ist der Streithammer schon der Urzeit angehörig, wie gewöhnlich zuerst von Stein, dann von Erz oder Eisen, gleich der Streitaxt zum Wurf wie für den Faustkampf geeignet. Er war dem Donar oder Thor geheiligt und diente daher vielfach zu symbolischen Handlungen. Als Waffe wurde er in der Urzeit besonders von der Reiterei geführt.

Das Schwert ist als allgemeine Waffe verhältnismäßig am spätesten in Gebrauch gekommen, hat dann aber die meisten ältern Waffen verdrängt. Es konnte aus Stein nicht wohl hergestellt werden, denn dieser war in der dazu erforderlichen Länge schwer zu verarbeiten und wenig haltbar, metallne Waffen aber waren in der Urzeit kostbar und selten. Wie theuer es noch im sechsten Jahrhundert war, sehen wir aus der Wergeldsbestimmung des ripuarischen Stammrechts, wonach ein Schwert mit Scheide dem Wert von sieben Kühen, ohne Scheide von drei Kühen gleichgesetzt wird, während Schild und Lanze zusammen nur zweie wert waren. Doch hatten nach der Angabe Plutarch's die cimbrischen Reiter schon lange, gekrümmte, eherne Schwerter, und ebenso werden solche im Heere Ariovist's erwähnt. Zu Tacitus' Zeit waren sie noch selten, wie die „Germania" ausdrücklich sagt, wenn gleich sie an einer Stelle mit dem Schild und der Framea unter den Geschenken der Verlobten, und kurze Schwerter als Eigenthümlichkeit der östlichen, gothischen Völker genannt werden. Hiernach scheinen sie bei den westlichen Stämmen damals kaum schon in häufigerm Gebrauch gewesen zu sein: in der Anrede des Germanicus vor der Schlacht an der Weser werden sie gar nicht erwähnt, obgleich darin die Rüstung der Germanen ziemlich genau geschildert wird.

Erst infolge der langen Kämpfe mit den Römern, in denen man ihre mörderische Wirkung kennen lernte, der steigenden Kunstfertigkeit und der großen Beute, die man erwarb, wurden sie allgemein üblich und nun in verschiedener Form bei allen Stämmen Nationalwaffe, so sehr, daß Schwert und Lanze, wenn nicht ausschließlich, doch vorzugsweis als die Waffen des freien Mannes galten und der Ausdruck Schwert oder Schwertmagen bildlich zur Bezeichnung des Mannsstammes diente. Schon in den Volksrechten kommen sie häufig vor; zu Chlodwig's Zeit gehörten sie mit zur notwendigen Ausrüstung, und im sechsten Jahrhundert bildeten sie mit der Streitaxt und dem Ango die Hauptwaffe der fränkischen Heere. Darum knüpfte sich an das Schwert wie an die Lanze auch eine reiche Symbolik, und es begreift sich leicht, daß bei der Kostbarkeit eiserner Waffen eine besondere Erbfolge des Mannsstammes für dieselben sich ausbildete: Vieh, Waffen, Gerät und Kleider blieben lange die Hauptgegenstände des beweglichen Vermögens.

Die ältesten Schwerter, die man gefunden hat, sind gewöhnlich zwei bis drei Fuß lang, gerade, zweischneidig und spitz, ohne Parierstange und mit kurzem Griff, also offenbar dem römischen Gladius nachgebildet und wie dieses weniger zum Hieb wie zum Stoß. Die Klinge ist entweder mit dem Griff aus einem Stück gearbeitet oder durch denselben durchgesteckt, angenietet oder angenagelt.

Sie wurden an Ketten, Riemen oder Wehrgehängen über die linke Schulter an der rechten Hüfte getragen, auch wohl an einer um den Leib gehenden Koppel oder einem Gurt. Auch die Scheide war später von Eisen: die, welche man im Grab Childerich's I. zu Tournay gefunden hat, war mit Gold und Edelsteinen besetzt, das Schwert selbst breit und kurz (dritt= halb Fuß lang), einschneidig und ohne Spitze.

Die zunehmende Stärke der Schutzwaffen machte größere und längere Schwerter nötig. Solche kamen schon im sechsten Jahrhundert auf und erreichten später ein Gewicht von fünfzig Pfund und darüber.

Mit den Schwertern hat man auch Dolche gefunden, die, wenn sie nicht gerade von römischer Arbeit sind, doch den römischen nachgeahmt scheinen. Sie sind in der Regel nicht über einen Fuß lang, sonst den Schwertern ganz ähnlich und wurden wie diese, aber wohl ohne Scheide getragen.

Die Nationalwaffe der Sachsen war der Sachs, wovon das Volk seinen Namen erhalten hat. Es waren besonders kurze Schwerter oder lange Messer, die aber wegen ihrer Kürze bequem zu führen und doch gleich den römischen Schwer= tern sehr gefährlich waren. Später fanden sie, etwas gekrümmt, auch bei den Franken Eingang und wurden von ihnen in dieser Form Skramasaxe genannt.

Neben diesen Waffen kommen schon in ältester Zeit, wie bei allen Völkern, noch die Schleuder und der Bogen vor. Indes so alt sie sind, sie gelangten bei den Germanen, die vor allem den Nahkampf liebten, zu keinem rechten An= sehen und galten hauptsächlich als Waffen der Hörigen, wenn sie auch gelegentlich bei Eröffnung des Gefechts, der Verteidi= gung fester Plätze oder dem Schutz von Flußübergängen gute Dienste leisteten und gewis kein Germane die Übung im Bogen= schießen verschmähte. Auch zur Jagd waren sie unentbehrlich.

Die schweren Waffen, wie Äxte, Streithämmer, Schwerter und Messer, dienten erforderlichen Falls zugleich zum Holz= fällen und Schanzenbau. Eigene Werkzeuge und Geräte nach römischem Vorbild (ferramenta) führte, wie Tacitus erzählt, nur das chattische Fußvolk, indes scheint die Sitte nicht allgemein geworden zu sein. Erst in den spätern fränkischen Heeren wurden solche in den Karren des Trosses nachgefahren, darunter auch Handmühlen.

Vom Lager- und Schanzenbau hielten die Germanen überhaupt nicht viel. Gegen Überfall sicherten sie sich durch Späher und vorgeschobne Reiter, die mehrfach erwähnt werden, und im Lande selbst machte ihre genaue Ortskenntnis den Lagerschutz überflüssig. Statt dessen errichteten sie zum Schutz in der Nacht nach altasiatischer Sitte ihre Wagenburgen: ringförmige, dicht an einander schließende Kreise der kleinen Wagen, die sie auf ihren Zügen mit führten und die nach den Bildern auf der Antoniussäule aus viereckigen Kasten auf vier massiven Rädern bestanden. Blieb das Heer länger an einem Ort, so wurden die Wagenburgen wohl noch durch Erdwerke und Pallisaden verstärkt und die Wagen bis an die Nabe eingegraben. Solche waren bei den Gothen noch im sechsten Jahrhundert in Gebrauch: sie wurden besonders gern auf Anhöhen oder in der Nähe von Flüssen angelegt, wo zugleich das Terrain noch eine weitere Deckung gewährte. Erst in der folgenden Zeit giengen die Franken zum römischen Lagerwesen über, als die Wanderungen aufgehört hatten und Frauen und Kinder im Krieg zu Hause blieben.

Die einzelnen Stämme und größeren Heeresabtheilungen hatten ihre eignen Feldzeichen. Tacitus unterscheidet Bilder und Symbole (effigies et quaedam signa). Die erstern bestanden, wie wir aus andern Quellen wissen, vorzugsweis in Thierbildern, die den Göttern geheiligt waren und die Anwesenheit der Götter im Kampf vertraten, die Zeichen vermutlich ebenfalls in Bildern oder auch in bloßen Attributen oder Waffen, die man den Göttern beilegte. Sie wurden in den heiligen Hainen aufbewahrt, von dort abgeholt und mit den, dem Feind abgenommenen Feldzeichen wieder dahin zurück gebracht, wie später noch vielfach die christlichen Kirchen zu gleichem Zweck dienten. So führten die Cimbern einen ehernen Stier, die Teutonen einen Drachen, die Vandalen eine Schlange, die Sachsen bei der Eroberung von Burgscheidungen im Jahre 531 einen Löwen und einen Drachen, worüber ein Adler seine Fittige ausbreitete. Mit der Annahme des Christenthums verschwanden die heidnischen Thierbilder und es traten Fahnen und Banner an ihre Stelle, welche einzelne Stämme, wie die Westgothen, schon zu Ende des vierten Jahrhunderts führten.

Auch Trommeln und Hörner waren in der Urzeit schon im Gebrauch. Indes doch wohl mehr, um das allgemeine Zeichen zum Angriff zu geben, den brausenden Schlachtenlärm zu erhöhen und die Kampfbegeisterung vollends zu entflammen, wie zu eigentlichen Signalen in unserem Sinne. Wenigstens wurden in den cimbrischen Kriegen die Trommeln von den Priesterinnen gerührt, was wieder auf eine Beziehung zum Cultus deutet. Sie bestanden aus großen Rädern oder geflochtenen Hürden, die mit Thierhäuten überspannt waren und einen gewaltigen Lärm machten. Ebenso kamen metallne Hörner vor, die einen schrecklichen Ton gaben, von roher Form, meist rückwärts gebogen. Sie werden später auch im batavischen Krieg, bei den Gothen und Alemannen erwähnt.

Wie der Einzelne für seine Waffen selbst zu sorgen hatte, so muste er für die Dauer des Feldzugs auch für seine Verpflegung sorgen. Diese bestand bei förmlichen Wanderungen wohl größtentheils in den mitwandernden Heerden, deren Ernährung durch die ausgedehnten Weiden sehr erleichtert wurde, aber auch in Getraide und sonstigen Vorräten, die man auf Karren oder Saumthieren mit führte. Dauerte die Wanderung oder der Krieg länger, so war eine vorübergehende Bestellung des Bodens nötig, um die erschöpften Vorräte wieder zu ergänzen. Oder ein Theil blieb zu Hause und sorgte daheim für den Ackerbau, während der andere in's Feld rückte. Natürlich war die Verpflegung auf Eroberungs- oder Beutezügen leichter als bei den Kriegen im eignen Land, wo man das Eigenthum der Freunde und Stammesangehörigen schonen muste. Sie wurde daher im fränkischen Reich um so schwieriger, je mehr sich dasselbe vergrößerte und in je entferntere Gegenden die Kriegszüge giengen. Die Selbstverpflegung wurde daher auf den Marsch bis zum Sammelplatz und die nächstfolgenden drei Monate beschränkt; Gras, Holz und Wasser hatte das durchziehende Heer frei; für alles weitere muste die Heerführung sorgen.

Maschinen und größere Wurf- oder Schleudergeschütze (Ballisten und Katapulten), wie sie bei den Griechen und Römern seit der Zeit Alexander's des Großen allgemein in Gebrauch kamen, waren den Germanen vollkommen unbekannt. Auch in der Belagerungs- und Verteidigungskunst waren sie anfangs ganz unerfahren, lernten sie aber in den Angriffen auf die römischen Plätze so schnell, daß ein in den Kriegen Julian's gefangener Alemannenkönig wegen seiner besondern Geschicklichkeit im römischen Festungskrieg gebraucht und zu Belagerungen im Orient verwandt wurde.

Es gab also nur Reiterei und Fußvolk, keine Specialwaffen, außer den leichten Truppen und den in Verbindung mit je einem Reiter kämpfenden Fußgängern. Die Hauptstärke des Heeres lag im Fußvolk, wie Tacitus zuerst von den Germanen überhaupt und dann mit besonderm Nachdruck noch einmal von den Chatten sagt. Das konnte bei der Beschaffenheit des Landes nicht anders sein, denn im Wald kann sich kein Reitervolk ausbilden. Aber auch davon abgesehn hat das Fußvolk zu allen Zeiten stets den großen Vortheil vor der Reiterei voraus, daß es von Zufälligkeiten viel weniger abhängig und in jedem Terrain brauchbar ist. Insofern enthielt der Übergang zum spätern Dienst zu Roß und Harnisch einen Rückschritt gegen die altgermanische Kriegsverfassung, und schon in den Kriegen Kaiser Friedrichs II., im Söldnerwesen der Städte und vollends in den Landsknechten und den stehenden Heeren, die seit der Verbreitung der Schußwaffen aufkamen, gelangte das Fußvolk wieder zu seinen alten Ehren.

Der größte Theil des Fußvolks war schwer bewaffnet. Zu den Leichtbewaffneten scheinen ursprünglich nur die auserlesenen jugendlichen Krieger gehört zu haben, welche als Elitetruppen in Verbindung mit der Reiterei kämpften. Denn der freie Mann wollte auch mit den Waffen des Freien kämpfen, und dies waren die schweren. Zur Vertheidigung des Landes oder auf Geheiß der Herren nahmen auch wohl die Hörigen am Kriege Theil: dieselben bildeten dann ebenfalls leichtes Fußvolk und wurden mit Schleuder, Bogen und Pfeilen oder kleinen Wurfspießen bewaffnet. Später, in der fränkischen Zeit, scheint das leichte Fußvolk in ausgedehnterem Maß zur Anwendung gekommen zu sein und außer den Hörigen zugleich die ärmeren Freien enthalten zu haben.

Die Reiterei war verhältnismäßig nicht zahlreich, aber wo sie vorkam ausgezeichnet und der römischen überlegen. Ihre Stärke und Ausbildung richtete sich vornehmlich nach den Wohnsitzen der verschiednen Stämme. Daher hatten die Chatten in ihrem durchweg hügeligen und bewaldeten Land nur wenig, Bataver, Friesen, Tenchterer und Sigambern, welche in den rheinischen Niederungen wohnten, eine starke und besonders ausgezeichnete. Eben so berühmt war später die Reiterei der Alemannen und Vandalen; bei den letztern war sie Hauptwaffe des ganzen Volkes geworden. Dagegen scheinen die

Franken bis auf die Zeit Karl's des Großen nur eine verhältnismäßig schwache Reiterei gehabt zu haben; wenigstens tritt sie in ihren Heerzügen meist wenig zahlreich auf. Erst später wurde sie zahlreicher und der Reiterdienst allgemein: bereits zu Ende des neunten Jahrhunderts wird gesagt, daß es bei den Franken nicht üblich sei zu Fuß zu kämpfen. Das sind aber schon die Anfänge des spätern Ritterwesens, die auf das romanische Westfranken zurückführen.

Wie zu allen Zeiten wird auch in der Urzeit die Reiterei vorzugsweis aus den reichern und angesehnern Geschlechtern, also aus dem Adel hervorgegangen sein. Ihre Ausrüstung ist kostspieliger; wer mehrere Pferde mitnahm, brauchte auch einen Knecht, und schon der Besitz brauchbarer Kriegspferde selbst setzt Wohlstand voraus. Das war später, als allgemein reisiger Dienst gefordert wurde, der Grund, weshalb viele Gemeinfreie ihrer Dienstpflicht nicht mehr genügen konnten und deshalb in Abhängigkeit oder Vogtei gerieten.

Die Waffen des Reiters bestanden außer dem Schild regelmäßig in Lanze, Schwert oder Streithammer. Der Streithammer wurde erst später allgemein durch das Schwert verdrängt, doch kommen solche schon bei den cimbrischen Reitern vor. Auch im Mittelalter blieben Lanze und Schwert die Hauptwaffen des Ritters; nur kam zum Schutz noch die volle Rüstung hinzu.

Die Pferde waren klein und unansehnlich, aber gewandt und ausdauernd; auch die in den Gräbern gefundenen Hufeisen deuten auf kleinen Schlag. Die Gebisse, die man gefunden hat, sind meist von Bronze. Sättel und Steigbügel waren lange unbekannt, indes finden sich Sättel schon auf den Bildern der antoninischen Säule.

Das bewaffnete Volk war zugleich das Heer, denn Heer und Volk sind gleichbedeutend und nur die Unfähigen, Kinder,

Frauen und Greise, von der Wehrpflicht ausgeschlossen. Das ist in der ältern Zeit bei jedem Volk der Fall und verstand sich bei den Germanen um so mehr von selbst, als die Stämme auf der Wanderung notwendig kriegerisch organisirt sein musten: es sind wandernde Heere, die jeden Augenblick zur Verteidigung bereit sein musten.

Die Abtheilungen des Volks, Gaue, Hundertschaften und Gemeinden, bilden daher auch die Abtheilungen des Heeres; oder, wie man vielleicht richtiger sagen kann, die Abtheilungen des Volkes verdanken umgekehrt der heermäßigen Gliederung desselben ihren Ursprung. Hierbei wurde natürlich auf die Verwandtschaft und Geschlechterverbindung die möglichste Rücksicht genommen, wie wir denn aus Tacitus wissen, daß die nächsten Verwandten auch in der Schlacht beisammen standen; allein eine volle Übereinstimmung der taktischen Einheiten mit den Stämmen und Geschlechtern konnte nicht durchgeführt und noch weniger erhalten werden, denn die lebendigen, fortwachsenden oder absterbenden Verbindungen vertrugen sich nicht mit dem für die Gliederung des Heeres erforderlichen Zahlensystem. Die letztere muste also notwendig die Geschlechterverfassung der Urzeit durchbrechen, und dies war um so folgenreicher, als sie bei der Ansiedelung zugleich auf das Land und dessen politische Abtheilungen übertragen wurde. Wir werden im folgenden Abschnitt auf die Gau- und Centverfassung zurückkommen: sie ist bis in das zehnte und elfte Jahrhundert die Grundlage unserer Verfassung geblieben.

Dagegen ist es unmöglich, daß schon in der Urzeit ein Zusammenhang zwischen Dienstpflicht und Grundbesitz bestand und die Art und das Maß der Leistung von der Größe des letztern abhängig gewesen wäre. Vielmehr war der Antheil, den jeder am Grund und Boden erhielt, erst eine Folge der Ansiedelung und die Dienstpflicht zunächst eine persönliche;

beides, Recht und Pflicht, ergab sich aus der Genossenschaft
oder der Stammesangehörigkeit, ein fester Grundbesitz aber
konnte nicht eher sich ausbilden, als bis das Volk selbst fest
ansäßig geworden und die verschiednen Stämme nicht mehr,
wie es während der Völkerwanderung noch geschah, im ganzen
oder einzelnen vielfach die Gebiete wechselten. Nur die Identität
der Gliederung des Heeres mit den allgemeinen Ordnungen
des Volks läßt sich behaupten.

Die Eintheilung des Heeres scheint schon in der arischen
Urzeit nach dem Decimalsystem erfolgt zu sein, wie die römische
Centurie, der keltische Kanton und die deutsche Cent- oder
Hundertschaft zeigt. Bei den nordischen Germanen tritt dafür
das Großhundert zu 120 auf. Die Hundertschaft als mittlere
Einheit ist überall nachweisbar, während dies für die Zehnschaft
oder Dekanie wie für das Tausend oder den spätern Gau nicht
in gleichem Maße der Fall ist. Daher bleibt auch bei der
Übertragung der Heeresordnung auf die politischen Gebiete
nur die Cent als Zahlname erhalten, während die Unterabtheilungen durch die einzelnen Feldmarken (Gemeinden) und
die größern Gemeinschaften durch den Gau (Civitas) gebildet
werden. So wenig das Zahlensystem mit der frühern Geschlechterverfassung übereinstimmt, so wenig konnte es, als
feste Ansäßigkeit eintrat, mit der Eintheilung des Landes in
Einklang gebracht werden, und es ist nicht daran zu denken,
daß ein Gau gerade zehn Hundertschaften, und die Hundertschaft zehn Dekanien hätte enthalten müssen. Alle Institute
der Verfassung und des Rechts entspringen dem Leben und
seinem Bedürfnis, aber nicht als fertige Schablonen, sondern
nur als fruchtbare Keime, die sich unter dem Einfluß der Geschichte, d. h. der äußern und innern Schicksale des Volks,
erst entwickeln und fort und fort umgestalten. Wie die Stärke
und Volksmenge der Stämme wechselte, kleine mit nur einem

Gau und größere mit mehrern oder vielen vorkamen, so war in der Folge auch der Besitz derselben von Zufälligkeiten abhängig, und die politischen Gebiete wurden mit der Ausbreitung oder Beschränkung der Stämme größer oder kleiner, so sehr man dabei auch die alten, einmal bestehenden Landeseintheilungen zu erhalten suchte. Nur bei den gothischen Stämmen erscheint das Tausend als durchgebildete militärische Einheit und für den Anführer derselben der besondere Ausdruck Millenarius oder Thusundifaths (Tausendführer); die Westgothen hatten sogar noch einen Quingentenarius oder Fünfhundertführer. Aber alle größern Völkerschaften bedurften für die Eintheilung des Heeres einer weitern Gliederung nach Tausenden, wenn dieselben auch für die Abtheilungen des Landes keine weitere Bedeutung mehr hatten.

Die allgemeinen Obrigkeiten des Volks waren daher zugleich die Heerführer im Krieg: die richterliche und militärische Gewalt sind überhaupt wenn nicht die einzigen, doch weitaus die wichtigsten Befugnisse, welche das Volk seinen Obern beilegte. Bei Völkern, welche Könige hatten, waren diese auch im Krieg die obersten Anführer. Andere, die im Frieden gar keine gemeinschaftliche Obrigkeit hatten, wählten für die Dauer des Feldzugs einen Herzog zum Anführer: unter ihm standen dann die einzelnen Stammhäupter oder Gaufürsten, unter den letztern als Unterbefehlshaber die Centenare. Der deutsche Ausdruck dafür ist unbekannt, das Wort Graf gehört vermutlich erst der fränkischen Zeit an und scheint eine Übersetzung des lateinischen Comes. In spätern Urkunden findet sich dafür der Ausdruck Hunne (hunno); daß eine ähnliche Bezeichnung überall im Gebrauch war, zeigt das gothische Hundafaths für Centurio, wie in lateinischen Urkunden für Hunne oder Centenar umgekehrt auch Centurio gesagt wird.

Die Waffenpflicht erscheint zugleich als Waffenrecht, denn

die unbeschränkte Befugnis, überall Waffen zu tragen, war eins der wesentlichsten Freiheitsrechte. Die Wehrhaftmachung, die mit erreichter Mündigkeit eintrat, war daher ein wichtiger Act und wurde in der Volksversammlung von einem der Fürsten, dem Vater oder den nächsten Verwandten vollzogen. Damit trat der Freie als Waffengenoß in die Gemeinschaft des Stammes und die Ausübung seiner Freiheitsrechte ein, wenn er auch vielleicht nicht alle politischen Rechte alsbald ausüben konnte. So z. B. ist es sehr wahrscheinlich, daß der eben wehrhaft gemachte Germane nicht sogleich zur Ausübung des Stimmrechts in der Gemeinde mit den Familienhäuptern zugelassen wurde; dazu musten vielmehr wohl noch andere Bedingungen kommen, wie erreichte Volljährigkeit, Abschichtung aus dem Hause des Vaters oder Gründung eines eignen Hausstands: auch das spätere Recht kennt ja einen doppelten Mündigkeitstermin, zu seinen Jahren und zu seinen Tagen kommen. Die Waffen aber legte er nicht wieder ab, es sei denn in den heiligen Hainen der Götter oder innerhalb der umfriedeten Gerichtsstätte. Bei Gelagen, Versammlungen oder vor Gericht dagegen erschienen alle Germanen bewaffnet. In dem Fehderecht, welches dem Einzelnen zustand, konnte er im Fall der Beleidigung die Waffen selbst gegen einen Genossen brauchen, und solange die Blutrache galt, wurde in gewissen Fällen die Fehde sogar zur Pflicht. Insofern bildeten die einzelnen Geschlechter wieder engere Friedensgenossenschaften innerhalb der Gemeinde für sich, die activ wie passiv für ihre Angehörigen einstehen musten: ein Rest der alten patriarchalischen Verfassung, welcher lange Zeit der Ausbildung eines Strafrechts von Seiten der Staatsgewalt hindernd im Wege stand.

Obgleich alle Waffenfähigen dienstpflichtig waren, rückte das ganze wehrhafte Volk doch nur im Notfall, zur Verteidigung des Landes oder im Fall einer Wanderung aus. Zur Verteidigung muste jeder auch ohne Aufgebot erscheinen: die Nachricht von einem drohenden Angriff verbreitete sich mit großer Schnelligkeit und wurde durch Boten von Ort zu Ort mitgetheilt; als die Sueven (Chatten) den Rheinübergang Cäsar's durch Kundschafter erfahren hatten, hielten sie sogleich eine Landesversammlung und schickten nach allen Richtungen hin Boten mit dem Befehl an die waffenfähige Mannschaft, sich im Innern auf einem bestimmten Punkt zu versammeln, Frauen, Kinder und Habe aber in den Wäldern zu verbergen. Angriffskriege wurden in der Landesversammlung beschlossen, und wenn nicht alle auszurücken brauchten, wohl auch das Aufgebot dafür bestimmt: hierbei fand dann wie zu jeder Zeit eine Auswahl oder ein bestimmter Wechsel oder freiwillige Einigung statt: vorzugsweis wird die Jüngern das Loos getroffen haben. Von den Sueven berichtet Cäsar, daß aus jedem Gau jährlich je tausend zum Krieg auszögen, während die übrigen das Feld bestellen und für den Unterhalt sorgen müsten, im folgenden Jahr dann der erste Auszug zu Hause bliebe und der andere Theil ins Feld rücke. Das konnte natürlich nur so lange gelten als der Krieg dauerte, doch wird ein ähnlicher Wechsel zwischen Kriegern und Ackerbauern gelegentlich überall vorgekommen sein.

Dauerte einem Volk der Friede zu lange, so unternahmen Einzelne mit einem freiwilligen Gefolge Kriegszüge auf eigne Hand. Giengen solche Unternehmungen gegen benachbarte Stämme, so bedurften sie ohne Zweifel der Genehmigung des Volks. Gegen das römische Reich scheint sie ein- für allemal gegolten zu haben, denn seit dem dritten Jahrhundert hörten die Einfälle und Raubzüge über die Gränze kaum wieder auf, und die Römer machten in den meisten Fällen nicht einmal den ganzen Stamm für die Räubereien einzelner beutelustiger Schaaren verantwortlich. Nur so lange ein beschworner Friede bestand oder gegen befreundete Stämme musten sie unterbleiben. Im allgemeinen aber wurden sie vom Volk sehr begünstigt. Denn nichts beförderte die Kriegsübung mehr und bewahrte das Volk während eines längern Friedens mehr vor Erschlaffung als das Gefolgswesen, und ein gebilligter Zug erhielt gleichsam eine nationale Weihe und theilte im Fall des Gelingens seinen Ruhm dem ganzen Stamm mit.

Rechtlich wird jeder aus dem Volk befugt gewesen sein, als Führer aufzutreten und ein Gefolge zu werben. Thatsächlich aber waren gewis nur Fürsten und Herren im Stande, ein solches zu unterhalten und größere Unternehmungen auszuführen, denn das Gefolge erwartete von seinem Herrn Gastmähler und Geschenke und muste wohl auch, bevor Beute gemacht war, von ihm ausgerüstet und verpflegt werden. So wurde aus einer nationalen Schule des Kriegs allmählich eine Verstärkung der dynastischen Elemente, und wenn Cäsar, der doch auch nur Principes oder Fürsten als Führer nennt, das Institut mehr in ersterem Sinne erwähnt, so erscheint es bei Tacitus schon in seiner ausgebildeten jüngern Gestalt. Freilich war das Verhältnis kein lebenslängliches, und nach beendetem Zug war der Gefolgsmann zu nichts mehr verpflichtet. Allein es lag nichts näher, als daß Fürsten und Herren ein möglichst großes und bleibendes Gefolge sich zu erhalten suchten, und Tacitus sagt ausdrücklich, daß ein Wetteifer unter ihnen bestand, möglichst viele und tapfere Leute zu haben, und daß der Ruhm eines ansehnlichen und ausgezeichneten Gefolges sich auch über die Stammesgränzen hinaus verbreitete: gerade so wie es noch im spätern Mittelalter einem Fürsten zur Ehre gereichte, wenn er einen möglichst großen Lehnhof hatte, und wie es heut zu Tage ein Vorzug jedes Staates ist, über ein möglichst schlagfertiges und großes Heer zu gebieten. Denn daß durch ein stattliches, kampfgeübtes Gefolge nicht bloß der Glanz und das

Ansehen, sondern auch Recht und Gewalt der Fürsten ver=
mehrt wurden, daß es Fehden und Kriege auch ohne Volks=
beschluß möglich machte, und daß es deshalb mehr als alles
andere die Ausbildung der fürstlichen Herrschaft begünstigte,
liegt auf der Hand. Darum sagt Tacitus, daß oft schon der
bloße Name eines zahlreichen Gefolges hingereicht habe, Kriege
zu verhindern. —

Was die Kampfesweise selbst anlangt, so waren die tak=
tischen Formen zwar im Vergleich mit den römischen noch ein=
fach und roh, allein sie entsprachen dem Charakter des Volks
und haben im Verein mit dessen kriegerischen Tugenden vielfach
über die römischen den Sieg davon getragen.

Die gewöhnliche Schlachtordnung war die keilförmige oder
phalangitische, wie sie ursprünglich allen arischen Stämmen
eigen gewesen zu sein scheint: so bei den Indern, den Griechen,
später noch bei den Macedoniern und anfangs auch bei den
Römern. Sie hat auch bei den Germanen von der Urzeit
an über tausend Jahre sich erhalten und wurde noch im zehnten
und eilften Jahrhundert von den Franken, Angelsachsen und
Dänen angewandt. Das Heer bildete aber regelmäßig nicht
bloß einen, sondern drei Keile neben einander. Da deren
Reihen nach hinten immer breiter wurden, stießen sie schließlich
zusammen; dann folgte die eigentliche Masse des Heeres. Der
mittlere Keil war etwas stärker als die beiden andern und
ragte daher über sie hinaus, an die Spitzen, die aus je einem
oder zwei Mann gebildet wurden, stellte man in der Regel
die stärksten Leute. Wie die römischen Legionen ursprünglich
mit der Eintheilung des Volks in Klassen und Centurien zu=
sammen hiengen, so stand auch die germanische Schlachtord=
nung mit der Gliederung des Volks nach Geschlechtern, Hundert=
schaften, Gaugemeinden und Stämmen in Verbindung, denn
Tacitus sagt ausdrücklich, daß die Aufstellung nicht vom Zufall

abhänge, sondern durch die Geschlechter und die Verwandschaft bedingt werde, und daß gerade darin ein Hauptanreiz zur Tapferkeit liege. Das nähere über die Art und Weise dieser Verbindung wissen wir nicht. Daß die nächsten Verwandten zusammen standen, war eben so natürlich wie zweckmäßig, da hierdurch nicht allein der Mut angefeuert wurde, sondern auf diese Art auch der Tod eines Angehörigen der Pflicht der Blutrache gemäß augenblicklich am Feind gerächt werden konnte. Die Familienhäupter erhielten wohl die vordersten Plätze.

Die Reiterei stand in Verbindung mit dem leichten Fußvolk auf den Flügeln und war zur Deckung der Flanken und des Rückens bestimmt, nicht zur Unterstützung des eigentlichen Hauptangriffs wie bei der griechischen und altrömischen Phalanx. Sie blieb meist geschlossen, lieferte Vorgefechte, beschäftigte die feindliche Reiterei oder suchte das feindliche Heer zu umgehen und die Niederlage desselben zu vollenden.

Die Schleuderer und Bogenschützen, die ebenfalls zur Seite des schweren Fußvolks standen, pflegten den Kampf zu eröffnen. Dann wurden die leichtern Wurfspieße, dann die schwerern und die Framea geworfen. Unterdes suchte die keilförmige Angriffscolonne in raschem Lauf möglichst schnell den Angriffspunkt zu erreichen und die feindliche Linie zu durchbrechen.

Hierauf folgte der Kampf im Handgemenge Mann gegen Mann, zuerst mit der langen Lanze, dann mit Axt, Hammer und Framea; womöglich suchte man den Schild des Feindes durch Wurf zu zertrümmern und dem Gegner den Kopf zu spalten oder ihn zu durchbohren.

Eine Aufstellung in mehreren Treffen, wie sie bei den Römern hergebracht war um nach Überwindung des ersten das zweite und dritte als Reserve brauchen zu können, war den Germanen ursprünglich unbekannt. Das ganze Heer war in Eine Schlachtordnung gestellt und zum gemeinschaftlichen Angriff bestimmt; erst in den Kämpfen mit den Römern, die oft durch ihre Reserve eine halb verlorne Schlacht wieder zum Stehen brachten und noch gewannen, lernten auch die Germanen den Wert eines Rückhalts kennen und nicht alles auf einen Wurf zu setzen.

Indes war in vielen Fällen der Angriff ihres Heeres so ungestüm und für die fein gegliederte römische Legionsaufstellung mit ihren langen, aber verhältnismäßigen schwachen Linien und ihren Intervallen so überraschend und gewaltsam, daß es oft im ersten Anlauf gelang, nicht bloß das erste, sondern auch das zweite feindliche Treffen zu durchbrechen, so daß es zur normalmäßigen römischen Fechtart, Anlauf des ersten Treffens, Werfen des Pilums und Angriff mit dem Schwert, gar nicht kam, ja zuweilen nicht einmal das Pilum geworfen werden konnte. Dann vermochte nur die kaltblütige Umsicht des Feldherrn durch geschickte Benutzung der Reserven oder der Reiterei die Niederlage abzuwehren, wogegen ein vereitelter Angriff der Germanen allerdings oft genug in völlige Vernichtung ihres Heeres übergieng, da es den Kampf mit dem Mut der Verzweiflung bis zum letzten Mann fortsetzte.

Für die Defensive im Feld und den Angriff gegen Festungsmauern diente die Form der Schildburg oder die Testudo, eine von allen Seiten und selbst von oben durch die vorgestreckten oder über die Köpfe gehaltenen Schilde gedeckte Aufstellung nach Art unserer Vierecke. Die Germanen liebten aber die Defensive überhaupt nicht, und ihre normale Gefechtsform war nur für den Angriff berechnet: ein Hinhalten des Gefechts, um die Kräfte des Feindes zu ermüden, die eignen aber für den richtigen Zeitpunkt zur Offensive aufzusparen, war ihnen unbekannt und bei ihrer auf möglichst raschen Durchbruch berechneten, völlig geschlossenen Kampfesweise unmöglich.

Indes gab es doch Fälle, wo eine gedeckte Stellung nicht entbehrt werden konnte, sei es auf dem Marsch, wenn dieser durch Flankenangriffe beunruhigt wurde, sei es in der Schlacht, wenn dieselbe zum Stehen gekommen oder verloren war und einzelne Abtheilungen zugleich von der Seite und im Rücken angegriffen wurden. Für solche Fälle diente die Schildburg, indem die einzelnen Colonnen oder Abtheilungen sich rasch zu solchen Vierecken zusammenschlossen und durch die vorgehaltnen Schilde zu decken suchten. Wie fest dabei die Schilde in einander gefügt wurden, zeigt der Bericht Cäsar's über die Schlacht gegen Ariovist, in der die römischen Soldaten, um in die Vierecke eindringen zu können, zum Theil auf die Schilde hinauf springen musten, um sie von oben aus einander zu reißen und die Aufstellungen sprengen zu können. Auch auf dem Rückzug setzten einzelne Abtheilungen, in einer Stärke von etwa dreihundert Mann, den Kampf in dieser Weise fort und blieben dabei geschlossen, daß selbst die Getödteten noch in Reih und Glied stehen blieben, bis die ganze Abtheilung gesprengt und aufgerieben war.

Eben so diente die Schildburg beim Vorrücken zum Sturm auf Mauern und Wälle, um die feindlichen Wurf- und Schleudergeschosse unwirksam zu machen. Die größten und stärksten Männer wurden dabei in die vordern Reihen, die kleinsten in die hintern gestellt, so daß die Phalanx sich nach rückwärts abdachte und, wenn sie am Fuße der Mauer angekommen war, nun eine zweite Colonne über die obere Schilddecke der ersten den eigentlichen Angriff ausführte.

Gegen stärkere Festungswerke, vorliegende tiefe Gräben und eine geschickte Verteidigung war freilich eine solche, man möchte fast sagen kindliche Angriffsweise ohne Erfolg, und das Schilddach gewährte nicht einmal gegen die schweren, mit Maschinen geschleuderten Geschosse hinlänglichen Schutz. Dann muste zur förmlichen Einschließung und Belagerung des Platzes, Aufschüttung von Dämmen, Ausfüllung der Gräben und Zerstörung der Pallisaden übergegangen werden, wobei die Germanen lange Zeit allerdings nur römische Vorbilder nachzuahmen vermochten.

Gleichwohl fehlt es nicht an Beispielen, daß auch jene naive Angriffsweise, namentlich im Fall einer Überrumpelung, zum Ziel führte, und die vorliegenden Gräben im ersten Anlauf durch Faschinen und Sandsäcke ausgefüllt wurden. Auch blieb bis zur Erfindung der Feuerwaffen die Befestigungskunst stets gegen den Angriff im Vortheil, so daß ein gut verteidigter Platz sich selbst gegen eine regelrechte Belagerung Jahre lang zu behaupten vermochte, und es schließlich keinen großen Unterschied machte, welche Mittel dem Angreifer zu Gebote standen, wenn er nur mit Energie und Entschlossenheit vorgieng. In dem unausgesetzten Kampf gegen römische Wälle, Lager und Festungen lernten aber die Germanen, besonders die westlichen Stämme, bald alle Mittel anwenden, deren sich auch Griechen und Römer bei dem Angriff auf feste Plätze bedienen mußten, so daß ihre Übung darin größer wurde als die der letztern selbst.

Ein zerstreutes Gefecht kam regelmäßig nur bei dem leichten Fußvolk in Verbindung mit der Reiterei auf dem Marsch oder auf den Flügeln der Schlachtordnung vor. Denn wie die Germanen das Hauptgewicht auf den geschlossenen Massenangriff legten, so liebten sie auch den Nahkampf Mann gegen Mann im ganzen mehr als das zerstreute Gefecht aus der Ferne. Doch kam dasselbe im großen Maßstab zur Verteidigung im eignen Lande vor, und dann löste sich wohl das ganze Heer in eine Anzahl getrennter Abtheilungen auf, um die Feinde von allen Seiten zu umschwärmen, sie von Hinterhalten in Verstecken und Waldschluchten aus zu überfallen, durch fortgesetzte Angriffe zu ermüden und schließlich womöglich im Handgemenge zu vernichten.

Diese Kampfesweise war besonders von Armin ausgebildet worden, und die Germanen erlangten darin im Bunde mit der Natur des Landes und der genausten Ortskenntnis ein ganz außerordentliches Geschick: ihr haben sie die Erhaltung ihrer politischen Selbständigkeit, und die Römer die größten und schwersten Niederlagen zu verdanken. Gelang es den Feind in Sumpf oder Waldgebiete zu locken, was bei der damaligen Beschaffenheit des Landes und einer geschickten Benutzung der Verbindungswege nicht sonderlich schwer war, so war er entweder vollständig verloren oder erlitt wenigstens die empfindlichsten Verluste und muste froh sein, wenn er mit dem Rest seiner geschlagenen Truppen den Rhein wieder erreichte. Davon liefert die Geschichte aller römischen Invasionen von der Zeit des Drusus bis zu Ende des vierten Jahrhunderts eine Menge von Beispielen.

So erklärt sich der Widerwille, womit die römischen Legionen zu diesen Unternehmungen später in's Feld rückten, das Zaudern und die Unentschlossenheit der Führer, der Mangel an Vertrauen und im besten Fall die große Vorsicht, womit sie dem zurückweichenden Feind folgten, denn die Flucht war regelmäßig eine verstellte, und bei jedem Schritt, den sie in's Innere vordrangen, musten sie wagen, das Opfer einer List zu werden.

Wie schlau und hinterlistig die Germanen dabei verfuhren, zeigt der Einfall der Römer im Jahr 388, wo die Franken unter ihren Herzögen Sunno und Markomer alle Zugänge zu den passirbaren Wegen verschanzt und nur solche zu Irrwegen offen gelassen hatten. Nachdem das römische Heer glücklich wieder in den Sumpf gelockt war, wurde es wie gewöhnlich überfallen und vernichtet.

Es ist das große Verdienst Armin's, diese Art von Taktik, welche im eignen Lande allein entscheidende Erfolge versprach, bei den Germanen zu Ehren gebracht zu haben. Denn nur so konnten die gewaltigen Vortheile ausgeglichen werden, welche die Römer in ihrer bessern und durchweg gleichförmigen Ausrüstung, in ihrer viel feinern und gelenkern taktischen Gliederung, dem einheitlichen Oberbefehl, der strengen Disciplin und der Sicherheit, womit sie die gewohnte Gefechtsform handhabten, vor den Germanen voraus hatten. Bei den unerwarteten, oft Tage lang erneuerten Angriffen aber konnte die letztere regelmäßig gar nicht entwickelt werden, und die überlegene Taktik der Römer, selbst wenn sie noch so leicht von der Marschordnung zur Gefechtsaufstellung überzugehen wusten, kam nicht zur Geltung, weil entweder kein Platz zur Aufstellung war oder die Germanen ihnen keine Zeit dazu ließen. Das zerstreute Gefecht machte die Anwendung geordneter Angriffslinien (in zwei oder drei Treffen mit den üblichen Zwischenräumen zwischen jeder Cohorte) unmöglich, während es den Germanen in dem durchschnittenen, gebirgigen Terrain die größten Vortheile bot.

Befestigungen im eignen Lande scheinen die Germanen in größerer Zahl erst seit den römischen Eroberungsversuchen angelegt zu haben. Auch bei der Verteidigung des Landes liebten sie mehr den Angriff als die Defensive und den Festungskrieg, anders als die Kelten, die bereits Städte als feste Mittelpunkte und Zufluchtsstätten für das umliegende Land kannten, sie als Stützpunkte im Kriege benutzten und gegen feindliche Angriffe geschickt zu verteidigen wusten. Dagegen war das erste Auftreten der Germanen in der Geschichte ein durchweg aggressives; ihr ganzes Land bildete gleichsam eine natürliche Festung, wobei es mehr darauf ankam, einem eindringenden Feind auf dem Fuß nachzufolgen und die Vortheile des Terrains gelegentlich überall sich zu nutze zu machen, als bestimmte Plätze zu halten und zu verteidigen, die ja doch von den Römern umgangen werden konnten und auf die schließliche Entscheidung des Feldzugs von keinem Einfluß waren; und zugleich fehlte es ihnen zur Anlage und Verteidigung von Festungen vorläufig noch an aller Erfahrung und Kenntnis, so daß solche keinenfalls ein ernstliches Hindernis für die Römer abgeben konnten.

Indes ist die Befestigung wichtiger Höhenzüge oder Pässe doch ein so natürliches Hilfsmittel der Verteidigung, daß die Germanen wenigstens nicht ganz darauf verzichten konnten, so roh und unvollkommen auch ihre Festungsanlagen immerhin sein mochten. Solche finden sich denn auch vorzugsweise in denjenigen Theilen von Deutschland, welche den Angriffen der Römer zunächst ausgesetzt waren, oder auf Punkten, die eine besondere Wichtigkeit hatten, wie auf den Höhen des Taunus, in der Nähe des Wertheimer Engpasses bei Gelnhausen, auf der innern Seite des Osning im Teutoburger Wald, aber auch auf dem linken Rheinufer, im Elsaß, in der Pfalz, auf den Höhen des Soon- und Hochwaldes. Die erstern mögen von den Chatten und Cheruskern zur Zeit der Römerkriege angelegt worden sein, die Verschanzungen auf dem Taunus jedenfalls noch vor der Anlage des römischen Limes, die Teutoburg (jetzt Grotenburg) bei Detmold unmittelbar nach Erbauung der Festung Alijo an der Lippe. Die letztern scheinen aus älterer Zeit herzurühren und schon von den Kelten errichtet zu sein, als die Germanen anfiengen, den Rhein zu überschreiten und nach Gallien vorzudringen. Einzelne liegen auf so überaus schwer zugänglichen Punkten, daß sie offenbar die Bestimmung gehabt haben, zur Bergung von Vorräten zu dienen, worauf zum Theil auch ihre Größe deutet.

Sie bestehen meist aus ringförmigen Steinwällen von sehr verschiedner Stärke und Ausdehnung mit einem einzigen schmalen

Zugang, weshalb sie auch geradezu Ringwälle genannt werden. Die Steine, oft mächtige Blöcke, sind unbehauen und ohne Bindemittel, aber möglichst dicht über einander angehäuft, bis zu einer Höhe von acht und einer Stärke von zwanzig Fuß. Kleinere haben oft nur wenige hundert Schritt im Umfang, größere bis zu einer halben Stunde. Einzelne mögen zugleich Opfer- und Dingstätten gewesen sein, die meisten aber hatten ohne Zweifel eine ausschließlich kriegerische Bestimmung, denn diese vermag allein den großen Aufwand von Zeit und Kraft zu erklären, der zu ihrer Erbauung nötig war. Während die größern zunächst zu Zufluchtsstätten für Menschen und Vieh dienten, scheinen die kleinern hauptsächlich dazu bestimmt gewesen zu sein, vorgeschobnen Beobachtungsposten Schutz gegen feindliche Überfälle zu gewähren. Alle liegen auf Bergen, die eine freie Aussicht darbieten, viele auf Ausläufern, die weit in die Ebene vorspringen und sich daher vorzugsweise zu Beobachtungsposten eigneten. Zu einer energischen, activen Verteidigung eigneten sie sich allerdings nicht sonderlich, da sie wegen des einzigen schmalen Zugangs Ausfälle nicht leicht gestatteten.

So begegnen wir zum Zweck des Angriffs wie der Verteidigung, im freien Feld wie im Festungskrieg, überall sehr primitiven Formen der Kriegskunst, die mit den römischen nicht entfernt den Vergleich aushalten. Nur in dem kleinen Krieg, der allerdings zuweilen die größten Dimensionen annahm, waren die Germanen im eignen Land unübertroffene Meister und im Bund mit der Natur desselben den Römern überlegen.

Davon abgesehn aber war ihre Aufstellung und Taktik im offnen Feld so einfach und kunstlos, daß es ohne die gewaltige Kraft und Tapferkeit des Volks kaum begreiflich wäre, wie dasselbe den Römern auf der Höhe ihrer kriegerischen Ausbildung nicht bloß Stand halten, sondern sie oft genug besiegen konnte, seit dem dritten Jahrhundert sogar so regelmäßig, daß sie schließlich das Vertrauen zu ihrer alten, vielerprobten Legionstaktik verloren und wieder zu einer Art phalangitischer Aufstellung zurückkehrten.

Freilich entsprach die Schlachtordnung der Germanen und der damit ausgeführte Massenstoß genau der Stufe der kriegerischen Ausbildung und dem geistigen Charakter des Volks, und insofern war ihre Taktik nicht bloß die relativ beste, sondern die einzige, welche sie damals überhaupt anwenden konnten. Denn alle taktischen Formen müssen zunächst vor allem dem Nationalcharakter entsprechen.

Die keilförmige Schlachtordnung aber oder der hauende Eberkopf, wie sie in nordischen Quellen genannt wird, gestattete dem ganzen Heer alsbald die Theilnahme am Angriff, concentrirte diesen auf den entscheidenden Punkt und führte ihn mit solcher Geschlossenheit und Kraft, daß die römischen Linien in ihrer durchbrochenen und geöffneten Stellung meist bei dem ersten Ansturm über den Haufen gerannt wurden und keine Zeit fanden, zu ihrer normalmäßigen Fechtart überzugehen. Zugleich boten die Spitzen der Keile den schweren Wurfspießen der Römer, womit sie aus einer Entfernung von etwa zehn bis zwölf Schritt den Kampf zu eröffnen pflegten, nur ein sehr unbedeutendes Trefsobjekt, ja der Angriff erfolgte zuweilen, wie in der Schlacht Ariovist's gegen Cäsar, mit solchem Ungestüm, daß nicht einmal Zeit zum Werfen des Pilums blieb, ein Hauptvortheil der römischen Taktik, den Feind zunächst zu erschüttern, ehe er mit dem Schwert angegriffen wurde, also ganz verloren gieng. Daher hatte schon Marius, um den schwachen römischen Linien mehr Widerstandskraft gegen den Stoß der germanischen Angriffssäulen zu geben, die Manipel, die als kleinste taktische Einheit unserer heutigen Compagnie vergleichbar ist, auf zweihundert Mann verstärkt und die Cohorte von je drei Manipeln, also in einer Stärke von sechshundert Mann, wie sie etwa unserer Bataillonscolonne entspricht, zur Grundlage der Gefechtsaufstellung gemacht. Und mit dieser Formation hatte er dann wirklich in Verbindung mit einer sorgfältigen Auswahl des Schlachtfeldes und einer umsichtigen und geschickten Leitung der Schlacht seine großen Siege über die Cimbern und Teutonen erfochten.

Allein so vortheilhaft die keilförmige Aufstellung sein mochte, so sehr sie dem Charakter des Volks entsprach und gleich das ganze Heer in Mitleidenschaft am Kampf versetzte, ihre Mängel waren doch zu groß und auffallend, als daß die germanischen Heere im offnen Feld der römischen Taktik gewachsen sein konnten. Nachdem der erste Schreck im Cimbernkrieg einmal überwunden war, wußten ihr daher geschickte Feldherren stets den Sieg abzugewinnen, selbst wenn die eigne Schlachtordnung schon durchbrochen war. So Marius bei Aquä Sextiä und Vercelli, Cäsar bei Colmar: über dreihundert Jahre dauerte es, ehe die Germanen im dritten Jahrhundert ihre ersten großen Siege im offenen Feld gegen die Römer gewannen.

Das ganze germanische Heer bildete eine starre, unförmliche, nur zum Angriff geordnete Masse, die wohl einen einmaligen gewaltigen Stoß ausführen konnte, zur geschickten Durchführung eines längere Zeit hin und her schwankenden Gefechts aber vollkommen ungeeignet war und, wenn die Schlacht ungünstig ausfiel, nicht einmal einen geordneten Rückzug auszuführen gestattete. Dazu fehlte es dem Heer an der innern Gliederung, der freien Bewegung, der Möglichkeit eines Zusammenwirkens und Ineinandergreifens taktischer Operationen und daher auch an dem entscheidenden Einfluß des Feldherrn, der jeden Zufall der Schlacht, jeden Fehler des Feindes alsbald zu benutzen versteht, wie es die Römer thaten und vor allem in so meisterhafter Weise Cäsar verstand. Denn der

Ausgang einer jeden Schlacht ist von vornherein zweifelhaft und das Kriegsglück will oft an einem Haar gefaßt und festgehalten sein. Die eigentliche Oberleitung des Feldherrn gieng schon um deswillen verloren, weil er regelmäßig mitkämpfte: von einem Überwachen der Schlacht und einem planmäßigen Eingreifen in den Gang desselben konnte also keine Rede sein. Nur von den Chatten weiß Tacitus es als Zeichen ganz besonderer Kriegstüchtigkeit und Bildung zu rühmen, daß sie mehr dem Geschick des Feldherrn, als der Tapferkeit des Heeres vertraut hätten. Und doch ist uns auch von ausgezeichneten chattischen Heerführern nichts überliefert: die nationale Kampfesweise gestattete deren Hervortreten hier so wenig als bei andern Stämmen.

Eine freie Bewegung mit der ganzen Schlachtordnung war, nachdem der Kampf einmal begonnen hatte, kaum noch möglich, ja diese konnte im Verlauf desselben meist nicht einmal ihren Zusammenhang behaupten, wenn nicht das Terrain ganz offen und eben war. Der Ausgang der Schlacht blieb also lediglich der mechanischen Wucht des Stoßes, dem Schrecken, den die erste Unordnung verbreitete, und dem Ungeschick des Feindes, mithin dem Ungefähr überlassen, während eine Benutzung einzelner Umstände und Gefechtsmomente, von denen oft alles abhängt, nahezu völlig ausgeschlossen war. Und selbst wenn der Angriff gelungen war, gestattete die unförmliche Masse nicht einmal, die Vortheile des Durchbruchs recht zu verwerten. Während ein glücklicher Durchbruch der feindlichen Linie bei einer nur einigermaßen ausgebildeten Taktik stets den Sieg entschieden hat, war damit für die Germanen noch nicht viel gewonnen, denn sie hätten nun die getrennten Abtheilungen des feindlichen Heeres aufrollen und zwischen zwei Feuer nehmen müssen, was bei dem Mangel an taktischer Gliederung unmöglich war. Oft genug sahen sie sich nun umgekehrt von den

Römern in Flanke und Rücken bedroht. Deshalb suchten diese womöglich eine Anhöhe zur Aufstellung ihres Heeres zu wählen, wo die Wirkung ihrer Wurfgeschosse weiter reichte als in der Ebene und mehrere Glieder hinter einander werfen konnten, wogegen der Anlauf der Germanen sich von selbst schwächte und die eigentliche Kraft des Stoßes verloren gieng. So hatte Marius sein Heer bei Aquä Sextiä aufgestellt: es gelang ihm, die Germanen in die Ebene hinabzudrängen, hier zu umringen und zu vernichten.

Eine Möglichkeit aber, die Schlacht abzubrechen und einen geordneten Rückzug anzutreten, gab es nicht. Es blieb nichts übrig, als den Kampf um jeden Preis fortzusetzen, denn alles war auf einen Wurf gestellt: den Massenangriff des gesammten Heeres. Und sobald der Kampf zum Stehen kam und sich in Einzelgefechte aufzulösen begann, war der Vortheil auf Seiten der Römer, die mit ihren gegliederten und gelenken Formen unter einem umsichtigen und besonnenen Führer leicht der viel größern, aber ungefügen und gebundnen Kraft der Germanen Herr wurden.

Zwischen dem Sieg durch den gelungenen und der Vernichtung nach dem mislungenen ersten Angriff gab es daher kein Drittes. Deshalb haben alle Schlachten, welche Römer und Germanen bis zu Ende des dritten Jahrhunderts einander lieferten, regelmäßig entweder den einen oder den andern Ausgang gehabt, und nur der unerschütterliche Mut der Germanen, ihre Todesverachtung und Todesfreudigkeit konnte die taktischen Mängel ihrer Kampfweise aufwiegen und sie immer wieder von neuem mit der gleichen Siegeszuversicht erfüllen.

Allerdings machten sie bald in der Kriegführung wesentliche Fortschritte. Es wurden nicht bloß Hinterhalte, sondern auch Reserven aufgestellt, die keilförmige Angriffscolonne erhielt bewegliche Flügel, neben dem Durchbruch wurde die Überflügelung des Feindes als Mittel der Entscheidung angewandt, und was von den taktischen Künsten der Römer überhaupt zu lernen war, das wusten sie sich in dem fortwährenden Kampf mit ihnen gar bald zu eigen zu machen. Aber im ganzen hielten sie doch an der Grundlage ihrer nationalen Kampfweise und Gefechtsordnung nahezu tausend Jahre unverändert fest.

Und was ihnen schließlich den Sieg über die Römer verschaffte, das war nicht die steigende Ausbildung der Form, die größere Übung und Geschicklichkeit in der äußern Kunst des Krieges, denn zuletzt bestanden ja die römischen Heere selbst fast nur noch aus Germanen, sondern das Festhalten an den altnationalen Tugenden, der kriegerische Geist des Volks, die Leidenschaft, mit der es jeden Kampf ausfocht, seine Freude am Sieg oder Tod und das unerschütterliche Siegesvertrauen, das durch keine Niederlage gebrochen werden konnte. Denn alle taktischen Formen haben wie die Formen der Verfassung und des Rechts nur relativen Wert, und selbst die vollendetste Kriegskunst vermag auf die Dauer nichts gegen die überlegne Kraft eines geistig und sittlich unverdorbenen Naturvolks. Die Kriegsgeschichte aller Zeiten hat diese Erfahrung bestätigt, aber keine mehr als die der Kämpfe des römischen Weltreichs gegen die Germanen.

Drittes Capitel.
Verfassung und Recht.

Indem wir uns anschicken, eine Übersicht über Verfassung und Recht der alten Germanen zu geben, betreten wir ein Gebiet, das zu den bestrittensten der deutschen Alterthumskunde gehört, weil es nur aus den dürftigen Nachrichten der fremden Schriftsteller, vor allem des Cäsar und Tacitus, annähernd wieder hergestellt werden kann.

Während wir für das Agrarwesen durch die Ortsnamen, die ursprüngliche Bodenbeschaffenheit und die Fortschritte des Anbaus im eignen Land, für das Kriegswesen und andere Zweige des altgermanischen Lebens durch die Gräberfunde wesentlich unterstützt werden, ist hier keine solche Ergänzung durch einheimische Quellen möglich. Denn Gesetze wurden in der Urzeit noch nicht aufgezeichnet, und nur aus solchen vermöchten wir ein deutliches Bild von den politischen Zuständen der alten Germanen zu gewinnen.

Spätere Quellen fließen freilich reichlicher: vom fünften und sechsten Jahrhundert an sind uns in den Stammrechten von fast allen germanischen Völkerschaften eine Reihe wichtiger Rechtsaufzeichnungen erhalten, die ziemlich in derselben Ordnung und Folge entstanden, in welcher die Stämme sich dauernd in den

Provinzen des römischen Reichs niederließen oder, soweit sie im innern Deutschland blieben, der fränkischen Herrschaft unterworfen wurden; Quellen, die, so dunkel und zweifelhaft sie in einzelnen Punkten sein mögen, im ganzen doch eine viel deutlichere und erschöpfendere Übersicht über das Staats- und Rechtsleben ihrer Zeit gewähren, als die mangelhaften Berichte des Cäsar und Tacitus für die Urzeit.

Da liegt es nun sehr nahe, den Inhalt dieser Stammrechte für die Urzeit zur Ergänzung herbei zu ziehen. Aber wir sind dazu nicht berechtigt, wenn nicht zugleich zwingende innere Gründe es rechtfertigen oder verlangen. Denn der Grund der spätern Aufzeichnung lag gerade darin, daß sich das alte Recht verändert hatte, daß vielfach neue Verhältnisse in den neugegründeten Reihen entstanden waren und diese zunächst bei der Aufzeichnung berücksichtigt werden musten. Wohl enthalten die Stammrechte zum großen Theil nur altes Gewohnheitsrecht, aber wie weit dies der Fall ist, können wir aus ihnen allein nicht bestimmen, weil wir dazu eben das ältere Recht vor seiner Aufzeichnung kennen müsten. Verfassung und Recht waren, wenn auch in den Grundlagen noch dieselben, doch andere geworden: die Völkerwanderung, der Übertritt zum Christenthum und die Anfänge einer eigentlichen Staatsbildung liegen dazwischen.

Allerdings kann man auf diese Art das Bild leicht vervollständigen und ausmalen, zumal wenn wir uns über die Lücken und Widersprüche mit Vermutungen hinweg helfen. Allein man hat dann nicht mehr den beglaubigten, trocknen und bürftigen Bericht der Alten vor sich, sondern das Bild erscheint subjektiv gefärbt, je nach den Vorstellungen, welche der Verfasser sich davon macht, oder dem System, welches er in unsere alten Zustände hineinträgt.

Es wird immer einen großen Reiz behalten und wenn

mit Vorsicht und Besonnenheit verfahren wird, auch verdienstlich bleiben, das Bild auf diese Weise zu vervollständigen. Ja in gewissem Sinne sind wir dazu genötigt: denn ein Zusammenhang muß doch nun einmal hergestellt werden, und wo die Angaben der Schriftsteller sich widersprechen, wenigstens eine Vermittelung versucht oder eine Entscheidung getroffen werden.

Indes ist gerade dadurch auch die überaus große Menge von Streitfragen und verschiednen Ansichten entstanden. Denn die Ansicht eines jeden gestaltet sich besonders und verschieden, sobald sie ein erschöpfendes Bild gewinnen und ihm womöglich auch Farbe und Glanz verleihen will. So ist fast kein Punkt unseres ursprünglichen Staats- und Rechtslebens, der nicht bestritten und zweifelhaft wäre, und je mehr in den letzten Jahrzehnten darüber geschrieben worden ist, desto mehr haben sich die verschiedenen, oft ganz entgegengesetzten Ansichten gehäuft. Der Eine hält sich mehr an Cäsar, der Andere mehr an Tacitus, der Eine findet die Anfänge unserer Verfassung monarchisch, ein Zweiter aristokratisch, ein Dritter demokratisch, der Eine glaubt mit einem völlig ausgebildeten Staatswesen beginnen zu müssen, worin Selbsthilfe und Fehderecht nur eine sehr untergeordnete Stelle einnehmen, ein Anderer läßt umgekehrt die letztern die größte Rolle spielen und geht von einem Mangel aller eigentlichen Staats- und Rechtsordnung aus: die Gegensätze, welche wir oben in der Schilderung der Cultur der Urzeit berührt haben, wiederholen sich auch hier, denn wie man sich die Culturstufe vorstellt, so muß man sich auch das politische Leben denken, da beide im innigsten Zusammenhang stehen. Und innerhalb dieser Extreme gibt es für jede Ansicht wieder eine endlose Menge von Varietäten, so daß man beinahe glauben sollte, alle möglichen und unmöglichen Ansichten seien nun hinlänglich erschöpft. Aber es tauchen fortwährend andere und neue auf.

Wenn also irgendwo, so thut gerade hier Bescheidenheit und Maßhalten in der Ausführung not. Nichts kann weniger zum Ziel führen, als eine unmotivirte Polemik, wo der Eine von seinem Standpunkt aus so gut gehört zu werden verdient als der Andere, nichts mehr schaden, als wenn der Einzelne die Resultate, die er gewonnen zu haben glaubt, mit einem Anspruch auf Sicherheit und Unfehlbarkeit vorträgt, wo jede Ansicht innerhalb gewisser Voraussetzungen und Schranken gleichberechtigt scheint, keine aus den Quellen vollständig begründet oder widerlegt werden kann. Wir ziehen es vor, das Bild in einzelnen Theilen lieber unbestimmt und zweifelhaft zu lassen, als die Zahl derer zu vermehren, welche mit einem fertigen und abgeschlossenen System Licht über unsere altgermanischen Zustände verbreiten zu können meinen, und wenn wir in einzelnen Fällen gleichwohl zu Vermutungen unsere Zuflucht nehmen, so wird uns daraus niemand einen Vorwurf machen, sofern die Vermutungen vorläufig als solche nur begründet erscheinen. Auch den Zusammenhang oder die Continuität der geschichtlichen Entwickelung dürfen wir gelegentlich zur Ergänzung heranziehen, sobald es fest steht, daß die Entwickelung in einer ganz bestimmten Richtung erfolgt sein muß. —

Der Staat erwächst überall aus der Familie, und diese stellt schon für sich selbst einen Staat im Kleinen dar. Die Urfamilie ist wie man gesagt hat auch der Urstaat. Die persönlichen Beziehungen, welche in der Familie zwischen Herrschaft und Gesinde, Eltern und Kindern, Mann und Frau bestehen, wiederholen sich in analoger Weise, nur in größerem Maßstab, zwischen den Angehörigen des Staats: Obrigkeit und Unterthanen, Freien und Unfreien, Fürst und Volk. Zu allen Zeiten dauert der ursprüngliche Zusammenhang zwischen Staat und Familie wenigstens in so weit fort, als die Familienverfassung in gewissem Sinn maßgebend für die staatliche Ordnung bleibt, die letztere gleichsam als Abbild der erstern sich darstellt. Sobald Zucht und Ordnung aus der Familie weichen, weichen sie auch aus dem Staat, und die Auflösung jener hat stets auch die Auflösung des Staats zur Folge. Je tiefer und fester aber die Familienbande sind, desto tiefer und fester ist auch die staatliche Ordnung begründet; die Heiligkeit beider geht Hand in Hand.

Indes von einer politischen Verfassung reden wir erst, wenn die Familie sich zum Stamm oder Volk erweitert hat, und nun erscheint das Volk als die natürliche Grundlage des Staats. Aus der Familie wächst das Geschlecht hervor, aus dem Geschlecht der Stamm, und die Stämme gehen wieder in Völker auseinander: die Stämme trennen sich und schlagen ihre eignen Bahnen ein.

Diese Trennung hat für die arische Völkerfamilie schon in der asiatischen Urheimat statt gefunden, und wie das Urvolk schon vorher einen relativ hohen Culturgrad einnahm, so hatte es vorher auch schon die ersten Anfänge eines staatlichen Lebens ausgebildet. Mit den Wanderungen aber hörte die Gemeinschaft auf. Wie die Völker in Sprache und Sitte, Glauben und Recht aus einander giengen, so entwickelte sich von den gemeinsamen Grundlagen aus auch das politische Leben bei jedem einzelnen verschieden. Denn zu den großen geistigen Erzeugnissen, welche die nationale Eigenthümlichkeit der Völker ausmachen, gehört auch die Verfassung. Jedem Volk ist eine besondere Verfassung eigen: sie wird wie das Recht theils durch seine wirtschaftliche, theils durch seine geistige und sittliche Entwickelung bedingt, und wie in der ersteren ein naturgesetzlicher Faktor sich geltend macht, das Volk überall zunächst von seinen äußern Lebensbedingungen abhängig erscheint, so tritt derselbe auch in seinem politischen und rechtlichen Leben hervor, mit andern Worten, die geistige und sittliche Entwickelung bleibt bis zu einem gewissen Grad an die natürlichen Grundlagen seiner Existenz gebunden, und die Verfassung erscheint nirgends als das Produkt freier schöpferischer Willkür des Volks, so eigenthümlich es dieselbe innerhalb der gegebenen Schranken auch zu gestalten und den naturgesetzlichen Faktor zu beherrschen vermag. Lage des Landes, Bodenbeschaffenheit, Klima, Produkte, Reichthum oder Mangel an Wasser, Lauf der Flüsse, Meeresküsten, Gebirge, Ebene, das alles wirkt auf das wirtschaftliche Leben und dadurch mittelbar auch auf das politische und rechtliche Leben der Völker ein. Man könnte sagen, die nationale Verfassung sei fast eben so sehr von der Verschiedenheit der Länder wie der Völker abhängig: wenigstens sind Geschichte und Geographie nicht zu trennen.

Im weitern Verlauf der Geschichte fallen Völker und Staaten zwar nicht notwendig mehr zusammen, denn der Krieg verrückt überall die Gränzen und ruft neue Bildungen hervor, wobei verschiedene Völker sich zu Einem verbinden, andere sich trennen, andere auf Kosten ihrer Nachbarn sich vergrößern, vorübergehend auch wohl große Weltreiche gegründet werden, die eine Menge von Völkern umfassen. Aber das ursprüngliche Verhältnis bleibt doch auch später in Kraft, der Staat entsteht zunächst in und mit jedem einzelnen Volk, und seine Verfassung wird zu allen Zeiten durch die eigenthümliche Art und Anlage, das geistige und sittliche Naturell des Volks wesentlich mit bedingt. Auch wo die Mischung noch so groß ist, die Begriffe Volk und Staat noch so sehr auseinander fallen, wird immer Ein Volk das herrschende oder vorwaltende sein, das sein eigenartiges Gepräge auch der Verfassung aufdrückt.

So lange ein Volk noch keine festen Wohnsitze hat, sondern nur wechselnde Jagd-, Fischerei- oder Weidegebiete, bleibt die Familie die Grundlage seiner Verfassung. Die verwandschaftlichen Beziehungen, welche die Glieder des Volks mit einander verbinden, sind älter als die localen, die es mit dem Boden verknüpfen. Wo diese noch fehlen, gliedert es sich also nach Geschlechtern und Stämmen, deren jeder seinen Häuptling hat, die aber mit einander nur in sehr loser oder gar keiner Verbindung stehen. Die primitiven Formen der Familien- und Geschlechterverfassung wandern mit, wenn ein Volk neue Wohnsitze aufsucht, und halten seine Angehörigen zusammen, solange andere Bindemittel fehlen. So bei allen Jäger-, Fischer- und Nomadenvölkern bis auf den heutigen Tag.

Ein eigentlich politisches Leben aber kann sich bei solchen Völkern noch nicht entwickeln, und deshalb reden wir bei ihnen auch nur von Vorstufen wirtschaftlicher und staatlicher Ordnung. Denn das, was dem Staat sichtbare Gestalt verleiht, ist nächst dem Volk, welches ihn bildet, vor allem das Territorium, worauf er ruht, oder wie wir jetzt geradezu sagen, woraus er besteht: er ist uns heut zu Tage nicht sowohl ein ethnographischer als ein politischer (πόλις Stadt) und geographischer Begriff. Fehlt also noch ein bestimmtes Staatsgebiet, so fehlt auch ein wesentliches Merkmal des Staatsbegriffs; das Volk ist noch mehr Volk als Staat, wenn auch immerhin politisch organisirt.

Der Übergang von der Familie zum Staat vollzieht sich unmerklich und stufenweise, gerade so wie der Übergang zu höhern wirtschaftlichen Entwickelungsstufen. Denn der Staat ist überall eher vorhanden, als er zum Bewustsein kommt. Er reist allmählich und in der Stille, theils äußerlich durch das Heranwachsen der Familie zu Geschlechtern und Stämmen, theils innerlich durch das Aufsteigen des Volks zu höherer Cultur und Bildung.

Erst bei ackerbauenden Völkern, die sich in einem bestimmten Gebiet dauernd niedergelassen haben, tritt der Grundbesitz und das Territorium als zweites wesentliches Element zum Staat hinzu. Sie gliedern sich nicht mehr allein nach Geschlechtern und Stämmen, sondern zunächst nach den Abtheilungen des Landes, und in demselben Maß, in welchem die neuen Verhältnisse festen Bestand gewinnen, verliert die Familie allmählich ihre politische Bedeutung, bis ihr schließlich nur noch eine privatrechtliche übrig bleibt. Damit entsteht der Staat im heutigen Sinn, den wir uns nicht anders als mit einem bestimmten Gebiet oder Territorium verknüpft denken, so daß wir beide Begriffe, Staat und Staatsgebiet, auch für einander brauchen.

In diesem Übergangsstadium treffen wir die Germanen bei ihrem Eintritt in die Geschichte. Sie sind kein Nomadenvolk mehr, aber sie sind auch noch kein Ackerbauvolk.

Ein reines Nomadenvolk freilich, das seine Weidereviere fortwährend wechselt, sind sie niemals gewesen, so weit die Geschichte reicht, vielmehr ein Wandervolk, das sich mit den Waffen in der Hand Wohnsitze suchte, bis es nach Jahrhunderte langem Umherziehen in Deutschland von den Römern festgehalten wurde. Es ist sehr wahrscheinlich, daß es die ersten Anfänge des Ackerbaus schon in der asiatischen Heimat kennen gelernt und auf der Wanderung, wo sich Gelegenheit dazu bot, weiter entwickelt hat. Denn ein ununterbrochenes Wandern ist unmöglich anzunehmen und die Geschichte der Sprache deutet darauf, daß es Zeiten gegeben hat, wo das Volk in fruchtbaren Ebenen länger verweilte. Aber es wurde von andringenden fremden Völkern immer wieder von neuem in ungewisse Fernen getrieben und zu fester Ansäßigkeit gelangte es nicht. Gleich das erste deutsche Volk, welches im zweiten Jahrhundert vor Christo von den alten Schriftstellern genannt wird, das der Bastarnen, erscheint viel mehr als Kriegs- wie als Nomadenvolk.

So haben wir uns die Germanen als wandernde Heere zu denken, die Weib und Kind, Vieh, Hab und Gut auf dem Zuge mit sich führten, aber jederzeit zu Angriff und Verteidigung gerüstet waren und darum Weib und Kind im Kampf auch stets in der Nähe hatten. Oft genug haben die Frauen durch ihren Zuruf eine wankende Schlacht wieder hergestellt, Männer und Söhne zum Kampf bis zum äußersten angefeuert, gelegentlich auch wohl selbst am Kampf Theil genommen und im schlimmsten Fall, wenn alles verloren war, sich und den Kindern den Tod gegeben.

Wenn nun auch die Geschlechterverfassung noch fortdauerte und vielfach statt des Staats das zusammenhaltende politische Band bildete, so bedurfte das Heer daneben doch einer bestimmten Gliederung, einer Ordnung, die durch die Geschlechtsangehörigkeit allein nicht hergestellt werden konnte. Mit einem Wort, das Heer mußte zahlenmäßig eingetheilt werden. Dazu boten sich die einfachen Zahlen zehn, hundert und tausend als die bequemsten dar: je zehn bildeten unter einem Obmann die kleinste Einheit, zehn Dekanien bildeten eine Hundertschaft oder Cent, die einen besonderen Führer erhielt, zehn Hundertschaften bildeten das Tausend, das wieder unter einem höhern Führer stand. Die Hundert- und Tausendführer, wofür schon im Gothischen besondere Namen vorkommen (hundafaths, thusundifaths), hatten nicht bloß den militärischen Oberbefehl, sondern blieben auch im Frieden, wenn sich das Heer irgendwo dauernd einrichtete, die obersten Richter: das Heer war das geordnete Volk und seine Anführer waren die Obrigkeit des Volks.

An eine verschiedne Verfassung für Krieg und Frieden ist nicht zu denken, denn der Kriegszustand war der regelmäßige, alle wehrfähigen Germanen waren auch waffenpflichtig, und die Verbindung von Heerführer- und Richteramt hat bei uns zu allen Zeiten fortgedauert. Sie wiederholt sich bei den Königen und Fürsten der Urzeit, im fränkischen Reich, bei dem spätern deutschen König, wie bei den Grafen und Landesherren.

Dabei wird es ursprünglich geblieben sein. Größere taktische Formationen kamen nicht vor, und die einfache keilförmige Schlachtordnung konnte nach der Zahl der Tausende beliebig verstärkt und vergrößert werden. Selbst das Tausend scheint jünger als die beiden kleinern Einheiten, denn während für die Zahlen eins bis hundert alle arischen Sprachen übereinstimmen, gehen sie für das Tausend in sehr auffälliger Weise auseinander, so daß nicht einmal die Lateiner und Griechen denselben Namen dafür haben (mille, $\chi i\lambda\iota o\iota$), während wir unser Wort tausend mit Lithauern und Slaven gemein haben. Auch zerfielen noch zu Tacitus' Zeit die Germanen in eine Menge kleiner Stämme, für welche eine Zahl von tausend streitbaren Männern in Verbindung mit den Frauen, Kindern und Hörigen immerhin schon eine ansehnliche Volksmenge gibt. Mit dem Anwachsen der Stämme wurden mehrere oder viele Tausende gebildet. Denn allerdings kamen auch schon größere Heere vor, die nach Hunderttausenden zählen, und gleich die Cimbern und Teutonen, die als ganze Völker aufgebrochen waren, um neue Wohnsitze zu suchen, erscheinen in so stattlicher Anzahl.

Natürlich trat die Geschlechterverfassung dabei nicht vollständig zurück, sondern die Heeresabtheilungen, die doch wohl auch in der Schlacht beisammen blieben, wurden mit besonderer Rücksicht auf die Verwandschaft gebildet. Wenigstens erzählt Tacitus, daß der vorzüglichste Anreiz zur Tapferkeit darin liege, daß nicht der Zufall oder das Ungefähr, sondern die Familien und Verwandschaften die Schlachtordnung bildeten. Wie dieselben Geschlechter zunächst besondere Gemeinschaften für sich ausmachten und sich im Fall der Ansiedelung zusammen niederließen, so wurden sie auch denselben militärischen Einheiten zugetheilt.

Aber das Geschlecht war doch von Anfang an, sobald das Volk als Heer auftrat, nicht mehr allein das Entscheidende, sondern die Ordnung des Heeres trat in den Vordergrund, und damit war auch ein neues Princip für die Verfassung gewonnen.

Diese heermäßige Gliederung, deren man auf der Wanderung bedurfte, ist uralt. Sie findet sich bei allen germanischen Stämmen, in Skandinavien wie in England und in Dänemark, bei den Gothen, Burgundern und Vandalen wie bei den Franken, Alemannen und Sachsen. Ihr Ursprung geht also in eine Zeit zurück, wo alle germanischen Stämme noch ungetrennt beisammen saßen, mindestens bis in das fünfte und sechste Jahrhundert vor Christi Geburt. In ihren Anfängen aber ist sie wahrscheinlich noch älter und knüpft an das allen arischen Stämmen eigne Decimalsystem an, wie wir es auch bei Griechen, Römern und Kelten finden (ἑκατοντύς, centuria, Kanton für Hundertschaft). Daß in einzelnen Gegenden, wie zum Beispiel im skandinavischen Norden für die Hundertschaft später das sogenannte Großhundert von 120 eintrat, ändert daran nichts und ist für das System selbst gleichgiltig.

Die Ordnung des Heeres wurde nun bei der Ansiedelung auf das Land übertragen, nur daß die letztere zunächst keine bleibende, sondern eine vorübergehende war. Aber jeder Freie, der als Stammgenosse im Heere diente, hatte wenn sich der Stamm irgendwo niederließ, auch das Recht mit einem Antheil an Weide und Ackerland bedacht zu werden. Und wie man bei der Eintheilung des Heeres auf die Verwandschaft Rücksicht nahm, so war es natürlich, daß auch die Niederlassung familien- und geschlechterweise erfolgte. Darum sagt Cäsar geradezu, daß bei dem Wechsel der Wohnsitze die Häupter des

Volks den Geschlechtern und Verwandschaften jährlich das Land zugetheilt hätten.

Zehn Familien mögen mit ihrem Vorsteher die Gemeinde oder Dorfmark gebildet haben (vicus Dorf urverwandt mit dem lat. turba Schaar), wie denn in der Folge bei einzelnen Stämmen für den Ortsvorsteher wirklich sich der Name Decanus findet. Später, zur Zeit Heinrich's I., als der Kriegsdienst sich in einen Reiterdienst verwandelte, ist der zehnte Mann auch dadurch wichtig geworden, daß er in den Ritterstand eintrat, während die übrigen für gewöhnlich nicht mehr auszuziehen brauchten. Zehn Gemeinden bildeten die Hundertschaft oder Cent, die unter einem Centenarius oder Hunno stand (goth. hundafaths); mehrere Hundertschaften bildeten das Gebiet des Stammes oder den Gau, der unter einem Häuptling oder Fürsten stand. Große Stämme bewohnten mehrere Gaue, bei kleinen wird der Gau regelmäßig mit dem Stamm zusammen gefallen sein. Die Namen Hundertschaft und Gau aber kehren bei allen Stämmen so übereinstimmend wieder, daß die Eintheilung ursprünglich überall die gleiche gewesen sein muß. Wollen wir dabei nicht ein ganz willkürliches Zahlensystem für maßgebend halten, so bleibt nichts übrig, als die Eintheilung des Landes durch die des Heeres vermittelt zu denken, wobei dann die Einheiten von zehn und hundert als sehr natürlich und selbstverständlich erscheinen.

Die Heeresabtheilungen also wurden Abtheilungen des occupirten Landes und machten nun mitunter neuen Namen Platz, die wie Mark oder Gau vom Gebiet entlehnt waren. Dabei ist es charakteristisch, daß nur der Zahlname Hundert (Cent) allgemein auf das Land übertragen wurde, während man für die größern Gebiete des Stammes das uralte arische Gau beibehielt, welches soviel wie Weidebezirk bedeutet: ein Beweis, daß, als die Ansiedelung erfolgte, noch die Weidewirtschaft überweg, die Stammgebiete ursprünglich nirgends fest begränzt waren, und für diese selbst das Zahlensystem nicht mehr paßte. Denn die Stärke der Stämme schnitt nicht gerad mit dem vollen Tausend ab; nur die Cent konnte man bei der Eintheilung des Landes durchführen, das Tausend nicht mehr. Die Stämme dehnten sich aus, so weit sie konnten; Gränzen wurden nur gezogen, wo es um einen Streit mit Nachbarstämmen zu vermeiden nötig war, und auch dann ließ man lieber eine ausgedehnte Strecke unbewohnten Waldes dazwischen, anstatt mit den Ansiedelungen dicht zusammen zu rücken.

Mark bedeutet so viel wie Gränze oder Gebiet schlechthin und hat an und für sich einen ganz unbestimmten Sinn. Später wurde es vorzugsweise für die kleinsten Abtheilungen oder die einzelnen Feldmarken, sowie für die Mark- oder Gränzwälder gebraucht, die unaufgetheilt blieben und von den Markgenossen gemeinschaftlich benutzt wurden (gemeine Mark oder Almende). Gau nahm später die Bedeutung von Feld an und wird dem Wald gegenüber gestellt: es ist der bewohnte, angebaute Theil des Gebiets im Gegensatz zu dem ringsumher liegenden Wald, der unbewohnt blieb und daher zugleich als Gränze diente. In diesem Sinne haben sich die Ausdrücke nicht selten zum Unterschied gleichnamiger Orte erhalten, wobei Gau offenbar im Sinn von Feld steht, besonders in Rheinhessen und der Pfalz, aber auch in Ostfranken, wie die Orte Gau- und Waldaschach bei Kissingen zeigen. Regelmäßig sind die Orte, denen das Wort Gau vorgesetzt ist, die ältern, während die gleichnamigen Waldorte auf einen Ausbau in der gemeinen Mark deuten.

Bleibend konnte die Eintheilung erst werden, wenn sich ein Stamm irgendwo dauernd niederließ. Bis dahin war nicht die Eintheilung des Landes, sondern des Heeres das Maßgebende und Entscheidende. Erst mit dem Übergang zur festen Ansäßigkeit gestaltete sich das Verhältnis umgekehrt, und die Heeresordnung konnte nun auf die erstere gegründet werden. Während Cäsar offenbar noch die ältern Verhältnisse vor Augen hat, dürfen wir jenen Übergang zu Tacitus' Zeit im wesentlichen schon als vollzogen ansehen: es war die bittere Not, welche die Germanen im Kampf mit den Römern zwang, von ihrem unsteten kriegerischen Umherschweifen abzulassen und sich auf die Gebiete diesseit des Rheines und des Pfahlgrabens zu beschränken.

Wie aber einst die Gliederung des Heeres die Geschlechterverfassung durchbrochen hatte, so war es natürlich, daß nach erfolgter Ansiedelung auch das Zahlenverhältnis nicht mehr gewahrt werden konnte. Die Zahlen blieben, die Bevölkerung wuchs, ein Stamm vergrößerte sich, ein anderer wurde durch Auswanderungen oder kriegerische Verluste geschwächt, und wie es mit den Territorien im ganzen gieng, so auch mit ihren Unterabtheilungen, den Hundertschaften und Gemeinden. Sobald ein Stamm nur ein Menschenalter in derselben Gegend verweilte, muste alle Übereinstimmung mit dem ursprünglichen Zahlensystem aufhören. Dazu kam, daß bei den Stammgebieten zugleich die natürlichen Gränzen berücksichtigt werden musten, so daß kein Gau willkürlich vergrößert oder verkleinert werden konnte: Schranken, welche die Natur gezogen hatte, wie hohe Gebirgskämme, breite Ströme, große Sümpfe und Wälder, konnten nirgends übersprungen werden. In Folge der spätern Wanderungen trat auch vielfach eine Mischung und Verbindung verschiedner Stämme in denselben Wohnsitzen ein. Freilich gibt es ganze Gaue, die erst später eingewanderten Stämmen den Namen verdanken; daneben aber konnten auch die alten, einmal bestehenden Landeintheilungen bleiben und doch die Bevölkerung wechseln; oder aus Resten alter Stämme bildeten sich wie wir gesehn haben ganz neue; oder die Einwanderungen erfolgten langsam und sehr allmählich: da war natürlich von einem Festhalten der alten Zahlenverhältnisse, wie man sie bei der ersten Occupation der Landeintheilung zu Grunde gelegt haben mochte, vollends keine Rede mehr.

Es ist deshalb nicht daran zu denken, daß bei der Gauverfassung, wie wir sie für die Zeit des Tacitus voraussetzen dürfen, noch die ursprünglichen Zahlen sich wieder herausstellen müßten, und noch viel weniger, daß dies gar bei der spätern Gaueintheilung, wie sie sich seit dem siebenten und achten Jahrhundert an der Hand der Urkunden ermitteln läßt, der Fall wäre. Wo sich vielmehr eine derartige Übereinstimmung findet oder zu finden scheint, denn ganz sicher ist sie bis jetzt nirgends nachgewiesen, da ist sie gewis rein zufällig. Am wenigsten kann daraus eine feststehende Regel abgeleitet, und diese auf die Gauverfassung überhaupt übertragen werden. Denn Natur und Geschichte spotten der Regel, und ein todtes Zahlensystem hat niemals bei unserm Volk geherrscht. Das ist der Irrthum aller derer, die da glauben, die ursprüngliche Eintheilung habe sich unverändert erhalten und müsse auch später überall wieder zu erkennen sein.

Nur das ist richtig, daß bei der ersten Ansiedelung nach einer gewissen Ordnung und Regel verfahren sein muß, und diese wenn nicht in Zufall oder Willkür, nur in der Ordnung des Heeres gefunden werden kann. Sobald die Ansiedelung erfolgt war, verloren die Zahlen ihre Bedeutung und nur die Namen blieben übrig. Nun wurde die Kriegsverfassung umgekehrt auf das Land gegründet und es kam nicht mehr darauf an, wie viel ursprüngliche Ansiedler es gewesen waren, sondern wie viel waffenfähige Mannschaft ein Bezirk stellen konnte. Denn natürlich wurde die letztere mit steigender Bevölkerung ebenfalls größer. Von dem Grundbesitz brauchte der Kriegsdienst zunächst darum doch nicht abhängig gemacht zu werden, vielmehr blieb umgekehrt, solange sich noch kein festes Sondereigenthum ausgebildet hatte, der Antheil am aufgetheilten Ackerland von der Genossenschaft und dem Kriegsdienst abhängig. Freiheit und Wehrpflicht sind das Ursprüngliche, Grundbesitz erst das Abgeleitete, und bis man sich zu der Anschauung erhob, daß zu der vollen persönlichen Freiheit auch Grundbesitz gehöre, konnte eine lange Zeit vergehen.

Es ist daher nur mit großen Vorbehalten zuzugeben, daß die Eintheilung des siebenten und achten Jahrhunderts im ganzen noch die alte sei. Ihrem Princip und Ursprung nach ist sie es allerdings, im einzelnen ist sie es nicht mehr, und eben so wenig ist ihre Bedeutung noch dieselbe wie in der Urzeit. Soll mit der vermeintlichen Übereinstimmung nur gesagt sein, daß die Gauverfassung nicht erst später planmäßig oder willkürlich eingeführt worden sei, so ist das vollkommen richtig, denn sie ist in gewissem Sinn so alt wie das Volk selbst. Soll damit aber behauptet werden, daß auch die Gränzen der spätern Gaue mit denen der ältern übereinstimmen, so ist das entschieden falsch. Denn eben weil sie mit dem innersten Leben des Volks zusammen hieng, so war sie wie alles Lebendige auch dem Wachsthum und der Veränderung unterworfen.

Allerdings lassen sich einzelne Gaunamen bis auf die Römerzeit zurückführen, und in vielen andern sind alte Stammnamen enthalten. Aber es sind im Lauf der Zeit doch auch Veränderungen eingetreten, welche die alten Gränzen vielfach verrückt und verschoben haben. Selbst wenn wir die Identität der ursprünglichen Centen mit den karolingischen zugeben wollen — was durchaus nicht ausgemacht ist —, kann der Bestand derselben nicht überall der gleiche geblieben sein: einzelne wurden von den Gauen abgerissen, andere zertheilt, andere kamen hinzu. Überhaupt war die Ansiedelung der ältern Zeit noch keine so feste, daß nicht die Gauverfassung mit dem Fortrücken der Stämme gleichsam hätte mitwandern können. Nur wenn römische Gebiete in Besitz genommen wurden, schloß man sich an die römische Landeintheilung an, und dasselbe mochte später im innern Deutschland geschehen, wenn ein Stamm ganz oder theilweise in das Gebiet eines andern einrückte. Denn je fester die Ansiedelungen einmal geworden waren, desto deutlicher hatten sie ihre Spuren dem Land aufgeprägt, desto weniger konnte die Landeintheilung später noch willkürlich geändert werden. Um hier aber sicher zu gehen, müßten wir erst eine vollständige Geographie und Geschichte aller einzelnen Gaue haben, wozu bis jetzt nur erst sehr schwache Anfänge gemacht sind.

Bleiben wir z. B. bei den Gauen im mittlern Deutschland, bei welchen am ersten eine unveränderte Fortdauer anzunehmen wäre, so ist es doch unmöglich, daß sie in derselben Weise, wie wir sie in den Urkunden des achten Jahrhunderts finden, schon in der Urzeit bestanden haben. Denn das Gebiet der spätern Stämme stimmt auf keiner Seite mit dem der frühern überein. Gewis konnten die alten Abtheilungen beibehalten werden, wenn ein früherer Stamm ganz aus seinen Wohnsitzen vertrieben wurde und ein anderer an seine Stelle trat. Allein so einfach machte sich in der Regel das Verhältnis nicht. Ein Theil des Stammes blieb in den alten Sitzen zurück, andere wanderten fort und fort aus, neue Stämme drangen nach, setzten sich in den fremden Sitzen fest oder nahmen Gränzgebiete hinweg, und solche Verschiebungen und Veränderungen haben im innern Deutschland überall statt gefunden.

Selbst bei den Stämmen ist es der Fall gewesen, die im ganzen das ursprüngliche Stammland von der ältesten Zeit her behauptet haben. So stimmt das spätere Gebiet der Hessen nirgends mit dem ursprünglichen Stammland der Chatten überein: die Gaue, wie wir sie aus den kirchlichen Urkunden des achten Jahrhunderts kennen lernen, können in dieser Form und Gestalt unmöglich bis auf die Römerzeit zurück gehen. Nur der fränkische Hessengau mit seinen neun Centen erscheint als das stets behauptete Stammland und könnte sich in der ursprünglichen Gliederung erhalten haben. Indes ist es dann sehr zweifelhaft, ob die spätern Centen wirklich alte Hundertschaften gewesen sind: eher möchten sie ursprünglich nur Gemeinden oder Marken und der ganze Gau eine Hundertschaft gewesen sein. Aber auch außerdem sind Veränderungen eingetreten. Denn während die Chatten in der ältesten Zeit bis zur Diemel und darüber hinaus wohnten, drangen später die Sachsen vor und rissen einen Theil des Landes ab. Dies gab ohne Zweifel zur Entstehung des später sogenannten sächsischen Hessengaus die Veranlassung, der lange Zeit streitiges Gränzland blieb. Im Osten besetzten die Thüringer das Land bis zur Wasserscheide zwischen Werra und Fulda und nahmen die Marken von Hone und Netra weg. Im Westen und Süden hatten die Chatten ursprünglich bis an den Rhein und Main sich erstreckt, waren dann aber von den Römern durch den Bau des Pfahlgrabens aus dem heutigen Nassau und der Wetterau vertrieben oder, soweit sie dort zurückblieben (die Mattiaker), abhängig gemacht worden. Nach diesen Richtungen hin ward nun später das Gebiet wieder bedeutend erweitert, jedoch erst nach den großen Veränderungen, die vom dritten Jahrhundert an statt gefunden hatten, als der Name der Alemannen und Franken in diesen Gegenden zuerst gehört wurde.

Neben dem Hessengau mag vielleicht als zweiter Gau schon in ältester Zeit der Lahngau bestanden haben, seine nachmalige Gestalt kann er indes erst erhalten haben, als die Völkerbewegungen im fünften Jahrhundert zur Ruhe gekommen waren. Er erscheint später in den Ober- und Niederlahngau getheilt: vielleicht war der letztere der Theil, den eine Zeit lang die Alemannen inne hatten und den sie nach ihrer Niederlage im Jahr 496 wieder herausgeben musten. Eben so sind der Unterrheingau und die Wetterau ursprünglich alemannische Gaue, während wir über die politische Eintheilung vor der alemannischen Einwanderung nichts wissen. Die Wetterau war wie alles Land jenseit des Pfahlgrabens längere Zeit römisch, und doch bildet der Pfahlgraben später nirgends mehr eine politische Gränze: vermutlich bezeichnet sie in dem spätern Umfang das Land, soweit es eine Zeit lang von den Alemannen bewohnt wurde, worauf schon die alemannische Form Wettereiba schließen läßt. Auch der Unterrheingau war längere Zeit ein alemannischer Gau: er scheint eine Zeit lang mit dem Oberrheingau ein Ganzes ausgemacht zu haben und erst in der fränkischen Zeit davon getrennt worden zu sein.

Kurz überall sind wir auf Vermutungen angewiesen, wie die spätern Gränzen entstanden sein mögen, überall erscheinen die politischen Gebiete im lebendigen Fluß der Geschichte, und nichts wäre unrichtiger und verkehrter, als ein von vornherein fertiges, unveränderliches System auf die Geschichte zu übertragen. Denn in dieser ist nichts unwandelbar als der Wechsel. Erst nach und nach haben sich die politischen Gebiete festgesetzt, und darauf haben eben so sehr geographische wie politische Umstände eingewirkt, aus dem einfachen Grund, weil die Wanderungen der Völker selbst immer schon durch die ersteren mit bedingt waren.

Daß aber die Gauverfassung, auch nachdem sie sich in ihrer spätern Gestalt festgesetzt hatte, nicht unverändert blieb, sehen wir daraus, daß in der Folge die alten großen Gaue oft in mehrere kleine zerfielen, das heißt die früheren Unterabtheilungen, die ehedem Centen gewesen waren, wurden selbstständige Gaue, und die Marken oder Gemeinden wurden Centen. Es erklärt sich das zum Theil schon daraus, daß, je dichter die Bevölkerung wurde, desto unbequemer auch die großen alten Gaue und Centen werden musten, weil damit zugleich der Verkehr und die Gerichtshändel zunahmen. Sehr wahrscheinlich aber haben auch politische Veränderungen in der karolingischen Zeit eingewirkt, über die wir im einzelnen nicht näher unterrichtet sind. Aller Vermutung nach haben die ersten karolingischen Könige, vielleicht schon Karl Martell, mit fortschreitender Christianisirung die alten fränkischen Stammlande in Grafschaften eingetheilt und Grafen darin eingesetzt, wie es Karl der Große nachmals in Sachsen machte. Gewis, die Identität der kirchlichen und politischen Eintheilung ist vielfach nicht wegzuläugnen. Die Frage ist nur, ob die erstere sich lediglich an die letztere anschloß, wie sie von Alters her bestand, oder ob nicht die letztere gerade mit Rücksicht auf jene ebenfalls geändert wurde. Wenn man früher geneigt war, das Erstere anzunehmen, so läßt sich das Verhältnis offenbar auch umgekehrt denken: jedenfalls konnte eine Einsetzung christlicher Grafen bei dem Zusammenhang des alten Gerichtswesens mit dem heidnischen Cultus erst statt finden, nachdem das Land selbst zum Christenthum bekehrt war. Eine solche Einsetzung aber hat unzweifelhaft statt gefunden, wenn auch die gleichzeitigen Schriftsteller, denen der Vorgang gewis sehr natürlich und selbstverständlich vorkam, nichts davon erzählen. Wenn nun auch kleinere Gaue in der Regel nur Eine Grafschaft bildeten, so wurden die größern vermutlich getheilt, in ähnlicher Art wie in Sachsen, wo die Gaue den Hundertschaften entsprachen, umgekehrt mehrere zusammen gelegt wurden. Es ist kaum denkbar, daß die neue kirchliche Eintheilung in den deutschen Stammlanden ganz ohne Mitwirkung der weltlichen

Macht durchgeführt wurde, so wenig wie es in Sachsen geschah: jedenfalls gestattet dieselbe, soweit überhaupt eine Übereinstimmung nachweisbar ist, nur einen Schluß auf die jüngste politische Eintheilung, nicht auf die der Urzeit.

Indes so vielfach die Gränzen und die Gebiete sich später geändert haben mögen, soviel ist doch unzweifelhaft, daß die Grundformen der Verfassung und die Eintheilung selbst uralt sind und bis auf die erste Niederlassung hinauf reichen.

In diesen Gauen bewegt sich das gesammte politische Leben des Volks, jeder Gau bildet gleichsam einen Staat für sich, und die ganze altgermanische Verfassung wird deshalb auch geradezu Gauverfassung genannt. Alle in einem Gau angesiedelten Stammesgenossen, Adel und Freie, bilden die Gemeinde, Heer und Volk zugleich, eben so wie im alten Rom die Centuriatcomitien Heer und Volk zugleich darstellen.

Die Gaugemeinde hält regelmäßig wiederkehrende Versammlungen, nach Tacitus bei Neu- oder Vollmond. Vermutlich hat Tacitus dabei die kleinern Versammlungen im Untergau vor Augen, während allgemeine Landesversammlungen seltener gehalten wurden, bei außerordentlichen Anlässen oder vielleicht, wie die spätern ächten Dinge, dreimal im Jahre, etwa bei den drei großen heidnischen Opferfesten.

Von den Versammlungen selbst entwirft Tacitus ein ziemlich anschauliches Bild. Mehrere Tage vergehen, bis alle angekommen sind. Selbstverständlich erscheint jeder in Waffen; die Priester handhaben den Dingfrieden und gebieten Stillschweigen; dann beginnen die Verhandlungen, wobei die Einzelnen, zunächst die Könige oder Fürsten, je nach ihrem Stand, Alter, Ansehn oder Kriegsruhm das Wort führen; Misfallen wird durch Murren, Beifall durch Waffengeklirr zu erkennen gegeben.

Ehe die Versammlung vollzählig ist, wird gezecht und schon

hier bei dem Gelage über die Beilegung von Fehden, den Abschluß von Ehen, die Wahl der Fürsten, ja selbst über Krieg und Frieden verhandelt, die eigentliche Beschlußfassung aber auf den folgenden Tag verschoben. So behält jede Zeit, wie Tacitus hervorhebt, ihr Recht: beraten wird, wenn keine Verstellung, entschieden, wenn kein Irrthum möglich ist. Er will ohne Zweifel sagen, daß das fröhliche Gelage leichter die Herzen erschließt, wofür wir ja noch das Sprichwort haben „in vino veritas", während die Entscheidung wohlweislich auf den nüchternen Morgen verschoben wird.

So ist die Gauversammlung im Besitz der obersten Gewalt. Hier werden alle wichtigern Angelegenheiten entschieden, Gesetze gegeben, wenn solche notwendig sind, Gericht gehalten, über Krieg und Frieden Beschluß gefaßt und die Wahl der Fürsten, Herzoge und Könige vorgenommen. Minderwichtige Angelegenheiten machen die Fürsten für sich ab; solche, die sie an die Gemeinde bringen, werden von ihnen vorberaten: offenbar weil die alten Germanen so gut wie wir die Erfahrung gemacht haben, daß größere Versammlungen sich zu einer ruhigen und besonnenen Verhandlung nicht eignen.

Das Verhältnis der Gau- und Centversammlungen zu einander ist nicht ganz klar. Denn Tacitus braucht Pagus, Gebiet oder Gau, offenbar in verschiednem Sinn, bald für den größern, bald für den kleinern Bezirk, eben so wie später das Wort Gau ebensowohl den großen Gau wie den Untergau oder die Hundertschaft bezeichnet. Man hat gemeint, die Centversammlung sei vorzugsweise Gerichtsversammlung gewesen, während die eigentlich politischen Angelegenheiten vor die allgemeine Gau- oder Landesversammlung gehört hätten. Das mag im wesentlichen richtig sein, denn die Cent- oder Hundertschaft konnte als Unterabtheilung des Stammes den Beschlüssen des ganzen Gaues oder der Gemeinde selbst nicht vorgreifen.

Indes ist es doch gewagt, dies zur allgemeinen Regel machen zu wollen. Denn sicherlich war die Gauverfassung im einzelnen nicht überall dieselbe, so wenig die Gebiete selbst überall die nämliche Bedeutung hatten. Gewis hat sie sich bei den verschiednen Stämmen, je nach den besondern Umständen und Verhältnissen verschieden ausgebildet, in derselben Weise wie in der Folge auch die städtische Verfassung nirgends die gleiche war, trotzdem die Grundzüge überall vollständig übereinstimmten. Die Verfassung war wohl überall eine gleichartige, aber darum doch keine gleichförmige: denn die Mannigfaltigkeit unseres deutschen Staats- und Rechtslebens ist nicht erst auf einem gewissen Punkt der Entwickelung in die Geschichte eingetreten, sondern unserm Volk von Haus aus eigenthümlich.

Die gewählten Volkshäupter oder Fürsten sind die Heerführer und Richter, denn es unterliegt kaum einem Zweifel, daß die Heerführer von jeher zugleich die Gerichtsbarkeit hatten, eben so wie wir in der Folge Gerichts- und Heerbann stets vereinigt finden. Solche hatten nicht bloß die einzelnen Hundertschaften, sondern auch der aus den Hundertschaften zusammengesetzte große Gau, das Land welches der Stamm inne hatte, oder wenn er mehrere Gaue inne hatte, jeder derselben (princeps civitatis): im letztern Fall bestand im Frieden eine gemeinschaftliche Obrigkeit für den ganzen Stamm nicht.

Die Stellung der Centobern zu den Gaufürsten ist eben so wenig klar, wie das Verhältnis der Cent- und Gauversammlungen zu einander. Sicher ist nur, daß der Gaufürst die politische Vertretung nach außen und den Oberbefehl im Krieg hatte; im übrigen ruhte seine Gewalt wohl auf Umständen, die nicht überall gleich waren, und mochte daher oft mehr thatsächlicher als rechtlicher Art sein.

Leider sind die Nachrichten über die Häupter des Volks überaus dürftig; und so hat sich denn eine unendliche Menge von Streitfragen daran angeschlossen. Tacitus, der sonst regelmäßig für verschiedne Verhältnisse auch verschiedne Ausdrücke braucht, nimmt doch gerade das Wort Princeps in mehrdeutigem Sinn. Bald steht es gleichbedeutend mit den Vornehmsten und Einflußreichsten schlechthin (primores, proceres, optimates), bald bezeichnet es die Gefolgsherren (principes comitatus), bald die eigentlichen Vorsteher der Gaue und Hundertschaften (principes civitatis). Eben so unterscheidet Cäsar Obrigkeiten und Fürsten (magistratus ac principes); mit Recht hat man bemerkt, daß auch bei Cäsar das Wort einen allgemeinen Sinn hat und für die Germanen in derselben Bedeutung wie für die Gallier gebraucht wird, Führer und Häuptlinge des Volks.

Wären uns die deutschen Namen überliefert, so würden wir klarer sehen. Aber wir sind nicht im Stande, den unbestimmten lateinischen Ausdruck Princeps mit einem abäquaten deutschen wiederzugeben. Wir sagen Fürst, weil wir keinen bessern haben und das Wort schon im Althochdeutschen vorkommt; aber es paßt nicht für alle Verhältnisse und war sicher nicht das einzige, wie denn gleich das Gothische andere dafür hat; das Wort Graf, so alt es sein mag, scheint doch erst in der fränkischen Zeit aufgekommen und dem lateinischen Comes nachgebildet.

Kurz wir sind über Namen und rechtliche Stellung der Fürsten vielfach auf Vermutungen angewiesen und müssen uns bescheiden; die Hauptsachen stehen fest, das Einzelne wird zum großen Theil unerforschlich bleiben.

Die wichtigste Streitfrage ist, ob die Fürsten, d. h. die eigentlichen Volksobrigkeiten oder die Heerführer und Richter, aus dem Adel gewählt worden seien oder nicht. Wir werden unten darauf zurückkommen. Müssen wir uns schon für die Urzeit für die Annahme eines Geburtsadels oder Herrenstandes entscheiden, so ist es unmöglich, daß nicht wenigstens faktisch die Häupter und Führer des Volks regelmäßig dem Adel angehört haben sollten. Das wird bei Cäsar oder Tacitus zwar nirgends ausdrücklich gesagt, aber doch stillschweigend vorausgesetzt, und nur wenn das Gegentheil wirklich bezeugt wäre, dürften wir unbedingt eine freie Wahl des Volkes annehmen. Denn die Fürsten und Herzoge, welche in der Geschichte erwähnt werden, gehören mit den allerseltensten Ausnahmen, die nur die Regel bestätigen, sämmtlich dem Adel an. Es würde eine Umkehr aller geschichtlichen Ordnung sein, wenn es anders gewesen wäre: wie Griechen und Römer ihr politisches Leben mit einer Aristokratie begonnen haben, so unzweifelhaft auch die Germanen. Bei allem Freiheitssinn war das Volk stolz auf seine Herrengeschlechter, denen es unmittelbar göttliche Abstammung beilegte, und wie es in gewissem Sinn als Vorzug galt von Königen beherrscht zu werden, so galt es auch als Vorzug, wenn ein Stamm möglichst viele und angesehene Adelsgeschlechter hatte. Nicht mit Eifersucht und Neid, sondern mit Freude und Liebe, mit Verehrung und Dankbarkeit sah das Volk an ihnen hinauf.

Stämme, die mehrere Gaue ausmachten oder sich mit ihren Nachbarn zu gemeinschaftlichen Unternehmungen verbanden, bedurften für den Krieg einen gemeinsamen Anführer oder Herzog. Natürlich wurde bei der Wahl vorzugsweise auf Tapferkeit gesehn (duces ex virtute sumunt). Das heißt aber nicht, daß man den ersten besten gemeinfreien Mann, der ein gewaltiger Haudegen und Lanzenschwinger war, zum Herzog gewählt hätte, sondern es wurde unter den verbündeten Volkshäuptern das angesehnste und tüchtigste genommen. Gerade so wie wir es später bei den Sachsen finden.

Und doch hatte der Herzog im Vergleich mit den römischen Feldherrn nur eine beschränkte Gewalt: er wirkte mehr durch

Beispiel wie durch eigentlichen Befehl. Denn die streng militärische Disciplin war bei dem freiheitsliebenden Volk noch wenig entwickelt. Von den Rechten, welche der römische Feldherr hatte, dem Oberbefehl, der militärischen Gerichtsbarkeit und dem Recht der Auspicien, hatte er nur den Oberbefehl und auch diesen nur in beschränktem Sinne. Die Auspicien oder Orakel, den Willen der Götter zu erkunden, hatten die Priester, die Strafgewalt muste er mit diesen theilen. Ganz ohne Strafgewalt kann keine Heerführung gedacht werden, doch sagt Tacitus bestimmt, daß nur die Priester das Recht gehabt hätten, Strafen zu vollziehen. Das Verhältnis wird so gewesen sein, daß die Heerführer die Strafen verhängten, sei es für sich allein, sei es mit Zuziehung freier Genossen in Form eines kriegsgerichtlichen Spruchs, die Priester aber allein die Strafen vollstrecken durften, gleichsam infolge göttlichen Befehls. Der Herzog brauchte also die Priester, die nur Diener der Götter waren, als Mittelspersonen: waren sie einverstanden, so wurden die Strafen zu Strafen der Götter. Nur in diesem Fall konnten Leibes- und Lebensstrafen verhängt werden. Bei der engen Verbindung, in welcher die politischen Häupter des Volks überall mit den Priestern stehen, erscheint das Verhältnis sehr natürlich. Es wird ähnlich in der Volsversammlung gewesen sein, wobei den Priestern gleichfalls ausdrücklich eine Strafgewalt zugeschrieben wird.

Dauerte das Herzogthum oder der Oberbefehl über den Krieg hinaus fort, so gieng daraus von selbst ein Königthum hervor, wie wir es vielfach in der Völkerwanderung sehen. Sobald der Kriegszustand permanent wurde, reichte das zeitliche Herzogthum nicht mehr aus, und das Volk wählte einen König. Dieser trat dann zugleich mit dem Anspruch auf, die Herrschaft bei seinem Haus zu erhalten, wie das althochdeutsche Wort kuning, unser heutiges König, zeigt. Es liegt darin nicht sowohl eine Beziehung auf die königlichen Funktionen, wie in dem griechischen βασιλεύς, dem lateinischen rex und dem gothischen reiks oder thiudans (Opferkönig, Richter oder Herzog), sondern auf die Herkunft oder Abstammung von dem einmal berufenen Geschlecht, dem ersten und vornehmsten, aus welchem das Volk seine Könige zu wählen pflegte.

Auch darin zeigt sich der Zusammenhang der Fürstenwürde mit dem Adel. Denn daß die Könige wirklich aus den vornehmsten Geschlechtern gewählt wurden, ist zweifellos: es wird von Tacitus ausdrücklich bezeugt (reges ex nobilitate) und durch die ganze folgende Geschichte bestätigt. Darum finden sich bei allen Stämmen, die später in der Völkerwanderung auftreten, bei den Ost- und Westgothen, den Vandalen, Sueven und Langobarden, wie bei den Burgundern und Franken, förmliche Königshäuser oder Dynastien, an welche das Königthum zunächst gebunden ist. Nur wenn das Geschlecht erlischt oder keine wehrfähigen Glieder desselben mehr vorhanden sind, wird ein neues berufen; nur in Zeiten großer Not, wenn die Adelsgeschlechter im Kampf ihren Untergang gefunden haben, greift die Wahl auch auf Gemeinfreie.

Die Kämpfe aber, die um das Königthum geführt worden sind, verdanken vielmehr den Faktionen innerhalb des königlichen Hauses oder der Eifersucht anderer ausgeschlossener Adelsgeschlechter, wie einer eigentlichen Parteispaltung im Volk den Ursprung. Recht deutlich zeigt sich das an den spätern Kämpfen innerhalb des merovingischen Hauses: es wird in der Urzeit nicht viel anders gewesen sein.

Allerdings bestand keine förmliche Erbfolge, denn Versuche eine solche einzuführen wurden erst in der Völkerwanderung gemacht, und bis dahin muste jeder Nachfolger neu gewählt werden. Aber eben so wenig gab es ein völlig freies Wahlrecht, das beliebig von einem Haus zum andern hätte springen können. So ist es ja im Grund bis zu Ende des Mittelalters auch bei dem spätern deutschen Königthum geblieben: durch die Wahl wurde allemal das ganze Haus mit zur Krone berufen, um aber sicher zu sein, ließ der König womöglich schon bei Lebzeiten seinen Sohn zum Nachfolger wählen. Eben so wird die Wahl selbst nicht anders als später erfolgt sein. Zunächst verständigten sich die Fürsten unter einander, und sobald diese über die Wahl einig waren, stimmte das Volk zu und erhob den Neugewählten in feierlicher Versammlung auf den Schild.

Das Königthum hat sich zwar erst in der Völkerwanderung allgemein verbreitet und unter dem Einfluß römischer Staatseinrichtungen auf eine höhere Stufe der Gewalt erhoben. Doch findet es sich schon in der Urzeit bei den meisten Stämmen, wenn auch seinem Inhalt nach noch unentwickelt. Es fehlte eigentlich nur bei den Stämmen im nordwestlichen Deutschland, die den Römern durch ihre Kriege zunächst bekannt wurden, während die nordischen und die östlichen Stämme es sämmtlich hatten; die Gothen in etwas strengerer Form als die übrigen (paulo adductius), die nordischen Stämme angeblich in der strengsten. Schon die Cimbern und Teutonen treten mit Königen in die Geschichte ein, ebenso Markomannen, Quaden und Hermunduren; bei Ariovist mag das Königthum vielleicht nur auf Verleihung des römischen Titels beruhen. Daß kein nationaler Gegensatz, sondern nur die verschiedne geschichtliche Entwickelung dabei im Spiel war, sehen wir daran, daß in der Folge auch Alemannen und Franken Könige erhielten; nur den Sachsen und Friesen blieben sie fremd. Bei den Völkern im Osten und Norden mögen längere Kriege, vielleicht auch ein Einfluß benachbarter sarmatischer Stämme die Ursache gewesen sein, daß sich das Königthum früher entwickelte. Doch ist es sicherlich nicht aus einer Nachbildung fremder Einrichtungen, sondern aus rein germanischen Elementen erwachsen.

Der König war oberster Richter und Heerführer, Gefolgsherr, als Vertrauter der Götter wohl auch mit den Priestern bei heiligen Handlungen thätig und von größerem oder geringerem Einfluß bei der Wahl der gewöhnlichen Gauobern. Sonst aber war sein Recht sehr beschränkt. Insbesondere hatte er kein Recht der Gesetzgebung und Besteuerung, wie es nachmals die Könige in den Provinzen des römischen Reichs erlangten, wo die kaiserlichen Rechte auf sie übergiengen. Nur freiwillige Geschenke an Vieh oder Getraide wurden ihnen nach alter Sitte dargebracht. Das ist im Grund das ganze Mittelalter hindurch so geblieben. Auch die fränkischen und deutschen Könige erhielten später von Freien oder freien Gemeinden nur gelegentliche Verehrungen, wie bei den Versammlungen auf dem März- oder Maifeld oder nachmals bei dem Besuch der Reichsstädte. Und eben so hatten sie für sich allein kein Recht Gesetze zu geben, sondern nur die Befugnis und die Pflicht, das hergebrachte Recht zu handhaben und zu schirmen: zu einer Änderung desselben bedurfte es stets der Zustimmung der Betheiligten. Anders als nach römischer oder moderner Anschauung standen sie nicht über, sondern unter dem Recht und konnten darum auch in aller Form Rechtens abgesetzt werden. Selbst die spätern Landesherren haben nie ein freies Gesetzgebungs- und Besteuerungsrecht gehabt.

Neben den Fürsten, Herzogen und Königen werden auch Priester erwähnt, und wenn Cäsar sagt, daß die Germanen weder Druiden hätten, noch sich viel um Opfer kümmerten, so heißt das nur, daß sie nicht wie die Gallier unter der Hierarchie einer Priesterkaste ständen, nicht daß sie ganz ohne Priester, oder diese ohne Einfluß wären. Im Gegentheil, wo solche bei Tacitus vorkommen, erscheinen sie überall in entscheibender Stellung: sie sind als die eigentlichen Garanten der Staats- und Rechtsordnung anzusehn. Friede und Recht galten wie ursprünglich bei jedem Volk, so auch bei den Germanen als ein Geschenk der Götter, und deshalb waren die Priester als deren Diener und Vertraute zunächst zu ihrem Schutz berufen. Es ist erst eine Vorstellung späterer Zeit, daß man an Verfassung und Recht beliebig ändern könne, mit andern Worten daß sie ein Erzeugnis menschlicher Reflexion und Willkür seien. Und selbst bei Griechen und Römern dauerte in der bessern Zeit der Republik noch lange der Gedanke fort, daß es die Gesetze seien, die eigentlich regieren, nicht das Volk selbst oder die zufällige Mehrheit der herrschenden Parteien. In der ältesten Zeit aber steht der Staat überall unter dem Schutz und der Einwirkung der Götter, und wenn man fragt, wie das in heidnischer Zeit ohne Betrug möglich gewesen sei, so ist die Antwort darauf sehr einfach: so lange als der lebendige Glaube an die heimatlichen Götter, ihre Orakel und Weisthümer, an die Kraft der Opfer und Gebete und die Wirksamkeit priesterlicher Vermittelung fortdauerte.

So handhaben die Priester auch bei den Germanen den Ding- und Heerfrieden oder die Heiligkeit des Rechts daheim wie im Felde. In der Volksversammlung gebieten sie Stillschweigen und üben, wenn nicht gehorcht wird, die Strafgewalt aus, denn wer sich gegen ihre Gebote auflehnt, lehnt sich mittelbar gegen die göttliche Ordnung selbst auf. Eben so konnten im Heer, wie wir gesehn haben, Leibes- und Lebensstrafen nur durch sie verhängt werden: Herzoge und Fürsten musten sich ihrer Vermittelung bedienen, wenn ein Heergenosse sich gegen das Kriegsrecht oder die Gemeinde vergangen hatte und damit den Göttern verfallen war. Mit einem Wort, sie hatten im Namen der Götter allein ein unbedingtes Recht des Ge- oder Verbots oder das Bannrecht; während der freie

Germane sich nicht einmal von seinen Fürsten oder Herzogen befehlen lassen wollte, räumte er den Priestern willig dies Recht ein.

Daneben erscheinen sie noch in vielen andern Funktionen, wie solche den Priestern überall eigen sind und ihnen auch über das religiöse Gebiet hinaus einen Einfluß sichern: sie haben durch das Loos, aus dem Vogelflug, dem Wiehern der heiligen Pferde oder aus andern Zeichen den Willen der Götter zu erkunden, so daß keine Staatshandlung ohne ihre Zustimmung vorgenommen werden kann; sie verrichten die Opfer für das Volk und schließen Feige oder Verräter von deren Gemeinschaft aus; sie überwachen die heiligen Thierbilder und Feldzeichen in den Hainen und treten auch sonst öffentlich in Begleitung der Fürsten auf, so daß an ihrer politischen Bedeutung nicht zu zweifeln ist, während Könige und Fürsten umgekehrt keine eigentlich priesterlichen Funktionen hatten.

Eine engere Verbindung zwischen ihnen und den politischen Häuptern des Volks ist also unläugbar. Wie aber diese doppelte Aristokratie im einzelnen näher zu denken ist, wer die Priester wählte und aus welchem Stande sie hervorgiengen, wissen wir nicht. Denn wir sind über die Verfassung des Priesterthums so wenig näher unterrichtet, wie über das altgermanische Fürstenthum. Die einfachste und natürlichste Erklärung wird immer darin gesucht werden müssen, daß die Priester so gut wie die Fürsten in der Regel dem Adel angehörten, und daß es daher die nämlichen Geschlechter waren, welche auf die eine oder andere Weise die Herrschaft führten. Standen die Adelsgeschlechter im Glauben des Volks den Göttern näher, so wird man wenn nicht ausschließlich, doch wenigstens vorzugsweis auch die Priester aus ihnen gewählt haben. Wir behalten diesen Punkt im Auge und kommen unten bei der Darstellung der Standesverhältnisse darauf zurück.

Daß die Gauversammlung das oberste Gericht bildete und an der Ausübung der Strafgewalt Theil nahm, sagt Tacitus ausdrücklich: nur bei ihr konnten Anklagen auf Leben und Tod erhoben werden. Die Genossen bildeten ohne Zweifel nach altgermanischer Sitte die Urtheilfinder, oder es wurden Einzelne aus der Versammlung dazu gewählt, während die Fürsten oder Richter nur den Vorsitz hatten und für die Vollziehung des Urtheils sorgten, das eigentliche Imperium oder die Gerichtshoheit wie wir jetzt sagen. Eine derartige Trennung der richterlichen Funktionen war für die Sicherheit und Unabhängigkeit der Rechtspflege unerläßlich und findet sich in ähnlicher Art, wiewohl in anderen Formen, auch im römischen Recht. Gerade so wie wir auch heut zu Tage keine Einmischung der Staatsgewalt in die eigentliche Entscheidung der Rechtshändel dulden. Aber nur die schweren Verbrechen, wie Verrat, Übergang zum Feind, Feigheit oder Flucht — Verrat und Feigheit stehen dicht beisammen, denn Feigheit konnte sich der alte Germane kaum anders als Verrat denken —, wurden mit dem Tode bestraft, alle übrigen durch Viehbußen gesühnt, wobei Tacitus schon bemerkt, daß ein Theil derselben dem König oder der Gemeinde, wo es keine Könige gab, der andere dem Verletzten oder im Fall eines Todschlags seiner Familie zufalle, eben so wie später die Buße in das sogenannte Friedensgeld (fredum), was zur Sühne für den verletzten Frieden gezahlt wurde, und in die eigentliche Compositio zerfiel, die der Verletzte oder seine Familie zur Entschädigung erhielten. Man hat vermutet, daß die Gesetzesmänner oder Ratgeber, welche wir bis zur Einführung stehender Schöffencollegien bei allen Stämmen als rechtskundige Beistände in den Gerichten finden, in der heidnischen Zeit Priester gewesen seien, die als die Vertrauten der Götter deren Willen erkundet und daher auch bei Privathändeln einen wesentlichen Einfluß auf die Entscheidung gehabt hätten. In der einen oder andern Form muß allerdings eine Mitwirkung und Theilnahme der Priester an der Rechtspflege angenommen werden: auch im alten Rom war dieselbe vorzugsweise in den Händen der Priester.

Das Strafrecht, welches der Gemeinde zustand, war jedoch kein vollständiges und unbedingtes, wie es heut zu Tage der Staat hat. Wir sehen das schon daraus, daß von den schwersten Fällen abgesehn, in denen Todesstrafe verhängt werden konnte, die Compositionen mehr den Charakter von Privatbußen als von öffentlichen Strafen tragen. Nicht der Staat oder die Gemeinde, sei es mit oder ohne Zuziehung von Priestern, sondern der Beschädigte oder seine Familie galten bei Privatverbrechen als die eigentlich Verletzten: nur in dem Friedensgeld ist eine Beziehung darauf enthalten, daß da, wo es bezahlt werden muß, zugleich der gebrochene Friede gesühnt und die Gemeinde als mitverletzt angesehn wird. Es versteht sich daher von selbst, daß auch das reine Anklageprincip mit dem Satz galt: „wo kein Kläger ist, da ist kein Richter". Bei Verbrechen, die direkt gegen die Gemeinde gerichtet waren, werden die Richter oder Priester als Ankläger aufgetreten sein.

Einen Staat in unserem Sinne gab es überhaupt noch nicht, nur eine staatliche oder rechtliche Ordnung, die dann mit dem Ausdruck Friede bezeichnet wurde. Dieser erscheint als uranfänglich und wird als Geschenk der Götter gedacht, während Recht und Gericht erst von ihm abgeleitet werden und nur den Zweck haben, den gebrochenen Frieden wieder herzustellen. Er ward als Volksfriede von der ganzen Gemeinde oder, wo es ein Königthum gab, als Königsfriede zunächst vom König geschützt und aufrecht erhalten, stand aber als heilig zugleich unter dem Schutz der Götter und wurde daher von den Priestern mit überwacht. Nur so erklärt sich die eigenthümliche Strafgewalt der Priester, das Bannrecht,

22*

was sie in der Versammlung wie auf den Heerzügen haben, ihr Antheil an der Rechtspflege, und wie mit jedem Gericht Opfer verbunden waren: der Ausdruck Malstatt bezeichnet eben so wohl den Opfer- wie den Gerichtsplatz.

Die Gerichte handhaben den Frieden, deshalb ist Jeder verpflichtet, sich ihnen zu unterwerfen, soweit der Friede überhaupt reicht. Wer es nicht thut und sich beharrlich weigert, Recht zu nehmen und die gesetzliche Buße zu zahlen, schließt sich damit selbst aus dem Frieden aus, d. h. er wird zuletzt in feierlicher Weise geächtet, für friedlos oder vogelfrei erklärt, den Jeder ungestraft tödten kann. Das ist die Bedeutung der Acht, die uns sehr befremdlich vorkommt, weil der Staat heut zu Tage selbst den zum Tod verurtheilten Verbrecher nicht von seiner Rechtsordnung ausschließt, die aber in der ältesten Zeit, wo es keine Staatsanwälte gab und der Staat überhaupt noch keinen so langen Arm hatte wie jetzt, sehr natürlich war: die notwendige Ergänzung der rechtlichen Ordnung oder des Friedens.

Neben dem Frieden läuft nun das Fehderecht und die Blutrache her. Und hier zeigt sich noch der Einfluß der alten Geschlechterverfassung, den selbst die neue Heeresordnung nicht ganz zu brechen vermochte, wenn auch im Kriege natürlich jede Fehde ruhen muste. Die engste Friedensgenossenschaft bildet nicht die Gemeinde oder der Gau (civitas), sondern die Familie oder die Sippe mit ihrer solidarischen Berechtigung und Verpflichtung, ja das Wort Sippe ist geradezu gleichbedeutend mit Friede (pax, foedus). Daher haften ihre Mitglieder für einander: das Wer- oder Manngeld, wie die Buße im Fall des Todschlags heißt, wird an die Familie des Erschlagenen entrichtet, und die des Thäters muß dafür aufkommen. Es war das einzige Mittel, wenigstens in den leichtern Fällen einer Rechtsverletzung das Fehderecht auszuschließen und zu einer

Art öffentlicher Ordnung zu gelangen, und so roh und unvollkommen es uns scheint, in einer Zeit, wo sich eine Strafgewalt des Staats in unserm Sinn noch gar nicht entwickelt hatte, gab es kein anderes.

Entstand Streit darüber, so muste er vor Gericht ausgefochten werden. Die Fehde nahm die Formen des Rechts an, die Kampfeshelfer verwandelten sich in Eideshelfer, die ihre Überzeugung von der Schuld oder Unschuld des Angeklagten mit beschwören musten, und im Notfall wurde die Sache auch vor Gericht durch Zweikampf oder Gottesurtheil entschieden, die dann die Natur von Beweismitteln erhielten.

In den schweren Fällen des eigentlichen Friedbruchs, der an Einzelnen namentlich durch Mord, Raub und Brand begangen wurde, war es dagegen der verletzten Familie gestattet, Fehde zu erheben, oder sie durfte, wenn sie darauf verzichtete, neben der Buße noch ein besonderes Lösegeld fordern; nur in geringern Fällen, wie bei Körperverletzung oder einfachem Todschlag, war die Fehde durch den Volks- oder Königsfrieden ausgeschlossen und die Buße oder das Wergeld gesetzlich bestimmt.

Über das Verhältnis des Fehderechts zum Strafrecht der Gemeinde besteht mannigfacher Streit. Während man früher geneigt war, das Fehderecht möglichst uneingeschränkt gelten zu lassen, meint man es jetzt in möglichst enge Gränzen ziehen zu müssen. Das eine ist wohl so unrichtig wie das andere, und die Wahrheit liegt in der Mitte. Es gab Fälle, in denen in der Urzeit wegen der Blutrache Fehde erhoben werden muste, andere, in denen die verletzte Familie sie unter Verzicht auf die gesetzliche Buße erheben konnte, und wieder andere, in denen sie gar nicht erhoben werden durfte.

Im einzelnen war sicherlich das Verhältnis weder bei den einzelnen Stämmen, noch zu verschiedner Zeit überall gleich.

Im ganzen aber hat je länger desto mehr eine allmähliche Einschränkung statt gefunden, in demselben Maß, in welchem der Staat zu Kräften kam, bis es endlich — aber doch erst im Jahr 1495 auf dem Reichstag zu Worms — gelang, das Fehderecht ganz auszuschließen. Völlig uneingeschränkt kann es niemals, auch in der Urzeit nicht, bestanden haben, weil damit alle rechtliche Ordnung weggefallen wäre, eben so wenig aber darf es schon für die älteste Zeit nahezu ganz geläugnet werden, weil dann seine Fortdauer das ganze Mittelalter hindurch unbegreiflich wäre. Thatkräftige und energische Kaiser, wie Karl der Große, Friedrich Barbarossa, Rudolf von Habsburg und andere, haben mit Erfolg es zu unterdrücken versucht; unter den schwachen Nachfolgern aber lebte es dann allemal um so lustiger wieder auf, ja es hat Zeiten gegeben, in denen es wie z. B. im Interregnum geradezu in ein Faustrecht übergieng: „wer der Stärkste war, der schob den andern in den Sack", wie eine spätere Chronik naiv sagt.

Indes wie dem auch sein mag, an der Thatsache, daß neben der Strafgewalt der Gemeinde ein Fehderecht der Familie begründet war, kann nicht gezweifelt werden, nur war es nicht wie später der Einzelne, sondern das Haus oder die Sippe, die die Fehde erhob. So erklärt sich, wie Tacitus sagen kann, daß der Erbe sowohl die Feindschaften wie die Freundschaften seines Vaters oder Verwandten übernehmen müsse. Doch seien erstere nicht unversöhnlich, denn selbst der Todschlag werde durch bestimmte Viehbußen gesühnt, welche das ganze Haus annehme (recipit satisfactionem universa domus). Dann geht er unmittelbar auf die heilige Pflicht der Gastfreundschaft über, weil der Fremde, der zu keiner Sippe gehört, nur durch die Aufnahme eines Gastfreundes am Schutz des Friedens Theil nehmen kann.

Wir sehen also, daß zunächst die engere Familiengemeinde

vor der weitern des Stammes die Pflicht hat, ihre Angehörigen zu schützen, und daß sie vielfach noch die Stelle der letztern vertritt. Erst aus der Familie erwächst der Staat, bis er endlich ihre Bande sprengt und sie in ihrer politischen Bedeutung absorbirt. In der germanischen Urzeit stehen beide noch neben einander und müssen sich mit einander vertragen: die Familie muß eine Strafgewalt des Staats, dieser das Fehderecht der Familie anerkennen.

Auf diesem Grund ruht auch die Blutrache. Sie steckte den Germanen so tief in den Gliedern, daß sie noch im achten Jahrhundert ein christlicher Bischof von Mainz in den Sachsenkriegen unter König Pipin ausgeübt hat. So lange aber das Fehderecht und die Blutrache fortdauerte, konnte von einer staatlichen Ordnung im heutigen Sinn, die alle Selbsthilfe ausschließt, noch keine Rede sein.

Die Blutrache freilich muste dem Christenthum weichen, das Fehderecht aber hat unter mannigfachem Wechsel seiner Formen für die waffenfähigen Stände, Herren, Ritter und Städte bis zum ewigen Landfrieden von 1495 fortbestanden und oft genug die friedliche Entwickelung im Mittelalter überwuchert.

Natürlich war es zu allen Zeiten besonders gefährlich in der Hand der Fürsten, die mit ihrem ganzen Gefolge gegen einander auszogen, und dies scheint Tacitus anzudeuten, wenn er sagt, daß die Geschlechterfaktionen (inimicitiae) bei freier Verfassung ihre ganz besondern Gefahren hätten. Das heißt mit andern Worten, sie sind auch der Freiheit selbst gefährlich. Der gewöhnlichen Leute wurde der Gau, wenn ihre Fehden zu große Verhältnisse annahmen, leichter Herr wie der mächtigen Adelsgeschlechter, eben so wie später die Städte sich leichter gegen einzelne Ritter und ihre Helfer, wie gegen benachbarte Fürsten und Herren verteidigen konnten. —

Das etwa wären die allgemeinsten Züge und Grundlinien der altgermanischen Verfassung. Wohl haben sie Lücken, wohl lassen sie vieles, was wir gern wissen möchten, unbestimmt und geben Raum zu mancherlei Zweifel. Denn es sind nur die Umrisse des Bildes, nicht dieses selbst überliefert, und sobald wir es weiter ausmalen, beginnt der Streit um subjective Ansichten. Bleiben wir aber bei dem überlieferten stehen und suchen das Gewisse möglichst genau vom Ungewissen zu scheiden, so sind wenigstens die Grundzüge im ganzen sicher, so verschieden auch einzelne Stellen bei Cäsar oder Tacitus gedeutet werden mögen.

Man hat nach dem Charakter der altgermanischen Verfassung gefragt und diesen bald als demokratisch oder republikanisch, bald als aristokratisch oder monarchisch bezeichnen zu müssen geglaubt. Legt man den Schwerpunkt darauf, daß die Herrschaft der Könige oder Fürsten nirgends eine unbeschränkte ist, und die oberste Gewalt unzweifelhaft bei der Gemeinde oder der Gauversammlung ruht, so ist die erste Ansicht die richtige, legt man das Hauptgewicht darauf, daß doch überall Fürsten und Priester an der Spitze des Volks stehen und ihnen allein die Ausübung der Gewalt zukommt, so verdient die zweite Ansicht den Vorzug. Allein so allgemein können die Fragen gar nicht aufgeworfen werden, und wenn es gleichwohl geschieht, mögen sie auch mit gleichem Recht in dem einen wie in dem andern Sinn beantwortet werden.

Einmal war die Verfassung der Stämme im nordwestlichen Deutschland eine andere als bei den Völkern im Osten und Norden. Allerdings hatte sie dort mehr einen republikanischen, hier mehr einen monarchischen Charakter. Aber es haben bei jenen weder die Fürsten und Priester, noch bei diesen die gewöhnlichen Freiheitsrechte gefehlt, und so groß der Unterschied sein mag, er ist doch immer nur ein relativer. Das Königthum ist nur ein erweitertes Fürstenthum, das Fürstenthum immer ein Anfang von Königthum, und wie verschieden das letztere sich wieder bei den einzelnen Stämmen gestalten konnte, hat Tacitus selbst nachdrücklich hervorgehoben.

Dann aber ist die Eintheilung der Staatsformen in Demokratie, Aristokratie und Königthum, wie sie Aristoteles auf Grund der frühzeitig entwickelten griechischen Verfassungen vornimmt, überhaupt keine ausschließliche oder unbedingte. Denn nirgends kommt die eine oder die andere der drei Grundformen in Wirklichkeit völlig rein vor, vielmehr ist jede regelmäßig mit Elementen der beiden andern gemischt. Auch wenn wir mit Macchiavell dafür Republiken und Monarchien unterscheiden, wird der Gegensatz nicht erschöpft, denn die erstern sind entweder wieder Demokratien oder Aristokratien, und absolute Monarchien hat es bei den Germanen, ja in der abendländischen Christenheit überhaupt, im Grunde nie gegeben. So wenig aber bei den alten Germanen von Staat und Staatsgewalt im Sinne des Aristoteles oder Macchiavell die Rede sein kann, so wenig kann ihre Verfassung einer darauf begründeten Eintheilung der Staatsformen untergeordnet werden.

Am verkehrtesten möchte es sein, wenn wir uns die Verfassung als Demokratie vorstellen. Denn politisch berechtigt waren nur die freien Stammgenossen, Hörige und Leibeigene dagegen wie im Alterthum von aller Theilnahme an der Herrschaft ausgeschlossen. Und die Stammgenossen hatten nicht durchweg gleiche Rechte, sondern es tritt unter ihnen wieder ein Fürsten- oder Herrenstand mit Vorrechten auf, der uns gestattet, die Verfassung eben so gut als eine aristokratische zu bezeichnen.

Aber auch die Begriffe von Republik und Monarchie, wie wir sie mit den Ausdrücken zu verbinden pflegen, passen nicht.

Denn dazu waren die Verhältnisse noch zu unfertig, Staat und Staatsgewalt (Souveränität) in unserm Sinn noch zu wenig entwickelt. Können wir von einem Staat in unserm Sinn überhaupt nicht reden, so noch viel weniger von einer Republik und Monarchie nach heutigem Begriff. Vielmehr lagen die verschiednen Elemente der Verfassung noch einträchtig beisammen, und wie sich die Herrschaft der Fürsten und Könige überall mit der Freiheit und den Rechten des Volks vertrug, so waren selbst die freiheitliebendsten Stämme stolz auf ihre Adelsgeschlechter und folgten ihnen freudig in Kampf und Tod. Nirgends erscheinen die Gegensätze unvermittelt, und der größte Vorzug der altgermanischen Verfassung lag vielleicht gerade darin, daß nicht die Eifersucht, sondern die Liebe das Band war, was die verschiednen Stände zusammen hielt. Kein Volk beginnt mit einer Demokratie, und auch die Verfassung der Germanen ist keine solche gewesen. Allerdings republikanische Elemente waren darin enthalten und haben fortgedauert bis zur Auflösung des Reichs im Jahre 1806. Ja in einzelnen Theilen des Reichs, wie z. B. in der Schweiz, haben sie im Mittelalter sogar die Oberhand gewonnen. Daneben aber waren von Haus aus auch starke dynastische Elemente vorhanden und diese sind in der Folge immer entschiedner hervorgetreten, ohne daß man sagen könnte, das Fürstenthum habe je mit Absicht die gemeine Freiheit unterdrückt. Hätte es ein solches nicht schon in der Urzeit gegeben, so würde es sich später nicht so stark und kräftig haben entwickeln können. Denn nicht erst mit dem Aufkommen der Landesherrschaft und Landeshoheit seit dem 13. Jahrhundert ist das geschehen, sondern schon in der Völkerwanderung, in der fränkischen Zeit, mit den Eroberungen der Normannen, und überall wo germanische Reiche im neuern Europa gegründet wurden, in England und Frankreich, wie in Spanien, Deutschland und Italien.

Und selbst die ersten Anfänge der Landesherrschaft reichen viel weiter zurück, als man gewöhnlich glaubt, mindestens bis in die karolingische Zeit, seitdem sich mit der Grafschaft eine Art Seniorat oder eine Vogtei verband.

Überhaupt haben die Germanen den Gegensatz von Republik und Monarchie nicht wie die Völker der alten Welt als einen unversöhnlichen gefaßt. Das Alterthum glaubte nur zwischen Freiheit und Knechtschaft, Republik oder Tyrannis wählen zu können, nachdem in Griechenland wie in Rom das Urkönigthum schon in frühster Zeit untergegangen war, und erst einer Adelsherrschaft, dann der Demokratie Platz machen muste. Die Germanen haben den Gegensatz von Anfang an überwunden und in der ständischen Verfassung zu höherer Einheit ausgeglichen. Neben dem Königthum bestanden von Anfang an die Rechte des Adels und der Gemeinfreien, die der König nicht verletzen durfte, weil sie auf demselben Grund ruhten wie seine eignen. Daher die Treue und Anhänglichkeit gegen die Fürsten auf der einen, und die Freiheitsliebe auf der andern Seite, weil eines das andere nicht ausschloß, sondern voraussetzte. Und wenn in den neugegründeten Reichen die königliche Gewalt bald stärker wurde, weil der König den römischen Provinzialen gegenüber an die Stelle des Kaisers trat, und dies nicht ohne Rückwirkung auf die eignen Volksangehörigen blieb, so wurden die Rechte derselben doch nicht vernichtet, im Gegentheil je mächtiger ein König war, oft nur um so gewissenhafter geschützt. So alt wie das fränkische Königthum sind auch die fränkischen Reichstage; selbst die allgemeine Landesversammlung erhielt sich noch eine Zeit lang, wenn gleich die Gaugemeinde zur Gerichtsversammlung herabsank. Eben so stand den spätern deutschen Königen der Reichstag zur Seite, woran die geistlichen und weltlichen Fürsten, und seit der Zeit Rudolf's von Habsburg auch die unabhängigen Städte

Theil nahmen. Die größern Reichsstände erwarben dann in ihren Landen wieder selbst eine Landesherrschaft, gleichzeitig damit aber hat sich auch die landständische Verfassung oder die Landstandschaft der Prälaten, Ritter und Städte ausgebildet, die dem Landesherrn in ähnlicher Weise zur Seite standen wie die Reichsstände dem Kaiser.

Daneben haben sich in den freien Städten und Landgemeinden bis tief in das Mittelalter hinein auch Reste der alten Volksfreiheit unmittelbar erhalten. Die Unabhängigkeit der Reichsstädte wie die Rechte und Privilegien der freien Bauern in der Schweiz, Tyrol, Friesland und hie und da selbst im innern Deutschland leiten ihren Ursprung alle von den Rechten des altfreien Standes ab. Erst zu Ende des 14. Jahrhunderts, im Kampf der Fürsten gegen die Schweizer Eidgenossenschaft und den schwäbischen Städtebund, entschied es sich, ob die gemeine Freiheit oder die Fürstenherrschaft den Sieg behalten würde: mit dem verschiedenen Ausgang des Kampfes in der Schweiz und in Deutschland war auch die künftige Trennung der Schweiz vom deutschen Reich entschieden.

Zu dem allem waren die Keime und Wurzeln schon in der germanischen Urzeit vorhanden. Sie lagen noch unausgebildet und unentwickelt beisammen; im wechselvollen Verlauf der Geschichte sind die einen zur Reife gebracht, die andern verkümmert oder untergegangen: die Wage hat bald zu Gunsten des einen, bald des andern Elements geschwankt. Zu allen Zeiten aber ist der Grundzug der deutschen Verfassung im wesentlichen derselbe geblieben: kein absoluter Gegensatz zwischen Fürstenthum und Freiheit, sondern das Streben nach ihrer Vermittelung und Ausgleichung. —

Vielleicht gewinnen wir noch ein deutlicheres Bild von der altgermanischen Verfassung, wenn wir die verschiednen

Stände selbst, wie sie uns bei Tacitus entgegentreten, näher kennen lernen.

Es können nur Geburtsstände gewesen sein, denn so lange alle Angehörigen des Volks noch auf derselben Stufe geringer wirtschaftlicher Cultur standen, waren verschiedne Berufsstände unmöglich. Solcher Geburtsstände gab es überall drei: Adel, Freie und Knechte. Doch nur der Adel und die Freien gehörten zur politischen Gemeinde, die Unfreien waren davon ausgeschlossen und müssen ursprünglich auch als Stammfremde gedacht werden. Alle drei haben sich das ganze Mittelalter hindurch als Geburtsstände erhalten, ja der Adel dauert als solcher in den fürstlichen und standesherrlichen Geschlechtern noch heut zu Tage fort. Dabei ist indes nicht an die Ritterschaft oder den niedern Adel zu denken, selbst wenn er höhere Titel führt, denn die Ritterschaft ist erst seit dem 11. Jahrhundert aus dem Stand der Gemeinfreien hervorgegangen.

Das Dasein eines Uradels als besondern Geburtsstands ist freilich für die älteste Zeit vielfach und zum Theil nicht ohne Tendenz bestritten worden. Allein es kann nach allem, was wir in den Berichten der alten Schriftsteller darüber finden und aus dem Zusammenhang der Geschichte schließen müssen, doch nicht daran gezweifelt werden.

Gewis, der Adel ist nur durch Ehrenvorzüge und ein höheres Wergeld ausgezeichnet, er gehört mit zur Gemeinde oder, wie wir jetzt sagen würden, er steht im Staat, nicht über ihm, aber er steht der Gemeinde doch zugleich als besonderer Stand gegenüber, und in seinen Händen befindet sich thatsächlich das Fürstenamt und gewis vorzugsweise auch das Priesterthum. Es sind mit andern Worten die fürstlichen Geschlechter selbst, die sich im Besitz der Herrschaft befinden und schon in der ältesten Zeit einen bevorzugten Stand bilden.

Als solcher erscheint er unzweifelhaft in vielen Stellen bei

Tacitus: es ist geradezu unmöglich, sie alle nur von einem faktischen Vorzug der Geburt verstehen zu wollen. Nicht allein, daß die Könige aus dem Adel gewählt werden, daß der Adel besonderes Gewicht in der Gauversammlung verleiht, und daß alle Fürsten, welche in der Geschichte vorkommen: Armin, Marbod, Claudius Civilis, Catualda und die spätern der Völkerwanderung, von vornehmer oder edler Abkunft sind, es wird auch von vornehmen Jungfrauen geredet, die man besonders gern als Geißeln verlangt, von vornehmen Jünglingen, bei denen der Adel die Reife des Alters ersetzt, und da wo Tacitus die verschiednen Stände vollständig neben einander aufzählt, wird ausdrücklich der Adel mit genannt.

Aber auch wenn wir die „Germania" des Tacitus nicht hätten, würde uns schon die Continuität der Entwickelung zur Annahme eines Adels nötigen. Denn zu allen Zeiten finden sich fürstliche Geschlechter, ohne daß sich ein Zeitpunkt angeben ließe, wann und wie sie entstanden wären; vielfach ist ein genealogischer Zusammenhang wenigstens bis in die karolingische Zeit nachzuweisen, wenn auch natürlich kein Geschlecht seinen Stammbaum bis in die Urzeit zurück verfolgen kann. Die Geschlechter der karolingischen Zeit aber sind nicht aus der Erde gewachsen, sondern führen auf die der Völkerwanderung, und diese wieder auf die der ältesten Zeit zurück. Es will nicht viel heißen, wenn bei einzelnen Stämmen, wie z. B. den salischen Franken durch Chlodwig, der Adel später ausgerottet wurde. Denn bei den Stämmen im innern Deutschland ist es entschieden nicht geschehn, und auch hier führen die Adelsgeschlechter des Mittelalters, zwar nicht in beglaubigter Abstammung, doch mittelbar ebenfalls auf die der Völkerwanderung und die der Urzeit zurück. Für das einzelne Geschlecht selbst ist die Abstammung nicht nachweisbar, für den Adel im ganzen ist sie um so sicherer. Denn nirgends tritt der Stand als solcher neu in die Geschichte ein. Wissen wir, daß bis in das spätere Mittelalter jedes Geschlecht seine besondern Eigennamen hatte, so läßt sich schon aus der gleichmäßigen Wiederholung der Namen auf einen Zusammenhang schließen, so wenig der bloße Name an sich im einzelnen Fall den Beweis der Herkunft ersetzt. Was aber im einzelnen Fall fraglich und zweifelhaft scheint, da dieselben Namen auch bei verschiednen Häusern vorkommen, das muß doch in vielen immerhin angenommen werden, weil sonst der Zusammenhang überhaupt wegfiele. Es ist ein Argument mehr für die Abstammung der spätern fürstlichen Häuser vom Uradel. So findet sich seit dem 11. Jahrhundert an der hessisch-sächsischen Gränze ein Grafengeschlecht, in welchem der Name Erpo hergebracht ist, und die Lebensbeschreibung des Bischofs Meinwerk von Paderborn nennt dasselbe geradezu das Haus der Erponen (nobilissima Erponum tribus). Daß der Name schon in alter Zeit in Hessen üblich war, sehen wir auch daraus, daß er sich in einzelnen Ortsnamen erhalten hat. Wir denken nicht daran, das spätere Grafengeschlecht genealogisch von dem chattischen Fürsten Arpus abzuleiten, dessen Frau und Tochter in den Kriegen des Germanicus von den Römern gefangen genommen wurden, aber daß irgend ein Zusammenhang durch Abstammung von der Männer- oder Weiberseite möglich ist, wird niemand läugnen wollen, wenn wir sehen, daß in historisch beglaubigter Zeit bei andern Geschlechtern die gleichen Namen sich ebenfalls Jahrhunderte lang wiederholen.

Mit einem Wort, die Entstehung des deutschen Fürstenthums wäre unerklärlich, wenn es nicht schon in der Urzeit einen Adel gegeben hätte. Dabei räumen wir gern ein, daß sich im Lauf der Zeit Wesen und Charakter des Standes wie der fürstlichen Herrschaft vielfach geändert haben und daß ein eigentliches Fürsten- und Königthum im spätern Sinn erst in der Völkerwanderung sich ausgebildet hat. Der Stand selbst aber reicht weit über die Völkerwanderung hinaus.

Die Frage liegt nahe, wie wir uns nun die erste Entstehung des Adels als eines besondern Standes über den Freien zu denken haben. Man hat die Frage abweisen wollen und gesagt, nach dem Ursprung des Adels fragen, heiße soviel wie nach dem Ursprung des Volks fragen. Allein das Verhältnis ist doch ein anderes, denn mit der Familie oder dem Geschlecht, aus welchem der Stamm und das Volk hervorwachsen, ist nicht zugleich schon der Adel gegeben. Adel und Freie sind bei den Germanen von Einem Stamm, Genossen, nicht wie die Priesterkasten im Orient aus einem höhern. Äußere geschichtliche Ereignisse müssen also zu irgend einer Zeit den Unterschied herbeigeführt haben. Eine bestimmte Antwort, worin diese zu suchen seien, kann natürlich nicht verlangt werden, nur Vermutungen sind möglich. Sie dienen dazu, wenigstens hypothetisch den spätern Zustand zu erklären, und nötigen dann, in den spätern Vorrechten zugleich die Genesis des Standes zu erblicken.

Im Priesterthum allein kann die Entstehung nicht liegen, denn geschlossene Kasten, bei denen die Geburt zugleich den Beruf bestimmt hätte, hat es bei den Germanen nicht gegeben, obgleich die fürstlichen Geschlechter allerdings wie die griechischen Heroen im Glauben des Volks den Göttern näher verwandt sind und selber ihren Ursprung meist unmittelbar von Wotan, dem ersten und vornehmsten Gott, ableiten. Auch das Wort Herr, welches bis zu Ende des 13. Jahrhunderts ein Vorrecht der Fürsten- oder Herrengeschlechter blieb, deutet darauf: es ist der Comparativ von hehr, heriro, und bezeichnet einen Vorzug vor dem gemeinen Volk, das sich im nationalen Mythus ja auch göttlichen Ursprung beilegt.

Indes bei dem kriegerischen Geist der Germanen muß das Heldenthum jedenfalls als zweites wesentliches Moment hinzu-

gekommen sein. Aus den vornehmen Geschlechtern wurden die
Tapfersten zu Anführern gewählt, Ruhm und Tapferkeit erbten
fort, gaben Beute und Reichthum und bei der Ansiedelung
zugleich einen Anspruch auf größern Grundbesitz (agros secundum dignationem partiuntur). Ein Gefolge und eine
größere Zahl von Hörigen setzte größere Heerden voraus, diese
erforderten ausgedehntere Weidegebiete, und daraus gieng bei
der Auftheilung des Landes von selbst auch ein größerer Besitz hervor. Es ist wahrscheinlich, daß der Grundbesitz des
Adels zu allen Zeiten von den Dorfmarken ausgeschieden war
und gewisse Vorrechte hatte, die dem Antheil des gemeinen
Mannes nicht zukamen. Wenigstens sind die spätern Vorrechte dieser Art nicht zu erklären, wenn wir nicht wieder die
Urzeit zu Hilfe nehmen.

Dabei bleibt freilich manches immer noch unerklärt, vor
allem wie der Stand zu einem geschlossenen werden konnte,
dessen Angehörige ein höheres Wergeld vor den Gemeinfreien
voraus hatten. Daß hier vielfach Zufall oder Willkür gewaltet
habe, zeigen die Wergeldbestimmungen der spätern Zeit, die
gerade für den Adel mannigfach differiren, wenn sie auch
sämmtlich von dem Wergeld des freien Mannes als der
Grundlage auszugehen scheinen. Auf jeden Fall ist der Unterschied uralt.

Wenn deshalb die Fürsten gewählt werden, wie Tacitus
mehrfach sagt, so ist das bei der Theilnahme aller an der
herrschenden Gemeinde sehr natürlich, denn so aristokratisch
wir uns die Verfassung denken mögen, sie war doch nichts
weniger als ein geschlossener Geschlechterstaat, worin die einzelnen Familien ein bestimmtes Erbrecht auf die öffentlichen
Ämter gehabt hätten. Denn auch das Volk gehörte mit zum
Staat: es bestand aus freien Genossen, nicht aus Unterthanen. Thatsächlich aber war die Wahl doch auf den Adel

beschränkt, und ein Geschlecht, das einmal zur Herrschaft gelangt war, blieb regelmäßig im Besitz derselben, bis es ausstarb oder durch Gewalt verdrängt wurde. Eine ganz freie Wahl, etwa gar von Jahr zu Jahr, würde allem widersprechen, was wir von deutscher Geschichte wissen. Adel und Herrengeschlechter sind also wie in der spätern Zeit als identisch anzusehen. Die Herrschaft oder das Amt hatte immer nur Einer, an den Vorzügen und an dem größern Reichthum des Standes nahmen aber auch die Übrigen Theil. Denn der einmal erworbene Adel blieb und setzte sich durch die Geburt fort.

Fürstenamt und Priesterthum sind zu allen Zeiten ein Vorrecht des Adels gewesen. Über die Verfassung des Priesterthums wissen wir aus der heidnischen Zeit nichts, aller Wahrscheinlichkeit nach aber waren die vornehmern Priester nur Adelige, denn eine doppelte Aristokratie neben einander läßt sich nicht recht denken, und wo ein Priesterthum vorkommt, da nimmt es naturgemäß die erste Stelle ein. Daß die Druiden in Gallien sich aus dem ganzen Volk ergänzten, hängt mit der eigenthümlichen Hierarchie zusammen, wie sie sich hier ausgebildet hatte und nicht hätte ausbilden können, wenn sie keine nationale gewesen wäre. Wenn nun auch unser Priesterthum keine erbliche Kaste war und gewis einzelnen Gemeinfreien ebenfalls den Zutritt gönnte, so blieb es auf diese Art doch im erblichen Besitz gewisser Geschlechter. Vielleicht darf die Vermutung gewagt werden, daß wie in der spätern christlichen Zeit vorzugsweis die jüngern nachgebornen Söhne dazu gewählt wurden, wobei die Wahl geradeso wie später von den Priestern selbst ausgegangen sein kann. Damit würde sich auch von dieser Seite die eigenthümliche Strafgewalt der Priester leicht erklären: sie stand nicht im Gegensatz zur fürstlichen Herrschaft, sondern gieng Hand in Hand mit ihr.

Auf alle Fälle ist eine Verbindung des Priesterthums mit dem Adel nicht abzuläugnen. Denn es sprechen dafür die bestimmtesten Gründe. So lehren im nordischen Alterthum edle Jungfrauen die Runen, der Adel erscheint also im Besitz der religiösen Geheimnisse. So richten die Missionare ihre Bekehrungsversuche immer zunächst an den Adel: sobald er für das Christenthum gewonnen ist, hört aller Widerstand dagegen im Volk auf. Endlich aber und nicht am wenigsten zeigt sich die Verbindung darin, daß auch nach dem Übertritt zum Christenthum Jahrhunderte lang mit seltnen Ausnahmen nur Adelige in den Besitz der Bisthümer und höhern geistlichen Stellen gelangen, gleich als hätten sie einen ausschließlichen Anspruch darauf. Dem Christenthum ist natürlich eine solche Bevorzugung fremd, und wenn man dessen ungeachtet daran festhielt, so wird nicht sowohl die Rücksicht auf Standesvorrechte, sondern vor allem die auf das gemeine Volk entscheidend gewesen sein, bei welchem ein Priesterthum ohne Adel keine Achtung gefunden hätte. Solche Motive wuste die ältere Kirche gar wohl zu würdigen; man konnte nicht alles auf einmal durchsetzen. Später fielen sie weg, aber die üblich gewordne Sitte erhielt sich. Bleiben wir bei den drei großen rheinischen Erzbisthümern, so sind es bis zu Ende des Mittelalters im ganzen nur wenige Adelsgeschlechter, die sich in ihren Besitz getheilt haben.

Auch das Fürstenthum und die spätere Grafschaft oder mit andern Worten der Blutbann über Freie, der in der ältesten Zeit nur gestützt auf die priesterliche Autorität ausgeübt wurde, sind von jeher ein Vorrecht des Adels gewesen. Wenigstens ist aus dem ganzen deutschen Mittelalter kein sicheres Beispiel bekannt, daß je ein gemeiner Ritter eine Grafschaft erlangt hätte. Man könnte an das zweite rheingauische Grafengeschlecht denken, allein ob es bloß ritterbürtiger oder nicht doch vielleicht altadeliger Abstammung war, die sich im Lauf der Zeit nur verdunkelt hatte, wird schwerlich auszumachen sein. Die spätern Standeserhöhungen beweisen natürlich nicht. Denn die vielen echten Freiherren (Barone oder Lords im englischen Sinn), die wir später finden, sind zum großen Theil nachweislich fürstlichen oder gräflichen Häusern entsprossen, welche ihre Würde entweder verloren hatten oder von denen nur Eine Linie im Besitz des Amtes blieb, während die übrigen mit Gütern und geringern Rechten abgefunden wurden. Auch die Titulirung und Anrede deutet zu allen Zeiten auf einen Unterschied zwischen Adel und Ritterschaft.

Gewis war unter außerordentlichen Umständen ein Aufsteigen zum Adel möglich, allein dieselben waren im Vergleich zur Regel eben außerordentlich selten: es sind Ausnahmen, welche die Regel bestätigen. Erst in späterer Zeit wurden Verleihungen durch den Kaiser häufiger, und doch ist selten eine ohne Widerspruch des Adels erfolgt; der Rechtsatz blieb, daß der hohe Adel nur durch eheliche Abstammung von ebenbürtigen Eltern erworben werden könne. Stets haben Adel und Gemeine als verschiedne Stände gegolten: nur kleine oder herabgekommene Fürsten- und Herrengeschlechter haben im Mittelalter sich mit ritterbürtigen Häusern vermählt. So ist es ohne Zweifel schon in der ältesten Zeit gewesen. Die chattischen und cheruskischen Fürstengeschlechter, welche wir in den Römerkriegen kennen lernen, sind alle unter einander verschwägert: Armin hatte die Tochter des Segestes, Thusnelda (mit ihrem deutschen Namen vermutlich Thursinhild die Riesenkämpferin), zur Gemahlin; sein Bruder Flavius hatte die Tochter des chattischen Fürsten Ahtumer; deren Schwester war wieder mit einem andern Bruder Armin's vermählt.

Allerdings war die Gewalt der Fürsten wesentlich beschränkt. Sie waren im Grunde nur Heerführer und Richter mit entscheidender Stimme in der Gauversammlung. Auch das Königthum war nicht viel mehr: seine innere Entwickelung gehört erst der Völkerwanderung an und stützt sich auf römische Elemente. Die Gothen, bei denen es doch schon zu Tacitus' Zeit in ziemlich ausgebildeter Gestalt erscheint, kennen nicht einmal das Wort König, sondern haben andere Ausdrücke dafür, von denen der eine (reiks lat. rex) eigentlich nur einen Fürsten oder Richter bezeichnet, der andere (thiudans zu thiuda Volk) einen Häuptling oder Herzog. So gab die öffentliche Gewalt, auch wenn sie ausschließlich im Besitz der Adelsgeschlechter war, diesen doch keine unbedingte Herrschaft: sie war abhängig von der Wahl des Volks und an die Rechte desselben gebunden.

Wichtiger und bedeutungsvoller war ein anderes Vorrecht, das sie zwar zunächst ohne Zweifel auch nur thatsächlich inne hatten, das der Natur der Sache nach aber ein eben so ausschließliches Vorrecht wurde wie das Fürstenamt selbst: das Gefolge oder Comitat. Es fügte zu dem eigentlich politischen Bestandtheil der Herrschaft noch einen privatrechtlichen oder dynastischen und verlieh seinem Führer, wenn es stattlich und zahlreich genug war, mehr Macht und Ansehn wie das Heerführer- und Richteramt. Daher der Wetteifer der Fürsten, ein möglichst großes Gefolge zu haben. Das Recht, ein solches zu halten, hatte sicher so gut wie das Fehderecht jeder im Volk; wirklich ausüben konnte das Recht aber nur der, welcher die Mittel hatte, ein Gefolge dauernd an sich zu fesseln, und das waren nur die Häupter der Adelsgeschlechter oder die Fürsten.

Es bestand aus Adeligen oder Gemeinen, besonders jüngern, die dem Fürsten zu besonderer Treue sich verbanden, im Krieg an seiner Seite kämpften, im Frieden Hof- und Ehrendienste verrichteten und dafür Pferde und Waffen, Geschenke, Gastmähler und Antheil an der Beute erwarteten. Von der militärischen Seite des Verhältnisses ist oben schon gesprochen, hier mögen noch einige Worte über die häusliche oder höfische Seite folgen, die Tacitus zwar nur andeutet, das einfache wirtschaftliche Leben und die spätere Geschichte aber leicht ergänzen lassen: nicht mit Unrecht hat man den Hof und die höfische Gesellschaft die ideale Welt des Germanen genannt.

Ohne Zweifel lag dem Gefolge die Aufsicht über den fürstlichen Haushalt ob und aus ihm wählte der Fürst seine Hofbeamten, deren Zahl im Verhältnis zur Größe des Hofes stand. Die Namen der spätern Hofämter deuten auf so alterthümliche und patriarchalische Verhältnisse, daß sie gewiß schon in die Urzeit zurückreichen und nur in den Zuständen der Urzeit ihre eigentliche Erklärung finden. Den Majordomus oder Seneschall, wie er später heißt, d. h. den ältesten oder ersten Hausdiener, finden wir in der Völkerwanderung bei den meisten germanischen Stämmen, vor allem im fränkischen Reich, wo er später sogar den König an Macht überragte und ihn schließlich verdrängte. Aber auch die übrigen, die sich als Ehrenämter noch jetzt an den Höfen finden, sind uralt und entsprechen dem Namen wie den Funktionen nach den einfachen patriarchalischen Zuständen der Urzeit: der Marschall oder Oberstallmeister, ahd. marahscalh Roßknecht, frz. connétable vom lat. comes stabuli, als zweiter Anführer des fürstlichen Gefolges; der Kämmerer, lat. camerarius, mit der Aufsicht über den Schatz und die fürstlichen Einkünfte; der Schenk mit der Aufsicht über den Keller und die Sorge für die Getränke, lat. buticularius von buticula frz. bouteille kleine Bütte, weil die ältesten Trinkgefäße von Holz waren, auch pincerna Vortrinker, vom gr. πίνειν κύρνα, weil er das Getränk zuerst zu versuchen hat; endlich der Truchseß mit dem Dienst für die Tafel und der Aufsicht über die fürstlichen Heerden, lat. dapifer, wie Truchseß soviel als Speiseträger, weil er gleich den übrigen

Beamten den Fürsten auch persönlich bedient. Je angesehener der Hof, desto angesehener waren auch die Beamten; sie hatten immer noch eine Anzahl von Dienern unter sich und leisteten wie die Inhaber der spätern Reichserzämter nur bei feierlichen Anlässen den Dienst in Person. Kleinere Häuser, wie die spätern gräflichen, hatten meist nur Einen Hofbeamten, den Truchseß oder Keller (cellerarius), und dieser war als Oberaufseher der Hausgüter und Verwalter der Einkünfte zugleich Landesbeamter, weshalb manche Territorien geradezu in Truchsetzämter (niederdeutsch Drosteien) oder Kellereien eingetheilt wurden.

Indes noch nach einer andern Seite ist die Gefolgschaft wichtig, in so fern wir darin zugleich die älteste Wurzel des spätern Lehnwesens finden. Denn das persönliche Treueverhältnis, die eine Seite desselben, war schon im Gefolge vollkommen ausgebildet, und Tacitus schildert sie uns mit lebhaften Farben: welcher Wetteifer unter den Dienstleuten bestehe, wie sie im Kampf nicht von der Seite des Herrn wichen, ihm ihre Heldenthaten beilegten und es für eine Schande hielten, ohne ihn aus der Schlacht zurück zu kehren. Kam dann noch ein geliehenes Gut hinzu, als bleibende dingliche Grundlage für die persönliche Seite, so war das Lehnverhältnis im spätern Sinn vollendet. Indes die dingliche Leihe, mit fortdauerndem Obereigenthum des Herrn, entwickelte sich erst in der karolingischen Zeit und hat ihren Ursprung zugleich noch in andern Gründen allgemein wirtschaftlicher Art, deren Erörterung seitab liegt. Sie erscheint nicht bloß im Lehen, sondern als Häuserleihe auch in den Städten und als Gutsleihe in den mannigfachsten Formen auf dem Lande: die ersten Anfänge der letztern werden wir gleich unten näher kennen lernen.

Die alte Streitfrage, ob ein direkter Zusammenhang zwischen dem Gefolgs- und dem Lehnwesen bestehe, läßt sich daher eben so gut mit ja wie mit nein beantworten. Begnügen wir uns, in dem ersten nur eine Vorstufe und einen Anknüpfungspunkt für das zweite zu erblicken, so wird sich dagegen nichts einwenden lassen; wollen wir darin schon das spätere Lehnwesen selbst finden, so ist das natürlich falsch.

Der zweite Stand ist der der Freien, die ohne zum Adel zu gehören doch an allen Rechten Theil nehmen, welche die Stammesverbindung ihren Mitgliedern gewährt. Im Gegensatz zum Adel sind es nur Gemeinfreie, denn sie entbehren die Vorrechte und Ehren des Adels, aber wie dieser sind es Altfreie, weil ihre Freiheit schon der Urzeit angehört, nicht wie die anderer freien Stände der spätern Zeit, z. B. der Kleinbürger und Handwerker in den Städten, erst aus der Unfreiheit hervorgegangen ist. Sie bilden mit dem Adel Volk und Heer und helfen als deren Mitglieder und Genossen in der Landesversammlung oder Gaugemeinde auch die oberste Gewalt ausüben.

Darum ist die Freiheit ein positiver Begriff, die sich in bestimmten Rechten äußert, nicht bloß Freiheit im römischen Sinn, sondern auch Bürgerrecht, Libertas und Civitas zugleich. Nur darin geht sie weiter als das römische Bürgerrecht, daß der freie Germane das Recht hat, über seine Freiheit willkürlich zu verfügen, wie z. B. sie zu verspielen, während das Bürgerrecht der Griechen und Römer ein politisches ist, das nur im Interesse des Staats besteht und darum der Privatdisposition nicht unterliegt: ganz im Einklang mit dem frühzeitig entwickelten Staatsbegriff und der unbedingten Herrschaft des Staats über den Einzelnen, während der Staat in dieser Auffassung bei den Germanen noch unentwickelt ist, die Freiheit der Einzelnen noch wie ein Privatrecht erscheint. So ist auch der Inhalt des Begriffs mit Rücksicht auf die verschiedne politische Entwickelung ein verschiedner. Im Alterthum tritt die aktive und passive Wahlfähigkeit (jus suffragii et honorum) und die Theilnahme am nationalen Privatrecht (jus connubii et commercii) in den Vordergrund, während bei uns das Waffen- und Fehderecht als wichtigstes Freiheitsrecht gilt, die Theilnahme an Gaugemeinde und Volksrecht dagegen mehr zurücktritt. Statt der Fehde wird dann, wo diese unzulässig ist, der Anspruch auf das Wergeld gegeben (capitis aestimatio), ein Surrogat für die Fehde, das zwar an sich die Freiheit beschränkt, aber doch zugleich notwendiger Ausdruck derselben ist, da das Fehderecht zu keiner Zeit ganz uneingeschränkt bestanden haben kann. In dem lateinischen Wort Ästimatio hat sich das Andenken an eine Zeit erhalten, wo das Haupt des römischen Bürgers seinem Wert nach ebenfalls in Geld angeschlagen wurde, wenn auch aus dem Recht Wergeld und Buße längst geschwunden sind.

Das Waffen- und Fehderecht kann als die Grundlage der Freiheitsrechte angesehn werden, weil erst aus seiner Beschränkung der Volksfriede oder die politische Ordnung sich ergab, obgleich die letztere dem Gedanken nach als eben so ursprünglich wie das erste gefaßt wird. Denn ohne sie würde es dem spätern Gau wie der frühern Einheit des Stammes am zusammenhaltenden Bande gefehlt haben, und auch die Heeresordnung würde bei völlig freiem Fehderecht ohne sie nicht haben bestehen können: sie faßte die verschiednen Geschlechter kraft göttlicher Autorität zur höhern Gemeinschaft zusammen. Das Waffenrecht selbst dagegen unterlag in der Urzeit keiner Beschränkung, denn die Waffen legte der freie Germane, sobald er wehrhaft gemacht war, bis zum Tod nicht wieder ab. Deshalb galten die Waffen, die der Freie zu tragen pflegte, insbesondere später allgemein Schwert und Lanze, auch geradezu als Zeichen der Freiheit. Der Besiegte aber muste die Waffen strecken, d. h. er warf sie ab und ergab sich in die Gewalt des Siegers, womit er seine Freiheit verlor. Unfreie durften keine Waffen oder nur knechtische tragen oder nur wenn es der Herr erlaubte.

Demnächst war das wichtigste Recht die Theilnahme an Versammlung und Gericht. In so fern der Gau (civitas) als Träger der obersten Gewalt erscheint, waren auch die Freien zu deren Ausübung mit berufen. Doch erscheint das Recht zugleich als Pflicht, da es gewis nicht vom Belieben des Einzelnen abhing, ob er kommen wollte oder nicht. Denn die bewaffnete Gauversammlung war auch das Heer, und wie der Einzelne sich nicht ohne zwingende Gründe vom Kriegsdienst ausschließen konnte, so auch nicht von der Theilnahme am Gericht. Der Heerpflicht gieng eine Dingpflicht zur Seite.

Ohne Zweifel hat neben der Befugnis, in Versammlung und Gericht mitzustimmen, für die Freien auch in der ältesten Zeit schon ein Recht der Autonomie und Einigung bestanden, d. h. das Recht, innerhalb der kleinern Gemeinden, soweit nicht die Volksrechte dadurch verletzt wurden, nach Willkür Bestimmungen zu treffen und zu religiösen oder politischen Zwecken Bündnisse und Eidgenossenschaften einzugehen. Ob und in wie weit ein solches Recht in der Urzeit wirklich ausgeübt wurde, wissen wir nicht. Jedenfalls wird sich die Gelegenheit dazu weit seltner als später ergeben haben, wo man ein Mittel darin fand, sich bei seinen hergebrachten Rechten und Freiheiten zu behaupten. Ansätze dazu müssen aber jedenfalls schon in der ältesten Zeit vorhanden gewesen sein, weil sich sonst weder die spätere Autonomie der Gemeinden, noch die ersten Anfänge des Gildewesens erklären lassen.

Daneben hatte natürlich jeder freie Genosse einen Anspruch auf Antheil am aufgetheilten Ackerland, oder sobald sich daraus ein Sonderbesitz am Grund und Boden entwickelte, auf ächtes Eigen nach Volksrecht. Nur waren diese Rechte, solange noch eine halbnomadische Cultur fortdauerte, viel weniger ausgebildet und daher auch weniger wichtig als später. Erst mit steigendem Anbau konnte man dazu kommen, die volle Freiheit umgekehrt vom Grundbesitz abhängig zu machen. Wie schwer aber der Übergang zum Ackerbau war und wie lange er von den Volksobern künstlich zurückgehalten wurde, sehen wir aus Cäsar. Denn unter den Gründen, welche er von den Germanen für den jährlichen Wechsel ihrer Wohnsitze anführen hörte, war auch die Besorgnis, sie möchten durch die Ansäßigkeit ihre alte Kriegslust verlieren und durch den Hausbau gegen Kälte und Hitze empfindlicher werden. Offenbar sprachen sie aus Erfahrung, die gerade während des Wechsels von Bleiben und Wandern, Ackerbau und Weidewirtschaft gemacht werden mußte: daß seßhafte Ackerbauvölker ihren Besitz lieb gewinnen und sich auf die Verteidigung ihres Landes beschränken, also die Freude an Krieg, Raub und Jagd, wie sie unsteten Hirtenstämmen eigen sind, verlieren, ist eine Thatsache, die schon das früheste Alterthum bemerkt hat. Mit einer Milderung der Sitten ist immer zugleich eine gewisse Verweichlichung verbunden. Vor allem mit dem Übergang zum Ackerbau, der mehr wie alle folgenden Fortschritte auch in geistiger und sittlicher Hinsicht den Übergang zur eigentlichen Cultur einschließt. Denn jeder Fortschritt ist zweischneidig, und eben darum kann die wilde Kraft und Energie reiner Naturvölker nicht zugleich den Vorzug höherer Entwickelung bilden: mit Recht hat man hervorgehoben, daß schon die Schärfe und Feinheit der äußern Sinne, insbesondere des Gesichts und Gehörs, durch den Ackerbau abgestumpft wird.

So lange deshalb das Volk noch nicht ansäßig war, konnte der Einzelne auch keinen festen Grundbesitz haben. Erst nach und nach änderte sich das; gewis war zu Tacitus' Zeit, wie wir oben auszuführen versuchten, schon vieles anders geworden.

Der erste Schritt war das Haften der Gemeinde selbst am Boden, aus den Volks- oder Heeresabtheilungen wurden Dörfer und Bauerschaften, Haus und Hof der erste Sonderbesitz der Einzelnen. Der zweite Schritt war die Ausbildung von Sondereigen am aufgetheilten Ackerland oder Saatfeld, der aber längere Zeit brauchte, ehe er überall durchdrang. Der erste war jedenfalls zu Tacitus' Zeit schon geschehen, ob allgemein auch der zweite, erscheint mindestens sehr fraglich. Indes wie dem auch sei, der Schwerpunkt des wirtschaftlichen Lebens lag doch noch lange weniger im Ackerbau wie in Viehzucht und Weidewirtschaft, und die Stelle des Sondereigens im spätern Sinn, als dessen Pertinenz dann der Gemeindenutzen galt, vertrat umgekehrt der Mitbesitz und Mitgebrauch der gemeinschaftlichen Wälder und Weidegründe. Nicht das Privateigenthum, sondern die Almende oder der Antheil an der gemeinen Mark ist das Ursprüngliche.

Offenbar sind die Gau- und Centverbindungen zugleich die ältesten und natürlichsten Markgenossenschaften. Denn Beides, die politischen Abtheilungen des Volks und die Art seiner Ansiedelung, fließt aus derselben Quelle, der ursprünglichen Heeresordnung. Die Angehörigen der Cent- und Gaugemeinden sind eben die Mark- und Gaugenossen, privatrechtlich und politisch die Herren des Landes, der Einzelne daher sowohl Mitglied der politischen wie der privatrechtlichen Genossenschaft.

Es ist unmöglich, schon für die Urzeit eine Verschiedenheit der politischen Gau- und der privatrechtlichen Markverfassung annehmen zu wollen. Denn so wenig das öffentliche Leben in der Markverbindung aufgieng, so wenig kann die letztere von der Gauverfassung völlig getrennt werden. Das war erst möglich, als beide von der gemeinsamen Wurzel aus sich selbständig entwickelten, und nun konnte allerdings, wie das später oft genug geschehen ist, Gau- und Markverbindung aus einander fallen. Darum konnten sich dann auch die Markgenossenschaften viel länger als die Gauverfassung erhalten, denn die letztere machte seit dem 12. Jahrhundert andern Formen der Verfassung Platz, während die ersteren fortdauerten, solange die alten wirtschaftlichen Verhältnisse blieben.

Welche politische Gemeinde aber in der ältesten Zeit zugleich als Markgenossenschaft zu denken ist, ob die Ortsgemeinde, oder regelmäßig die Hundertschaft, oder daneben vielleicht der ganze Gau (civitas), ist eine Frage, die sich schwerlich übereinstimmend wird beantworten lassen. Jedenfalls gehören die Theilungen der alten großen Almenden unter einzelne Gemeinden erst einer spätern Zeit an. Wir müssen es auch an dieser Stelle bei Vermutungen bewenden lassen und lehnen es ab, in das im fortwährenden Fluß befindliche Leben ein von vornherein fertiges, allgemein giltiges System hineinzutragen.

Der dritte und letzte Stand ist der der Unfreien. Es sind die Ungenossen, die der Freiheitsrechte entbehren und als Knechte oder Mägde einem Herrn dienen. Sie haben der Gemeinde gegenüber kein Recht und müssen vom Herrn, dem sie hören oder eigen sind, im Volksgericht aktiv und passiv vertreten werden. Sie haben daher streng genommen auch kein Wergeld, und wo später ein solches vorkommt, immer natürlich geringer wie bei Freien oder Freigelassenen, bezieht es der Herr entweder ganz oder wenigstens zum Theil selbst.

Der gewöhnlichste Entstehungsgrund der Unfreiheit war Kriegsgefangenschaft. So wissen wir, daß nach der Varusschlacht die gefangenen Römer, vornehme wie geringe, als Knechte vertheilt wurden: einige davon wurden fünfzig Jahre später bei einem glücklichen Treffen gegen die Chatten wieder befreit. Auch in den folgenden Jahrhunderten, während der langen Kämpfe an der Gränze des Reichs, kamen viele Römer in deutsche und noch mehr Germanen in römische Gefangenschaft, wie es die Natur der Einfälle in Feindesland mitbrachte. In den Friedensschlüssen wurde zwar oft Auslieferung der Gefangenen bedungen, aber oft unterblieb sie auch, zumal von Seiten der Römer, die deutsche Sclaven sehr zu schätzen wusten. Nicht minder waren die römischen in Deutschland von Nutzen, besonders wenn es geschickte Handwerker waren, von denen man lernen konnte. Es mag hart sein, die gefangenen Feinde zu Sclaven zu machen, aber es ist doch minder hart, als sie zu tödten, wie arme Jäger- und Hirtenvölker thun müssen, die kaum für sich selber zu leben haben. Noch härter freilich dünkt es uns, daß nicht bloß die Feinde in Waffen, sondern auch die Einwohner des feindlichen Landes, welche nicht am Kampf Theil nahmen, der Gefangennahme und dem Verkauf in die Sclaverei ausgesetzt waren. Aber das Alterthum, das den Staat von seinen Angehörigen nicht unterschied, sah darin nur eine natürliche, völkerrechtlich allgemein zuläßige Folge des Krieges. Selbst Griechen und Römer, die Hauptculturvölker des Alterthums, sind dabei stehn geblieben, daß nicht wie heut zu Tage die Staaten als solche mit ihren Heeren, sondern die Völker selbst gegen einander Krieg führen, und hiernach gehörten gefangene Feinde eben so zur Beute wie feindliches Gut. Es hieng von der Gnade des Feldherrn ab, was damit geschah.

Ein anderer Entstehungsgrund der Unfreiheit war Spielverlust, wozu bei den Germanen nicht selten die Leidenschaft des Würfelspiels Veranlassung gab: war alles verspielt, so wurde auf den letzten Wurf die Freiheit gesetzt und im Verlustfall willig geopfert. Doch pflegte der Sieger in solchem Fall den Knecht zu verkaufen, um sich eine fortwährende Beschämung über den Gewinn zu ersparen.

Später kam es häufiger vor, daß bei Eroberungen die

ältern Einwohner theilweis im Besitz des Landes blieben, aber zinspflichtig gemacht und der Freiheitsrechte beraubt wurden, besonders in den Gränzprovinzen des römischen Reichs, die angebauter waren und eine größere Bevölkerung ernähren konnten. Oder die römischen Colonen und Sclaven wechselten nur den Herrn, das Land wurde den fremden Grundeigenthümern genommen und gieng auf die Germanen über. Das hatte zugleich den Vortheil, daß der Ackerbau in gewöhnlicher Weise fortdauerte, und die Art wie er betrieben wurde sich nach und nach auch den Germanen mittheilte. In diesem Fall war die Unfreiheit milder und näherte sich mehr dem römischen Colonat, wobei der Unfreie nicht für sich allein, sondern nur mit dem Grund und Boden, zu welchem er gehörte, verkauft werden konnte, also nicht wie der eigentliche Knecht leibeigen war. Im Gegensatz zur Leibeigenschaft ist seit Justus Möser der Name Hörigkeit für diese mildere Form der Unfreiheit üblich geworden. Doch scheint sie im Innern von Deutschland in der ältesten Zeit selten gewesen zu sein. Eine doppelte Bevölkerungsschicht konnte der dürftige Anbau des Landes in der ältesten Zeit noch nicht ertragen. Es mag sein, daß zum Theil schon keltische Einwohner hier und da im Land zurückgeblieben waren und dann als Hörige oder Leibeigene von den nachrückenden Germanen zinspflichtig gemacht wurden. Allein die Hauptmasse der Kelten wurde sicherlich vertrieben und wanderte aus. Denn die Eroberung des Landes erfolgte nicht plötzlich und mit einem Male, sondern in anhaltendem, längerm Kampf. Nur Einzelne mögen gefangen genommen und in der Gefangenschaft geblieben sein.

Wie der Stand des Adels und der Freien, so war auch der der Unfreien ein Geburtsstand, der sich auf die Kinder forterbte. Der gewöhnlichste Entstehungsgrund der Unfreiheit in der spätern Zeit war deshalb die Geburt von unfreien

Eltern. Dabei galt nach dem strengen ältern Recht der Grundsatz, daß, wenn auch nur der eine Theil unfrei war, das Kind nicht frei, sondern unfrei wurde: es folgte „der ärgern Hand", wie das Sprichwort lautete. Später wurde der Grundsatz vielfach gemildert, bei den altfreien Ständen aber hat sich das Erfordernis einer ebenbürtigen Ehe zum Theil bis auf den heutigen Tag erhalten, unbedingt bei dem hohen Adel, mit Einschränkungen auch bei dem niedern.

Gleichwohl war selbst die strenge Leibeigenschaft milder als die Sclaverei des Alterthums, und Tacitus versäumt nicht, dies nachdrücklich hervorzuheben. Die Kinder der Freien und der Knechte wuchsen unter einander auf, halb nackt und schmutzig mit dem Vieh; erst das Alter und der Waffendienst sonderte die Freigebornen von den Knechten ab. So begründete schon die Jugend eine gegenseitige Zuneigung und ließ es dann später zu keiner harten und grausamen Behandlung kommen, wie sie im gebildeten Rom häufig war. Selten geschah es, daß Leibeigene gegeißelt oder mit Fesseln und Zwangsarbeit bestraft wurden, öfter daß sie der Herr im Jähzorn erschlug.

Haussclaven in römischer Weise mit bestimmter Arbeitsvertheilung gab es nicht. Das schließt natürlich nicht aus, daß ein Theil der Hörigen, wie deren Frauen und Töchter, auch zu häuslichen Diensten, z. B. gelegentlich zum Spinnen und Weben verwandt wurden, was namentlich auf den größern Höfen des Adels nötig war.

Dagegen war es schon zu Tacitus' Zeit Sitte, daß der Herr seinen Knechten besondere Grundstücke mit eignem Herd gegen Abgabe von Getraide, Vieh oder Kleidern zu eigner Bestellung überließ, gleich wie Colonen (ut colono), wie Tacitus hinzufügt. Die Notiz ist uns nebenbei auch deshalb so überaus wichtig, weil sie uns den sichersten Beweis von der damals bereits erfolgten Ansäßigkeit liefert, einen viel sichern, als die immerhin dunkele und unklare Beschreibung des germanischen Ackerbaus. Zu Cäsar's Zeit wäre eine solche abgesonderte Ackerwirtschaft der Hörigen noch nicht möglich gewesen, denn Haus und Hof und selbständiger Besitz der Knechte setzt notwendig das Gleiche auch bei den Herren voraus. Einen völlig sichern Schluß auf die allgemeine Durchführung des Privateigenthums am Grund und Boden aber gestattet auch sie noch nicht. Denn einmal könnte das was Tacitus berichtet vorzugsweise auf die großen Höfe des Herrenstands zu beziehen sein, und sodann wäre eine abgesonderte selbständige Ackerwirtschaft von Hörigen immerhin auch bei wechselndem Grundbesitz des Herrn möglich. Anfänge eines solchen Privateigenthums dürfen unter allen Umständen vorausgesetzt werden, und die fortgehenden Rodungen in den Wäldern musten das Verhältnis bald verallgemeinern. Denn natürlich werden die Rodungen geradeso wie später nicht von den Herren mit eigner Hand, sondern von den Hörigen gemacht worden sein. Das gerodete Land wurde ihnen zur Bestellung überlassen und durch Dienste und Abgaben für den Herrn nutzbar gemacht.

Es ist der Ursprung des abgeleiteten Besitzes der Hörigen und eines besondern Hofrechts derselben, worüber wir hier die ersten Nachrichten haben: ein Verhältnis, das zwar zunächst von der Gnade des Herrn abhieng, in das er aber, wenn es einmal bewilligt war, nicht willkürlich mehr eingriff. In der Folge, wenn auch erst viel später, besonders unter dem Einfluß der Kirche seit dem 9. Jahrhundert, hat es sich weiter entwickelt und zu einem förmlichen Recht auch dem Herrn gegenüber ausgebildet, das innerhalb des herrschaftlichen Hofs durch Hofgerichte, in welchem die Unfreien selbst das Urtheil fanden, eben so gehandhabt wurde, wie das Volksrecht der Freien durch die Gau- und Centgerichte. Denn nach Albrecht's treffender Bemerkung ist das Hofrecht in allen Stücken eine Nachbildung des Volksrechts, es kennt verschiedne Stände und bildet aus dem Staat im großen wieder kleinere Staaten für sich, nur daß sie streng monarchisch regiert, und die Beamten nicht gewählt, sondern vom Herrn ernannt werden. Selbst eigne Markgenossenschaften konnte die hofrechtliche Gemeinde bilden, wenn sie der Gnade des Herrn den Besitz von Wald und Weide verdankte, die dann zwar dem Gau gegenüber im Alleineigenthum des Herrn standen, beziehungsweis zur gemeinen Mark gehörten, nach Hofrecht aber im Gesammtbesitz der Beliehenen.

Je größer die Grundherrschaft und je angesehener und mächtiger der Herr war, vielleicht ein Fürst, Herzog oder gar der König selbst, desto größere Verhältnisse nahm das Hofrecht an, desto mehr näherte es sich einem Staat im kleinen, und desto unabhängiger und freier mochten sich seine Angehörigen der Volksgemeinde gegenüber fühlen.

Das Hofrecht bildet den Hauptunterschied unserer Leibeigenen und Hörigen von den römischen Sclaven, die niemals den Herren gegenüber irgend ein Recht geltend machen konnten. Die alte Erfahrung, daß ein Culturvolk, welches die Leibeigenschaft nicht zu überwinden vermag, sie mit steigender Entwickelung notwendig verschärfen muß, bestätigte sich auch dort. Dagegen gelang es bei uns, die persönlichen Lasten der Unfreiheit zunächst auf den Grund und Boden zu übertragen, dann allmählich die Leibeigenschaft selbst aufzuheben und endlich in unsern Tagen durch die Ablösungen auch den Grund und Boden wieder zu befreien: in den Zuständen, wie sie Tacitus schildert, haben wir den ersten Anfang der bäuerlichen Leiheverhältnisse vor uns, die nachmals für den steigenden Anbau des Bodens so unendlich wichtig geworden sind.

Den Unfreien kann der Herr freilassen, aber er kann ihm damit nicht auch die Rechte der freien Geburt verleihen. Erst in der dritten Generation können die Kinder von Freigelassenen durch Aufnahme in eine freie Gemeinde dazu gelangen, während sie bis dahin wie die Unfreien der Vertretung des Herrn bedürfen. Wenigstens war das die spätere Regel und es ist kein Grund vorhanden, anzunehmen, daß die Urzeit milder gewesen sei. Wer die vollen Freiheitsrechte in Anspruch nehmen will, muß vier freie Ahnen haben, diese aber hat regelmäßig erst der Enkel, nicht der Sohn. Wiederum anders wie in Rom, wo der Freigelassene unter Umständen sofort das Bürgerrecht erwerben konnte. Wie sehr gerade dadurch, als seit den punischen Kriegen die Freilassungen sich mehrten, der Verfall und die Auflösung des Staats vorbereitet wurden, ist bekannt genug.

Darum sagt Tacitus, daß die Freigelassenen nicht viel über den Sclaven ständen. Selten erlangten sie Einfluß im Haus, niemals im Staat, diejenigen Völker ausgenommen, welche Könige hätten. Denn hier könnten sie nicht bloß über Freigeborne, sondern selbst über Adelige aufsteigen. Es ist wieder das Hofrecht gemeint, das seinen eignen Gesetzen folgt und einen Staat für sich bildet: wie Freie und Adelige in den Hofdienst und das Gefolge eintreten, so können durch die Gunst und Gnade des Herrn in außerordentlichen Fällen auch Leute unfreier Herkunft die obersten Rangstufen erlangen. —

Noch viel fragmentarischer als die Nachrichten über die Verfassung sind die, welche wir bei Tacitus über das älteste Privatrecht der Germanen finden: einzelne abgerissene Sätze über das, was ihm gerade auffiel und in besonders grellem Contrast mit den römischen Verhältnissen zu stehen schien. Auch diese beschränken sich fast nur auf Familien- und Erbrecht, während wir für das Vermögen im wesentlichen auf die Schilderung der wirtschaftlichen Zustände angewiesen bleiben, vom Recht selbst aber wenig oder nichts erfahren. Wir wären außer Stande, auch nur die einfachsten Grundzüge des Privatrechts annähernd wieder herzustellen, wenn wir nicht die Überlieferungen der übrigen indogermanischen Völker, insbesondere des ältern römischen Rechts, und vor allem die ausführlichen Rechtsaufzeichnungen der spätern Zeit, die in den Stammrechten bis auf die Zeit Chlodwig's zurückreichen, zu Hilfe nehmen könnten. Indes mehr als eine dürftige Übersicht können wir auch so nicht geben.

Als Grundlage des Familienrechts erscheint bei den Germanen wie bei den Römern die patriarchalische Gewalt des Hausherrn oder Familienhaupts über alle seine Angehörigen, Frau, Kinder und Gesinde. Sie war bei den Römern überhaupt erst das Mittel, dem Staat gegenüber ein selbständiges Privatrecht zu behaupten, während bei den Germanen umgekehrt der Staat noch lange in den Banden der Familien- und Gauverfassung befangen blieb. Die Gewalt selbst aber war bei beiden Völkern ursprünglich gleich und reicht mit ihrer unbeschränkten souveränen Natur gewis in die arische Urzeit hinauf. Daher das Recht des Vaters über Leben und Tod seiner Kinder, der Kauf der Frau und ihre Unterordnung unter die Herrschaft des Mannes, das Recht Frau und Kinder zu verkaufen (wovon sich in Zeiten der Not noch im Mittelalter Beispiele finden), die Gleichstellung der Knechte mit den Kindern (liberi — servi im römischen Recht, liberi in der doppelten Bedeutung Freie und Kinder), die Vormundschaft der nächsten Verwandten bei dem Tode des Vaters mit dem Recht auf Vertretung und der Pflicht des Schutzes, die lebenslängliche Geschlechtsvormundschaft der Weiber, weil sie selbst der hausherrlichen Gewalt unfähig sind, endlich das unbedingte Erbrecht der Familie in der ältern Zeit, das nur bei den Römern frühzeitig durch die Testirfreiheit des Hausherrn durchbrochen wurde.

Gewis hat es auch bei den Römern eine Zeit gegeben, wo die verschiednen Gewaltverhältnisse über Frau, Kinder und Knechte mit dem einzigen Ausdruck Manus oder Potestas (Hand, Gewalt) zusammengefaßt wurden. Aber früh wurden sie ihrer verschiednen rechtlichen Natur nach begrifflich unterschieden und fielen nun als Manus im engern Sinn, väterliche (patria potestas) oder herrschaftliche Gewalt (dominica potestas) aus einander; daneben erscheint die Tutel oder Vormundschaft als Schutzverhältnis über die der väterlichen Gewalt als ihres nächsten natürlichen Schutzes beraubten Familienglieder.

Das deutsche Recht kennt die besondern Ausdrücke nicht, sondern bleibt für alle Verhältnisse bei dem gemeinsamen Begriff Munt, gleichbedeutend mit Manus, Hand oder Gewalt, wobei das äußere Mittel oder Werkzeug, durch welches die Gewalt ausgeübt wird, für diese selbst steht. Es ist dasselbe Wort wie unser heutiges Mund, aber nicht der Mund, sondern die Munt, durch das Geschlecht davon unterschieden und in dieser Form auf die Hand übertragen, wie ja auch sonst ein und dasselbe Wort mitunter zur Bezeichnung verschiedner Glieder dient. Munt oder in den spätern lateinischen Rechtsquellen latinisirt Mundium begreift alle die verschiednen Gewaltverhältnisse unseres Familienrechts: so wird die Gewalt des Mannes über die Frau genannt, in der Munt des Vaters stehen die Kinder, Munt oder Vormundschaft heißt die römische Tutel, Munt oder Vogtei (advocatia) auch die Herrschaft über die Hörigen und Leibeigenen.

Eine rechtliche Gleichstellung der unterworfenen Angehörigen war damit nur in so fern ausgesprochen, als sie alle von der Gewalt des Hausherrn abhängig waren, dieser sie vertrat und dafür auch ihr Wergeld bezog, während die Art der Unterwerfung natürlich wie im römischen Recht je nach der verschiednen Stellung der Personen eine verschiedne war, das eheliche Mundium ein anderes als das väterliche, dieses ein anderes als das vormundschaftliche, dieses wieder ein anderes als das herrschaftliche. Denn rechtlich standen Frau, Kinder, Mündlinge und Leibeigene so wenig gleich wie im römischen Recht, ja die Verschiedenheit war noch größer als dort, weil das Verhältnis nirgends als reines Recht des Herrn gefaßt wurde, insbesondere die väterliche Gewalt über die Söhne zeitlich beschränkt war.

Anders als bei den semitischen und turanischen Völkern, bei denen schon in der ältesten Zeit Vielweiberei herrschte, hat bei den arischen Stämmen von Anfang an Monogamie gegolten. Das ist das erste, was Tacitus an dem strengen häuslichen Leben der Germanen zu rühmen findet: sie seien fast die einzigen Barbaren, welche sich mit Einer Frau begnügten, wenige Fürsten ausgenommen, die etwa Standes halber mehrere hätten (ob nobilitatem). Dann folgt die ergreifende Schilderung von der Reinheit und Einfachheit der alten Sitten, die vorzugsweise die römische Verdorbenheit illustriren soll, aber leider auch als Gegenbild zu mittelalterlichen und modernen Zuständen dienen kann: außerordentlich selten ein Ehebruch und mit der härtesten Strafe bedroht; keine Verführung durch üppige Schauspiele und Gastmähler; spätes Heiraten der Kinder; bei manchen Stämmen unverbrüchlicher Wittwenstand ohne Wiederverheiratung der Frau; keine Beschränkung der Kinderzahl (numerum liberorum finire flagitium habetur), denn je größer die Familie, desto glücklicher das Alter; überhaupt Herrschaft der guten Sitte, die mehr gelte als anderswo gute Gesetze. Er denkt offenbar an die lex Julia und Papia Poppaea mit ihren Prämien auf Ehe und Kinderreichthum: so gut die Gesetze gemeint waren, sie verraten doch deutlicher als alles andere den Verfall und die Auflösung der römischen Familie.

Weiter fällt ihm auf, daß die Mitgift (dos) nicht wie in

Rom von der Frau dem Manne, sondern vom Mann der Frau bestellt werde: sie pflege vorzugsweise in Rindern, einem Streitroß, Schild, Speer und Schwert zu bestehen. Es ist das was der Mann geben muß, um die Frau aus der Munt ihres Vaters oder nächsten Verwandten loszukaufen, um selbst die Munt über sie zu erwerben. Von einem eigentlichen Kauf der Frau weiß Tacitus nichts mehr, nur das Mundium wird abgelöst, weshalb in spätern Quellen das Kaufgeld auch wohl geradezu Mundium genannt wird. Allein der Sache nach ist es doch dasselbe, nur daß die Frau nicht wie eine Leibeigene gekauft wird, sondern der Kaufpreis lediglich eine Beziehung auf das Gewaltverhältnis hat, in welchem die Frauen stehen. Später trat, wie wir aus den Stammrechten sehen, der Gedanke des Kaufs immer mehr zurück und hörte endlich ganz auf: der Kaufpreis verwandelte sich zum Theil in Mitgift oder er fiel der Frau von vornherein als künftiges Witthum zu oder er nahm eine nur symbolische Bedeutung an als bloße Form für den Abschluß der Ehe, ähnlich der römischen Coëmtion. Das alte Muntgeld gieng in eine eigentliche Dos über, welche der Braut mitgegeben wurde und woneben der Mann ihr ein entsprechendes Witthum aussetzte.

Doch kennt Tacitus in den Geschenken, welche die Frau dem Mann darbringt und die nach ihm ebenfalls in Waffen bestehen (aliquid armorum), auch schon die spätere Aussteuer, die in einigen Stammrechten der folgenden Zeit den bezeichnenden Namen Vatergeld hat, weil sie vom Vater oder Bruder der Frau mitgegeben wird. Denn es war, wie auch das altnordische Alterthum bezeugt, uralte Sitte, die Braut nicht ohne Ausstattung aus dem elterlichen Haus ziehen zu lassen.

Über das eheliche Güterrecht selbst erfahren wir aus Tacitus nichts. Dürfen wir aus den spätern Volksrechten einen Schluß auf die älteste Zeit machen, so kann es nur der sein, daß dasselbe schon damals nicht überall gleich war. Denn neben dem System der ehelichen Vormundschaft, wonach die verschiednen Vermögensstücke sich nur äußerlich in Folge der Munt in der Hand des Mannes vereinigen, nach dessen Tode aber nach ihrer Herkunft sich scheiden, finden wir bei einzelnen Stämmen doch auch schon die ersten Ansätze zu einer eigentlichen Gütergemeinschaft, wie sie als Folge der Ehe eintritt und der Frau einen Antheil an dem gemeinsamen ehelichen Erwerb gewährt.

Über die in rechter Ehe gebornen Kinder erlangte der Vater die Munt oder väterliche Gewalt. Er konnte in der Urzeit wie in Rom, Griechenland und im Orient die Neugebornen aussetzen oder annehmen. Das erste geschah besonders bei schwächlichen oder verkrüppelten Kindern, war aber nur gleich nach der Geburt zulässig, ehe das Kind Nahrung erhalten hatte (Milch oder Honig). Nur in Notfällen, wie bei Hungersnot, durften auch ältere Kinder ausgesetzt, verkauft oder getödtet werden. Eben so kam es in der heidnischen Zeit vor, daß auch alte Leute, die über ihre Jahre gekommen waren, sich selbst den Tod gaben oder von ihren Angehörigen um's Leben gebracht wurden. Erst das Christenthum brachte hier eine Milderung der Sitte und führte zunächst wenigstens überall das Verbot der Kinderaussetzung und des Todschlags herbei. Der Verkauf der Kinder in Notfällen blieb zwar rechtlich statthaft, kam aber eben so wie der Verkauf der Frau allmählich außer Gebrauch.

Die väterliche Gewalt war nicht wie bei den Römern ein lebenslängliches Verhältnis, das nur durch freiwillige Emancipation von Seiten des Vaters gelöst werden konnte, sondern bei Söhnen auf die Zeit der Unmündigkeit (bis zur Wehrhaftmachung) beschränkt, während sie bei Töchtern mit der Heirat aufhörte, wodurch die Frau in die Gewalt des Mannes kam. Sie war ein natürliches Verhältnis, das vom Recht des Verkaufs abgesehn durch Willkür des Vaters gar nicht aufgehoben werden konnte, weshalb wir auch kein deutsches Wort für Emancipation haben, eben darum aber durch die Schutzbedürftigkeit der Kinder zeitlich begränzt und daher nicht bloß ein Recht, sondern auch eine Pflicht des Vaters. Daß sie bei den Römern als einseitiges Recht des Vaters bis zu dessen Tode fortdauerte, mag von andern mehr zufälligen Veranlassungen abgesehn zunächst darin seinen Grund haben, daß man gerade dadurch die Selbständigkeit des Privatrechts dem Staat gegenüber behauptete, während die künstliche Emancipation offenbar einer spätern Entwicklung angehört, um in einzelnen Fällen die unbilligen Consequenzen der lebenslänglichen väterlichen Gewalt wieder zu beseitigen.

Nach dem Tod des Vaters geht das Mundium auf den nächsten wehrfähigen Erben vom Mannesstamm über: aus der väterlichen und ehemännlichen Gewalt wird eine Vormundschaft. Der Vormund hat die Vertretung des Mündels vor Gericht, Anspruch auf dessen Wergeld und Buße, sowie den Schutz und die Verwaltung seines Guts. Eine andere als die Familien- oder Geschlechtsvormundschaft hat es bei uns in der ältesten Zeit gewis so wenig gegeben wie in Rom; gekorne Vormünder im Gegensatz zu den gebornen gehören erst dem spätern Mittelalter an und wurden bei dem frühen Mündigkeitstermin besonders für die Zwischenzeit bis zur eigentlichen Volljährigkeit (vom 14. bis zum 21. Jahr) gewählt.

In der Regel war also des Vaters Bruder Vormund über den Neffen, der Bruder über die Schwester, der Sohn über die Mutter: war der nächst berufene Erbe selbst noch unmündig, so gieng die Vormundschaft auf die nächst folgenden über. Eine Vormundschaft der Mutter über die Kinder ist dem alten Recht unbekannt; was davon in einzelnen Stammrechten vorkommt, muß einem Einfluß des römischen Rechts zugeschrieben werden. Im Fall zweiter Ehe kam die Vormundschaft an den neuen Ehemann; selbst der Sohn zweiter Ehe konnte sie über seine Schwester aus erster Ehe erwerben.

Sie erlosch wie die väterliche Gewalt bei Söhnen mit erreichter Mündigkeit, bei Töchtern durch die Ehe und das eheliche Mundium, denn Frau und Tochter blieben lebenslänglich unter Vormundschaft.

Wie die Vormundschaft, so gründete sich auch das Erbrecht allein auf die Familie. Daß es neben den Kindern oder nächsten Verwandten noch andere Erben geben könne, ist eine Vorstellung, die uns noch jetzt schwer eingeht. Darum waren Testamente bei uns ursprünglich vollkommen unbekannt. Erst im Mittelalter wurden sie häufiger, aber es waren keine Testamente im römischen Sinn, sondern Verfügungen, die nur zum Seelenheil oder zu wohlthätigen Zwecken getroffen wurden und neben der Familienerbfolge bestehen sollten: das römische Testament mit freier Erbeseinsetzung, wodurch die Familienerbfolge geändert oder aufgehoben wird, ist uns erst seit dem 16. Jahrhundert mit der Reception des römischen Rechts bekannt und geläufig geworden. Wenn daher Tacitus nachdrücklich betont, daß die alten Germanen keine Testamente gemacht, sondern nur die Kinder als Erben hätten gelten lassen, so thut er das offenbar deshalb, weil es ihm als Römer besonders auffallend war. Denn bei den Römern waren Testamente von den ältesten Zeiten her gebräuchlich und später so allgemein, daß die testamentarische Erbfolge die Regel bildete, und die natürliche Familienerbfolge mit dem negativen Ausdruck der untestamentarischen bezeichnet wurde (ab intestato). Einen Bruch mit dem unabänderlichen Recht der Familie bezeichnet es schon, daß man selbst in der ältesten Zeit für die reguläre Erbfolge nur den Namen der gesetzlichen hatte (hereditas legitima), woneben die testamentarische als eben so gesetzlich für den einzelnen Fall galt. Es hängt dies theils mit der andern Auffassung der väterlichen Gewalt und ihrer lebenslänglichen Fortdauer, theils mit den frühzeitig entwickelten wirtschaftlichen Verhältnissen zusammen, wonach das frei erworbene Vermögen (Capital) an die Stelle des ererbten Familienguts trat. Wie in Folge der städtischen Entwickelung in Rom sich die individuelle Vermögensfreiheit überhaupt ausbildete, so war es natürlich, das sie bei der stärkern Gewalt des Familienhaupts auch auf letztwillige Verfügungen ausgedehnt wurde. Der an sich ganz naturgemäße Fortschritt aber hatte später mit dem Verfall der alten Zucht und Sitte die schreiendsten Misbräuche im Gefolge, und diese hat offenbar Tacitus vor Augen, wenn er den Mangel der Testamente als eine Art Vorzug der alten Germanen zu preisen scheint.

Was er dann über die Erbfolge selbst mittheilt, ist leider wieder so kurz und orakelhaft, daß wir über das eigentliche System desselben völlig im Dunkeln bleiben: auf die Kinder folge der nächste Grad der Verwandschaft, die Brüder oder die Brüder des Vaters und der Mutter. Auch die spätern Quellen lassen mancherlei Zweifel, und so ist über die altgermanische Erbfolge bis auf den heutigen Tag lebhaft gestritten worden. Indes ist der Streit im ganzen und großen doch jetzt dahin entschieden, daß die Familien- oder Parentelenfolge allgemeine Regel war, wenn auch zugegeben werden muß, daß schon früh Ausnahmen und Abweichungen vorkommen, und der spätere Durchbruch des sogenannten Repräsentationsrechts, wonach die Kinder vorverstorbener Kinder an die Stelle ihrer Eltern einrücken, noch eine weitere Änderung des ursprünglichen Systems bedingte.

Das System selbst aber hängt so sehr mit der uns eignen Verwandschaftsberechnung und den gegebenen natürlichen Jamilieneinheiten zusammen, daß es als herrschende Regel nicht bezweifelt werden kann. Denn wir berechnen die Verwandschaft nicht wie die Römer einfach nach Graden, wobei ohne Rücksicht auf ab- oder aufsteigende Linie, Descendenz oder Ascendenz, nur die Zeugungen gezählt werden, welche die Verwandschaft vermitteln (tot gradus quot generationes), sondern zunächst nach den Stammhäuptern (parentes), welche die Verwandten mit einander gemein haben, so daß alle von einem nähern Haupt Abstammenden (parentela) den Nachkommen eines entfernten vorgehen, gleichviel ob mehr oder weniger Zeugungen in der Mitte liegen, und dann erst nach dem nähern oder entferntern Abstand vom Stammhaupt selbst, wobei natürlich nur die Glieder von diesem abwärts, keine römischen Grade in der auf- und absteigenden Linie gezählt zu werden brauchen. Mit einem Wort, wir gehen von dem Gedanken aus, daß jedes Haus eine Einheit für sich bildet, daher alle die dazu gehören im einzelnen Fall auch die nächsten Verwandten sind (tot generationes quot parentes): das römische Recht läßt die Familie in der Verwandschaft, das deutsche umgekehrt die Verwandschaft in der Familie aufgehen.

Unsere ganze Verwandschaftsberechnung hätte aber überhaupt keinen Sinn, wenn sie nicht zugleich der Erbfolgeordnung gedient hätte, denn der nächste Grund, weshalb ein jedes Recht die Nähe der Verwandschaft bestimmt, ist doch immer der, daß sich hiernach auch die Erbfolge richten soll. Es ist nicht daran zu denken, daß unser System erst in späterer Zeit künstlich eingeführt wäre, vielmehr erscheint die Verwandschaftsberechnung wie die ihr auf dem Fuß nachfolgende Erbfolgeordnung so natürlich, daß wenn sie überhaupt je bestanden hat, sie auch die ursprüngliche gewesen sein muß. Wir dürfen also unbedenklich annehmen, daß sie schon in der ältesten Zeit gegolten hat, und so wenig aus den Worten des Tacitus allein

ein zwingender Schluß gezogen werden kann, so sehr ist doch zu beachten, daß sie sich mit einer Parentelenfolge nicht bloß vertragen, sondern auch am leichtesten und einfachsten in Einklang bringen lassen. Denn die drei Verwandschaftsgrade, die er als nächste Erben namhaft macht, Kinder, Brüder und Vaters- oder Mutterbrüder, gehören je den drei nächsten Parentelen an: die Kinder der ersten, die Brüder der elterlichen, die Vaters- oder Mutterbrüder den beiden großelterlichen.

Bei allen Stämmen wurden die Frauen im Erbrecht ursprünglich gegen die Männer zurückgesetzt, und zwar ist diese Zurücksetzung um so härter, je weiter wir in die älteste Zeit vordringen. Wir dürfen also unbedenklich schließen, daß sie in der Urzeit am größten war. Doch ist nicht anzunehmen, daß die Frauen jemals vollständig von aller Erbschaft ausgeschlossen worden seien; nur bei einigen Stämmen scheint es allerdings der Fall gewesen, aber auch bei diesen reichen unsere Nachrichten nicht aus, um den Frauen nicht wenigstens ein subsidiäres Erbrecht einzuräumen. So wenig als es eine Zeit gegeben hat, in der ein völlig unbeschränktes Fehderecht angenommen werden könnte. Denn beides, Fehderecht und Wehrfähigkeit auf der einen, Abhängigkeit und Zurücksetzung der Frauen im Erbe gegen die Männer auf der andern Seite, hängt nah zusammen: nur der Wehrfähige ist vollkommen rechtsfähig, weil er allein seine Angehörigen schützen kann, und das waren die Frauen, die lebenslänglich unter dem Schutz Anderer standen, eben nicht.

Die Art und Weise der Zurücksetzung war bei den verschiednen Stämmen eine verschiedne. Entweder wurden die Frauen von der Erbfolge in den Grundbesitz ausgeschlossen, oder sie mußten gleichnah verwandten Männern nachstehen, oder sie erhielten geringere Antheile. Nur im ältesten nordischen Recht scheinen sie völlig ausgeschlossen worden zu sein, nach dem Sprichwort "der Mann geht zum Erbe, das Weib davon"; später sprach man ihnen wenigstens ein halbes Erbe zu. Eben so erbten bei den Friesen Männer und Frauen, die gleichnah verwandt waren, zu ungleichen Theilen. Sachsen, Burgunder, Alemannen und Langobarden beschränkten den Vorzug des Mannsstamms auf die nächsten Verwandschaftsfälle, ließen aber in diesen die Frauen leer ausgehen; doch hatten letztere ohne Zweifel einen Anspruch auf Unterhalt und im Fall der Heirat auf Aussteuer. Das thüringische Recht schloß nur die Töchter durch die Söhne aus, in Bezug auf das Grundvermögen aber den ganzen Weiberstamm. Letzteres galt auch nach fränkischem Recht: der Mannsstamm erbte ausschließlich den Grundbesitz (terra salica), erst nach Abgang des Mannsstammes fiel er an die Frauen; das übrige Vermögen musten die Männer mit gleichnahen Frauen theilen, nähern allein überlassen. Das fränkische System hat sich später vielfach weiter verbreitet und ist insbesondere für die fürstliche und landesherrliche Succession regierender Häuser fast zur allgemeinen Regel geworden.

In der Folge wurde die Zurücksetzung der Frauen fort und fort gemildert und schließlich für das gemeine Recht ganz aufgehoben: schon die deutschrechtlichen Quellen des spätern Mittelalters stellen Töchter und Söhne völlig gleich. Die Wehrfähigkeit hörte auf, Erfordernis der allgemeinen Rechtsfähigkeit zu sein, die Frauen bedurften keines besondern Schutzes mehr, und damit stellte sich ihre beschränkte Erbfähigkeit als unbillig heraus. So lange aber die alten Verhältnisse fortdauerten, blieb sie als natürliche Folge derselben bestehen, und für gewisse Arten von Gütern wie Lehen und Stammgüter hat sie sich bis auf den heutigen Tag erhalten.

Am allerwenigsten wissen wir vom Vermögensrechte. Indes doch immerhin soviel, um wenigstens die Anfänge und

Ausgangspunkte der Entwickelung angeben zu können. Denn von den Objekten oder den Gegenständen des Vermögens hängt bis zu einem gewissen Grade auch der Inhalt der rechtlichen Befugnisse ab, weil nicht alle Vermögensobjekte die gleiche rechtliche Herrschaft zulassen, und wenn wir wissen, worin dieselben bestanden, können wir auch auf den Grad der Ausbildung und die Beschaffenheit des ältesten Rechts schließen. Dafür aber haben wir die bestimmtesten Zeugnisse bei Cäsar und Tacitus.

Bei allen Völkern ist das Mobilien- oder Capitaleigenthum älter als das Grundeigenthum. Denn die erste und nächste Appropriation erstreckt sich immer auf die Gegenstände des unentbehrlichsten Lebensunterhalts und die Verarbeitung der dazu nötigen Stoffe: Vieh, Gerät, Waffen und Werkzeug. Vor allem sind es die Hausthiere, welche den Menschen in den ersten Anfängen seiner Entwickelung nähren und kleiden; in ihrem Besitz besteht der älteste Reichthum. Das war auch bei den Germanen der Fall, und Tacitus sagt es zum Überfluß noch so deutlich wie möglich: sie hätten Freude an zahlreichen Heerden, diese seien ihr einziger und liebster Reichthum. Darum werden die Bußen in Vieh angesetzt, das Wergeld in Vieh entrichtet, und selbst der Todschlag durch eine bestimmte Zahl von Viehhäuptern gesühnt; darum erhalten die Fürsten nach alter Sitte Geschenke an Vieh, die als Ehrengeschenke gelten und doch zugleich dem Bedürfnis dienen; darum begleiten die Heerden alle Wanderungen und Kriegszüge, bei denen ein ganzes Volk ausrückt, weil auf ihnen allein die Möglichkeit des Unterhalts ruht, ohne sie überhaupt keine längern Wanderungen und Heerfahrten unternommen werden können. Noch in dem Stammrecht der ripuarischen Franken, also im sechsten Jahrhundert, erscheint die Kuh als Münzeinheit dem Wert von einem Schilling gleichgesetzt; und unser heutiges Wort

Capital bedeutet ursprünglich weiter nichts als das zur Bewirtschaftung eines Guts gehörige Vieh (capitale), im Gegensatz zum todten Inventar oder dem Gerät, eine Bedeutung, von der wir freilich kein Bewustsein mehr haben, denn seit dem Aufkommen der Geldwirtschaft denken wir bei dem Ausdruck immer nur an den Geldwert, den es repräsentirt und in den es sich einkleidet, um übertragen zu werden, nicht mehr an das körperliche Capital selbst. Nur die Wissenschaft hat den ursprünglichen Begriff festgehalten, aber der Natur der Sache nach vollkommen richtig erweitert.

Ein Grundeigenthum dagegen war zur Zeit Cäsar's noch gar nicht vorhanden und zur Zeit des Tacitus erst in der Entstehung begriffen. Es wird erst möglich, wenn ein Volk zur Ansäßigkeit übergeht; diese aber trat bei den Germanen wie wir gesehn haben nicht früher ein als im ersten und zweiten Jahrhundert nach Christi Geburt, als die Römer die Rhein- und Donaugränze schlossen und den Pfahlgraben zogen. So lange muste mit den Ansiedelungen gewechselt werden, je nachdem ein Stamm sich hier oder dort festsetzte. Dann erfolgten Landanweisungen durch die Obern, aber zunächst noch vorübergehend, nur auf Zeit. Wenn auch nicht mehr gerade wie Cäsar berichtet von Jahr zu Jahr andere Gebiete aufgesucht wurden, so geschah es doch noch öfter, sobald sich eine günstige Gelegenheit dazu bot oder ein zwingender Grund von außen dazu drängte. Erst allmählich wurde aus der vorübergehenden Niederlassung eine bleibende, die Stätten der Niederlassung wurden zu Dörfern ausgebaut, und nun gieng allmählich auch der Landbesitz der Einzelnen in festes Recht über. Aber das Wandern des Saatfeldes in der Gemarkung der neuen Ortschaften konnte daneben noch lange fortbauern, und erst als dieses aufhörte, konnte sich ein Sondereigen an einzelnen bestimmten Grundstücken bilden.

Seitdem wurde auch in größerem Maß gerodet. Die Höfe und Dörfer vermehrten sich, und aus der gemeinen Mark wurde durch Rodung immer mehr Privateigenthum ausgeschieden. Sicherlich war die Rodung ursprünglich für die Markgenossen eine freie. Die Occupation der Mark selbst oder des Stammgebiets erfolgte mit der Niederlassung, nun aber trat die Appropriation des Grund und Boden's durch die Rodung für die einzelnen Markgenossen hinzu. Ganz unzweifelhaft ist im innern Deutschland nahezu alles Privateigenthum am Grund und Boden durch Rodung entstanden; noch in den Volksrechten wird sie als gesetzliche Erwerbsart des Eigenthums anerkannt; seitdem hat sie bis zum 12. und 13. Jahrhundert mit steigender Bevölkerung immer weiter um sich gegriffen.

Damit kehrte sich nach und nach die ältere Anschauung um. Während in der ältesten Zeit die Ansiedelungen der Einzelnen als Pertinenz der gemeinen Mark angesehn wurden, Dörfer und Höfe in der gemeinen Mark liegen und mit ihrem Ackerland nur einen verschwindend kleinen Theil derselben bilden, löste sich die letztere allmählich in eine Reihe von Feldmarken auf, das Ackerland vergrößert sich fortwährend auf Kosten des Waldes, und die Nutzungsrechte an der Almende gehen als Pertinenzen auf die einzelnen Ansiedelungen über. Erst mit steigendem Anbau wurde das Eigenthum am Grund und Boden intensiver, und wie das für das aufgetheilte Ackerland galt, so auch für die unaufgetheilte Mark. Denn die Rechte an derselben stiegen in demselben Verhältnis an Wert, in welchem die Bevölkerung dichter und die Ortschaften zahlreicher wurden.

Die neue Entwickelung aber, wonach das Grundeigenthum der Schwerpunkt unserer politischen Verfassung und die Grundlage unseres Privatrechts wurde, gehört erst der fränkischen Zeit an. Nahezu tausend Jahre wurde fort und fort gerodet:

die Energie, welche den Germanen bei jeder Art von Thätigkeit eigen ist, warf sich nun auf den Ackerbau. Darum hielt man an dem Wert und der Bedeutung des Grundeigenthums fest; es konnte nun allerdings Erfordernis der vollen Rechtsfähigkeit werden, indem zur persönlichen Freiheit noch eigner Besitz verlangt wurde, wenn alle politischen Rechte ausgeübt werden sollten. So konnte sich eine besondere Erbfolge in das Grundeigenthum ausbilden, zu der alten gerichtlichen Exekution in die fahrende Habe in der fränkischen Zeit eine Exekution in das unbewegliche Gut kommen, die Schöffenbarkeit daran geknüpft, die Art und das Maß des Kriegsdienstes davon abhängig gemacht werden: mit einem Wort das Grundeigenthum konnte fortan allein als eigentliches Vermögen gelten, es ward der Mittelpunkt unseres Privatrechts, die fahrende Habe dagegen trat völlig zurück und behielt nur in so fern Wert und Bedeutung, als sie eine Beziehung zum Grundeigenthum hatte.

Denn volle tausend Jahre dauerte es, ehe die städtische Entwickelung begann, das System des reinen Ackerbaus durchbrochen wurde und nun das Mobilieneigenthum wieder selbständige Bedeutung erlangte. Das Privatrecht hatte sich aber unterdes im Anschluß an das Grundeigenthum so fest ausgebildet, daß es Jahrhunderte brauchte, ehe die alten Schranken fielen und das bewegliche Vermögen privatrechtlich und politisch dem Grundeigenthum angenähert oder gar gleich gestellt werden konnte. Auch in den Städten dauerte anfangs die alte Naturalwirtschaft unverändert fort, und wenn auch zahlreiche Gebilde des neuen städtischen Verkehrs über das alte Recht hinaus giengen, so haben sich doch alle Institute, die für den Capitalverkehr des Mittelalters charakteristisch sind, zunächst an den Grund und Boden angeschlossen. Grade darin lag ihr Wert: nur langsam und sehr allmählich wurde der Grund

und Boden mobilisirt, vorerst aber alle Kraft, die er enthielt, mit Hilfe des städtischen Capitals entwickelt und nutzbar gemacht. Erst zu Ende des Mittelalters tritt als letztes Ergebnis der städtischen Entwickelung die neue Geldwirtschaft, die Befreiung der Rechtsfähigkeit vom Grundbesitz und die Bildung des neuen Bürgerstandes auf.

Nur darauf führt im Grund aller Unterschied des römischen und deutschen Rechts zurück. Die Völker der alten Welt, Römer wie Griechen, bei denen alle Entwickelung gleich mit der Städtegründung beginnt, haben nie eine längere Epoche ausschließlicher Ackerwirtschaft gekannt. Deshalb ließen sie früh den für sie indifferenten Unterschied von Mobilien und Immobilien fallen, behandelten beide als gleiche Verkehrsobjekte und strebten nach unbeschränkter individueller Vermögensfreiheit: alles Privatrecht ist ihnen von Haus aus seinem Grund und Zweck nach wesentlich Verkehrsrecht (commercium). Ganz besonders schlagend tritt das im römischen Recht hervor, dem einzigen selbständigen und vollendeten Privatrecht, welches die alte Welt überhaupt hervorgebracht hat. Seine Geschichte des Eigenthums ist wesentlich Vereinfachung und Erleichterung der Erwerbsformen, die Geschichte des Obligationenrechts Entfesselung des Verkehrs und der Verkehrsformen, die Geschichte des Familienrechts Befreiung des Individuums von den Schranken der Familie, die des Erbrechts Entwickelung der Testirfreiheit und der dagegen nötigen Schutzmittel (Noterben- und Pflichttheilsrecht).

Ganz anders bei den Germanen. Auf die lange Epoche einer halbnomadischen Cultur folgte eine nicht minder lange Periode ausschließlichen Ackerbaus, und damit war auch der durchgreifende Unterschied von Mobilien und Immobilien für das Recht gegeben, den die Völker der alten Welt, bei denen eine solche Periode nur als kurzer Durchgangspunkt erscheint, nicht festhalten und fixiren konnten. Denn ein städtischer Verkehr bildete sich bei uns erst seit dem 12. Jahrhundert. Darum ist unser deutsches Recht von Haus aus seinem Wesen und seiner Bestimmung nach Vermögensrecht (dominium). Alles Privatrecht, auch das Recht der Forderungen, ist Eigenthum: nach seinen Objekten verschieden, im Verkehr nicht unbedingt frei, an die Familienverhältnisse gebunden, der natürlichen Erbfolge unterworfen. Nicht die individuelle Verkehrsfreiheit oder der subjektive Wille, sondern die objektive Rechtsordnung und die Rücksicht auf das allgemeine Interesse entscheidet. Eben deshalb muste der Römer in dem unendlich flüssigen und beweglichen Verkehr, wenn er die Grundlage alles Privatrechts, das Eigenthum, nicht verlieren wollte, an dem festen Begriff eines concreten körperlichen Sacheigenthums festhalten (rerum dominium), der durch keine rein obligatorische Beziehung berührt werden kann, so lange der Eigenthümer sein Recht nicht freiwillig auf einen andern überträgt, während der Germane nur ein abstractes Vermögensrecht für Mobilien brauchte, wobei an der bestimmten einzelnen Sache als Eigenthumsobjekt viel weniger liegt, wie am Vermögensrecht schlechthin, als solches aber nun auch die bloßen Forderungsrechte aufgefaßt werden musten, die an und für sich so gut Eigenthumsobjekte sind wie körperliche Sachen. Denn ein absoluter Gegensatz zwischen Eigenthum und Forderung besteht nicht, und ein absolutes Sacheigenthum ist im Verkehr nicht durchführbar.

Viertes Capitel.
Glaube und geistiges Leben.

Es kann nicht unsere Aufgabe sein, auf den folgenden Blättern etwa die ganze deutsche Mythologie abhandeln zu wollen. Denn seit den Darstellungen, die ihr in den Werken von Grimm und Simrock zu Theil geworden ist, hat sie sich zum Rang einer selbständigen Wissenschaft erhoben, welche der griechischen und römischen Mythologie ebenbürtig an die Seite getreten ist, und durch die epochemachenden Arbeiten von Adalbert Kuhn ist sie zugleich als lebendiges Glied in die gemeinsame indogermanische Mythologie eingetreten, wodurch die letztere vielfach neues, überraschendes Licht gewonnen hat. Nur diejenigen Züge des deutschen Götterglaubens und Göttercultus haben wir herauszuheben, welche für das geistige Leben der Germanen besonders charakteristisch sind, die ihm das eigenthümlich nationale Gepräge verleihen und daher nicht bloß dem Mythus, sondern auch der Geschichte angehören.

Damit im Zusammenhang stehen die ersten Anfänge der Schrift und der eigenthümliche Gebrauch, den die Germanen ursprünglich von ihr gemacht haben, ebenso wie die ersten Anfänge der Kunst. Denn alle Literatur und Kunst bezieht sich zuerst auf Religion und Cultus: wie darin sich das höchste geistige Wesen der Völker spiegelt, so knüpft sich auch alle weitere Entwickelung zunächst an diese letzten und höchsten Äußerungen des nationalen Lebens an.

Aller heidnische Götterglaube entwickelt sich aus der Naturbetrachtung. Sonne, Mond und Sterne, Donner und Blitz, Wolken und Regen, der Wechsel von Tag und Nacht, Sommer und Winter, Licht und Dunkel, Leben und Tod: das sind die ersten großen Probleme, die den kindlichen Geist des Menschen beschäftigen und ihn von den irdischen Dingen zu den himmlischen emporziehen. Sie wecken das schlummernde Gottesbewustsein, führen zu einer Verkörperung der Naturkräfte, und indem sie den Menschen überall abhängig von höheren Mächten zeigen, zur Aufstellung persönlicher Götter, die Himmel und Erde erschaffen haben und die der Mensch sich versöhnen muß, wenn er glücklich werden und glücklich bleiben will.

Es mag dahin gestellt sein, in wie weit ein verdunkeltes Gottesbewustsein, eine Uroffenbarung, wie das Christenthum lehrt, dabei mitgewirkt hat. Historisch zu verfolgen ist nur, daß der heidnische Götterglaube sich aus der Anschauung der Natur entwickelt, wie dies gerade auch bei dem reich begabten Volk der Indogermanen neuerdings mit überzeugender Klarheit dargethan ist.

Und auch dieser, man möchte sagen rein natürliche Entwicklungsprozeß widerspricht wenigstens der christlichen Lehre nicht, da schon das Gesetz der Natur allerdings zum Glauben an einen persönlichen Gott hinführen soll: „damit daß Gottes unsichtbares Wesen, das ist seine ewige Kraft und Gottheit wird ersehen, so man des wahrnimmt an den Werken, nämlich an der Schöpfung der Welt" (Röm. 1, 21). Es hat immer nur Einzelne, nie ganze Völker gegeben, die ohne Religion und Cultus, ohne lebendigen Glauben an höhere unsichtbare Mächte, mit Einem Wort ohne Gott, sich mit den übersinnlichen Beziehungen abfinden zu können geglaubt haben. Je lebendiger aber der nationale Glaube gewesen ist, desto stärker und lebendiger ist zu allen Zeiten auch die geistige und sittliche Kraft gewesen, welche die Völker beseelt hat.

Die naive kindliche Naturbetrachtung, von der in der Urzeit aller Glaube ausgeht, ist indes zugleich bedingt durch das Leben und die Geschichte der Völker selbst. Die Anschauungen der Natur sind, wie man gesagt hat, nur ein Spiegel des eignen nationalen Lebens, sie bewegen sich in Vorstellungskreisen, die diesem Leben entsprechen, und die Götter tragen die Züge des Geistes an sich, die dem Menschen selbst eigen sind.

Wie wir darum aus der Sprache auf den ursprünglichen Bildungsgrad des indogermanischen Urvolks schließen können, so können wir dies in gleicher Weise auch aus der Mythologie oder der Vergleichung der allen indogermanischen Völkern gemeinsamen Mythenkreise.

Wiederum tritt uns ein einfaches Hirtenvolk entgegen, das im ganzen noch in einem nomadischen Zustand sich befand, aber doch bereits die ersten Anfänge des Ackerbaus und einer politischen Ordnung kannte. Wir lernen es am deutlichsten aus den indischen Mythen kennen, die weiter zurückreichen als die der übrigen Völker und zugleich am treusten bewahrt sind. „In den Liedern und Gebeten der Veden tritt uns das indische Leben in seiner ganzen nomadisch-patriarchalischen Einfachheit entgegen, wenn sie die Götter, denen sie selbst im Kampf mit den finstern Dämonen helfen, bitten, daß sie sie vor Feinden, die ihre Opfer stören und ihre Heerden rauben, beschützen und ihnen Reichthum an Heerden, an Kindern und langes Leben schenken mögen" (Kuhn). Daher muß das Wesen der gemeinsamen Götter dem der indischen, wie wir sie in den Überlieferungen der Inder erkennen, am nächsten gestanden haben.

Allen indogermanischen Völkern ist ursprünglich ein übereinstimmender Name für Gott eigen (skr. dêvás, gr. θεός, lat. deus, lith. dewas), und selbst diejenigen Völker, bei denen er später durch andere verdrängt wurde, haben ihn nicht ganz aufgegeben. Es muß also bereits vor der Trennung ein allgemeiner Gottesbegriff sich ausgebildet haben. Da nun aber die Sprachen, in denen das Wort vorkommt, sämmtlich einen Plural kennen, so ergiebt sich, daß auch der Polytheismus sich bereits vor aller Trennung ausgebildet hat, und daß es nicht ein einziger Gott, sondern mehrere waren, die man anbetete. Die Hauptgottheiten finden wir denn auch in der Mythologie der meisten indogermanischen Völker übereinstimmend wieder, bei den Griechen und Römern, wie bei den Germanen, Kelten und Slaven.

Ob dieser Polytheismus erst aus einem ältern Monotheismus hervorgegangen ist, aus einem verdunkelten Gottesbewustsein, können wir hier unerörtert lassen. So wahrscheinlich es ist, so unläugbar ist es doch, daß der Polytheismus schon der ältesten Vorzeit, in welche die Sprache uns einen Blick zu werfen gestattet, eigen gewesen ist.

Mit der Trennung der Völker aber entwickelte jedes seinen Götterglauben von der gemeinsamen Grundlage aus selbständig weiter, und wie uns die Sprache das geistige Naturell und die besonderen Lebensschicksale eines jeden treu wieder abspiegelt, so ist das Gleiche auch mit der Mythologie der verschiedenen Völker der Fall: der Götterglaube trennt die Völker nicht minder wie Sprache und Sitte, Verfassung und Recht. Ja es ist möglich, daß die Trennung, wie z. B. bei Iraniern und Indern, zum Theil mit durch frühzeitig ausgesprochene religiöse Spaltungen veranlaßt worden ist.

Jedes dachte sich seine Götter, wie es selbst war, und nicht minder drückte die Geschichte ihre Spuren dem Glauben eines jeden mit unvertilgbaren Zügen ein. So blieb der Grieche mit seinem plastischen Sinn bei den äußern Gestalten und verwandelte die Götter in leibhaftige Menschen, denen er in seiner reichen Phantasie auch einen überreichen Mythenkreis andichtete, so ließ der Römer später umgekehrt die lebendigen Gestalten fallen und hielt in seinem abstracten Sinn nur die Begriffe fest, weshalb dann consequent fast jede Tugend zu einer besondern Gottheit wurde, so entwickelte der Kelte einen grausigen Opfercultus, verwandelte der Lette seine Götter in Todesgötter u. s. f.

Und jeder Fortschritt in Gesittung und Bildung, Ackerbau, Gewerbe und Handel, Kunst und Wissenschaft, wie er bei den einzelnen Völkern statt fand, prägt sich zugleich in ihrer Mythologie aus: in mancher Hinsicht ist sie vielleicht ein deutlicherer Spiegel ihrer geistigen Entwickelung wie die Sprache. Denn alle Künste und Wissenschaften haben ihre besondern Schutzgötter, jede wichtige Erfindung und Entdeckung läßt ihren Niederschlag in der Mythologie zurück, wie das am großartigsten und tiefeingreifendsten mit dem ersten Fortschritt der Fall ist, den der Mensch gemacht hat, der Unterwerfung des Feuers unter seine Herrschaft.

Die Mythologie hat aber zugleich bei jedem Volk noch eine eigne Entwickelung für sich, die uns den innern geistigen Fortschritt des Volks zeigt. Von der Naturbetrachtung geht sie aus und bei der sittlichen Aufgabe des Menschen und seiner Stellung zu Gott und Welt kommt sie schließlich an.

Während es zuerst der Wechsel von Nacht und Tag, Winter und Sommer ist, was die Einbildungskraft des Menschen beschäftigt und ihn die Götter des Lichts und des Tages im Kampf mit feindlichen Mächten, Dämonen oder Riesen sich vorstellen läßt, empfängt die Anschauung später einen weitern Inhalt und wird auf Tod und Leben übertragen: Licht ist das Leben, Finsternis der Tod; der Winter ist der Tod der Natur, der Sommer erweckt sie zu neuem Leben. Damit beginnt die Übertragung auf das geistige und sittliche Gebiet, denn auch dem Menschen ist es gesetzt, einmal zu sterben, und die jährliche Wiedererneuerung der Natur muste von selbst auf den Gedanken führen, daß der Tod kein Tod auf ewig sein könne. Wie darum auf den Tod der Natur ein neues Leben folgt, so gibt es für den Menschen ein Leben nach dem Tode, und die Frage, wie dieses zu denken und wovon die Erlösung aus dem Todtenreich abhängig sei, hat alle Religionen beschäftigt.

Licht ist aber auch das Gute, Finsternis das Böse. Nur darin weichen die Religionen von einander ab, was sie für gut oder böse halten, welches die Bedingungen seien, unter denen für den Menschen ein seliges Leben in Gemeinschaft mit den Göttern zu hoffen sei, und worin dies selige Leben nach dem Tode bestehe. Natürlich spiegelt hier jedes Volk seine sittlichen Vorstellungen und seine Gedanken von irdischer Glückseligkeit wieder ab, denn was das Volk im Leben für der Güter höchstes hält, das will es auch nach dem Tode in reicher Fülle genießen. So lange aber der Tod besteht, so lange wird die Religion fortbauern, weil sie allein des Menschen Verlangen nach einer Überwindung des Todes stillen kann, und wie die Erlösung das letzte Geheimnis des Christenthums ist, so hat auch die heidnische Mythologie, so gut sie es vermochte, darüber Auskunft zu geben versucht und den Menschen in den Mittelpunkt ihrer Vorstellungen gerückt. Denn er ist göttlichen Geschlechts und zur Gemeinschaft mit den Göttern bestimmt. Mögen wir ihn in christlichem Sinn nach dem Bilde Gottes geschaffen denken, oder das Heidenthum sich Götter nach dem Bilde des Menschen machen, die Gottähnlichkeit wird im einen wie im andern Falle festgehalten.

Indes die Frage nach dem Schicksal des einzelnen Menschen ist nicht die letzte, womit sich die Mythologie beschäftigt. Auch die Welt ist wandelbar und vergänglich, darum beziehen sich Licht und Finsternis, Leben und Tod ebenso auf sie selbst wie auf den einzelnen Menschen. Wie das Licht und der Mensch geboren werden, so ist einst die Welt geboren oder geschaffen, daher verfällt nach dem Ablauf des großen Weltenjahres einst auch sie dem Untergang oder dem Tod. Scharf und consequent hat die deutsche Mythologie diesen unheimlichen Gedanken ausgedacht, klar und deutlich sie allein dies letzte Schicksal und diese letzte Zukunft in's Auge gefaßt. Es ist die allgemeine Entsittlichung, welche den Weltuntergang herbeiführt: die Bande des Bluts und der Liebe, der Ordnung und des Gesetzes werden gelockert, mit der Götterdämmerung oder der Verfinsterung der sittlichen Begriffe selbst bei den Göttern — denn auch die Götter, und sie vorzugsweis, nehmen am Kampf mit den finstern Mächten Theil — bricht die Nacht herein, und in dem großen Weltbrand wird alle Sünde und alles Übel verzehrt. Wie aber auf jede Nacht und jeden Tod neues Licht und neues Leben folgt, so ist schließlich auch der Welt eine Erneuerung und Wiedergeburt bestimmt die keine Finsternis und keinen Tod mehr kennt, in der das goldne Zeitalter wiederkehrt und neue Götter über neue verklärte und vergeistigte Menschen herschen.

Diese letzte und größte Mythenverschiebung, wie das Fortrücken des Mythus vom natürlichen auf das geistliche und sittliche Gebiet genannt wird, ist allein der deutschen Mythologie eigen. Übertragungen der natürlichen Erscheinungen auf das geistige Leben sind freilich allen Mythologien geläufig, ja sie bilden das eigentliche Wesen derselben, da sie das Geistige und Übersinnliche aus Leiblichem und Natürlichem ableiten und erklären. Während aber die übrigen, insbesondere die verwandte, hochentwickelte griechische und römische, nicht über eine Kosmogonie oder Schöpfungsgeschichte hinauskommen, faßt die deutsche auch den Weltuntergang in's Auge und gelangt consequent dann zu einer Erneuerung und Wiedergeburt, wonach mit der Sünde auch das Übel aus der Welt verbannt ist und die selige Unschuld der Götter und Menschen zurückkehrt, um nicht wieder zu verschwinden.

So weit ist kein anderes heidnisches Volk gekommen; deutschem Tiefsinn war es vorbehalten, das Schicksal der Welt voraus zu ahnen, wie es später in geläuterter, aber doch ähnlicher Art das Christenthum verkündet hat. Wohl ist es nicht die christliche Lehre, die sich hier ausspricht, sondern nur eine Analogie derselben, aber diese ist so schlagend, das tiefste Geheimnis der letzten Dinge, der Untergang der Welt infolge des allgemeinen Verderbens, so klar und deutlich erkannt, daß man fast versucht sein möchte, christliche Einflüsse zur Entstehung dieses letzten Mythus mitwirken zu lassen. Man könnte glauben, seine Ausbildung sei erst in der spätern skandinavischen Zeit erfolgt, als bereits längere Zeit Berührung mit dem Christenthume statt gefunden hatte, und den übrigen Stämmen fremd geblieben. Aber sie muß doch auch den deutschen Stämmen bekannt gewesen sein, denn das dunkle Wort Muspell, welches den Weltbrand bedeutet, kehrt bei der Beschreibung des jüngsten Tages auch in sächsischen und bairischen Quellen wieder, und in dem altbairischen Gedicht „Muspilli" finden sich noch andere Nachklänge der altheidnischen Vorstellung von dem Untergang der Welt. In jedem Fall ist trotz aller Verschiedenheit zugleich die Übereinstimmung mit der Offenbarung des Christenthums so überraschend, daß sich vielleicht nirgends deutlicher als hier der große Beruf unseres Volkes zum Christenthum kund gibt, wie er in gleicher Weise sich bei keinem andern Volke geäußert hat.

Merkwürdig ist, daß die deutschen Götter nicht wie die griechischen unsterblich sind, sondern voraussehen, daß sie untergehen werden und mit ihnen die Welt, die sie erschaffen haben. Aber wir brauchen statt der Götter, die ja nur bildlich für die Menschen stehen, nur diese selbst zu setzen, um den tiefen Sinn des Mythus zu verstehen.

Es gab eine Zeit, in welcher die Menschen noch in seliger Unschuld lebten; diese Unschuld gieng verloren, und die Ahnung des Verderbens ergreift sie. Darum rüsten sie sich und suchen in beständigem Kampf mit den unheimlichen, finstern Gewalten den Untergang so lange wie möglich hinaus zu schieben, der schließlich doch eintreten und die Welt in Flammen verzehren wird. Sie suchen die zerstörenden Gewalten zu überwinden und den Sieg zu erringen, aber es gelingt nur, indem sie untergehen und im Feuer geläutert sich verjüngen.

So gefaßt enthält der Mythus einen tiefsinnigen Versuch, das letzte Problem aller Religion und Philosophie, die Frage nach dem Ursprung des Übels und seiner schließlichen Überwindung, zu erklären. Wohl haben die Götter die feindlichen Naturkräfte, die als Riesen oder Dämonen gedacht und ebenfalls auf das sittliche Gebiet übertragen sind, bezwungen und ihre Macht in wohlthätige Schranken gebannt. Aber da sie als Abbilder der Menschen erscheinen und gleich ihnen fort und fort mit jenen zerstörenden Gewalten kämpfen, sind sie auch menschlicher Versuchung und Leidenschaft unterworfen, das Übel ist nicht ohne ihre Mitschuld entstanden, und darum müssen sie auch an dessen Sühnung und dem Untergang der Welt Theil nehmen.

Gewis befriedigt diese Lösung den christlichen Standpunkt nicht, der sich Gott nur als den Inbegriff aller Heiligkeit und Seligkeit denken kann. Aber mit Recht bemerkt Simrock, daß, ehe das Christenthum in die Welt kam, eine bessere Lösung kaum zu finden war. Und in der Vorstellung von einem neuen Himmel und einer neuen Erde, die alle Guten und Rechtschaffenen aller Zeiten und Völker aufnehmen sollen, während den Bösen keine Erneuerung bestimmt ist, kam das Heidenthum dem christlichen Gedanken doch ganz nahe, eben so wie sich dasselbe in der Verheißung eines neuen unausgesprochenen Gottes noch vor Einführung des Christenthums zur Ahnung des einigen ewigen Gottes erhob. Auch wie das Leben des neuen verjüngten Menschengeschlechtes gedacht wird, gränzt hart an die christliche Vorstellung an: es ist unsinnlicher Natur und keiner irdischen Speise bedürftig; Morgenthau ist seine Speise. Die Menschen leben mit dem unausgesprochenen Gott und den übrigen Göttern der erneuten Welt im Himmel; alles Böse aber ist abgethan und hat keine Macht mehr über sie. —

Was von der deutschen Mythologie ursprüngliches Gemeingut aller indogermanischen Stämme, was erst später nach Trennung derselben von dem deutschen Zweig allein ausgebildet ist, wird sich im Einzelnen wohl kaum mit Sicherheit feststellen lassen. Wenigstens ist die vergleichende Mythologie trotz der merkwürdigen Aufschlüsse, die wir ihr verdanken, für den Augenblick so wenig wie die vergleichende Sprachforschung schon so weit, genau die Trennungspunkte angeben zu können, wo die Mythenkreise der verschiednen Stämme aus einander gegangen sind.

Der Mythus vom Untergang und von der Erneuerung der Welt, der allen deutschen Stämmen, aber nur ihnen bekannt ist, hat sich wohl erst am spätesten ausgebildet: er bezeichnet seiner innern Natur nach die letzte Stufe mythischer Entwickelung, indem die Übertragung natürlicher Vorstellungen auf das sittliche Gebiet darin ihren vollkommenen Abschluß findet. Man wird fast versucht, seine Entstehung mit einem Kampf der Germanen gegen die Natur in der letzten Zeit ihrer Wanderungen, wie etwa dem Erlebnis eines großen Feuers, einem Wald- oder Steppenbrand, in Verbindung zu bringen.

Dagegen sind die Anfänge des Polytheismus, gewisse übereinstimmende Vorstellungen von der Erschaffung der Welt und der Schöpfung des Menschen, sowie die Kämpfe der Götter gegen Titanen und Giganten, woran die Menschen Theil zu nehmen verpflichtet sind, allen indogermanischen Völkern gemeinschaftlich und schon vor der Trennung entstanden. Eben so führen gewisse Gebräuche, die an das einfache Hirtenleben anknüpfen, wie unter andern der Gebrauch, die Kühe beim ersten Austrieb auf die Weide mit einem Baumzweig zu schlagen, um sie milchreich und fruchtbar zu machen, das Anzünden heiliger Feuer zum Schutz gegen Seuchen, die Art und Weise, wie reines Feuer hervorgebracht werden muß, und ähnliche der Art, Gebräuche, die wir eben so bei den Indern wie bei den Germanen finden und die sich zum Theil bis auf unsere Tage erhalten haben, sicherlich auf die älteste Urzeit unseres Volkes zurück.

Auch die Kämpfe der Götter gegen Dämonen oder Riesen, wobei die Menschen den Göttern Hilfe leisten müssen, kehren in gleicher Weise in der indischen, griechischen und römischen, wie in der germanischen Mythologie wieder. Es sind die zerstörenden Naturkräfte, welche unter dem Bild von Dämonen, Titanen oder Riesen gedacht und von Göttern und Menschen bekämpft werden, weil sie mit ihrer elementaren Gewalt die Werke der Götter und Menschen zerstören: die Gefräßigen, die Durstigen oder die Übermütigen, wie unsere Mythologie die Riesen nennt. „Denn die Elemente hassen das Gebild aus Menschenhand" klingt es noch bei dem Dichter nach).

Darum werden sie im Gegensatz zu den segenspendenden Göttern als feindlich und böse gedacht, und bei den Germanen, die auf ihren nördlichen Wanderungen am härtesten und schwersten gegen die rauhe Natur zu kämpfen hatten, dauert der Kampf mit ihnen bis an's Ende der Welt, ja zuletzt werden die Riesen für eine Zeit die Oberhand gewinnen und den Untergang der bisherigen Welt herbeiführen.

Es sind wenn man will selbst ältere Götter, denn auch den Göttern liegen ursprünglich Elemente und Naturkräfte zu Grunde, wie umgekehrt die Götter in ihrer früheren Fassung, so lange sie noch rein natürlich genommen wurden, nichts anderes als Riesen sind: gleichsam verschiedene Götterdynastien, die auf einander folgen, wie sich das am deutlichsten in dem griechischen Mythus von Uranus, Saturn und Zeus ausspricht. Erst später wurden die Götter sittlich und geistig gefaßt, den Riesen dagegen das Verderbliche und Menschenfeindliche zugeschrieben. Nun muste ein ununterbrochener Kampf beginnen, der nicht eher aufhört, als bis die Riesen vollständig überwunden sind. „Götter und Helden bedeuten zuletzt nur den Menschen, und die Herrschaft des Geistes über die Natur ist der tiefste Grund aller Mythen von der Besiegung der Riesen" (Simrock).

Den Griechen, die in ihrer neuen sonnigen Heimat die Natur nur von der freundlichen Seite kennen lernten, trat der Kampf mit den finstern Dämonen in die Vergangenheit. Ihre Götter leben wie das Volk in ewiger Jugend und Heiterkeit; der Kampf mit den feindlichen Mächten ist zu Ende: die Titanen sind überwunden und liegen gefesselt im Tartarus. Deshalb droht ihnen kein Untergang wie den deutschen Göttern, eben deshalb aber hat sich auch kein Mythus von dem Untergang und der Entführung der Welt bilden können, obgleich den Griechen die Vergänglichkeit alles Irdischen doch nahe genug lag.

So sehen wir, wie die weitere Ausbildung des Mythus

von der gemeinsamen Grundlage aus durch den Charakter der einzelnen Völker und vor allem durch die Natur der verschiednen Länder, die sie für ihr späteres Leben einzunehmen bestimmt waren, wesentlich bedingt war. Geschichte ist Ideenentwickelung, diese aber hängt von den äußern Einflüssen ab, die auf ein Volk einwirken. Wie die Schicksale der Völker, so spiegeln sich daher auch die Eigenthümlichkeiten der Länder in der Mythologie wieder ab. Das Wort des Dichters: „wer den Dichter will verstehn, muß in Dichters Lande gehn", gilt vielleicht für nichts mehr als für den Mythus. Denn Mythus ist die älteste und großartigste Poesie, die es gibt. Den Germanen sind es nicht mehr allein die Dämonen der brennenden Sommerhitze, der Gewitter und Stürme, sondern vor allem des kalten Winters, des Reifes und Frostes, der starren Felsgebirge, des wilden Waldes und des wilden Meeres, die sie bekämpfen müssen.

Jünger als die allgemeine Mythologie von der Erschaffung der Welt, den Kämpfen der Götter mit den Riesen und dem Verhältnis der Menschen zu Göttern und Riesen sind ohne Zweifel die Mythen, welche sich auf das Wesen und die Natur der einzelnen Götter beziehen. Allerdings klingt auch hier vieles Verwandte an, wie es bei verwandten Völkern nicht anders sein kann, und eine Mehrheit von Göttern haben dieselben sicher schon aus ihrer asiatischen Urheimat auf die Wanderungen mitgenommen. Man meint namentlich, daß die drei Hauptgötter, wie sie sich bei Indern, Griechen, Römern, Germanen, Kelten und Slaven finden, von Haus aus identisch seien. Es mag sein, daß sich schon in der Urheimat die ursprüngliche Einheit zur Dreiheit erweitert, und die Götter bereits vor der Trennung den Einen Gott des Lichts und der Sonne nach seinen verschiednen Äußerungen in drei Hauptgestalten zerlegt haben. Denn eine gewisse Übereinstimmung, vor allem in den Ausgangspunkten und den Eigenschaften des Einen obersten Gottes, ist nicht zu verkennen.

Allein die spätere Ausbildung des Polytheismus tritt doch bei jedem Volk so selbständig und eigenthümlich auf, daß selbst die ursprüngliche Gemeinschaft dadurch verdunkelt wird. Jedes Volk gestaltete sich auf seinem weitern Lebenswege die Götter nach seinen eignen Anschauungen und Erlebnissen, und diese Anschauungen und Erlebnisse waren so verschieden, daß notwendig auch Wesen und Natur der Götter dadurch andere werden musten.

Schon die Namen der drei Hauptgötter stimmen nirgends überein; wären sie bereits vor der Trennung scharf und bestimmt entwickelt gewesen, so müßten die Namen gemeinsam geblieben sein. Aber nicht einmal die Namen der germanischen und slavischen Götter, bei denen man am ersten Übereinstimmung erwarten sollte, sind die gleichen; eben so wenig stimmen die der griechischen und römischen mit einander überein, während die Götter selbst in ihrer jüngeren Gestalt doch nahezu identisch sind. Berührungen der deutschen mit den klassischen Götternamen finden sich äußerst wenig. Ja die deutsche Sprache hat sogar den allgemein arischen Namen für das höchste Lichtwesen (skr. dêvás, lat. deus) fallen lassen und durch das neue Wort Gott ersetzt, das sich bei keinem andern Volke findet und doch wohl mit gut zusammenhängt. Beweis genug, das mit den neuen Begriffen auch die Götter selbst andere wurden und jedes Volk sich seinen Mythenkreis selbständig und besonders ausbildete, so viel darin von den gemeinsamen Vorstellungen auch übrig bleiben mochte. Wie die Sprache, so hat auch der Götterglaube die Völker geschieden.

Was insbesondere die Verwandschaft der germanischen mit der griechischen und römischen Mythologie anlangt, so lassen sich wohl die drei Hauptgötter Wotan, Donar und Ziu mit den griechischen Zeus, Hephästus und Ares oder den römischen Jupiter, Vulkan und Mars zusammenstellen. Aber eine völlige Übereinstimmung findet nicht statt; in vielen Beziehungen weichen sie von einander ab; darum deutet Tacitus die deutschen Götter auch nicht durch die verwandten römischen, sondern durch andere, und noch viel eigenthümlicher ist die Terminologie bei Cäsar (Sol, Vulcanus, Luna). Zeus und Jupiter sind Wotan und Donar zugleich, denn Donner und Blitz sind ihnen geblieben, nicht wie bei uns auf den zweiten Gott übergegangen: nur sehr uneigentlich läßt sich Donar durch Hephästus oder Vulcan wiedergeben. Vor allem aber hat sich bei Griechen und Römern die Person des Hauptgottes wiederum in drei Gestalten gesondert, wovon bei uns keine Spur vorkommt; neben Zeus (Jupiter) ist in Poseidon oder Neptun noch ein besonderer Gott des Meeres, und in Pluto noch ein besonderer Gott der Unterwelt getreten. Und in derselben Weise hat sich bei Griechen und Römern die Reihe der weiblichen Gottheiten vervielfältigt: Freyja ist Diana, Minerva und Venus (Artemis, Pallas und Aphrodite) zusammen, ja im Grunde auch Juno und Ceres (Hera und Demeter).

Deshalb stimmt denn auch die eigentlich deutsche mit der nordischen Mythologie nicht völlig überein. Wie die Sprache der verschiedenen Stämme dialektische Verschiedenheiten hat, so weichen auch die mythischen Vorstellungen von einander ab; nur im ganzen und großen herrscht Einklang. Aber weder die Götterreihen, noch die Mythen, die sich daran anknüpfen, sind dieselben; selbst die Götter, die vorzugsweis von den einzelnen Stämmen verehrt wurden, sind nicht überall die nämlichen. Insbesondere zeigt die Mythologie des skandinavischen Nordens, wo sich das Heidenthum fast ein halbes Jahrtausend länger erhielt als in Deutschland, auch eine viel längere Fortbildung und eine reichere Entwickelung als bei uns. Dafür hatte sich aber das Heidenthum im Norden auch vollständiger ausgelebt wie bei uns. Es war schon dazu gelangt, den einigen, unausgesprochenen Gott bestimmter zu ahnen, der Glaube an die alten, nationalen Götter hatte seine ursprüngliche Kraft verloren, der Verfall und die Misbräuche desselben traten stärker hervor, wie ehedem bei den festländischen Stämmen, als sie zuerst mit dem Christenthum in Berührung kamen.

Den Gegensatz von Asen- und Wanengöttern, der sich durch die deutsche Mythologie zieht, so wie den Krieg und Friedensschluß beider, hat man neuerdings auf eine Vereinigung von Culten verschiedener Stämme und derer Verbindung zu Einem System gedeutet, wie es scheint mit Glück, da die Verbindung verschiedener Stämme gewöhnlich auch zu einer gegenseitigen Annahme der Stammesgötter führt, und der Krieg verschiedner Göttergeschlechter, die sich nicht als Riesen und Götter, zerstörende und erhaltende Mächte gegenüber stehn, sonst kaum zu erklären wäre: in dem Krieg und Friedensschluß der Götter würde dann nur der Krieg und friedliche Vergleich der Stämme selbst zu finden sein. Die Wanen meint man den gothischen Völkern, die Asen den Westgermanen zuschreiben zu dürfen. So wenig zuverlässiges wir vorläufig darüber sagen können, so erscheint es doch überaus bedeutsam, daß der Gegensatz von Ost- und Westgermanen, wie er unzweifelhaft in der Sprache hervortritt und wie er bei der Bildung der neuen Stämme auch in der Geschichte noch verfolgt werden kann, von dieser Seite her nur eine neue Bestätigung erhalten würde.

Eigenthümlich ist dem deutschen Mythus, daß der Kampf sein innerstes Lebenselement ist. Kampf ist das Leben der Menschen, Kampf auch das der Götter: wohl der deutlichste Beweis, daß die Götter genau so beschaffen sind, wie die Völker, welche sie anbeten. Das erotische Element, das in der spätern griechischen Mythologie eine so hervorragende Rolle spielt, tritt dagegen völlig zurück. Wie das Leben der Germanen Kampf und Krieg athmet, so und nicht anders musten sie ihre Götter sich denken.

Darum leben die Götter nicht wie die griechischen in ewiger Ruhe und Heiterkeit, unbesorgt um die Geschicke der Welt, ohne Bedürfnis und doch fortwährend genießend, sondern sie müssen handelnd und leidend in das große Weltdrama eingreifen, in beständigem Kampf mit den unheimlichen, finstern Mächten, die einmal die Oberhand gewinnen und die bestehende Welt im Feuer verzehren werden, aber doch nur, damit auch den Göttern eine Läuterung und Reinigung zu Theil werde. Darum haben die Hauptgötter der Germanen, Wotan, Donar und Ziu, sich alle in Kriegsgötter verwandelt oder eine Beziehung zur Schlacht und zum Sieg angenommen, während bei andern Völkern, wie den Indern und Esthen, aus dem Gott des Kriegs nur ein Gott des Todes geworden ist. Jedem Gott ist eine Waffe heilig: Wotan der Speer, Donar der Hammer, Ziu das Schwert. Es genügte den Germanen nicht, in Ziu einen besondern Schwert- oder Kriegsgott zu haben, wie die Griechen ihren Ares, die Römer ihren Mars hatten, auch die beiden andern Götter musten in Beziehung zu Kampf und Schlacht treten, obgleich Donar als Gott der Fruchtbarkeit und des Ackerbaus eigentlich dem Krieg abhold gedacht wurde. Aber der kriegerische Geist, der den Kampf zu einer Sache des Cultus machte, konnte sich keinen Gott denken, der nicht zugleich nebenher Kriegsgott gewesen wäre. Darum priesen sie beim Zug in die Schlacht das Lob des Donar, der am wenigsten Kriegsgott war, aber als Donnergott doch auch am Schlachtenlärm seine Freude hatte, und ahmten im brausenden Schildgesang das Rollen des Donners nach.

Vor allem aber blieb Wotan, der oberste Gott, auch zugleich der Gott der Schlachten und des Kriegs, eine Seite, die bei Zeus oder Jupiter wenn nicht ganz, doch beinah ganz in den Hintergrund tritt. In ihm als dem Gott des Geistes verkörpert sich zunächst die kriegerische Wut und Leidenschaft, der furor teutonicus, der den Germanen eigen war: es war ihr eigner Geist, den sie in Wotan anschauten. Darum sind ihm die Thiere des Schlachtfelds, Raben und Wölfe heilig; er hat die Schlachtordnung und die Kriegskunst erfunden und sie seinen Lieblingen gelehrt; er nimmt unmittelbar Theil an den Schlachten der Menschen (quem adesse bellantibus credunt) und verleiht den von ihm begünstigten Helden den Sieg; er entzweit auch die Fürsten und stiftet Zwietracht unter den Genossen des eignen Volks, denn nicht bloß mit Fremden, sondern auch unter einander lebten die Germanen in Krieg und in Fehde. Er nimmt endlich die in der Schlacht Gefallenen in den Himmel auf, denn niemand kommt in seinen Himmel, der nicht im Kampf gefallen oder an den Wunden gestorben ist.

Deshalb wird er auch selbst Walvater und der Himmel Walhall genannt, d. h. die Wahl oder der Inbegriff der in der Schlacht Fallenden. Dazu sendet er seine Walküren, die Schlachtenjungfrauen oder Todtenwählerinnen, den Wal zu kiesen und seiner himmlischen Halle zuzuführen. Hier empfängt Freyja, ursprünglich die Gemahlin Wotan's und als solche auch Kriegsgöttin, die gefallenen Helden und reicht ihnen das Trinkhorn; ebenso verwandeln sich nun die Walküren in himmlische Schenkmädchen. Denn trinken thun die germanischen Götter auch, so gut wie die Helden auf Erden. Aber auch Opfermahle halten die Götter, weissagen aus Blut und Eingeweiden, werfen die Runenstäbe und befragen das Loos: es sind ganz die Germanen selbst, die wir in ihren Göttern der letzten und jüngsten Gestalt wieder erblicken.

So ist das Leben der Helden im Himmel nur eine Fortsetzung oder wenn man will eine Verklärung des irdischen. Denn da die gefallenen Helden Genossen und Mitstreiter Wotan's werden und sich in täglichen Waffenspielen üben, erscheint es zugleich als Rüstung und Vorbereitung auf den letzten Weltkampf. Mit Recht hat man bemerkt, daß eine solche Unsterblichkeitslehre der mächtigste Antrieb zur Tapferkeit sein muste, ebenso wie man umgekehrt sagen darf, daß nur der den Germanen eigne kriegerische Sinn sie erfinden konnte. So konnte es dem Tapfern in keinem Fall fehlen. Entweder er siegte, dann war Ruhm und Beute sein Loos, oder er fiel, dann wurde er in Wotan's Walhall aufgenommen und lebte das Heldenleben weiter.

Auch darin verrät sich der kriegerische Charakter des Volks, daß es seine Eigennamen am liebsten von Kampf und Sieg ableitet. Selbst die Frauen werden mit Vorliebe darnach benannt, augenscheinlich mit Beziehung auf die am Kampf Theil nehmenden Schlachtenjungfrauen, die sonst keine andere Mythologie kennt. Im übrigen blieb dafür die weibliche Mythologie um so weniger entwickelt, denn es lag in der Natur der Sache, daß in demselben Maß, in welchem sich der ganze Götterglaube in Kampf und Krieg auflöste, die weiblichen Gottheiten zurücktreten musten. Wenn auch im äußersten Notfall Frauen und Jungfrauen in der Schlacht mitkämpften, so blieb das doch eine Ausnahme: mit der Freyja und den Walküren war der Antheil der Frauen am Krieg hinlänglich vertreten. Todtenwählerinnen aber konnten nur Frauen, keine Männer sein, denn ihnen traute man in viel höherem Sinn als den Männern die Fähigkeit zu, den Willen der Götter zu erkunden.

Nicht minder ist die Vorstellung von einem Kampf der Götter unter einander, wie sie sich in dem Krieg der Asen und Wanen ausspricht, ächt germanisch. Denn der Germane, der das Ringen und Streiten in allerlei Form und Gestalt kennen lernte, als Kampf gegen die zerstörenden Naturgewalten, als Krieg gegen Fremde und Feinde, wie als Fehde gegen die Angehörigen und Genossen des eignen Volks, fand nichts Anstößiges darin, den Begriff der Fehde auch auf verschiedne Geschlechter und Stämme der Götter zu übertragen.

Natürlich ist diese Entwickelung, die nahezu unsere gesammte Mythologie in ein großes Heldenepos verwandelt, erst die letzte und jüngste. Von einer einfachen, sinnigen Naturbetrachtung war aller indogermanische Götterglaube ausgegangen, dann hatte er sich mit den Völkern getrennt, und jedes bildete ihn in derselben Eigenthümlichkeit weiter aus, in der es sich selber ausbildete oder von seinen besondern Schicksalen ausgebildet wurde. Nur Keime und Ansätze waren in dem gemeinsamen Urglauben nach den verschiedensten Richtungen hin vorhanden; indem aber jedes Volk andere ausbildete, während es die übrigen unentwickelt oder ganz fallen ließ, konnte es nicht fehlen, daß der Glaube der getrennten Völker bald auseinander gieng. Deshalb geht alles, was in unserm Götterglauben auf Elementardienst weist, auf eine Zeit zurück, die älter ist als unser Volk. Seine besondere Mythologie erhielt es erst, als es selbständig wurde, und der kriegerische Charakter, der sie vor allen andern auszeichnet, konnte erst entstehen, als es in sein Heldenzeitalter eintrat. Das aber ist sicher schon geschehen, da alle germanischen Stämme noch ungetrennt beisammen wohnten, mindestens vom fünften oder sechsten Jahrhundert vor unserer Zeitrechnung an. Es ist sicher eine irrige Vorstellung, wenn man meint, die Kämpfe unseres Volks hätten erst begonnen, als es mit dem römischen Reich zusammenstieß, oder gar das Volk sei erst damals in die Geschichte eingetreten. Das ist unendlich viel früher geschehen, und der einzige Unterschied zwischen der frühern und spätern Geschichte besteht darin, daß die letztere historisch beglaubigt ist, während wir von der erstern nichts wissen. Daß aber schon in der ältesten Urzeit Kämpfe mit benachbarten feindlichen Völkern statt gefunden haben, zeigen uns die Gesänge und Lieder der indischen Veden.

Nur die Stämme, welche den Wanencultus hatten, scheinen friedlicher gesinnt gewesen, wie es denn nicht wundern kann, wenn bei einem polytheistischen Glauben, worin die verschiedensten Seiten und Beziehungen der Götter zur Geltung kommen, selbst bei ein und demselben Volt der eine Stamm diese, der andre jene Seite mehr betont und entwickelt.

Aber auch Wanen- und Asencult sind nah verwandt, beide Göttergeschlechter sind obwohl verschiedner Abstammung, doch gleicher Quelle entsprungen, und die Grundlagen unseres Glaubens kehren bei allen Stämmen so übereinstimmend wieder, daß wir nicht zweifeln dürfen, der kriegerische Charakter desselben habe sich im wesentlichen schon vor ihrer Trennung ausgebildet. Denn auch die Namen der Hauptgötter sind in der deutschen und nordischen Mythologie dieselben, während sie von denen der übrigen arischen Völker abweichen. —

Verweilen wir nun noch einige Augenblicke bei den Hauptgöttergestalten selbst, zunächst bei der großen Göttertrias Wotan, Donar und Ziu. Sie erscheint nur als erweiterte Einheit, als Dreigestaltung des einen ursprünglichen Gottes, dessen vornehmste Äußerungen dann individualisirt und als seine Söhne selbständig gefaßt wurden. Offenbar ist Wotan als Gott des Himmels und der Sonne der älteste und höchste Gott, obgleich er Blitz und Donner nicht wie in der griechisch-römischen Mythologie behalten, sondern an Donar abgegeben hat, und der Etymologie nach wieder nicht Donar, sondern Ziu am nächsten zu Zeus (Ζεύς. gen. Διός) und Jupiter (Diuspater, gen. Jovis für Diovis) stimmt. Als Allvater und Schöpfer ist Wotan eben so wohl Gott der Natur wie Erzeuger des geistigen Lebens, daher auch des Kampfes und Sieges.

Diese beiden Hauptseiten erscheinen nun in den beiden andern Göttern in besonderer Gestalt. Donar ist Gott der Natur und der Fruchtbarkeit, daher, wie schon der Name sagt, auch des Blitzes und Donners, obwohl auch Wotan später noch als Gott der Fruchtbarkeit und des Ackerbaus hie und da verehrt wird; Ziu ist der besondere Gott des Kriegs und der Schlachten, aber wieder nicht ausschließlich, denn neben ihm tritt zugleich Wotan als solcher auf.

Bei den Griechen und Römern hat sich der Allgott noch weiter gespalten, indem an seine Seite besondere Götter des Meeres und der Unterwelt getreten sind, Neptun und Pluto, die als seine Brüder gedacht werden, nicht wie Vulkan und Mars als seine Söhne, während bei uns Wotan auch Gott des Meeres ist, und die Unterwelt nur eine Göttin, keinen besondern Gott hat. Ansätze zu weiterer Vervielfältigung finden sich auch in der deutschen Mythologie, zumal in der nordischen, indem Wotan und Donar noch eine Reihe weiterer Söhne zugeschrieben werden. Sobald der erste Schritt einmal geschehen, war es leicht, in der Personification der belebten und unbelebten Natur wie einzelner geistiger Eigenschaften und Tugenden fortzufahren und sie durch verwandschaftliche Bande mit den alten Göttern zu verknüpfen. Griechen und Römer sind hier, jedes Volk in seiner Weise, geradezu in's Maßlose gegangen, eine Übertreibung, von der sich die deutsche Mythologie fern gehalten hat.

Wotan oder eigentlich ahd. Wuotan, der nordische Odhin, bei den Langobarden Gwodan, fränkisch Godan (die hessische Stadt Gudensberg heißt im 12. und 13. Jahrhundert abwechselnd Wodens- und Godensberg mit niederdeutschem d), leitet seinen Namen vom ahd. watan durchwehen, durchdringen, während unser heutiges schwaches Zeitwort waten nur noch vom Durchschreiten des Wassers gebraucht wird. Der Name bedeutet also den alles durchdringenden Geist der Natur, gewis eine schöne und tiefsinnige Bezeichnung. Es ist der Vater der Götter, der von der Allmacht und Geistigkeit des alten Einen Gottes am meisten bewahrt hat, Allvater oder Gautr, wie ihn die nordische Mythologie ebenfalls nennt, weil er die Welt aus sich ergossen hat, der Gott des Himmels und der Sonne, der Luft und des Lichts.

Jenes Wehen des Geistes aber dachte sich der Germane nicht als sanftes stilles Sausen, sondern als Stürmen und Toben, als Wut und Leidenschaft. Denn unser Wut kommt von demselben Wort her, und Wotan heißt wörtlich der Wütende. Leidenschaft war es, womit der Germane in die Welt trat, Leidenschaft war auch der Name seines obersten Gottes. Deshalb gieng insbesondere der kriegerische Geist von ihm aus, der die Germanen beseelte. Das Brausen der Schlacht war wie das Brausen des Sturmes sein Element, und in dem Mythus vom wütenden Heer oder der wilden Jagd, der in zahllosen Sagen noch jetzt nachklingt, wird beides in unmittelbarer Verbindung gedacht, wie Wotan im Sturm mit seinen Genossen zum Krieg oder zur Jagd dahinfährt. Wotan id est furor bella gerit. sagt noch Adam von Bremen.

Als Gott des Himmels wird er in einem weiten blauen Mantel gedacht; zwei Raben, Gedanke und Erinnerung, sitzen ihm auf den Schultern, die Symbole der Allwissenheit — „Gott sind alle seine Werke bewust von der Welt her", wie die Schrift sagt. Aber auch gerüstet muste der Gott der Germanen sein. Darum sitzt er hoch zu Roß, bewaffnet mit Speer und Schwert, Helm und Harnisch. Der Helm ist von Gold, wie die Mähne des Pferdes: es ist die Sonne mit ihren Strahlen, die ihm auch in seiner menschlichen Erscheinung ge-

blieben sind. Indes nicht immer erscheint er in so glänzender
Gestalt. Er liebt die Verkleidung, steigt in dieser zur Erde
nieder, kehrt bei den Menschen ein und prüft ihr Verhalten,
insbesondere ob sie der Pflicht der Gastfreiheit genügen. Und
wie er auf Erden wandelt, so wandelt er am Himmel. Die
Milchstraße ist seine Straße, über die sein Zug mit dem wilden
Heer oder der wilden Jagd geht; hier hat er auch seinen
Wagen, das Siebengestirn oder den großen Bären. So hat
sich die Milchstraße, die bei dem arischen Urvolk als Straße
der himmlischen Kühe gedacht wurde, den Germanen in eine
Heerstraße verwandelt: gewis ein gewaltiger Fortschritt in der
Entwickelung der Vorstellungen, wie in der Geschichte des
äußern Lebens der Völker.

Ohne Zweifel war er ursprünglich auch Sonnengott.
Darauf deutet nicht bloß seine äußere Erscheinung, das Sonnenroß und der Goldhelm, sondern vor allem seine Einäugigkeit,
die ihm nach einem offenbar sehr alten Mythus zugeschrieben
wird, denn da er der Gott des Himmels ist, so ist sein eines
Auge die Sonne. Die Vorstellung scheint bis in die arische
Urzeit zurück zu reichen, da sie sich in den griechischen Cyclopen
gleichfalls erhalten hat. Wo das andere Auge hingekommen,
lehrt ein dunkler aber tiefsinniger Mythus. Er hat es im
Meere versenkt und einem Riesen verpfändet, im Brunnen des
Riesen Mimir: ursprünglich vielleicht nur ein vom Wieder-
schein der Sonne im Wasser entlehntes Bild, später umgedeutet auf den Mond, das zweite große Himmelslicht, das aber
nicht zugleich mit der Sonne am Himmel glänzt. Er hat es
gethan, um sein Wissen zu vergrößern und Kunde von den im
Meer verborgenen Dingen zu erlangen, aber er hat damit
nur die Kunde vom Untergang der Welt erkauft. Das Meer
ist als Bild der verborgenen Zukunft zu nehmen.

Als Gott des Geistes wird Wotan später Erfinder der

Runen oder Buchstaben und der Dichtkunst. Damit rückt er vollends von dem natürlichen auf das geistige Gebiet fort und nimmt menschliche Weise an. Aber nicht früher kann diese Entwickelung erfolgt sein, als da die Buchstaben den Germanen im Verkehr mit den Völkern der alten Welt zuerst bekannt wurden, wohl kaum vor dem 5. oder 6. Jahrhundert vor Christi Geburt, doch noch zu einer Zeit, da alle germanischen Stämme beisammen wohnten. Lange wurden die Runen nicht zum zusammenhängenden Ausdruck der Gedanken, zum eigentlichen Buchstabiren und Schreiben gebraucht, sondern nur als einzelne mystische Zeichen zum Loosen, Weissagen und Zaubern; das Buchstabiren und Schreiben haben die Germanen wohl erst nach längerer Berührung mit den Völkern der alten Welt von diesen gelernt. Der naive Glaube unserer Vorfahren legte den Buchstaben — vielleicht der wunderbarsten Erfindung des menschlichen Geistes — geheimnisvolle Kraft bei. Daher der Name Rune Geheimnis, weil sie zur Erforschung der Zukunft dienen, und der Runenzauber, der die im Wesen der Dinge verborgene Kraft zu wecken vermag. Wir kommen unten darauf zurück.

Wegen des Runenzaubers hat man in der dem Wotan beigelegten Erfindung der Runen eine Symbolisirung seiner Allmacht sehen wollen. Aber er ist auch Gott der Dichtkunst und Beredsamkeit, und die nordische Mythologie hat in seinem Sohn Bragi sogar einen besondern Gott dafür aufgestellt. Überhaupt erscheint er später als Gott der geistigen Erfindungen und Künste, so namentlich der Heilkunde, wozu wieder die Runen und Zaubersprüche helfen mußten. Das veranlaßte die Römer, ihn durch Merkur wieder zu geben, womit sein eigentliches Wesen doch nur sehr schwach und unkenntlich ausgedrückt ist. Auch Tacitus meint Wotan, wenn er die Germanen am meisten den Merkur verehren läßt; bei Cäsar scheint er noch als Sonnengott gefaßt zu sein, denn der an erster Stelle von ihm genannte Sol kann nur auf Wotan gehen. Von den Wochentagen ist ihm der Mittwoch geheiligt, was ebenfalls dem Merkur entspricht (engl. Wednesday, lat. dies Mercurii).

In seinem Sohne Paltar, an. Baldur, dem speciellen Gott des Lichts und später der sittlichen Reinheit, erscheint das Wesen des höchsten Gottes noch einmal sublimirt.

Der zweite Hauptgott ist Donar. Wie Wotan als Gott des Geistes und der Luft gedacht wird, so ist Donar der Gott der Natur und der Fruchtbarkeit, daher auch des Ackerbaus und der Cultur, die ohne Fruchtbarkeit nicht gedeihen können.

Sein Name ist vom rollenden Donner hergenommen, an. Thôr aus Thonar zusammengezogen. Sehr anschaulich und bezeichnend, denn die ersten Gewitter sprengen die Bande des Eises und des Winters und bringen befruchtenden Regen in's Land. Offenbar ist auch er durch Individualisirung aus dem höchsten Gott abgeleitet. Das ergibt sich am deutlichsten daraus, daß er Blitz und Donner, die Attribute desselben, behalten hat, während sie bei Griechen und Römern noch dem Zeus und Jupiter zukommen.

Donar ist den Menschen hold und freundlich gesinnt. Seine Blitze gelten nicht ihnen, sondern den Riesen, den Feinden der Götter und Menschen. Für die Menschen sind die Gewitter fruchtbringend und segenspendend; ihnen spaltet er mit dem Hammer, dem Symbol des Blitzes, Felsen und Stein und macht die Erde urbar. So wurde er ein Gott des Ackerbaus und der Cultur überhaupt und damit auch der Bauern und Knechte, denen zunächst die schwere Feldarbeit überlassen blieb: deshalb wird ihm die neue Ansiedelung geheiligt und die Gränze durch Hammerwurf bestimmt (Ortsnamen Thormark und Donnersmark). Und wie aus dem Ackerbau alle höhere sittliche und politische Ordnung entspringt, so wird Donar zugleich der Gott der Ehe, die durch seinen Hammer geweiht wird, der Gott des Eigenthums und des Staats, welche der Hammerwurf begränzt, der Rodung, der Brücken und des Verkehrs: er beschließt mit einem Wort als Gott der Cultur die mythische Zeit. Auch diese Entwickelung kann wie die jüngste Gestalt, in der Wotan erscheint, erst eingetreten sein, als das Volk selbst allmählich zur Ansäßigkeit und zu festen Ansiedelungen übergieng.

Es gab aber noch eine ältere Auffassung und hiernach besiegt er die Mächte der Unterwelt und die feindlichen Riesen. Wenn er wie Herkules in die Unterwelt steigt und sie bezwingt, so bedeutet das ursprünglich weiter nichts als daß er als Gott des Gewitters den Winter bezwingt und die Riesen des Frostes und Eises überwindet. Der Winter wird zugleich als Todtenreich gedacht, und so erweitert sich der Jahresmythus zum Mythus von Tod und Leben. In allen vier Elementen, gegen die Riesen der Felsen und Berge, wie der Stürme, des Feuers und des Wassers, erscheint er als Bändiger der verderblichen Naturkräfte. So kam man auf die Cultur, welche die Riesen vertreibt, und der Gott nahm menschliche Gestalt an.

In dieser wird er mit rotem Bart dargestellt wegen der Farbe des Blitzes. Deshalb sind ihm die Thiere mit roter Farbe heilig, wie Fuchs und Eichhorn, aber auch die Eiche, die Vogelbeere oder Eberesche und einige Pflanzen, die gegen das Einschlagen des Blitzes sichern sollen.

Er ist der einzige Gott, der fährt, während alle anderen reiten. Zu dieser Vorstellung mochte der Donner, der mit dem Rollen eines Wagens verglichen wurde, den Anlaß geben, wenn nicht noch eine ältere zu Grunde liegt, wonach der Blitz wie der zündende Funke beim Urfeuerzeug des Menschen durch

Drehen eines Stabes in einem Rad oder einer Scheibe hervorgebracht werden sollte.

Bewaffnet ist er mit dem Hammer oder der Keule; ein Stärkegürtel verdoppelt seine Kraft; an seinen Händen trägt er Eisenhandschuhe, womit er den Blitz schleudert. In seinem Haupt ist vom Kampf mit einem Riesen ein Steinsplitter stecken geblieben; man hat ihn auf die Felsen gedeutet, die im urbar gemachten Land von Felsstürzen zurückbleiben.

Der mythologischen Ordnung nach entspricht er dem Hephästus oder Vulkan. So scheint ihn Cäsar zu nehmen. In Deutschland aber wurde er als Jupiter aufgefaßt, wie der Donnerstag zeigt (dies Jovis) und die Donnersberge, die lateinisch den Namen mons Jovis führen. Tacitus deutet ihn als Herkules, wozu die Keule, der Besuch in der Unterwelt und die Kämpfe mit den Riesen Veranlassung gaben, welche die Römer an die Arbeiten des Herkules erinnerten: auch Herkules scheint ursprünglich ein Jahresgott gewesen zu sein. Deshalb hat man auch die Herkules- oder Irminsäulen auf Donar beziehen wollen, wie der Ortsname Hermeskeil im Hochwald für Hermenes- oder Donnerkeil bestätigen würde.

Der dritte Hauptgott ist Ziu, an. Thr (gen. Tys), ursprünglich ebenfalls als Himmelsgott zu fassen, an den er aber nur mit dem Namen noch erinnert, wie das verwandte deus, gr. $\vartheta\epsilon\acute{o}\varsigma$. der Leuchtende, Himmlische. Bei den nordischen Stämmen ist er Himmels- und Kriegsgott zugleich, wie sich daraus ergibt, daß er über Wind und Wetter gebietet, mit Odhin und Thor sich also in den Luft- und Regengott theilt; bei den übrigen Stämmen ist er später neben Wotan ausschließlich Kriegs- und Siegesgott geworden und aus seiner frühern Stellung verdrängt. Da die Strahlen des Lichtes als Geschosse gedacht wurden, wie wir ja noch jetzt sagen: die

Sonne schießt ihre Strahlen, so lag der Übergang von einem Licht- zu einem Kriegsgott nahe genug, und je mehr das kriegerische Leben der Germanen überwog, desto mehr mochte er ausschließlich die Natur eines solchen annehmen. Vermutlich liegen die ersten Anfänge dieser Beziehung noch über die Trennung der Germanen vom Urvolk hinaus, denn einen eignen Kriegsgott finden wir bei allen verwandten Völkern, und mit dem der Griechen berührt er sich besonders nah.

Bei manchen Stämmen tritt er unter andern Namen auf. So bei den Baiern als Ero, bei den Sachsen als Heru oder Saxnot. Da Ero mit dem griechischen Ἄρης verwandt scheint, so würde er unter diesem Namen selbst sprachlich mit letzterem zusammenfallen. Heru ist das Schwert, der Gott nach seinem Symbol genannt, Saxnot der Schwertgenosse, wie ihn die spätern Sachsen und Angelsachsen nannten. Heru kehrt im Namen der Cherusker wieder, weshalb man den Volksnamen auch unmittelbar vom Gott ableiten will. Allein Symbol des Gottes konnte das Schwert doch erst werden, nachdem die Stammesgenossen selbst Schwertträger geworden waren, und bei den Sachsen ist der Name des Volks unzweifelhaft von ihrer Waffe, dem alten Stein- oder spätern Schwertmesser abgeleitet.

Ziu wird einarmig gedacht, vermutlich weil das Schwert nur Eine Klinge hat: der Gott wird mit seinem Symbol identificirt. Ihm zu Ehren wurden die Schwerttänze aufgeführt, von denen bereits Tacitus erzählt, und die sich in Städten wie auf dem Lande vielfach das ganze Mittelalter hindurch erhalten haben, in Hessen sogar noch länger und bis auf die neuere Zeit.

Sein Andenken hat sich im Namen des dritten Wochentags erhalten, eigentlich Ziestag, ahd. Ziuwestac, in der alemannischen und schweizerischen Mundart nach jetzt Zischtig, später in Diestag oder Dinstag entstellt, an. Tysdagr, bairisch Ertag, dies Martis. Auch Berge und Orte sind nach ihm benannt: so die verschiednen Duisburg am Rhein und in Brabant, Dinslaken bei Wesel (Martis lacus), Stadtberge oder Eresberg in Westfalen (mons Martis), der Dinsberg bei Wetzlar und andere mehr. Daß er mit Mars identisch ist, geht schon aus Tacitus hervor; wie Cäsar an dritter Stelle zu seiner Mondgöttin kommt, bedarf noch der Erklärung.

Außer den drei Hauptgöttern gab es noch verschiedne andere. Wie Donar und Ziu selbst schon als Söhne Wotan's erscheinen, so werden dem Wotan später noch eine Reihe weiterer Söhne beigelegt, und ebenso konnten sich die übrigen Götter vervielfältigen, indem man einzelne ihrer Äußerungen oder Eigenschaften personificirte. Auch die Halbgötter und Könige stammen wie bei Griechen und Römern von den Göttern ab, bei den nordischen Stämmen ganz allgemein von Odhin.

Nur Ein Gott gehört nicht in diesen Kreis, sondern ist erst später durch den Friedensschluß der Asen mit den Wanen unter die erstern aufgenommen. Es ist der nordische Freyr, ahd. Fro, goth. Frauja der Herr, der Sohn der Erdmutter. Er erscheint speciell als Sommergott, bringt Regen und Sonnenschein und befördert das Wachsthum und Gedeihen der Früchte, aber er ist auch Gott des Friedens, der Liebe und Ehe. Seine Schwester ist die Freyja, ahd. Frouwa, Göttin des Sommers und der Liebe, die ursprünglich zugleich seine Gemahlin war, ähnlich wie Zeus und Hera, Jupiter und Juno. Bei ihrer Aufnahme unter die Asen aber wurde sie die Gemahlin Wotan's. Daß Bruder und Schwester zugleich im Verhältnis von Mann und Frau erscheinen, deutet jedenfalls auf ein hohes Alter des Mythus.

Auch wenn wir die Verbindung der beiden Mythenkreise nicht aus der Verschmelzung verschiedner Stammesculte erklären, erscheint die Aufstellung von besondern Naturgöttern doch sehr nahe liegend und in der innern Entwickelung der Mythologie begründet. Denn nachdem die obersten Hauptgottheiten, die ursprünglich selbst erst aus der Betrachtung der Himmelserscheinungen abstrahirt waren, auf das geistige und sittliche Gebiet übergiengen, wurde ihr Zusammenhang mit der äußeren Natur verdunkelt, und man fand nichts Anstößiges darin, bei der wachsenden Zahl von Göttern und Göttinnen, mit denen sich die gesammte Natur belebte, für die größern Himmelskörper wieder eigne Gottheiten aufzustellen. Die verschiednen Seiten und Beziehungen der Hauptgötter trennten sich, und die Gottheiten der Natur traten in die zweite Reihe. So in der griechisch-römischen Mythologie Phöbus und Artemis, Apollo und Diana; Helios und Selene, Sol und Luna. Sonne und Mond wurden schließlich auch bei uns selbständig personificirt, nur daß umgekehrt wie bei den Alten die Sonne weiblich und der Mond männlich gedacht wurde.

Weniger entwickelt ist bei uns die weibliche Mythologie. Es hat das schon darin seinen Grund, daß man in der Zahl der Göttinnen nicht wie Griechen und Römer stets gleichen Schritt mit der Zahl der Götter zu halten suchte, überhaupt in der Personification weiblicher Gottheiten weniger weit gieng als sie. Da Wotan keine besonderen Götter des Meeres und der Unterwelt zur Seite hatte, so brauchte man nur Eine Hauptgöttin, und ebenso gestaltete sich das Verhältnis in der zweiten Reihe einfacher: Freyja ist Diana, Minerva und Venus zugleich. Aber davon abgesehen fließen die deutschen Gottheiten zum Theil in einander, und es scheint, daß sie sich ursprünglich alle ebenso aus Einer, der Erdmutter, entwickelt haben, wie die Götter aus Wotan dem Himmelsgott. Das Bestreben, für jeden Gott womöglich eine besondere Gemahlin aufzustellen, scheint der deutschen Mythologie fremd.

Die älteste und ursprünglich vielleicht einzige Göttin ist Hel, die Verborgene, d. h. die Erdmutter, die als solche ihren Sitz im Schoß der Erde hat. Von ihr geht alles Leben aus und kehrt wieder dahin zurück. Sie muß daher zuerst eben so wohl eine Göttin des Lebens wie des Todes, des Lichtes wie der Finsternis gewesen sein. Aber in dieser Gestalt, nach beiden Seiten, erscheint sie nicht mehr: sie ist die Göttin der Unterwelt und des Todes geworden, welche die Seelen der Verstorbenen in ihren Schoß zurücknimmt, goth. Halja, ahd. Hellia, mhd. Helle, unser Wort Hölle.

In ihrer Eigenschaft als lebenbringende Erdmutter, als Göttin des Friedens und der Fruchtbarkeit, wird sie seitdem durch andere Gottheiten verdrängt, die bei den verschiednen Stämmen verschiedene Namen geführt zu haben scheinen. Tacitus erwähnt bei den Anwohnern der Ostsee insbesondere die Nerthus, bei einem Theil der Sueven die Isis. Nerthus kann auch aus der nordischen Mythologie belegt werden; die Isis, deren Zeichen ein Schiff war, weshalb Tacitus ihren Cultus für einen zur See eingeführten hält, hat man in Ortsnamen wie Isenburg, Isenstein und ähnlichen wiederfinden wollen, was vorläufig dahin gestellt bleiben muß. Noch unter andern Namen ward sie verehrt.

Indes auch die Erdmutter Nerthus verjüngte sich in Wotan's Gemahlin zur Göttermutter: Freyja oder Frouwa, die Göttin des Lichts und der Wärme, der Liebe und Ehe, und als Gemahlin Wotan's zugleich des Krieges. Sie war ursprünglich die Gemahlin des Freyr oder Fro, von dem sie sich bei der Aufnahme unter die Asen scheiden muste, weil Geschwisterehen hier nicht mehr erlaubt waren. Aber auch Freyja muste zurücktreten und verwandelte sich noch einmal in die Frigg oder Fria, da Wotan ursprünglich als Jahres- und Sonnengott um die Sonnenwende starb und die ihm nach=

trauernde Freyja zu dem höchsten Gott in seiner spätern Gestalt nicht mehr paßte. So gab man Wotan die Frigg oder Fria zur Gemahlin, eine Verjüngung der Freyja, während diese seitdem nur als Göttin des Frühlings und der Liebe erscheint: nach der erstern, die nun an die erste Stelle trat, ist unser Freitag benannt (dies Veneris). Daß beide ursprünglich identisch sind, hat Simrock überzeugend nachgewiesen; noch viele Spuren sind zurückgeblieben, die darauf deuten, daß einst Freyja Wotan's Gemahlin war.

Eine Erweiterung erfahren die weiblichen Gottheiten noch durch die Nornen, die aus einer Vervielfältigung der Hel, und durch die oben schon besprochenen Walküren, die aus einer Vervielfältigung der Freyja entstanden sind. Die Nornen sind die Schicksalsgöttinnen, der Zahl nach gewöhnlich drei, zuweilen aber auch sieben oder zwölf. Sie haben sich in Sagen und Mährchen vielfach erhalten, obgleich ihr Name in Deutschland erloschen scheint. Die Walküren sind die Schicksalsgöttinnen der Schlacht, die Todtenwählerinnen wie die Schenkmädchen Wotan's, die mit der Freyja die Gefallenen nach Walhall bringen und ihnen dort aufwarten; mit der Freyja sieben oder dreizehn, obwohl sie auch zu drei oder neun zusammen reiten. Im Norden werden sie unter einem andern Namen Disen, in Deutschland Idisen genannt, weshalb man das Schlachtfeld an der Weser neuerdings in Idisiaviso umgedeutet hat, nympharum pratum, die Wiese der Idisen oder Walküren.

Abweichend von der griechischen und römischen Mythologie hat die deutsche neben den Riesen in den Zwergen auch die kleinen, stillwirkenden Kräfte der Natur personificirt. Sie lassen das Gras wachsen, bauen das Erz in der Erde, schmieden kunstreichen Schmuck und kostbare Waffen, arbeiten und spinnen. Den Menschen sind sie bald freundlich, bald feindlich gesinnt, doch stehen sie im Dienst der Götter, sind nicht wie die Riesen deren Feinde, und auch im Verkehr mit den Menschen überwiegt die wohlthätige, gutartige Seite. Man kann sie wie die Riesen nach den vier Elementen abtheilen und als Erd-, Luft-, Wasser- und Feuergeister (wozu auch die Haus- und Herdgeister gehören) unterscheiden. Eigentliche Zwerge oder Wichte, die in der Erde wohnen, sind nur die erstern, die andern sind Elben oder Alfen. —

So war unsere Mythologie wenn auch in anderer Art, doch nicht minder reich und mannigfaltig ausgebildet wie die griechische und römische, nur daß sie einen tiefern sittlichen Ernst, mehr kriegerischen Geist und eine sinnigere Naturbetrachtung zeigt, Züge, welche im Alterthum zurücktraten, während umgekehrt die heitere Schönheit, in der die Götter Griechenlands strahlen, den deutschen versagt ist.

Man könnte sagen, daß trotz allem Fortschritt, der auch in unsrer Mythologie nicht zu verkennen ist, die Götter noch mehr von dem elementaren Charakter bewahrt haben, aus dem sie hervorgegangen sind: da ist alles riesenhafter, ungeheurer, furchtbarer, aber auch unruhiger, wilder, gewaltiger erregt.

Es kommt aber für den heidnischen Menschen vielleicht weniger darauf an, was angebetet wird, als wie er es anbetet, d. h. auf die eigne religiöse Gesinnung, auf das lebendige Gefühl der Abhängigkeit von Gott, die Innigkeit seines Glaubens, die Bethätigung seiner Pflicht, um nicht zu sagen Liebe, denn die wahre Liebe und Barmherzigkeit hat erst mit dem Christenthum ihren Einzug in die Welt gehalten. Sie war vor der Bekehrung den Germanen so gut fremd wie den Griechen und Römern: nur in der ihnen vorzugsweise nachgerühmten Treue, in ihrer opferwilligen Hingabe an Könige und Fürsten und in ihrer Großmut hatten sie vielleicht mehr

Empfänglichkeit dafür als die Völker der alten Welt. In der heiligen Scheu vor den Göttern, dem Gehorsam gegen ihre Vorschriften und Befehle und der eignen Demütigung aber braucht der Heide dem Christen nicht nach zu stehen. Und gerade diese Züge, die Demut und Innigkeit, die sich in unserm Cultus kund gaben, stehen unerreicht da. Dazu kam die sittliche Unverdorbenheit, die das Volk allerdings wie kein anderes für das Christenthum empfänglich machte. Selbst in den äußern Zügen des Cultus, dem Entblößen des Hauptes, dem Knien und Händefalten beim Gebet, in den verschiednen Opfern, die sich als Sühnopfer, Dankopfer und Bittopfer unterscheiden lassen, ja sogar in den drei großen jährlichen Festen im Frühjahr, Sommer und Winter, die dem christlichen Oster-, Pfingst- und Weihnachtsfest parallel gehen und mit denen gewiß schon in ältester Zeit die allgemeinen Landesversammlungen und die ächten oder ungebotenen Gerichte verbunden waren, hat man die Verwandschaft unsers heidnischen Cultus mit dem christlichen oder wenigstens die Empfänglichkeit unseres Volks dafür finden wollen. Nur deshalb konnte ja auch die Kirche so viele heidnische Gebräuche unverändert stehen lassen und ihnen ohne Mühe mit leichter Umdeutung einen christlichen Sinn unterschieben, vor allem beim Jul- oder Weihnachtsfest, wo in der dunkelsten Zeit des Jahres das Fest der Wiedergeburt der Sonne gefeiert, das Opfer beleuchtet und ein Baum mit Lichtern angezündet wurde, der dann zum Lohn den Sterblichen selbst wieder seine Gaben brachte.

Daneben ist aber doch nicht zu verkennen, daß wie überall so auch bei uns zugleich mannigfacher Aberglaube, Wahrsagerei und Zauberei und zuletzt selbst eigentlicher Götzendienst mit dem Heidenthum verbunden waren, nur daß die schlimmen Seiten glücklicherweise nicht Zeit genug hatten, sich zu entwickeln und die guten zu überwuchern. Gerade zur rechten

Zeit lernten die Gränzvölker des römischen Reichs das Christenthum kennen.

Die Gegenstände des Cultus, welche angebetet und denen Opfer dargebracht wurden, waren allein Götter oder Geister. Denn wenn auch der Cultus von einem Naturdienst ausgegangen war, so war man doch über die eigentliche Verehrung der Elemente selbst, über eine Anbetung von Thieren, Bäumen und Steinen längst hinaus. An Thieren, Pflanzen oder Steinen haftet nur darum Heiligkeit, weil sie Göttern geweiht oder nach ihnen benannt sind.

Im Gebet bringt der Mensch den Göttern seine Gesinnung zum Opfer, im Opfer (vom lat. offerre, ahd. neihunga) bringt er ihnen zugleich etwas von seiner Habe, um sie zu versöhnen, ihnen zu danken, sie sich geneigt zu machen. Denn die Versöhnung des Menschen mit Gott ist der innerste Kern jeder Religion; darum ist das Opfer der Mittelpunkt des Cultus.

Besondere Feste mit Umzügen, dem Umherführen der Götterbilder und andern gottesdienstlichen Handlungen dienen nur dazu, die Heiligkeit besonderer Zeiten auszuzeichnen und die Götter zu feiern, denen die Zeiten geweiht sind. Mit allen heidnischen Opfern und Festen aber waren Mahlzeiten und Gelage verbunden, eine Sitte, die sich ja in gewissem Sinn auch bei der Feier unserer christlichen Feste erhalten hat. Denn auch der Leib des Menschen will mitfeiern und sein Recht haben.

Dem Wotan allein wurden noch Menschenopfer gebracht, wie Tacitus sagt. Es ist ein uralter Gedanke, daß zur Sühne Blut vergossen werden müsse. Das blutige Opfer Abels, der als Hirt von den Erstlingen seiner Heerde opferte, steht am Anfang aller Geschichte: es gefiel dem Herrn besser als das Opfer Kains, der von den Früchten des Feldes opferte. Menschen aber waren die kostbarsten und daher wie man dachte dem Gott die willkommensten Opfer; vor allem gefielen sie dem Wotan, der den Geopferten dafür Aufnahme in Walhall verlieh. Man nahm vorzugsweis Verbrecher, kriegsgefangene Feinde oder erkaufte Knechte dazu, im Notfall auch andere, ja im nordischem Alterthum kommt es einmal vor, daß das Volk in schwerer Hungersnot seinen eignen König opfert, um die erzürnten Götter zu versöhnen. Nach der Varusschlacht waren es die vornehmsten gefangenen Römer, die geopfert wurden: ein solcher Sieg muste nach barbarischer Sitte auch besonders gefeiert werden. Nach dem großen Sieg an der Rhone opferten die Cimbern sogar alle Gefangenen den Göttern; eben so wurde alle Beute geopfert und in die Rhone versenkt. Oft wurden die Gefangenen schon vor der Schlacht dem Wotan geweiht, wenn er den Sieg verleihe. Den Göttern weihen bedeutet nichts weiter als opfern oder zum Opfer bestimmen: es ist nicht viel anders, wie wenn in unsern heutigen Schlachten bei großer Erbitterung kein Pardon gegeben wird. Gewöhnlich aber waren es nur schwere Verbrecher, die man opferte, wieder ein Beweis, wie die den Priestern zustehende Vollziehung der Strafen und das Recht der Opfer im engsten Zusammenhang standen.

Den andern Göttern wurden Thiere geopfert (Herculem ac Martem concessis animalibus placant). Man unterschied opferbare und nicht opferbare; jene wurden Ziefer genannt (goth. tibr, ahd. zëpar), woraus sich die verächtliche Bedeutung von Ungeziefer erklärt. Es waren vor allem Pferde, Rinder, Schweine, Lämmer, Ziegen und Federvieh. Besonders wohlgefällig waren Pferdeopfer, weil das Pferd dem Wotan heilig war: in den heiligen Hainen wurden weiße Pferde gehalten, die nur zum Wahrsagen oder zum Ziehen des göttlichen Wagens, sonst aber zu keiner menschlichen Arbeit dienten. Deshalb wurden andere Pferde auch gern geopfert und deren

Fleisch bei den Mahlzeiten gegessen, eben so wie es bei Indern, Persern und Slaven gebräuchlich war. Die Kirche verbot später den Genuß von Pferdefleisch, weil er an die heidnischen Opfer erinnerte, und so mag jene weit verbreitete Abneigung dagegen entstanden sein, der wir noch jetzt begegnen. Ursprünglich war es anders und blieb es im Norden noch längere Zeit. Im Gothischen hat sogar der Dornbusch, womit das Roßopfer angezündet wurde, davon den Namen Roßzünder (aibvatundi). Denn wie das Opfer nur in reinem Feuer verbrannt werden durfte, so muste es auch mit besonders geweihten Sträuchern angezündet werden.

Nur die Eingeweide, Herz, Leber und Lunge, wurden auf dem Altar verbrannt, das übrige gekocht oder gebraten, an die Anwesenden vertheilt und verzehrt. Öffentliche Opfer für die Gemeinde konnten nur die Priester darbringen, an der Opfergemeinschaft und dem Opferschmaus aber nahm die ganze Versammlung Theil, wie denn die Mahlzeit auch aus gemeinschaftlichen Beiträgen bestritten wurde. Das Blut wurde in Kesseln aufgefangen, in welche man Wedel tauchte, um das Volk zu besprengen oder Altäre und Götterbilder damit zu bestreichen.

Wie Grimm will, würde der Gebrauch, beim Schlachten der Schweine für den Wintervorrat zugleich ein Gastmahl anzurichten und Nachbarn oder Freunden Fleisch und Wurst zu schicken, auf die alte Opfermahlzeit und Opfergemeinschaft zurück führen.

Bei geringern Opfern wurden wohl auch nur Früchte des Feldes dargebracht, sei es verbrannt, oder geweiht und den Priestern verehrt. Der Gebrauch, etwas für die Götter auf dem Felde stehen zu lassen oder von Speisevorräten für sie bei Seite zu thun, hat sich in mancherlei Anwendungen bis auf die neuere Zeit erhalten.

Tempel und Bilder haben die Germanen ursprünglich nicht gehabt. Wenigstens bemerkt Tacitus, sie hielten zu groß von den Göttern, als daß sie glauben sollten, dieselben ließen sich in Wände einschließen oder unter menschlicher Form darstellen (nec cohibere parietibus Deos neque in ullam humani oris speciem adsimulare ex magnitudine coelestium arbitrantur). Darum weihten sie lieber Haine und Wälder, fährt er fort, und verehrten darin die unsichtbare Gottheit. An einer andern Stelle erzählt er, daß die suevischen Stämme bei den Semnonen in einem Wald ihr Bundesheiligthum hätten und zu festgesetzter Zeit darin den Bund mit Menschenopfern erneuerten. Niemand gehe anders als gebunden in den heiligen Hain, zum Zeugnis der Abhängigkeit von göttlicher Macht, und wer dabei falle, dürfe nicht wieder aufstehen, sondern müsse kriechend den Hain verlassen. Es war offenbar eine alte Cultusstätte Wotan's: wie Tacitus selbst hinzufügt, daß hier der allwaltende Gott verehrt werde (regnator omnium Deus), dem alles andere unterworfen und dienstbar sei (cetera subiecta atque parentia).

Daß die Götter von Alters her am liebsten in Hainen und Wäldern verehrt wurden, daß ihnen viele Wälder deshalb geheiligt waren, ja die Götter dann auch umgekehrt von Hainen, wo sie verehrt wurden, den Namen erhielten, ist bekannt genug und aus späterer Zeit vielfach bezeugt. Daher bedeuten viele Ausdrücke der alten Sprache Wald und Heiligthum zugleich, so namentlich forst und loh. Der erste hat sich erhalten und bezeichnete in der christlichen Zeit zunächst die königlichen Bannwälder, die wohl auch sachlich mit den alten heiligen Wäldern zusammenhängen und daher ihren ersten Ursprung ableiten; das Wort Loh, lat. lucus, wird jetzt nur noch als Eigenname für Feld- oder Waldorte gebraucht und scheint besonders in Deutschland zur Bezeichnung heiliger Haine üblich gewesen zu sein, wie sich daraus ergibt, daß vorzugsweise einzelne kleine isolirte Waldstücke vielfach bis auf die Gegenwart sich unter diesem Namen erhalten haben. Eben so waren einzelne Bäume, wie Eschen, Buchen, Linden oder Eichen, die letztern besonders gern, den Göttern heilig, die Linde der Freyja, die Eiche dem Donar. Mit dem Fall solcher heiligen Bäume wie der Donnerseiche zu Fritzlar war deshalb regelmäßig auch der Fall des Heidenthums entschieden.

Wir können zugleich daraus schließen, daß das Volk zu der Zeit, von welcher Tacitus berichtet, selbst noch nicht vollständig seßhaft im Land, oder es erst vor kurzem geworden war. Denn wäre es schon lange haushäblich darin eingerichtet gewesen, so würde es auch seinen Göttern Häuser gebaut haben: der erwachende Kunsttrieb versucht sich überall zuerst im Bau von Tempeln und, sobald dies geschieht, auch in der Darstellung von Symbolen oder Bildern der Götter, für welche die Tempel bestimmt sind.

Es ist deshalb auch nicht lange mehr bei diesem reinen und einfachen Cultus im freien Wald oder in heiligen Hainen geblieben. Schon Tacitus erzählt von einem Tempel der Tanfana, der bei dem Verwüstungszug des Germanicus im Gebiet der Marser dem Erdboden gleichgemacht sei: der Name der Göttin hat bis jetzt trotz allerhand Erklärungsversuchen noch nicht mit Sicherheit gedeutet werden können, ein Heiligthum und einen Tempel aber muß sie jedenfalls gehabt haben, denn ein bloßer Hain braucht nicht mehr dem Erdboden gleich gemacht zu werden. Eben so weiß Tacitus, daß in den Hainen auch Bilder aufbewahrt werden, welche die Germanen im Krieg herausholen und mit in den Kampf nehmen. Und aus dem skandinavischen Norden erfahren wir später, daß es nicht bloß hölzerne Tempel, sondern vor allem zahlreiche Bildsäulen von Holz gab, die in den Tempeln oder Hainen und regelmäßig selbst in den Häusern aufgestellt waren. Daß es dabei nicht an Aberglaube und Betrug fehlte, zeigt eine ergötzliche Geschichte, die in grellem Contrast zu dem Bericht des Tacitus von dem Heiligthum der Semnonen steht und deutlich den Verfall des Cultus in der spätern Zeit bekundet. Es wird nämlich bei der Bekehrung zum Christenthum von einem nordischen Götzenbild erzählt, das tägliche Nahrung zu sich genommen habe, bis sich nach seinem Sturz herausstellte, daß es Mäuse waren, welche im Innern sich eingenistet und das Futter verzehrt hatten.

Indes auch in Deutschland müssen später Tempel und Bilder häufiger geworden sein, wie die mannigfachen Ortsnamen zeigen, die vom ahd. alah, goth. alhs Tempel, abgeleitet sind. So ein Alahstat in den Fulder Schenkungen, das neuerdings auf ein ausgegangenes Dorf bei Jesberg in Hessen bezogen wird; ein anderes Alachstat in den Lorscher Schenkungen, das in der Wetterau lag und jetzt ebenfalls ausgegangen ist; mehrere Alstädde in Westfalen; Allerstädt bei Wiehe in Thüringen, in alter Schreibung Alahsteti; Alahdorf bei Schwäbischhall, jetzt in Altdorf entstellt; Alahesfelt im Fulder Schenkregister, wohl nicht das heutige Alsfeld in Oberhessen; Alsheim bei Worms und ein zweites bei Speier, alt Alahesheim; der Ahlberg bei Grebenstein in Hessen und andere mehr; auf verhältnismäßig kleinem Raum also doch eine recht ansehnliche Menge. Ohne Zweifel würde die Entartung, welcher das Heidenthum bei längerm Bestand überall ausgesetzt ist, auch bei uns eingetreten sein. Aber es war eben das Glück, daß, ehe der alte Glaube verfiel, das Christenthum Aufnahme fand, das die Tempel in Kirchen verwandelte. Wenigstens war dies das Schicksal der meisten; nur solche, die in freiem Feld oder im Wald standen, musten zerstört werden, wenn sie nicht, was mitunter geschah, ebenfalls in Kirchen oder Capellen verwandelt wurden. Dafür war die Kirche besonnen genug, eine Menge unschuldiger Gebräuche, in denen sich das religiöse Gefühl aussprach, bestehen zu lassen und mit christliche Weihe zu versehen.

Darin daß die Tempel zugleich als Zeughäuser dienten, wie vielfach noch im Mittelalter die Kirchen, sehen wir wieder die unmittelbare Beziehung des religiösen Cultus zum Kampf und Krieg. Von dort wurden die Bilder und Feldzeichen zum Kampf abgeholt, hierhin wurden die erbeuteten Waffen und Trophäen gebracht. Die Feldzeichen verwandelten sich später in Banner und Fahnen; gewis aber ist die Sitte, solche in den Kirchen wenn auch später nur als Trauerfahnen aufzuhängen oder bei feierlichen Anlässen in dieselben mit zu nehmen und um den Altar aufzustellen, ursprünglich heidnisch. Von jeher haben nationale Heiligthümer zugleich als Waffenplätze gedient. Ohne Zweifel sind die Ringwälle nicht bloß die ältesten Festungswerke, sondern zum Theil auch uralte Opferstätten gewesen, dann meist wohl beides zugleich. —

Der Cultus führt uns schließlich wieder auf die Sprache zurück, von der wir im ersten Capitel ausgegangen sind. Denn die ersten Anfänge der Nationalliteratur, die bei jedem Volk poetische sind, schließen sich überall an den religiösen Glauben und Cultus an.

Auch hier sind wir nicht auf die fremden Schriftsteller beschränkt, denen allerdings die deutschen Laute rauh und hart klingen mochten, sondern es stehen uns eigne Überlieferungen zu Gebote, die das, was die Alten über unsere Sprache sagen, in einem andern Licht erscheinen lassen und nahezu wertlos machen. Denn wir haben das seltne Glück, in der gothischen Bibelübersetzung des Ulfilas aus dem 4. Jahrhundert nach Christi Geburt einen Rest unserer alten Sprache zu besitzen, der in der That mit Vilmar zu reden wie eine Riesenburg am Eingang unserer Geschichte steht. Es sind uns zwar fast nur die Evangelien erhalten und selbst diese nicht einmal vollständig, aber schon die erhaltnen Bruchstücke genügen, um uns ein Bild von dem wunderbaren Reichthum und Wohllaut der alten Sprache, wie von der gewaltigen Geisteskraft des Übersetzers und der außerordentlichen Bildungsfähigkeit seines Volks zu geben. Freilich war das Gothische besonders wohllautend, wie denn das Volk weicher als die übrigen gewesen zu sein scheint, allein die Reste des Althochdeutschen und Altsächsischen, der Krieft von Otfried und der Heliand, die aus dem 9. Jahrhundert stammen, schließen sich in ihrer Art ebenbürtig an die Bibelübersetzung des Ulfilas an. Indes die Anfänge der deutschen Literatur gehören erst dem Ende der folgenden Periode an, und auf die Geschichte der Gothen und ihre frühzeitige Bekehrung zum Christenthum einzugehen, liegt außer den Gränzen unserer Aufgabe. Zudem ist die Literaturgeschichte so gut wie die Mythologie aus dem Rahmen rein historischer Darstellung vollständig herausgewachsen.

Gewis ist der Charakter der alten Sprache ein wesentlich anderer wie der der heutigen, darum aber nicht roher oder schlechter. Denn die Geschichte der Sprache geht mit der geistigen Entwickelung der Völker Hand in Hand, und wie jede Zeit ihr Recht hat, so hat auch jede Entwickelungsstufe der Sprache ihre Vorzüge und Mängel.

Die alte Sprache ist die der Kindheit und Jugend der Völker, sie liebt das Anschauliche und Concrete, die sinnlichen Bilder, die vollen Formen und Flexionen, aber sie ist verhältnismäßig arm an abstrakten Begriffen, ohne gegliederten Satzbau, ohne eigentliche Syntax. Es ist die Sprache der Empfindung, die sich weniger zum raschen Gedankenausdruck und zur begrifflichen Darstellung, aber um so besser für die Dichtung eignet. Später tritt umgekehrt das Reflettirte und

Abstrakte mehr hervor, es entsteht eine künstliche Gliederung der Gedanken und eine künstliche Syntax, während das sinnliche Element verblaßt und die Formen sich abschleifen. Wie der Mann anders redet als das Kind, so auch das Volk, wenn es in ein reiferes Alter gelangt. Verstand und Logik verlangen ihre Rechte, es geht zur nüchternen Prosa über, und diese sagt ihm nun besser zu als die sinnliche und poetische Ausdrucksweise der frühern Zeit. Aber der Fortschritt muß mit Opfern erkauft werden, mit der größern Beweglichkeit und Begriffsmäßigkeit verträgt sich der frühere Formen- und Bilderreichthum nicht mehr, und so steht die alte Sprache in ihrer eigenthümlichen Schönheit eben so hoch als die spätere. Und bei aller Veränderung bleibt der innerste Kern und Gehalt der Sprache der gleiche, gerade so wie das Volk selbst im Lauf der Zeit ein anderes wird und doch im Grund dasselbe bleibt, so lange es seine Nationalität bewahrt, wozu vor allem gerade die Sprache gehört.

Auch eine Art Alphabet war bereits vorhanden, nur diente es in der ältesten Zeit nicht zum Schreiben, weil dazu kein Bedürfnis vorlag. Der Gebrauch der heiligen Zeichen oder Buchstaben war nur den Priestern und Adelsgeschlechtern, besonders auch vornehmen Frauen und Jungfrauen bekannt und diente zum Looswerfen und Wahrsagen, wie zur Herstellung von Zauberformeln, Segenssprüchen oder Verwünschungen. Daher erklärt sich das spätere Verbot der alten Buchstaben durch die Kirche.

Denn unsere heutigen sind die des lateinischen Alphabets, nicht die ursprünglichen. Das waren die sogenannten Runen, ahd. runa, wovon noch unser heutiges raunen kommt, eigentlich Geheimnis, weil die Buchstaben wie in den semitischen Sprachen Anlautzeichen bestimmter Worte waren, deren Gebrauch und Bedeutung das gemeine Volk nicht verstand. Sie wurden als Bilderzeichen oder Träger von Begriffen gefaßt, wie es die sinnliche Betrachtung der Zeit mit sich brachte, zugleich ein Beweis, daß die Germanen bei ihrem Eintritt in die Geschichte auch relativ viel weiter zurück waren als Griechen und Römer, die sich längst alle Überlieferungen ägyptischer und asiatischer Cultur angeeignet hatten.

Die Runen wurden in Stäbe von Buchenholz eingeschnitten oder geritzt, daher der Name Buchstabe; später auch wohl nur aufgemalt. So erklärt sich ihre eckige, geradlinige Form, weil man bei dem Einschneiden oder Einreißen solche Züge wählte, die sich leicht auf das Holz übertrugen, anders wie bei Griechen und Römern, wo man steinerne und eherne Tafeln hatte, welche gehauen oder gegossen wurden und daher eben so leicht runde wie gerade Züge annahmen.

Lebendig wurden die mystischen Zeichen erst durch die Worte, die ihnen der Kundige im Lied oder in der Formel unterlegte. Daher lag auch der Runenzauber nicht schon in den Zeichen selbst, sondern in dem dazu gesungenen Lied oder Spruch, worin sie als Anlaute bestimmter Hauptworte wiederkehrten. Stab hieß die Rune selbst, Stäbe hießen auch die gleich anlautenden Hauptworte, auf welche der Vers aufgebaut war: der Stabreim oder die Alliteration war also die älteste Form unserer Poesie. Die Zeichen, in denen man den Willen der Götter zu erkennen glaubte, dienten nur zur Vermittelung des Zaubers oder der Weissagung.

In der Folge lernte man im Verkehr mit den Völkern der alten Welt auch das eigentliche Lesen und Schreiben, d. h. das zusammenhängende Buchstabiren und die vollständige Wiedergabe der Begriffe durch die Runen. Aus Wort- oder Bilderzeichen wurden Lautzeichen, und seitdem brauchte man sie auch zu Inschriften. Solche sind auf Steinen, Gräbern, Werkzeugen, Geräten oder Münzen einzelne erhalten, aus Deutschland und Britannien wie aus dem skandinavischen Norden, die ältesten jedoch erst aus dem 4. und 5. Jahrhundert nach Christi Geburt (eine schleswig'sche etwa aus der Zeit der Bibelübersetzung des Ulfilas und eine burgundische aus etwas späterer Zeit). In den Steinmetzzeichen und Hausmarken hat der Gebrauch der Runen das ganze Mittelalter hindurch fortgedauert, als zur Schrift längst das lateinische Alphabet üblich geworden war.

Merkwürdigerweise sind die Runenzeichen schon die gewöhnlichen des phönicisch=europäischen Alphabets, daher nicht bloß mit den griechischen und lateinischen, sondern auch mit den etruskischen Buchstaben verwandt. Wie diese Verwandschaft zu erklären sei, ist im einzelnen noch ein ungelöstes Rätsel. Zuerst glaubte man, die Germanen hätten die Runen schon bei ihrer ersten Einwanderung aus dem Osten mitgebracht. Allein nach neuern Untersuchungen sind sie ihnen erst später, wenn auch in vorhistorischer Zeit, auf dem Wege des Handels zugekommen, sei es von Griechenland und dem schwarzen Meere aus auf der alten Bernsteinstraße, sei es über Italien oder Gallien. An eine vollständige Entlehnung braucht dabei nicht gedacht zu werden, denn hätte wirklich eine solche statt gefunden, so würde man wohl auch wie in Griechenland die fremden Namen der Buchstaben mit herüber genommen und die Zeichen alsbald zur eigentlichen Schrift benutzt haben. Das wahrscheinlichste ist also, wie Müllenhof will, eine mittelbare Überlieferung durch die östlichen oder westlichen Nachbarn der Germanen, wobei ihnen die Buchstaben aber schon nicht mehr im eigentlichen Schriftgebrauch, sondern als Loos= und Zauberzeichen zukamen. Indes wie man sich die Sache vorstellen mag, es bleiben immer noch Bedenken und Zweifel übrig, die vorläufig nicht alle zu heben sind. Daß aber ein uralter Verkehr phönicischer und griechischer Kaufleute mit dem Norden bestand, wenn auch nicht direkt mit der Bernsteinküste, ist unzweifelhaft; der Verkehr wurde im Mittelalter von den Arabern fortgesetzt, wie zahlreiche arabische Münzen zeigen, die man in Skandinavien und auf den Inseln gefunden hat.

Ursprünglich waren es nur funfzehn oder sechzehn Zeichen, später wurden von den verschiednen Stämmen noch weitere hinzugesetzt (bis zu zwei und zwanzig), wie es der Fortschritt der Mundarten mit sich brachte, zuletzt wohl auch um das lateinische Alphabet vollständig in Runen ausdrücken zu können. Da sich ein einziges Runenalphabet als die Quelle aller andern herausgestellt hat, muß die Aufnahme schon zu einer Zeit erfolgt sein, da alle germanischen Stämme noch Ein Ganzes ausmachten.

Ulfilas bildete für seine Bibelübersetzung theils aus gothischen, theils aus griechischen und lateinischen Buchstaben ein neues, vermutlich weil er so am leichtesten seiner Schrift Verständnis und Eingang zu verschaffen glaubte. Denn die Runen reichten nicht aus, eine Übertragung der griechischen Schrift aber würde wohl auf große Schwierigkeiten gestoßen sein. Sein Alphabet steht also in der Mitte zwischen dem ursprünglichen und dem heutigen; es ist nicht das allgemeine geworden, weil die übrigen deutschen Stämme unter dem Einfluß der christlichen Kirche nachmals das lateinische annahmen. Daß dadurch das Verständnis der römischen Literatur wesentlich befördert wurde, bedarf keiner weiteren Ausführung.

Die Runen führen uns auf die älteste Poesie. Denn alle feierliche Rede war in der ältesten Zeit poetisch oder gebunden. Sie diente in dieser Form namentlich zur Verkündung des Götterwillens, wie es in den durch das Loos bestimmten Runenstäben verborgen lag. Drei Stäbe wurden gezogen, jedem Stab zwei oder drei Worte mit dem Anlaut der gezogenen Stäbe untergelegt: auf alle Worte mit gleichem Anlaut konnte die Rune gedeutet werden. In ähnlicher Art waren die Zaubersprüche gefaßt, womit der in den Runen liegende Zauber geweckt wurde, gewis eine naive und kindliche Anwendung dieser mystischen Zeichen, und doch ein Tiefsinn, daß man erst dem Wort die lebendig machende Kraft beilegte.

Auch die ersten Anfänge der epischen Poesie scheinen in die älteste Zeit zurück zu reichen. Bei allen Stämmen gab es Lieder und Gesänge, in denen die Thaten der Götter wie der Könige und Helden gefeiert wurden. So erfahren wir aus Tacitus' Annalen, daß Armin noch zu seiner Zeit besungen wurde, etwa drei Menschenalter nach der Varusschlacht; in der „Germania" ist namentlich von Schlachtgesängen die Rede, womit die Heere in den Kampf zogen (Herculem ituri in proelia canunt), eben so daß des Volkes Abstammung in Gesängen verkündet werde und diese die einzige Art geschichtlicher Überlieferung seien (quod unum apud illos memoriae et annalium genus est).

Leider ist uns von diesen ältesten poetischen Erzeugnissen nichts erhalten, so wenig wie uns die spätere Heldensage aus den Zeiten der Völkerwanderung, worin sich der altheidnische Göttermythus noch einmal wiederspiegelt, in ihrer ursprünglichen Gestalt überliefert ist. Karl der Große soll die Reste der alten Nationalliteratur gesammelt haben, aber auch diese Sammlung ist nicht auf uns gekommen, ohne Zweifel weil der Clerus, welcher im Mittelalter die literarischen Erzeugnisse durch Abschriften verbreitete, dies bei allen, die mit heidnischen Vorstellungen zusammenhiengen, unterließ.

Nur die eigentliche Form, in welcher unsere ältesten poetischen Erzeugnisse abgefaßt waren, ist nicht verloren, da sie zum Theil in den erhaltnen Denkmälern späterer Zeit wiederkehrt und in gewissem Sinn bis auf den heutigen Tag in unserer Sprache und Rede lebendig geblieben ist. Es ist nicht der Reim oder ein auf Länge und Kürze der Silben beruhendes Versmaß, wie es die Griechen und Römer für ihre Poesie anwandten, sondern der schon oben erwähnte Stabreim oder die Alliteration, wie sie durch die Verbindung mit den Runenstäben geboten war und auf dem gleichen Anlaut der Worte beruht. Darum hängt auch das neue Accentprincip unserer Sprache damit zusammen, denn natürlich wurde der Anlaut nun auch stärker betont, um die Stäbe hervorzuheben und die Hörer alsbald zu überzeugen, daß die Worte in der That die gleichen Anlaute enthielten. Denken wir uns, daß sie bei Kriegsliedern oder Schlachtgesängen, wobei das ganze Heer sang, zugleich durch das Anschlagen der Waffen an die Schilde, oder in anderer Weise noch stärker hervorgehoben wurden, so muß der Klang solchen Gesangs von ferne allerdings dem Rauschen des Waldes oder dem Brausen des Meeres ähnlich gewesen sein. Es war das wilde Heer Wotan's, das leibhaftige Gestalt angenommen hatte.

Wie geläufig diese neue Form der Alliteration unserer Sprache wurde, sehen wir daran, daß sie selbst in der prosaischen Bibelübersetzung des Ulfilas mannigfach durchklingt und in zahllosen Redensarten noch jetzt fortdauert. Eben so alliteriren viele Formeln unseres ältern Rechts, wie schon die mittelalterliche Unterscheidung der Verbrechen zeigt, je nachdem sie an Haut und Haar, Hals oder Hand oder Leib und Leben gehen: Jacob Grimm hat eine reichhaltige Sammlung in der Einleitung zu den Rechtsalterthümern veröffentlicht. Aber auch die gewöhnliche Sprache unseres alltäglichen Lebens ist mit solchen Formeln und Redensarten bis auf den heutigen Tag durchsetzt und empfängt von ihnen vielleicht das beste Theil ihrer Lebendigkeit und Energie; es sei beispielsweise nur an Ausdrücke erinnert wie: Bau und Besserung, Bausch und Bogen, durch Dick und Dünn, Erb' und Eigen, Feuer und Flamme, weder Fisch noch Fleisch, frank und frei, ganz und gar, gut und gern, gäng und gäbe, Glück und Glas, Haus und Hof, hoch und heilig, kurz und klein, Lust und Liebe, mit Mann und Maus, bei Nacht und Nebel, ohne Ruh' und Rast, Schutz und Schirm, Stock und Stein, Stumpf und Stiel, singen und sagen, Thür und Thor, Wind und Wetter, Wunsch und Wille, zittern und zagen. Freilich kommt uns darin die eigentümliche Kraft und Gewalt, wie sie der alten Alliteration eigen war, kaum noch zum Bewustsein, aber es ist doch noch ein Hauch des altgermanischen Geistes, der unsere Sprache durchweht.

Wir sind am Schluß und stehen damit vor einem der größten Wendepunkte der Geschichte. Das römische Reich war christlich geworden und die germanische Welt durch den Zusammenstoß mit dem römischen Reich wenigstens dem Christenthum entgegen geführt und in mannigfache Berührung mit ihm gekommen. Denn was die frühere Zeit von der folgenden scheidet, das ist vor allem der Gegensatz von Heidenthum und Christenthum: bis dahin gehörte unser Volk sich allein an, mit Chlodwig und der Gründung des fränkischen Reichs ward es ein Glied der Kirche und ein Hauptträger der gesammten abendländischen Bildung. Die Kämpfe zwischen christlicher und heidnischer Weltanschauung und innerhalb der Kirche wieder zwischen Katholicismus und Arianismus begannen nun auch bei ihm, aber der Sieg des Christenthums war bereits entschieden, sobald der Kampf begann. Nur wenige Stämme setzten ihm einen entschiednen und längern Widerstand entgegen; vielleicht wären auch sie ohne Schwert gewonnen, wenn man ihnen Zeit gelassen und mit dem Glauben nicht zugleich ihre alte Freiheit bedroht hätte.

Und doch könnte man nicht sagen, daß das Christenthum

dem Wesen und Charakter unseres Volks irgendwie fremd oder gar feindselig gewesen wäre: der deutsche Geist würde sich dann nicht so tief von ihm haben durchdringen lassen. Er wurde nur auf eine neue, höhere, ihm völlig sympathische Entwickelungsstufe gehoben.

Nehmen wir einen kirchengeschichtlichen Standpunkt ein, so möchte man beinahe sagen, daß alles, was unser Volk bis dahin erlebt und erduldet, erkämpft und errungen, verloren und eingebüßt hatte, nur eine Vorbereitung zum Christenthum gewesen sei, als ob vornämlich ihm das Wort des Herrn gelte „und ich habe noch andere Schafe, die sind nicht aus diesem Stalle".

Aber auch die rein historische, profangeschichtliche Betrachtung wird es doch kaum für Zufall halten, daß das einzige Weltreich, welches Dauer gehabt hat, gerade zu der Zeit die Culturvölker des Alterthums zu Einem Ganzen verband, da Christus und mit ihm die neue Weltreligion in die Welt kam. Denn nur dadurch wurde die spätere rasche Ausbreitung des Christenthums möglich. Und eben so wenig scheint es Zufall, daß der neue Glaube und die neue Lehre gerade zu einer Zeit verkündet wurden, als die heidnische Form des religiösen Bewustseins sowohl bei den Völkern der alten Welt, wie bei den neu in die Geschichte eintretenden Germanen sich ausgelebt hatte, und daß es, wie wir bereits oben aussprachen, dem römischen Reich nicht mehr gelang, auch das Volk noch in seine Bahn zu ziehen, dessen Glaube und Leben am nächsten der christlichen Lehre verwandt war und von dem allein eine Erneuerung und Verjüngung der alten Welt ausgehen konnte.

So war es denn auch zunächst keine andere Macht, die unter den Stürmen der Völkerwanderung feste Wurzeln schlug als die Kirche; ihr zunächst kam der rasche Wechsel irdischer Reiche zu gute, in ihr allein dauerte die geschlossene Macht und Einheit des römischen Reiches fort. Denn lange vor der Wiederherstellung des abendländischen Kaiserthums war es die Kirche, in der sich die Einheit der abendländischen Culturvölker darstellte; erst in dem fränkischen Reich erschien der neue fruchtbare Keim, der an die Stelle des römischen Reichs auch eine neue weltliche Ordnung der Dinge herbei zu führen berufen war: auf christlichem Grund und unter enger Verbindung romanischer und germanischer Völker, alter und neuer Culturelemente.

Wer aber zunächst die Erbschaft des römischen Reichs antrat und die Überlieferung seiner Bildung, Kunst und Wissenschaft vermittelte, das war nicht das fränkische Reich, sondern die christliche Kirche. Ihr allein ist die Erhaltung alles dessen zu danken, was wir mit einem einzigen kurzen und doch so unendlich vielsagenden Ausdruck klassisches Alterthum nennen.

Seitdem haben Kirche und Abendland bis zur Auflösung des „heiligen römischen Reichs deutscher Nation" im Jahre 1806 in engster Verbindung gestanden: dogmatisch wie staatsrechtlich waren sie als Einheit anerkannt und sanctionirt. Nicht immer ist diese Verbindung eine friedliche gewesen, denn auch der Gegensatz und die Selbständigkeit beider hat zu Zeiten herausgekehrt und behauptet werden müssen, ja darauf allein beruht schließlich alle geistige Entwickelung und alle geistige Freiheit. Aber doch ist dieselbe nach lebhaften und anhaltenden Kämpfen immer auf's neue wieder hergestellt und befestigt worden.

Wenn nun auch diese Form der Verbindung weder mit dem Christenthum selbst noch mit der modernen Auffassung vom Staat vereinbar ist — denn gerade in jenen Kämpfen haben sich die Begriffe Kirche und Staat erst vollständig von einander geschieden —, so ist es doch nur das Christenthum gewesen, was unserem Volk eine längere, fort und fort auf-

steigende Entwickelung möglich gemacht, und selbst in den trüb=
sten Zeiten sich als eine nie versiegende Quelle des Trostes,
geistiger Erhebung und sittlicher Wiederaufrichtung erwiesen
hat. Mit Einem Wort, es ist von dem Augenblick an, wo
das Volk zu ihm übertrat, der Hauptfactor unserer Geschichte
geworden und hat dieser ein neues geistiges Gepräge aufge=
drückt, das bei aller Verwandschaft doch ein ganz anderes ist
als das der Urzeit. Es ist in unser Fleisch und Blut über=
gangen, und das Volk kann, ohne sich selbst zu verlieren,
nicht wieder von ihm abfallen.

Register.

A.

Abgeleiteter (höriger) Besitz 369.
Abhärtung 267.
Ablaut 38—40.
Absolutes Sacheigenthum 388.
Abstractes Vermögensrecht 388.
=ach (Ortsnamen) 141.
Acker 223.
Ackerbau (keltischer) 196.
Ackerland 224.
Adel 330. 331. 337. 349—360.
Adolfseck (Nassau) 100. 104.
Advocatia 373.
Aëtius 153.
-affa (Namen auf) 212.
Affalterbach 239.
Affeltrach 239.
Affeltrangen 239.
Affoldern 239.
Affoltern 239.
Agrarsystem der Urzeit 215—231.
Ahlberg 429.
Ahrweiler 141.
Ahtumer 356.
Alah 429.
Alahdorf (Altdorf) 429.
Alahesfelt 429.
Alahstatt 429.
Albanien 14.
Alemannen 98. 99. 134—142.
Alemannische Ortsnamen 140—142.

Alexander Severus (Kaiser) 135.
Alfen 422.
Aliso 57. 59.
Allerstädt 429.
Alliteration 32. 433. 437.
Alliterierende Redensarten 437. 438.
Almende 319. 364.
Almenden 231.
Alphabet 432. 434. 435.
Alsheim 429.
Alstädde 429.
Altdorf 429.
Altenstadt (Wetterau) 91. 104.
Alte Sprache 431.
Altmühl (Fl.) 93.
Altrip (a. Rhein) 109.
Amsivarier 78. 118. 143. 150.
Amn (Fluß) 10.
Andernach 56. 109.
Anfänge der germanischen Cultur 203—216.
Angarii 160.
Angelhausen 165.
Angeln 167. 168.
Angeln (Landschaft) 168.
Angelrode 165.
Ango 276.
Angriffsweise 294. 295.
Angrivarier 159. 160.
Anklageprincip 339.

Anlaut 437.
Ansiedelung 317—319.
Antoninus Pius 79. 89.
Apelern 239.
Apfelbäume 239.
Aphrodite 403.
Aplerbeck 239.
Apollo 419.
Arae Flaviae (Rotweil) 87.
Arbogast 152. 153. 180.
Arbogast com. Trevir. 154.
Ares 403. 417.
Argentaria (b. Colmar) 137.
Arier 8.
Ariovist 45. 254. 255.
Arische Hauptgötter 401.
Aristokratie 344—348.
Arles (Präfektur) 153.
Armin 64. 76. 356.
Arnheim 57.
Arnsburg 104.

Arpus 73. 351.
Artemis 403. 419.
Asberg 56.
Asen 404. 418.
Asencultus 409.
=au 212.
Auerochs 41.
Aufgebot 291.
Augsburg 233.
Augst (Basel=) 56.
Augustus 50. 60.
Aurelian (Kaiser) 136.
Ausschl. b. Frauen v. Grundbes. 382.
Aussteuer 375.
Auster (ostrea) 12.
Auszug (Aufgebot) 291.
Autonomie 362.
Ächtes Ding (placitum) 327. 423.
Ächtes Eigen 362.
Änderungen d. Gauverf. 322—326.
„Ärgere Hand" 368.

B.

=bach 141. 212.
Baiern 173—176.
Baiuvarii 173.
Baktrien 9.
Baldur 414.
Bannrecht 339. 340.
Bardengau 163.
Barditus (Schildgesang) 437.
Bataver 58. 118.
Bataveraufstand 78. 79.
Batavische Insel 57.
Baumburg 246.
Baumhäuser 245.
Baunonia (Bononia, Boulogne?) 26.
Bedeutung der Waffen 265. 266.
Bedeutung der Zahl für die An=
  siedelung 320. 321.

Befestigung 299—301.
Behandlung der Unfreien 368.
Bekleidung 43.
=berg 141. 212.
Beschränkung des Sondereigens 231.
Bewaffnung 268—271.
Bibelübersetzung 430. 431.
Bier 233.
Bilder 428.
Bildsäulen 428.
Bildung der Stämme 115—184.
Bingen 56. 109.
Bingenheim 104.
Bipennis 278.
Blutige Opfer 424—426.
Blutrache 340—344.
Bodenbeschaffenheit der Urzeit 215.
Bogen 281.

Böhmen 173.
Böhmerwald 175.
Boihemum (Böhmen) 173.
Boineburg 246.
Boiodurum (Passau) 85.
Bojen 173.
Bonn 56.
Bopparb 56.
=born 141. 212.
Bouteille 358.
Brache (bracha) 223.
Bragi 413.
Breisach 109.
Brod 239.
Bronze 270.

Bruch (Hose) 244.
Brukterer 58. 143.
=brunn 141.
Brunslar 226.
Buccinobanten 139.
Buchstaben 432—435.
Büren 249.
=büren 212.
=burg 213.
Burgstadt a. Main 93. 103.
Burgunder 137. 138.
Buße 338—340.
Buticularius 358.
=büttel (O.=N.) 170.
Butzbach 91.

C.

Cäcina 72.
Cajus Silius 73.
Capitale (Vieh) 384.
Capitaleigenthum 383.
Caracalla (Kaiser) 99. 135.
Carausius 146.
Carinus (Kaiser) 136.
Carus (Kaiser) 136.
Cassel (Hessen) 57.
Cassel (b. Gelnhausen) 92.
Castell (b. Mainz) 56.
Cäsar in Gallien 46.
Cäsar über die Germanen 207.
Cäsar und Tacitus im Zf. 208.
Catualda 76. 233.
Catulus 264.
Cent 288. 315. 318.
Centenar 289.
Centenarius 318.
Centobere 329.
Centurie 317.
Centurio 289.
Centversammlung 328.
Ceres 403.

Chamaven 143.
Charakter der alten Sprache 432.
Charakter d. altgerm. Vf. 344—348.
Charakter der Germanen 198.
Chassen (Chatten) 144.
Chasuarier 159.
Chatten 59. 61. 78. 79. 84—86. 98. 143. 324.
Chattuarier 143. 151.
Chauken 58. 125. 159.
Cherusker 59. 61. 78. 125. 159. 269.
Chlodio (Chlojo) 150.
Chlodwig 150.
Christenthum 437—441.
Cimbern= u. Teutonenkriege 50. 51.
Cimbern und Teutonen 252. 253.
Circus zu Trier 147.
Claudius 177.
Claudius II. (Kaiser) 136.
Claudius Civilis 78.
Coblenz 56. 109.
Cöln 56. 109. 153.
Colonen 179.
Colonen (Hörige) 367.

Comitat 357.
Commercium 387.
Commodus (Kaiser) 131.
Compositio 338.
Conföderationen (keltische) 193.
Connetable 358.
Constantin (Kaiser) 136.

Constantinopel 182.
Constantius Chlorus (Kaiser) 136.
Constantius II. (Kaiser) 186.
Corbulo 77.
Culturstufe der Urzeit 187—250.
Cultus 423—430.
Cyklopen 412.

D.

Dacien 80. 105. 132.
Dambach a. Pfahlgraben 93.
Damm 93.
Dämonen 393. 397. 399. 401.
Dapifer 358.
Dasbach (Nassau) 104.
Decanus 318.
Decimalsystem 317.
Decius (Kaiser) 132.
Decumatenland 80. 86. 87.
Dekanie 288.
Dekanien 315.
Demeter 403.
Deus 402.
Deutz 56.
Diana 403. 419.
Dibius Julianus (Kaiser) 132.
Dies Jovis 416.
Dies Martis 418.
Dies Mercurii 414.
Dies Veneris 421.
Ding (placitum) 327.
Dingfrieden 327. 336.
Dingpflicht 362.
Dinkelsbühl unweit des Limes 95.
Dinsberg 418.
Dinslaken 418.
Dinstag 418.
Diocletian (Kaiser) 136.
Disen 421.
Dispargum 150.
Ditmarschen 164.

Dnieper 25.
Dniester 25.
Dolche 281.
Dominium (Privatrecht) 388.
Domitian 86.
Domitius Ahenobarbus 61.
Donar 402. 403. 405. 414—416.
Donaukelten 49. 50.
Donaulimes 84.
Donauquellen entdeckt 50.
Donnersberg 416.
Donnerseiche 428.
Donnersmark 415.
Donnerstag 416.
Döre (porta) 55.
Dorf 248. 249.
Dorf (turba) 318.
=dorf 141. 212.
Dörfer 227.
Döringstadt 165.
Dorfweil 142.
Dreifelderwirtschaft 221. 222.
Drostei 359.
Druiden 190.
Druidenthum 354.
Drusus 49. 54—60. 84.
Duisborch (Dispargum?) 150.
Duisburg 418.
Dung (Tung) 247.
Duri (Duringi) 165.
Dynastien 333.
Dynastische Elemente 346.

E.

Eberesche 415.
Eberkopf (Schlachtordnung) 302.
Echtersphahl (b. Aschaffenburg) 97.
Echzel (Wetterau) 104. 141. 142.
Effelder 239.
Effeltern 239.
Effolderbach 239.
Eheliche Verwandschaft 376.
Eheliches Güterrecht 375. 376.
Eherne Waffen 270.
Ehrengeschenke (Fürsten) 335. 383.
Eichhorn 415.
Eideshelfer 341.
Eidgenossenschaften 362.
Eigennamen 407.
Eigenthumsbegriff 387. 388.
Einigungsrecht 362.
Einwanderung der Germ. 24—27.
Eisenarbeit 235.
Eiserne Waffen 270.
Elbe 55. 60.
Elben 422.
Elementardienst 399. 408.
Elemente der altgerm. Verfassung 344—348.
Elsaß 158.
Elsen (Aliso?) 57.

Eltville 142.
Emancipation 377.
Emmerich 56.
Ems 55. 104.
Engel (Dörfer) 165.
Engelgau 168.
Engelstadt 165.
Engern 125.
Engern (Angarii) 160. 162.
Erbfolge 379—381.
Erbrecht 378—382.
Erbrecht der Frauen 381. 382.
Erbhäuser 246.
Erdmutter 419. 420.
Eresberg 418.
Erneuerung der Welt 397. 398.
Ero 417.
Erpo 351.
Ertag 418.
Erz 270.
Esch (ascahi) 222.
Esch (ezisc) 222.
Eschweiler 141.
Esten 29. 42.
Etrusker (Rhätier) 9.
Eugenius (Kaiser) 137.
Ewiger Landfriede 342. 343.

F.

Fachbau 246.
Familie 310—313. 340.
Familienerbfolge 379—381.
Familienrecht 372—378.
Faustrecht 342.
Fehderecht 290. 340—344. 361.
Feld 223.
=feld 141. 212.
=felden 141.

Feldgemeinschaft 228—230.
Feldgraswirtschaft 223. 224.
Feldmark 319.
Feldzeichen 282.
=fels 213.
Ferramenta 282.
Festungswerke 299.
Finnen 8. 30. 36. 187.
Finsterniß und Tod 394.

Flavius 356.
Fleischspeisen 240.
Flurnamen 214.
Forderungsrecht 388.
Forst 427.
Fossa Drusiana 57.
Framea 271. 274. 275.
Franken 142—158.
Franken (Ortsnamen) 141. 150.
Fränkische Ortsnamen 141. 155. 156.
Fränkischer Hessengau 324.
Franziska (Waffe) 278.
Frauenarbeit 236.
Frauja 418.
Fredum 338.
Freie 360—365.
Freie Landgemeinden 348.
Freie Städte 348.
Freigelassene 370. 371.
Freiheitliche Verf. 344—348.
Freiheitsrechte 361.

Freilassung 370. 371.
Freitag 421.
Freyja 403. 406. 418. 420. 421.
Freyr 418.
Fria 420.
Friedberg 91.
Friedbruch (Verbrechen) 341.
Friede (Rechtsordnung) 339.
Friedensgeld 338.
Friedensgenossenschaft 340.
Friesen 58. 164.
Friesengau 171.
Friesische Gesandte 251.
Frigg 420.
Fro 418.
Frouwa 418. 420.
Fuchs 415.
Fußgänger neben Reitern 265.
Fußvolk 195. 284. 285.
Fürsten 318. 329—331.
Fürstl. Geschlechter 350.

G.

Galba (Kaiser) 78.
Gallien 183. 184.
Gallienus (Kaiser) 135.
Gastfreundschaft 342.
Gau (γαῖα) 17. 318.
Gau= 319.
Gauaschach 319.
Gaue 321—325.
Gaufürsten 329.
Gaugemeinde 327.
Gaugericht 338.
Gaunamen 322—325.
Gauverfassung 321. 327.
Gauversammlung 327.
Gebet 423. 424.
Geburtsstände 349—371.
Gefolge 291. 292. 357—360.

Gefolgsherren 292.
Gegensatz des römischen und deutschen Rechtes 387.
Geiserich 183.
Gelage 328.
Geld 238.
Geldwirtschaft 387.
Geldwirtschaft (keltische) 196.
Gellep 56.
Gemeinden 319. 320.
Gemeine Mark 319.
Gemüs= und Gartenbau 241.
Gennobaub 151.
Ger (Waffe) 275.
Gerberei 235.
Gericht 341.
Germanen (Name) 26.

Germanen (und Kelten) 187—202.
Germania des Tacitus 3. 88.
Germanicus 70—75. 84.
Gerste 239.
Geschichte der Mythologie 393.
Geschlechterfaktionen 343.
Geschlechterverfassung 311—315.
Geschlechtsvormundschaft 372. 375.
Gesetze 328.
Geten 25.
Getraide 239.
Gewandheit 265.
Gewerbe 44. 234.
Gewerbe (keltische) 196.
Giganten 399.
Glaube u. geistiges Leben 389—441.
Gleve 277.
Gliederung des Heeres 287. 315.
Goban 410.
Goldhelm 412.
Gothen 122.
Gothisches Alphabet 435.
Gott (deus) 20. 21. 392. 402.

Gottesbewußtsein 390.
Gottesurtheil 341.
Götterdämmerung 395.
Götterdynastien 400.
Graf (comes) 330.
Grafen 326.
Gränzen 319. 320.
Gratian (Kaiser) 137.
Griechen 16. 189.
Großer Bär 412.
Großhundert 317.
Grotenburg 300.
Grundbesitz 363. 364.
Grundbesitz bei den Kelten 232.
Grundbesitz der Hörigen 369.
Grundeigen 228—230. 384—386.
Grundherrschaft 370.
Grüningen 91.
Guberni 62.
Gubensberg 410.
Gunzenhausen (a. Limes) 94. 95.
Gutsinventar 384.
Gwoban 410.

H.

Hadrian 79. 80. 89.
Hadrianwall 84.
Hafer 41.
Haferbrei 239.
=hagen 213.
Hahn, Huhn 30.
Haine 427. 428.
Hamaland 143.
Hammer 405.
Hammer Thôrs 414.
Hammerwurf 414.
Handel 233.
Handel der Hermunduren 233.
Handelsartikel 234.
Handelsstraßen 234.
Handkäse 240.

Handmühlen 237.
Handwerke 234.
Handwerksinnungen 235.
Hase (Fl.) 159.
Haspe (Spange) 243.
Haßfurt 172.
Haßwald 172.
Haupt= und Nebengötter 419.
Häuptlinge 318.
Haus und Hof 364.
Haus (=hausen) 248. 249.
Hausbau 43. 236—250.
Hausbetrieb des Handwerks 238.
=hausen 141. 212.
Hausmarken 434.
Hausfclaven 368.

Hausthiere 10. 12. 17. 18. 30.
Heer und Volk 315.
Heerden 383.
Heereintheilung 287—289.
Heeresabtheilungen als Landgebiete 318.
Heeresordnung 288.
Heerfrieden 336.
Heerführer 289. 315. 316. 329.
Heerpflicht 362.
Heide 224.
Heidenthum 200.
Heidnische Feste 423. 426.
Heidnischer Götterglaube 390.
Heilige Bäume 428.
Heim 248. 249.
=heim 141. 212.
Hel 420.
Heldenlieder 436.
Heldenthum 352. 353.
Helios 419.
Hellebarde 277.
Helme 273.
Helmzier 273.
Henne 30.
Hephästus 403. 416.
Hera 403.
Heriro (Herr) 352.
Herkules 415. 416.
Hermeskeil 416.
Hermionen 120. 121.
Hermunduren 62. 78. 164—167.
Heru (Schwert) 269. 417.
Heruler 167. 174.
Herzoge 331. 332.
Herzogl. Gewalt 332.
Hercynischer Wald 29.

Hessen 125. 144.
Hessen (Dorf) 144.
Hessengau (in Thüringen) 171.
Hessengau (b. Schweinfurt) 172.
Hessengau 324.
Hindukusch 9. 10.
Hochstraße (Limes) 100.
Hof (=hofen) 248. 249.
=hofen 141.
Hofämter 358.
Hofgerichte 369.
Hofrecht 369—371.
Hohenstaufen (Limespunkt) 84.
Holsten 164.
Holsteiner 164.
Holtsaten 164.
Holzbau 245.
Holzmühl 237.
Hopfen 242.
Hosen 244.
Höfe 227.
Hölle 420.
Hörige (Unfreie) 365—371.
Hörigkeit der Handwerker 236.
Hörigkeit 367.
Hörigkeit und Sclaverei 370.
Hörner 283.
Huhn 30.
Hunoafaths 289. 318.
Hundert 318.
Hundertführer 315.
Hundertschaften 287. 288.
Hundertschaft 315. 316. 317. 318.
Hunnen 129.
Hunno 289. 318.
Hülsenfrüchte 241.

J.

Iberien 14.
Ibisen 421.

Ibisavisо 421.
Inder 11. 17.

Indogermanen 8.
Indogerm. Sprachschatz 17—21.
Ingävonen 119—121.
=ingen 141.
Iranier (Perser) 11. 17. 25.

Irminsäulen 416.
Isala (Issel) 148.
Isis 420.
Issel (Fl.) 57.
Istävonen 120. 121.

Jod.

Jagst (Fl.) 95.
Jagsthausen 95. 103.
Jahreszeiten 42.
Joch (iugum) 18.
Julfest 423.

Julian (Kaiser) 106. 136. 137. 149.
Juno 403.
Jupiter 403.
Jutungen 138.
Jüten 167. 168.

K.

Kampf der Götter 405.
Kampfeshelfer 341.
Kampfesweise 266.
Kana finn. der Hahn 36. 37.
Kanton 288. 317.
Kapersburg (b. Friedberg) 104.
=kappel 213.
Kaukasus 14.
Kämmerer 358.
Kämpfe der Götter 397. 399.
Kämpfe mit den Römern 49. 50.
Kämpfe zwischen Kirche und Staat 192.
Käsebereitung 240.
Kehlheim 84.
Keller 246. 247.
Keller (cellerarius) 359.
Kelten 14. 16. 22. 28.
Kelten und Germanen 187—202.
Kemel in Nassau 87. 104.
Kern= (Körn=) 237.
Kestrich (in Oberhessen) 57.
Keule 274.
Kindeaussetzung 376.

Kinzig (Fl. in Hessen) 92.
Kipfenberg (am Limes) 94.
Kirche 439. 440.
=kirchen 213.
Kirchliche Eintheilung 326.
Kirchliche und politische Gränzen 326.
Kirn= (Kürn=) 237.
Kleidung 242—244.
Kleiner Krieg 299. 301.
Knechte 365.
Kniva 132.
Kocher (Fl.) 95.
Korn 239.
Königl. Rechte 335.
Königsfriede 339.
Königshäuser (Geschlechter) 333.
Königthum 332—335.
Königthum und Freiheit 347.
Körpergröße 264.
Körperkraft 264.
Kriege u. ihre Bedeutung 255—258.
Kriegerischer Charakter des Mythus 405.

Kriegsgefangenschaft 365. 366.
Kriegswesen 251—306.

Krotzenburg (Castell) 104.
Kuh (Hausthier) 18.

L.

Laar 225.
Ladenburg 88.
Lager 282.
Lahngau 324.
Lahr 225. 248.
Langobarden 76.
Landesherrschaft 347. 348.
Landvertheilung 229.
Lanze 276. 277.
Lanzen 269.
=lar 212. 225. 248.
Lauch 241.
Lautverschiebung 33—38.
=leben (Ortsnamen) 169.
Leer 225.
Lehmfarbe (Anstrich) 246.
Lehnwesen 359. 360.
Leibeigenschaft 367.
Leiheverhältnisse 370.
Leihgestern bei Gießen 94. 104.
Lein (Linum) 12.
Lesen 433.
Leten 179.

Letten 42.
Letzte Dinge 396.
Lich 91.
Licht und Leben 394.
Lichtgötter 393.
Liesborn (Aliso?) 57.
Limes (Pfahlgraben) 80—114.
Linz (a. d. Donau) 109.
Lippe (Fl.) 55. 59.
Logischer Accent 33.
Loh 427.
=loh 212.
Lohr 225.
Lohr= 225.
Lohra 225.
Lohre 225.
Loosstäbe 435.
Lösegeld 341.
Lucius Apronius 72.
Lucius Pomponius 66.
„Luft macht frei" 236.
Luna 419.
Luna 403.

M.

Magnentius (Gegenkaiser) 147.
Mainhardt 95. 103.
Mainz 56. 109.
Majordomus 358.
Makrian 155.
Malstatt 340.
Malz 242.
Manngeld 340.
Manus 373.
=mar 212.

Marbod 62. 76. 233.
Marius 51.
Mark 319.
Mark von Hone 324.
Mark von Netra 324.
Mark Aurel 79. 80. 89.
Markgenossen 319.
Markloh 164.
Markomannen 62. 86. 174.
Markomannenkrieg 130. 131.

Markomer 151.
Markverbindung 364. 365.
Markwälder 319.
Mars 403. 418.
Marschall 358.
Marser 71.
Massenangriff 302.
Mattiaker 79. 118. 324.
Mattium 72.
Maximian (Kaiser) 146.
Maximin (Kaiser) 135.
Mägde 365.
Mägdearbeit 236.
Mäntel (Obergewand) 243.
Meder 17.
Menschenopfer 424. 425.
Merkur 413.
Milch 239. 240.
Milchstraße 18. 412.
Millenarius 289.
Miltenberg 91.
Mimir 412.
Minerva 403.

Mitgift (dos) 374. 375.
Mittwoch 414.
Mobilien 383.
Mobilieneigenthum 386—388.
Monarchische Verf. 344—348.
Mond 419.
Monogamie 374.
Mons Jovis 416.
Mons Martis 418.
Morgensterne (Waffen) 274.
Möser's Ansicht über die Germanen 206.
Munt (manus) 373.
Muntgeld (dos) 375.
Murhardt 95. 103.
Muspilli 396.
Mühle 237.
Mühlenbau 236. 237.
=münster 213.
Münzenberg 91.
Mythenentwickelung 399—401.
Mythenverschiebung 393—396.
Mythologie 393—396.

N.

Nationalfarben 273.
Nationale Mythenkreise 402.
Naturbetrachtung 390. 391.
Naturalwirtschaft 238. 239.
Neihunga 424.
Neptun 403. 410.
Nero 118.
Nerthus 420.
Nerva 88.
Neue Erde 398.
Neuer Himmel 398.
Neuß 56.

Niederlahngau 325.
Niederlassung 317—319.
Nimwegen 57.
Nocera (Schlacht) 267.
Nordalbingier 164.
Nordgau 167.
Nordische Mythologie 403. 404.
Nornen 421.
Nordschwaben 172.
Nordthüringen 172.
Noricum (Baiern) 175.

O.

Oberfranken 125.
Oberfranken (Chatten) 154.
Oberlahngau 325.
Oberlahnstein 84.
Oberwesel 56.
Octavian (Augustus) 56.
Odhin 410.
Odoaker 175. 180.
Opfer (b. Gericht) 340.
Opfer 423. 424.
Opfergemeinschaft 426.
Opfermahlzeiten 424.
Orakel 337.

Orte der Urzeit 213.
Ortsgeschichte 211.
Osning 59.
Ostarier 11.
Osterburken 93. 103.
Ostfalen 163.
Ostgermanen 121. 127.
Ostgothen 132.
Ostsee 29.
Ostsueven 174.
Otho 78.
Oxus (Amu) 10.
Öhringen 95—103.

P.

Pagus 328.
Pagus Hattuariorum 151.
Pallas 403.
Paltar 414.
Pamir (Hochland) 10.
Pannonien 63.
Panzer 273.
Parentela 380.
Parentelenordnung 379—381.
Passau 85.
Patria potestas 373.
Patriarchalische Gewalt 372.
Pelzröcke 244.
Permanentes Pflugland 230.
Perser 11.
Peterweil 142.
Pfahlbach 93.
Pfahlbronn 84. 93.
Pfahlburger 245.
Pfahldorf 93.
Pfahlgraben 80—114.
Pfahlheim 93.
Pfahltannen 94.

Pfeffer 241.
Pferde 286.
Pferdefleisch 241. 426.
Pferdeopfer 425.
Pflügen (arare) 13.
Phöbus 419.
Pincerna 358.
Pluto 403. 410.
Poesie 435. 436.
Pohl bei Ems 94.
Pohlbach 94.
Pohlfeld 94.
Pohlgöns bei Gießen 94.
Pohlheim 94.
Pohlwald 94.
Pohlwiese 94.
Polit. u. religiöses Leben 191—193.
Polytheismus 392.
Poseidon 403.
Postumus (Gegenkaiser) 136. 145.
Priester 332. 335—337.
Priesterl. Rechte 336. 337.
Priesterthum und Adel 355.

Princeps civitatis 329.
Principes 329—331.
Privatbuße (compositio) 339.
Privatrecht 371—388.

Probus (Kaiser) 89. 91. 106. 136.
Proviant 283.
Putz und Schmuck 244.
Pytheas' Bericht 26.

Q.

Quaden 130. 132. 174.
Quingentenarius 289.

Quirn (Mühle) 236.
Quirn= (Ortsnamen) 237.

R.

Raben 406.
Radmühl 237.
Rando 142.
Rechtsformeln 437.
Regensburg 85.
Reiferscheid 150.
Reiks (rex) 383.
Reines Feuer 399.
Reiter 265.
Reiterei 285. 286.
Reiterei bei den Kelten 195.
Religiöse Gebräuche 399.
Religiöses und politisches Leben der Germanen 191—193.
Remagen 56.
Rendel 141. 142.
Rennthier 41.
Repräsentationsrecht 379.
Republ. Elemente 346.
Republ. Verfassung 344—348.
Rhätische Ortsnamen 9.
Rheinlimes 84.
Rhenonen (Pelzröcke) 244.
Richter und Heerführer 315. 316.
Richter 329.
Ricimer 180.

Riesen 393. 397. 399. 422.
Riesgau (Rhätia) 9.
Rindfleisch 241.
Ringe 238.
Ringwälle 233. 300. 301.
Riparii (Uferfranken) 153.
Ripuarier 150—153.
Ritterstand (keltischer) 194.
=robe 213.
Rodungen 230. 369. 385.
Ronneburg (bei Hanau) 142.
Roßmühlen 237.
Roßzünder 426.
Rottweil (Arae Flaviae) 87.
Röcke (Unterkleid) 243.
Römisches Kaiserthum 183.
Römische Kaufleute 233. 235.
Römische Cultur 108—111.
Rugier 174.
Runen 203. 413. 432—435.
Runengebrauch 432. 433.
Runenstäbe 433.
Runenzauber 433.
Runenzeichen 433. 434.
Rückingen (Castell) 88. 101.

##

Saalburg bei Homburg 84.
Sachs (Sahs) 281.

Sachsen 125. 159—161. 269.
Sahs (culter) 270.

Sala (Yssel) 148.
Salier (Franken) 148—150.
Salische Franken 125.
Salmünster 91.
Salz 241.
Salzburg 109.
Sammteigen 229.
Sanskrit 11. 12.
Sattlerei 235.
Saturn 400.
Saturninus (Sentius) 63.
Saure Milch 240.
Saxnot 417.
Sächsischer Hessengau 324.
Sättel 235. 286.
Schanzen 282.
=scheid 141. 212.
Schenk 358.
Schiffahrt 41. 42.
Schildburg 295. 296.
Schilde 268. 269. 271—273.
Schildgesang 258. 405. 437.
Schinken 240.
Schlachten der Germanen 304—306.
Schlachtenjungfrauen 406. 407.
Schlachtgesänge 436.
Schlachtordnung 293—295. 316.
Schleuder 281.
Schmelzkunst 235.
Schmiede 268.
Schmiedehandwerk 236.
Schmiedekunst 234.
Schreiben 433.
Schuhe 244.
Schwaben (Jutungen) 138.
Schwabengau 171.
Schwabenmaar 141.
=schwand 141.
Schwarzwald 96.
Schwäbische Alp 96.
Schweinefleisch 240.
Schwert 279—281. 405.

Schwerter 269.
Schwerttänze 417.
Schwimmen 267.
Sclaverei 368.
Seehund 41.
Segestes 65. 72. 356.
Selbstverpflegung 284.
Selene 419.
Selz 109.
Semnonen 76. 167. 170.
Seneschall 358.
=seß 213.
S. Severin 176.
Siebengebirg 96.
Siebengestirn 412.
Sigambern 56. 58. 61. 125. 143
Sigimer 64.
Sinbringen (am Limes) 95.
Sippe 340.
Sittenstrenge 374.
Skiren 174.
Slaven 24. 27.
Slavogermanen 15. 24.
Sol 403. 414. 419.
Sondereigen 229. 230. 364.
Sonne 419.
Sonnengott 412.
Sonnenroß 412.
Spangen 244.
Speer 405.
Speier 109.
Speisen 43.
Spessart 91.
Staat 310.
Staat und Kirche 440. 441.
Staatsformen 344—348.
Staatsgebiet 313.
Stabreim 433.
Staden in der Wetterau 91. 104.
Stadtberge 418.
Stammgebiete 319.
Stammrechte 308.

Standeserhöhungen 356.
Standlager 56. 102.
=statt 212.
Städte 232. 233.
Städte (keltische) 197.
Stände·349—371.
Ständische Verf. 347. 348.
Stärkegürtel Donars 416.
Steigbügel 265. 286.
=stein 213.
Steinbau 245.
Steinmetzzeichen 434.
=stetten 141.
Stilicho 137. 153.

Stockwerk 246.
Stormarn 164.
Strabo über die Germanen 218.
Strafgewalt 338—342.
Straßburg 56. 109.
Straßen (am Limes) 102.
Streitaxt 278.
Streithammer 279.
Streitkolben 274.
Streitmeißel 271.
Suardonen 269.
Sueven 121.
Sunno (frk. Herzog) 152.
Südthüringen 173.

T.

Tabernac (Zabern) 109.
Tacitus über die Germanen 207.
Tacitus über den Ackerbau 229.
Tageszeiten 42.
Taktik der Germanen 293—306.
=tar 212.
Tartarus 400.
Taube (Hausvogel) 12.
Taunus 84.
Tauschhandel 238.
Tauschmittel 238.
Tausend (mille) 16.
Tausendführer 315.
Tausendschaft 315. 316.
Tejas 266.
Tempel 427—430.
Tenchterer 56. 58. 134.
Terra salica 382.
Territorium 313.
Testamente 378.
Testudo (Schildburg) 295. 296.
Teufelsmauer 90.
Teutoboch 265.
Teutoburger Wald 55.
Teutoburger Wald (Schlacht) 65.

Teutonen (Deutsche) 23. 37.
Teutonen 167.
Teutonenkrieg 252. 253.
Theilung der Gaue 325. 326.
Theoderich d. Gr. 182.
Theodosius (Kaiser) 152.
Thierbilder 283.
Thieropfer 425.
Thindans (rex) 333.
Thôr 414—416.
Thormart 415.
Thusnelda 72. 356.
Thusundifaths 289.
Thüringen (Ortsnamen) 165.
Thüringenhausen 165.
Thüringer 164—172.
Thyra (Fl.) 165.
Tiberius 49. 50. 61.
Titanen 399.
Todesstrafe 339.
Todschlag 342.
Todtenwählerinnen 406. 407.
Töpferei 234.
Trajan 79. 80. 88.
Trajanssäule 88.

Trennung der Germanen 29—31.
Trier 153.
Trommeln 283.
Troß 268. 282.

Truchseß 358.
Tubanten 134.
Tung (Keller) 247.
Tyr 416—418.

U.

Ubier 56. 58.
Ubierland 150.
Uferfranken 150. 153.
Ulfilas 430. 435.
Unausgesprochener Gott 398.
Unfreie 365—371.
Ungeziefer 425.
Unmündigkeit 376—378.
Untergang des römischen Reiches 180—182.
Untergang der Welt 395. 396.
Unterrheingau 325.

Untersch. v. Mobilien u. Immob. 387.
Unterschiede der Verfassung bei den einzelnen Stämmen 344.
Uranus 400.
Ursenerzeug 415. 416.
Ursprung des Adels 352. 353.
Ursprung der Hörigkeit 365. 366.
Ursprung des Sondereigens 385.
Ursprung des Staates 310.
Usipeter 56. 58. 79.
Usipier 134.
Übergang zur Ansäßigkeit 364.

V.

Valentinian I. (Kaiser) 137.
Valentinian II. (152).
Valerian (Kaiser) 135.
Vallum Hadrianum (limes) 89.
Vandalen 183.
Varini 167.
Varus (Quintilius) 63.
Vatergeld (Aussteuer) 375.
Väterliche Gewalt 373. 376. 377.
Venus 403.
Verbrechen 341.
Verbreitung des Königthums 334.
Verfassung und Recht 307—388.
Verf. der Nomadenvölker 312—314.
Verkauf der Kinder 376.
Verkehrsrecht der Römer 387.
Vermögensrecht 382—388.
Vermögensrecht der Römer 387. 388.

Verpflegung des Heeres 284.
Verschiedenheit der Gauverf. 329.
Verwandschaftsberechn. 379—381.
Vetera castra (Xanten) 55. 56.
Vicus 318.
Vieh als Tauschmittel (Geld) 238.
Viehbußen 342. 383.
Viehweiberei 374.
Villa 249.
Villare 249.
Vinicius (Marcus) 61.
Vitellius 78.
Vogelsberg 91.
Vogtei 373.
Volksfriede 339.
Volkshäupter 329.
Vorgeschichtl. Wanderungen 3—48.
Vormundschaft 373. 377.

Vorrechte des Adels 349—371.
Vorstufen des politischen Lebens 313.

Vortheile des Krieges für die Germanen 258—261.
Vulkan 403. 416.

W.

Wabern 224.
Waffen 44.
Waffenfabriken der Römer 268.
Waffenrecht 289. 290. 361.
Wagen Donar's 415.
Wagen des Wotan 412.
Wagenburg 282.
Wahl der Fürsten 328.
Wald= 319.
Walbaigeburg 29.
Waldaschach 319.
Walhall 406.
Walküren 406. 421.
Wallfisch 41.
Wallbürn 93. 103.
Wallstadt (Gr. u. Kl.) 93.
Walvater 406.
Wandernde Heere 315.
Wandertrieb 217.
Wanen 404. 418.
Wanencultus 409.
=wangen 141.
Wappen 272. 273.
Warnen 167—170.
Wassermühlen 237.
Watan (wehen) 410.
Wavre 225.
Wawern 225.
Wednesday 414.
Wehrgehäng 280.
Wehrhaftmachung 290.
Weibliche Gottheiten 407. 419.
Weichsel 25. 42.
Weidebezirk (Gau) 318.
Weideland 224.

Weidewirtschaft (keltische) 196. 230.
Weil (Weiler) 248. 249.
=weil (Ortsnamen) 141. 142.
=weiler (Ortsnamen) 141. 142.
Wein 233.
Weiße Pferde 425.
Weizen 239.
Welzheim 95. 103.
Weltbrand 395.
Weltuntergang 395.
Wergeld 340.
Weringau 168.
Wern (Fl.) 169.
Wern (Ober= und Nieder=) 169.
Wernfeld 169.
Wertheimer Engpaß 57. 92. 97.
Wesel 109.
Weser 55.
Westarier 11.
Westfalen 162.
Westgermanen 121. 128.
Westgothen 132.
Wetterau 324. 325.
Wetzlar 225.
Wever 225.
Wichte (Zwerge) 422.
Widerspruch zwischen Cäsar und Tacitus? 219—222.
Wiesbaden 134.
=wig 212.
Wilde Jagd 411. 412.
Wildpret 240.
Wisperbach 134.
Witthum 375.
Worms 109.

Wotan 352. 402. 403. 405. 406. 409—414.
Wölfe 406.
Wörnitz (Fl.) 95.

Wurfspieße 275.
Wurst 240.
Würfelspiel 366.
Wütendes Heer 411.

X.

Xanten (vetera castra) 55. 56. 88.

Y.

Yavanas (Jonier) 16.

Z.

Zabern 109.
Zahlnamen für das Land 315—320.
Zaubersprüche 436.
Zehnschaft 318.
=zell 213.
Zend 11. 12.
Zerstreutes Gefecht 297—299.
Zeughäuser 430.

Zeus 400. 403.
Ziefer 425.
Ziestag 417.
Ziu 402. 403. 405. 416—418.
Zuidersee 57.
Zurücksetzung der Frauen 381. 382.
Zweikampf 341.
Zwerge 421. 422.

Druck von Friedr. Andr. Perthes in Gotha.

www.ingramcontent.com/pod-product-compliance
Lightning Source LLC
Chambersburg PA
CBHW022114300426
44117CB00007B/708